애덤 스미스 경제학

자연적 자유와 정의

서울대학교 분배정의연구센터 총서 03

애덤 스미스 경제학

자연적 자유와 정의

초판1쇄 인쇄 2025년 2월 25일
초판1쇄 발행 2025년 3월 7일

저 자 김광수, 김영식, 김자봉, 김진영, 류덕현, 이명헌, 주병기
발행인 노현철
발행처 도서출판 해남

출판등록 1995. 5. 10 제 1-1885호
주 소 서울특별시 마포구 마포대로8길 9 영명빌딩 405호
전 화 739-4822
팩 스 720-4823
이 메 일 haenamin30@naver.com
홈페이지 www.hpub.co.kr

ISBN 978-89-6238-193-1 93320

서울대학교 분배정의연구센터 총서 03

애덤 스미스 경제학

자연적 자유와 정의

김광수, 김영식, 김자봉
김진영, 류덕현, 이명헌, 주병기

스미스의 자유는 방임이 아니다
정의와 평등을 향한 적극적 자유이다

스미스 탄생 300주년 기념 출판

스미스 사상의 현대적 시사점 제시

스미스 사상 전문 석학 7인의 분석

도서출판 해남

애덤 스미스 탄생 300주년을 기념한 전 세계 학술행사와 발맞추어, 2023년 6월 26일 '애덤 스미스 경제학의 현대적 재조명'을 주제로 한 심포지엄이 서울대학교 경제연구소 분배정의연구센터와 한국금융연구원 주관으로 개최되었다. 이 심포지엄은, 21세기 세계 학계의 동향과 달리 한국 사회에서 스미스 사상이 시장근본주의 혹은 자유방임주의같이 과도하게 협소한 사고 틀에 갇혀 왜곡되고 있다는 문제의식을 담았다. 이 행사는 스미스가 단순한 경제학자라기보다는 정치학자와 법학자, 아니 그 이상의 도덕철학자이자 수사학자라는 점을 깨닫게 하는 데 성과가 있었다. 더욱이, 여러 논평과 토론을 거쳐 확인한 바는 스미스의 사상이 현대 글로벌 자본주의가 직면하고 있는 난제, 이를테면 경제적 불평등과 사회 양극화, 지구 공유자원의 비극, 지속 가능한 발전의 위기 등을 해결할 수 있는 근원적 통찰과 혜안을 담고 있다는 점이었다.

이 행사의 발표자와 논평자가 힘을 모으고 오랜 기간 세미나를 거쳐 한국금융연구원 연구보고서 『애덤 스미스 경제학의 현대적 재조명』(2024. 2)을 완성했다. 더욱이, 참여 연구진은 이를 보완하여 경제전문가뿐만 아니라 일반인도 나름 이해할 수 있는 저술을 출간하자는 데 뜻을 모았다. 이를 통해 일반인에게 잘못 알려진 스미스 사상에 대한 이해를 바로 잡을 뿐만 아니라, 스미스 사상에 기초하여 글로벌 자본주의가 직면하고 있는 다양한 문제에 대한 혜안과 해결 방안도 모색하게 하는 계기가 될 수 있을 것이다.

2024년 10월 때마침 다론 아제모을루, 제임스 로빈슨, 그리고 사이먼 존슨에게 노벨 경제학상이 수여되었다. 잘 알려진 바와 같이, 이들의 대표적 공동 저술은 『국가는 왜 실패하는가』 그리고 『권력과 진보』이다. 노벨 경제학상 위원회는 이들 저서에 대해 법 앞의 평등과 포용적 제도가 국가의 번영을 이끄는 반면, 착취적 제도는 국가의 발전을 가로막는다는 기본명제를 역사적 사례와 실증연구를 통하여 학술적으로 규명했다고 그 이유를 밝혔다. (이 저자들의 부분적 시인에도 불구하고) 세계 경제학계에서 잘 드러나지 않은 사실이지만, 바로 이 기본명제가 스미스 사상의 핵심 가운데 하나이다.

그런데 이 수상자들은 자신들이 견지한 사회과학적 태도에도 불구하고, 그 핵심 개념인 '포용'과 '착취'가 무엇인지에 대해서는 깊이 있는 논의로 나아가지는 못한다. 이들의 포용적 제도를 특징짓는 자유는 지배와 억압의 부재를 의미하는 소극적 자유이다. 포용적 제도는 스미스가 말한 "자연적 자유의 체계"의 단면이라고 할 수 있다. 자연적 자유의 체계는 인간의 도덕적 본성에 대한 스미스 사상에 기초하고 있다. 인간은 타인과 동감하는 역량과 사회적으로 인정받으려는 욕망을 가지고 있다. 이런 본성에 따라 인간은 자신의 행동을 규율하는 양심

(공평한 관찰자)을 마음속에 발전시키고, 이 과정에서 정의, 인혜 그리고 신중의 덕성이 조화롭게 발전한다. 개개인이 시장에서 사적 이익을 추구하더라도 이러한 도덕적 발전에 부응하는 결과가 만들어지도록 하는 것이 자연적 자유의 체계이다. 스미스의 자연적 자유는 소극적 자유만이 아니라 정의와 평등을 지향하는 적극적 자유를 포괄한다. 착취적 제도는 경제적 약자, 사회적 약자, 정치적 약자를 양산하고, 이들에게서 자신의 삶을 개선할 수 있는 자연적 자유를 박탈한다. 결국 정의, 인혜 그리고 신중의 조화로운 실현에 부응할 수 없는 결과가 빚어지고, 사회공동체와 국가의 번영은 기약할 수 없다. 이것이 바로 스미스의 『도덕감정론』과 『국부론』에 담긴 메시지이다.

스미스는 자신의 『국부론』과 미완성 『법학강의』를 통해 그 자연적 자유의 체계에 대한 이론과 사례를 구체적으로 제시하고자 했다. 즉, 개개인이 신중의 덕과 사적 이익을 추구하는 시장 시스템, 그리고 인혜와 정의를 담보하도록 시장 시스템을 총괄하는 국가의 의무와 사회의 기본구조, 이 양자로 이루어진 자연적 자유의 체계에 대한 사상이 그것이다. 특히 국가의 의무와 역할에 대하여 『국부론』 4편과 5편에서 방대한 이론과 사례를 제시했다. 이러한 자연적 자유의 체계 속에서 시장 시스템이 작동할 때, 정의, 인혜, 그리고 신중의 조화로운 실현에 부응하는 경제적 번영이 이루어진다는 것이 바로 이 세 고전이 독자에게 부여하는 핵심적 결론이다.

본서가 이러한 진실로의 회귀 및 근원적 통찰의 어떤 단면을 담고자 애썼지만, 여러 제약이나 한계 역시 분명하다는 점을 먼저 고백하지 않을 수 없다.

본서는 8개의 장으로 구성되었다. 우리는 먼저 철학자 스미스가 자주 사용했던 은유적 표현 '보이지 않는 손'의 본래 의미를 밝히는 데서 출발한다. 이러한 방법론적 논의를 통해 스미스의 사상 체계 속에 뿌리박힌 자연과학, 도덕철학, 법학 그리고 경제학을 아우르는 방대한 학문 분야의 유기적 관계가 소개된다. 제2장은 도덕철학과 경제학을 중심으로 스미스 사상의 내용을 재조명하고 그 현대적 시사점에 대하여 논의한다. 1970년대 중반 무렵 이후 전개된 스미스 사상에 대한 학계의 획기적 패러다임 전환이 있었음을 밝힌다. 이를 통해 자유방임론의 주창자라기보다는 자유, 평등, 번영의 융합적 가치를 추구하는 휴머니스트로서의 스미스에 대한 연구가 부흥하는 과정이 상세히 드러난다. 아울러 이런 패러다임 전환이 제시하는 스미스 사상의 폭넓은 현대적 시사점도 소개된다. 제3장은 스미스 사상에서 번영과 자연적 자유의 체계가 서로 지니는 유기적 관계를 보이고자 한다. 구체적으로 성장률과 불평등도라는 거시적 경제 지표를 중심으로 최근 통계자료를 활용하여 그 실증적 근거를 제시한다. 경제성장이 소득분배와 상호 유기적 선순환 관계를 지닌다는 '애덤 스미스 가설'에 대해, 최근 여러 국가의 경제성장과 경제적 불평등 자료를 활용하여 통계적으로 검증한다. 제4장은 경제적 불평등과 국가의 역할에 대한 스미스의 사상을 소개하고 있다. 다양한 불평등의 사회적 폐단에 대하여 스미스가 가졌던 생각을 정리하고, 불평등 해소의 필요성과 이를 위한 국가와 제도의 역할에 대하여 다룬다. 제5장은 정부 재정에 대한 스미스의 사상을 소개하고 그 현대적 시사점에 대하여 다루고 있다. 한국의 재정 정책에 대한 스미스 사상의 시사점, 특히 재정건전성에 집착하는 관료적 재정 운용의 문제점을 살펴본다. 제6장은 교육에 대한 스미스의 사상을 소개한다. 당시 기초교육과 고등교육에 대한 스미스의 비판적 고찰을 소개하고, 학생이자 교육자로서 스미스의 경험이 무엇이었는가를 흥미롭게 살펴본다. 그리고 한국 대학 교육의 현실과 대학 재정 및 운영의 문제점을 스미스의 시각에서 비판한다. 제7장은 스미스의 법경제학을 다룬다. 공리주의자 제러미 벤담과 스미스의 법사상을 비교하고, 이기심과 도덕감정의 균형이라는 관점에서 스미스 법사상의 현대적 시사점을 검토한다. 특히 환경과 사회적 책임에 대한 기업 성과를 강조하는 ESG(환경, 사회, 지배구조)에 대하여 도덕감정의 제도화라는 의미를 부여한다. 제8장은 도덕철학과 경제학을 관철하는 스미스 사상의 요체를 도덕적 진보(정의)가 번영을 이끈다는 '애덤 스미스 정리'의 형식으로 재구성한다. 이를 위하여 제2장에서 소개된 스미스 사상에 대한 융합적 접근의 측면에서 경제학을 도덕철학의 연장선상에서 소개하고, 이른바 호모 이코노미쿠스(homo economicus)로 알려진 시장 시스템의 인간상이 어떻게 도덕적 본성에 기초하여 합리화될 수 있는가에 대하여 설명한다.

2023년 서울대 경제연구소 분배정의연구센터와 한국금융연구원이 공동주최한 심포지엄이 2년여에 걸쳐 일궈진 본서의 산실이 되었다. 본서의 출간에 이르기까지 여러모로 지원해 준 한국금융연구원에 깊은 사의를 표한다. 마지막으로 본서의 집필은 서울대학교 경제연구소 분배정의연구센터의 지원을 통해 이루어졌음을 밝혀 둔다.

2025년 1월

집필진을 대표하여

김광수, 주병기

차례

표 차례

그림 차례

로열아카데미(Royal Academy)의 벌링턴 가든(Burlington Gardens)에 있는
애덤 스미스 조각상

제1장

철학자 애덤 스미스와 '보이지 않는 손'

김 광 수

1. 들어가는 말
2. 도덕철학자 스미스와 '보이지 않는 손' 탐구
3. 법과 경제 문제:
   '보이지 않는 손'의 모형과 로크 소유권 이론의 차이
4. 장기적 경제 발전 문제:
   '보이지 않는 손'의 모형과 그 일탈의 동학
5. 맺음말

1. 들어가는 말

이 책은 본래 애덤 스미스 탄생 300주년을 기념해 그의 경제학을 재조명하고 현대적 의미를 고려해 보자는 취지에서 비롯되었다. 혹여 이러한 취지로만 한정하면, 아마 스미스의 이미지는 이 분야 사정에 익숙지 않은 대다수 초심자에게 여전히 '보이지 않는 손'의 '은유'(metaphor)를 무언가 멋지게 구사한 경제학자로만 남을지도 모를 일이다. 다시 말해, 사적 개인들이 자연스레 보유한 너무나 강력한 이기심을 마음껏 활용하도록 방임하면, 어느 사회든 의도하지 않아도 공공복리가 저절로 성취된다는 우화(寓話)의 대변인으로 그는 계속 희화화될 것 같다.

이를테면, 경제학 교과서의 대표 주자 가운데 하나로 여겨지는 맨큐(Gregory N. Mankiw)는 자신의 저술에서 보이지 않는 손에 대해 다음처럼 기술한 적이 있다.

> 자유 시장에는 많은 구매자와 판매자가 있지만, 그들 모두는 자신의 복지에 주로 관심이 있을 뿐이다. 그러나 분권화된 의사결정과 사적 이익을 추구하는 의사결정자들이 존재하는데도, 그 결과는 혼란이 아니라 효율성이다. … 스미스는 경제 참여자들이 자기 이익에 따라 동기가 부여되고, 시장의 '보이지 않는 손'은 이러한 자기 이익을 일반적인 경제적 복지를 증진하도록 유인한다고 말하고 있다(Mankiw, 1998, p. 145).

그런데 이러한 맨큐 교수의 기술은, 스미스에 관한 한, 사회의 공공복리가 실제로 어떤 적확한 인과 관계에 따라 작동하는 것인가에 대해 침묵한 것은 물론이고, 나아가 스미스가 말한 바를 왜곡한 것이기도 하다. 이처럼 일종의 우화나 신비주의를 신봉하는 사람들에게 스미스가 직접 일침을 가한 말이 있다. 『국부론』에서는 인류의 미신이란 자연 현상의 진정한 원인을 '신의 직접적 작용'으로 돌리는 데서 비롯되었다고 말한다(Smith, 1776, p. 767). 이보다 저술 시기에서 앞선 스미스의 『철학논집』에서도 마찬가지다. 스미스에 따르면, 그리스-로마 신화는 실상 자연 세계에 관해 무지했던 미개 시대의 '저속한 미신'에서 불가피하게 탄생했다. 즉, 자연 현상 이면을 관통하는 원리나 법칙, 즉 **'주피터의 보이지 않는 손'**에 무지했던 옛 인류는 그 원인을 어떤 초월적 존재의 기분 탓으로 돌리는 데 만족했다.

> 모든 불규칙한 자연 현상을 지혜로우나 보이지 않는 존재들의 호의와 불쾌함, 여러 신, 악마, 마녀, 천재, 요정 등에 귀속시킨 것이 다신론과 저속한 미신의 기원이다. 왜냐하면 오랜 옛날 이교 신앙의 초기뿐만 아니라 야만인들의 모든 다신적 종교에서는 불규칙한 자연 현상들만이 여러 신들의 작용과 권한에 귀속되었다는 것이 관찰될 수 있기 때문이다. 각각 지닌 본질의 필연성에 의해 불은 활활 타오르고 물은 깨끗하게 보충되며, 무거운 물체는 하강하고 가벼운 물질은 날아 올라간다. 주피터의 보이지 않는 손이 그러한 문제에 개입하고 있다는 점이 전혀 이해되지 못했다. 천둥과 번개, 폭풍과 태양의 햇살, 더욱 불규칙한 현상들은 그의 호의나 분노로부터 기인하는 것으로 여겨졌다(Smith, 1980, p. 49).

그렇다면 과연 그의 저술 가운데 세 차례 언급되고 있을 뿐인 '보이지 않는 손'의 정확한 의미는 무엇인가? 세계 학계의 연구가 꽤 많이 진행된 만큼 이 책의 현명한 독자들이 보이지 않는 손의 참된 의미에 관한 오해를 꼭 해소하면 좋을 듯싶다.

사실 코페르니쿠스식 사고 전환과 맞물려 16세기부터 유럽 사회에는 과학적 사고와 사물의 진정한 인과 관계에 관한 탐구 정신이 강하게 몰아쳤다. 이것이 17~18세기에 이르러 인문학 영역으로까지 전파되고 또 계몽주의로 확산하면서 서구 사회가 세계의 여타 지역에 비해 인류의 오랜 불합리성과 미몽에서 먼저 탈피하는 데 큰 동력이 된 것이다.

널리 알려져 있듯이, 18세기 유럽의 계몽주의는 프랑스로 보면 『백과전서』(1751~1772) 같은 저술에서 분명히 나타났다. 디드로와 달랑베르가 편집한 이 백과사전의 항목 가운데 '과학의 요소'(elements of the sciences)에는 근대 초기 과학계 동향이 소개되고 있으며, 또 다음의 내용이 포함되어 있다.

> 만일 우리가 지식의 모든 대상을 연결하고 있는 보이지 않는 연결고리(invisible chain)를 중단 없이 관찰할 수 있다면, 모든 과학의 요소는 하나의 고유한 원리(one unique principle)로 환원될 수 있으며, 그에 따른 결과는 각 특정 과학의 요소가 될 것이다.

그런데 이러한 설명에 등장하는 '보이지 않는 연결고리 혹은 사슬'이란 용어는 16세기 이후 유럽의 일부 자연과학자나 철학자의 저술(예: 데카르트, 라이프니츠, 몽테스키외 등)에서 간혹 등장했던 표현이다. 물론 사물의 모든 이면까지 총체적으로 조망할 수 있다고 여겨지는 신(神)과는 달리, 인간의 지식은 특정 개별 영역에 국한한다고 해도 여러 이견과 설명 불가능한 사실로 인해 지극히 제한적이다. 그럼에도 당시 유럽 철학자나 과학자는 자신들의 과제가 현상 이면의 보이지 않는 손을 찾아 끊임없이 세계의 진정한 존재론적 구조를 밝히는 것임을 인지하고 있었다.

따라서 이와 관련해 보이지 않는 손이나 연결고리에 관한 스미스의 직접적 설명을 검토한다면, 독자들의 의문에 비교적 정확하게 답변하는 것이 될 것이다. 이와 아울러 스미스는 과학적 방법론 및 보이지 않는 손의 개념을 바탕으로 여러 직접적 선구자와 이론적으로 차별화하는 몇몇 요소를 만들어 냈다는 점에 대해서도 살펴보고자 한다.

2. 도덕철학자 스미스와 '보이지 않는 손' 탐구

1) 평생의 연구계획과 방법론

스미스는 생전에 『도덕감정론』과 『국부론』을 직접 출판했다. 이 책들의 저자 소개에서 그는 자신을 글래스고 대학의 '도덕철학 교수'로 소개했다. 18세기 글래스고 대학의 도덕철학 강좌는 신학을 포함해서 윤리학, 법학, 정치경제학으로 구성되었다. 더욱이 스미스는 대학교수 시절 오전에는 도덕철학 강좌를 가르쳤고, 오후에는 수사학 강의를 했다. 그런데 1790년 사망 직전 스미스는 자신이 보유했던 신학, 수사학, 문학, 법학 등에 관한 16권 분량의 원고를 모두 소각하도록 지시했다.

그때 소각에서 제외된 일부 원고는 사망 한 지 5년이 지난 1795년 유언 집행인들이 『철학논집』으로 출간했다.

그렇다면 스미스의 평생 연구계획과 그 방법론은 무엇인가? 사실 스미스는 자신이 사망하기 5년 전인 1785년 프랑스의 라 로슈푸코 백작(Duke de la Rochefoucauld, 1747~1827)에게 쓴 편지에서 평생 꿈꾸어 온 연구 가운데 여전히 진행 중인 거대한 계획 두 가지를 밝힌 적이 있다. "나는 현재 그 밖의 거대한 연구 두 가지를 검토 중입니다. 그 가운데 하나는 문학, 철학, 시, 수사법의 각기 다른 분야에 대한 일종의 철학적 역사(philosophical history)입니다. 또 다른 하나는 법과 통치의 이론과 역사에 관한 일종의 연구입니다. 두 연구계획을 위한 자료는 상당 부분 수집되어 있으며, 그 가운데 일부는 비교적 좋은 상태로 정리되어 있습니다"(Smith, 1987, pp. 286~287).

이 편지에서 두 번째로 진행 중인 연구로 언급한 '법과 통치에 관한 이론과 역사'는 도덕철학 강좌의 일부였다. 이것에 대해서 그는 1759년 『도덕감정론』 초판이 나올 때 그 결론 부분에서 언급했을 뿐만 아니라, 1790년 마지막 수정본의 공지란에서도 그 약속이 유효함을 확인하기도 했다. 물론 스미스가 바로 사망하면서 이런 약속은 부질없는 공약(空約)이 되었다. 하지만 당시 수강생 강의 노트가 1896년과 1958년 두 차례 우연히 발견되어 『법학강의』로 출판됨으로써 그 대강이 알려진다.

앞선 편지에서 첫 번째로 언급된 연구계획 가운데 일부는 수사학 및 언어학이다. 이러한 계획 가운데 부분인 언어학 논고는 1761년 학술잡지에 발표된 바 있다.[1] 또 수사학에 대해서는 1958년 중고 서점에서 함께 발견된 학생 강의록이 『수사학강의』로 출간됨으로써 그 대강이 알려졌다. 첫 번째 연구계획의 철학적 역사 가운데 일부는 『철학논집』에서 다루어지고 있다. 젊은 시절부터 구상해 온 이 책 가운데 핵심 부분이 바로 과학사에 해당하는 천문학사(history of astronomy) 논고이다.

2) 과학: '보이지 않는 손'에 입각한 표층 현상의 설명

『철학논집』에 실린 여러 논고, 특히 '천문학사'는 스미스의 과학 방법론에 관한 목적으로써 오래전부터 주목받았던 연구이다.[2] 이 점 때문에 저명한 경제사상사가인 슘페터(Joseph Schumpeter)는 그 책에 실린 일부 논고에 대하여 다음처럼 평가한 바 있다. "이러한 논문들을 알지 못하는 사람은 그 누구든지 스미스의 지적 위업에 대한 적확한 지식을 가졌다고 할 수 없다. 만일 (스미스가 그 논문들의 저자라는) 부인할 수 없는 사실이 없었다면, 누구도 『국부론』의 저자가 그 글들을 저술할 능력이 있다고 생각지 않았을 거라고 나는 감히 말하고 싶다"(Schumpeter, 1954, p. 182).

(1) 흄의 관념 연합설과 일반지식의 규칙성 이론

흄에 따르면, "습관은 인생의 위대한 안내자다"(Hume, 1975, p. 44). 다시 말해, 사람들이 생각하는 인과 관계는 습관에 의해 귀납적으로

---

1 스미스의 언어학에 관한 국내 연구로는 김광수·최명원(2022)이 있다.

2 후술하듯이, 스미스의 젊은 시절부터의 연구인 『철학논집』(사망 후 1795년 유고집으로 출간)은 물론이고 『수사학강의』 역시 방법론의 관점에서 중요한 문헌이다(김광수, 2019).

형성된 개연성에 지나지 않는다. 철학 혹은 과학 그리고 여기서 거론된 법칙이란 마찬가지로 반복된 행위에서 익숙해진 습관 체계에 불과하다. 이처럼 인과 관계에 대한 실증주의적 설명의 기초를 제공한 흄의 인과론은 규칙성 이론(regularity theory)이라고 불린다.

실제로 흄은 과학적 지식조차 관측되는 여러 현상 사이의 규칙적 관계의 수집과 일반화에 불과하다고 말한다. 따라서 자신의 『인간 오성의 탐구』에서 과학적 설명과 지식에 대해 다음처럼 기술한 적이 있다.

> 예컨대, 우리는 이 끈(string)의 진동이 이러한 특정한 음향의 원인이라고 말한다. 그러나 그 진술은 무엇을 의미하는가? 이러한 진동은 이러한 음향에 앞서고, 모든 유사한 여러 진동은 유사한 여러 음향에 앞선다는 것을 의미하거나, 또는 이 진동은 이러한 음향을 앞서는데, 전자의 출현 시 마음은 감각을 앞질러서 즉각적으로 후자에 대한 관념을 형성한다는 것을 의미한다(Hume, 1975, p. 77).

흄과 마찬가지로, '천문학사' 논고의 초반에서 스미스는 인간이 얻는 외부 세계에 대한 일반지식이란, 여러 현상의 규칙적 연속성으로부터 선후 관계를 인식하는 관념의 계기 작용의 결과임을 인정한다. 다시 말해, 인간이 얻는 지식은 두 사건 중 하나가 다른 하나를 추종하고 있다는 사실에 대한 관측이 여러 번 반복된 후, 관념의 끊임없는 연결이 행해진 결과이다.

이 점에서 대표적인 흄 연구자로서 『도덕감정론』의 편집인으로 나섰던 라파엘(D. D. Raphael)은 과학 방법론에서도 스미스가 흄의 추종자였음을 지적한다.[3] "스미스는 인과 관계 및 외부 세계에 대한 흄의 설명에 의존한다. 스미스는 철학 혹은 과학이 흄이 거론한 대로 상식의 연장이라고 생각한다. … 물론 흄 자신은 철학의 여러 이론이 마찬가지로 상상력의 산물이라고 언급하지만, 그러한 단절을 메우는 상상력의 작용에 대한 그의 묘사는 외부 세계에 대한 우리의 믿음을 설명하는 데서 행해지고 있다. 스미스는 이러한 것을 과학이론에 대한 자신의 설명 속에서 활용하고 있다"(Raphael, 1977, p. 28).

실제로 스미스는 흄의 규칙성 이론에 따른 몇 가지 현상을 거론한다. 이를테면, 평평한 탁자에서 천연자석이 움직일 때 계기적으로 생기는 철심의 운동이다. 첫 목격자는 이에 관해 의아해하지만, 그 계기 작용을 오래 관측하면 두 현상의 연결은 자연스레 여겨진다(Smith, 1980, p. 40). 또 기계공은 작업장에서 수많은 기계의 움직임을 접하므로 외부인과는 달리 그 내부의 여러 작업 과정을 무언가 이례적인 공정으로 생각하지 않는다. 습관적으로 기계공들은 그런 작업 과정에 익숙해져서 상상력의 작용에서 아주 원활하다. 또한 빵이 신체에 영양을 공급한다는 인류의 상식도 이와 유사한 과정을 통해 얻은 지식이다(Smith, 1980, pp. 44~45). 마찬가지로 거울을 처음 바라보는 사람에게는 외부 물체를 그대로 투영하는 거울의 형상이 경이롭지만, 반복에 따라 그러한 현상은 친근해지고 더 이상의 설명이 필요 없을 만큼 자연스럽게 된다(Smith, 1980, pp. 185~186). 이처럼 『철학논집』에서 스미스가 거론하는 여러 사례는 흄의 견해를 말한 것이다. 다시 말해, 일반지식이나 상식은 관념의 계기 작용을 더욱 강화하고 견고하게 만드는 습관

3 근자의 스미스 평전에서 흄학파라고 지칭한 사례에서 드러나듯이, 스미스가 단순히 흄을 추종한 것처럼 보는 견해는 과거 학계의 꽤 흔한 해석이다(필립슨, 2023).

에 의해 얻어진다.

(2) '보이지 않는 손 혹은 연결고리': 과학적 실재주의

이처럼 과학적 설명을 위한 현상적 기초자료 혹은 사실(일종의 표층 현상)이 흄이 말한 규칙성 이론을 따른다는 것에는 스미스 역시 이론(異論)이 없다. 하지만 여기서 중요한 부분은 과학자가 진정으로 추구하는 학문은 그런 관계를 정립하는 방식에 머무르지 않는다는 것이다. 스미스에 따르면, 과학적 연구는 외부 세계에 관한 여러 현상 간의 규칙적 관계와 일반지식을 전제로 하여 한층 더 고도의 분석적인 단계로 나아가는 것이다. 즉, 과학상의 탐구는 상상력을 동원하여 표층 현상 이면의 '숨겨진 연관성'(concealed connection), 혹은 '자연에 존재하는 연결 원리' 또는 '일관성이 없게 보이는 현상들을 함께 묶을 수 있는 보이지 않는 연결고리(invisible chains)'를 발견하는 데 지향된다(Smith, 1980, p. 45). 이처럼 과학 본연의 과제는 모든 경험 현상의 이면에 존재하는 사물 특유의 객관적 본질과 어떤 진정한 궁극적인 힘을 파악함으로써 그것으로부터 미래의 변화에 관한 예측을 시도하는 것이다.

> 어떠한 변화 혹은 변혁이 각 사물 고유의 본질로부터 기대될지를 예견할 목적으로 각 사물 고유의 본질이 무엇인가를 확인하는 과제가 세계에서 일어나는 모든 서로 다른 변화를 연결하려고 시도하는 과학, 즉 철학의 과제가 틀림없이 되어야 한다(Smith, 1980, p. 119).[4]

---

4 18세기 당시에 철학이나 과학은 지식인 사이에서 거의 같은 뜻으로 혼용되었으며, 학문을 주로 의미했다.

스미스는 존재론적으로 세계 실재(reality)의 층위가 서로 구분되며 이 층위는 각각 분리되어 존재하는 것이 아니라 상호연계성을 지닌다고 보고 있다. 다시 말해서, 감각적으로 느낄 수 있는 경험 세계의 표층 현상이 있지만, 또 그 경험 세계를 배후에서 움직이는 사물 특유의 본질 혹은 실재 세계의 궁극적 심층 구조가 존재한다. 물론 이 후자에 대해서는 감각만으로는 알 수 없고 고도의 상상력, 이성, 직관, 영감 등의 여러 작용을 통해 추론해야 한다. "각 부류의 특유 사물에 보이지 않게 내포된 고유의 본질 혹은 보편적 특성은 그 자체로는 우리 감각의 대상은 아니며, 오성이나 지성에 의해서만 인식될 수 있다. 우리는 감지될 수 있는 속성에 의해서 각 사물 고유의 본질에 관해 판단한다"(Smith, 1980, pp. 128~129).

이렇듯이 『철학논집』에 있는 '천문학사'와 함께 게재된 '외부 감각에 대한 논문'을 보면, 흄과 스미스가 과학관에서 어느 정도 대조적인가를 쉽게 이해할 수 있다. 특히 앞서 흄에서 인용했듯이, 똑같은 관측 사례에 관한 스미스의 견해는 흥미롭다. 스미스에 따르면, 만일 음향을 내는 물체와 사람들이 듣는 음향 사이에서 어떤 규칙적 관계가 존재한다면, 과학자의 진정한 관심은 두 현상을 매개하고 있는 보이지 않는 구조를 통한 설명에 있다.

> 음향을 발산하는 물체의 진동은 주변 환경에서 모든 방향으로 전파되면서 우리의 청각기관에 도달하여 음향을 전해 주는 어떤 상응하는 진동 및 파동을 낳고 있다고 추측된다. 공기의 파동 및 진동에 근거해서 음향의 전파를 설명하는 것보다 더 가능성 있는 기초를 가진 과학이론은 많지 않다. … 그러한 요소(공기의 진동과 파동)가 우리 감관(感官)의 감각 작용과 감관을 자극한

먼 곳의 물체를 연결하기 위해 과학자들이 찾으려 노력했던 매개적 원인이다 (Smith, 1980, pp. 41~42).

마찬가지로 '천문학사' 논고에는, 사물의 규칙성 이면의 원리에 관한 진위와는 별개로, 철학자 데카르트(René Descartes)가 과학자로서 시도한 설명이 무엇인가 하는 발언이 나온다. 이를테면, 데카르트는 천연자석 부근에 놓인 철심의 운동을 이해하기 위해서 어떤 심층 매개적 구조를 상정했다.

천연자석 운동에 따라 움직이는 철심의 운동을 관찰했을 때, 우리는 그 현상을 응시하고 주저하며, 그렇게 이례적인 순서로 이어지는 두 사건 사이에 연관성이 부족하다고 느낀다. 그러나 데카르트가 했던 것처럼, 우리는 어떤 보이지 않는 자기소(磁氣素)가 두 대상 중의 하나의 주변을 에워싸고 순환하면서 반복적인 물리적 충격을 통해 다른 대상 하나가 그것을 향해 그런 운동을 하도록 밀어붙인다고 상상할 수 있다. 이렇게 하면, 우리는 그 두 현상 사이에 존재하는 단절을 메우고 일종의 교량에 의하여 그것들을 연결하며, 이를 통해 하나에서 다른 하나로 넘어가는 데에 상상력이 느꼈던 주저와 어려움을 없앤다 (Smith, 1980, p. 42).

이렇듯이 데카르트는 천연자석 주변의 철심 운동이라는 표층 현상에 관한 매개적 구조로 천연자석의 둘레를 에워싼 미립자(자기소)의 존재를 가정했으며, 소위 '보이지 않는 연결고리'에 의해 두 현상에 관한 과학적 설명을 시도했다. 앞서 기술했듯이, 과학적 탐구에 관한 스미스의 이 같은 설명 방식은 현대 과학철학에서 낯선 내용이 아니다. 이것은 근대 초기 다수 과학자가 공유한 견해이자, 현대식 용어로는 실재론적 과학관에 속한다. 과학적 실재주의(scientific realism)에 따르면, 과학이론이란 관찰 가능하고 규칙성이 존재하는 사건의 이면에 있는 실재하는 원인과 구조를 찾는 과정이며, 비록 험난할지라도 이것이 과학의 진정한 일면이자 본색이다.[5]

이상의 과학 방법론에서 살펴본 바대로, 스미스는 주로 실재론적인 과학 개념을 토대로 인문 세계의 뉴턴이 되고자 했다. 아니, 21세기 물리학에서처럼 다층적 힘으로 움직이는 세계를 상정하고자 했다. 어떤 상상 속의 허구나 은유가 아니라 최대한 인문 세계의 현상 이면에 실재하는 소수 궁극적인 힘이나 '보이지 않는 손 혹은 연결고리'를 찾아내고자 했다. 그 후 이를 토대로 관찰할 수 있는 사회 현상을 분석하고 설명하며, 또 가능하면 그 미래 운동을 예견하고자 했다.

5 과학적 실재주의는 과학 행위에 관한 주요 단면을 보여 주지만, 스미스는 이것이 과학자가 수행하는 일의 전체적 단면으로 보지는 않는다. 과학자 역시 인간이므로 인식론적으로는 마치 신처럼 세계의 실재 구조를 전면적으로 이해할 수는 없다. 특정 과학자가 설정한 모형 자체가 '자연의 유추' 혹은 '확률의 흔적'이 아니라, 세계의 진리를 구명하는 '확실한 논증'이 되려면 아직 그 전망이 요원할 것이다. 18세기 당시 보이지 않는 연결고리로서 뉴턴의 중력을 회의적으로 바라보는 학자는 드물었지만, 몇몇 측면에서 스미스는 뉴턴 체계의 설득력이 완벽하지 못하다고 보았다(Kim, 2017). 따라서 인식론적으로는 자신의 이론을 과학자 동료들이나 세상에 수사적으로 충분히 설득하는 일이 종종 필요하다. 물론 이 점에서 자연과학은 인문과학보다 정도의 차이가 덜 하지만 여전히 예외는 아니다. 스미스가 과학 역시 수사학의 학술적 담론(didactic discourse)에 속한다고 본 이유다(이에 대해 Kim, 2012; 김광수, 2019).

3. 법과 경제 문제: '보이지 않는 손'의 모형과 로크 소유권 이론의 차이

이와 같은 스미스의 과학적 방법론은 그 자신의 도덕철학, 즉 사회과학적 탐구에 어떤 영향을 주었을까?[6] 법과 경제학의 영역에 있는 현상에 대해서도 스미스는 한결같이 생각했다. 그에 따르면, 공정한 관찰자의 동감이 바로 제도의 형성과 변화에 작용하는 궁극적인 힘이자 일반 원리이며 보이지 않는 손이다. 즉, 시대별로 형성되고 변화하는 모든 제도의 이면에는 대개 공정한 관찰자의 승인이 부여된 것이다. 그리고 이처럼 공정한 관찰자의 승인에 따라 법제도가 실행되면, 정의가 구현될 뿐만 아니라 경제적 효율성과 번영도 뒤따라 일어난다.

1) 토지와 지대의 소유권에 관한 법과 경제

벤담(Jeremy Bentham)의 영향을 받았던 현대의 주류경제학과 법경제학에서 흔히 재산권은 역사적 맥락과는 무관한 공리주의적 관점에서 접근될 뿐만 아니라 그 제도적 도덕성에 의문이 없는 자연권처럼 취급된다. 이와 대조적으로 스미스는 『법학강의』에서 재산권의 출현을 공정한 관찰자 이론의 틀과 역사적, 인류학적 맥락에서 다루면서, 동시에 그 형성 과정에서 발생해 온 일탈적 질서의 문제도 함께 고찰했다. 다시 말해, 재산권은 보편적 권리로서의 자연권이 아니라 일정한 역사

6 스미스 도덕철학 체계의 보이지 않는 손 혹은 소수 일반 원리가 무엇인가에 대한 요약표는 다음 장에 마련되어 있다.

적 맥락에서 정치적 계기의 결과로써 형성되고 변화해 온 취득권이다. 그리고 이 같은 재산권의 출현과 진화는 사회조직의 측면에서 경제의 자연 질서를 촉진하기도 하지만, 법제도의 정치·사회적 기반 특성과 경로의존성 때문에 때때로 그러한 질서를 제한하며 오히려 정의와 효율성을 방해하기도 한다.

경제학의 지대이론(theory of rent)에서 실상 토지 사용에 따른 소득분배의 문제를 다루려고 한다면, 토지소유권의 문제는 그 이론적 가정에 관여하는 전제조건에 해당한다. 스미스에 따르면, 지대는 역사적 그리고 실증적으로 사유재산제, 권력구조, 사회적 계층화와 밀접한 관련이 있다. 토지지대라는 요소소득은 지주의 토지소유권과 독점력에 근거해서 지급되는 분배분이기 때문이다(김광수, 2022).

그런데 독점력에 기초한 소득의 창출은 스미스의 주된 비판 대상이다. 이를테면, 스미스는 근대의 동업조합처럼 법제도에 기반한 생산의 제한을 통해 독점가격을 형성하고 초과 이득을 챙기는 행태에 대해서 강하게 비판한 적이 있다. 반면에, 토지지대가 일종의 '독점가격'으로 지칭되기는 하지만, 토지소유권 자체가 부당한 독점과 강력한 제도개혁의 대상으로 비판되지는 않는다. 그리고 토지소유권의 결과물인 지대는 스미스의 경제이론에서 상품의 자연가격을 구성하는 부분이 된다. 이 점에서 그 전제조건으로서 토지의 소유권에 관한 스미스의 관점을 간략하게 살펴보기로 한다.

2) 로크의 노동소유권 이론

소유권에 관한 스미스의 견해는 17세기 영국 철학자 존 로크(John Locke)로부터 직접적인 영향을 받았다는 해석이 경제학계에서 지배적이었다(West, 2003, pp. 20~29). 하지만 상세히 고찰하면, 소유권에 관한 로크의 법 논리는 스미스의 견해와 적지 않은 차이가 있다. 로크에 따르면, 자연 상태의 인간은 모두 독립적이고 평등하며 일정한 자연권을 부여받고 있다. 그 가운데서도 가장 기본적인 자연권은 신체, 자유, 재산에 관한 권리이다. 인간은 자기 신체에 대한 자연법적 소유권을 보유하고 있으며, 또한 이 신체적 노동을 활용해서 획득한 재산에 대한 소유권 역시 자연법의 원리에 부합하는 것이다. 로크는 자신의 노동소유권 이론(labor theory of property)을 다음처럼 요약한 바 있다.

> 비록 대지와 모든 열등한 생물은 공유되는 것일지라도, 모든 사람은 자기 인격 가운데서 재산을 갖는다. 자기 자신 이외에는 아무도 이것에 대한 권리를 갖지 못한다. 자기 신체의 노동과 자기 손이 하는 일이 바로 자기 본연의 재산이라고 말할 수 있다. 그 무엇이든 자연이 제공해 준 상태에서 끄집어내어 자신의 노동을 투입하며, 자신의 소유인 무언가를 부가함으로써 그것은 자기 재산이 된다. 그는 자연이 제공했던 공유의 상태로부터 그것을 제거했으며, 그 노동으로써 그것에 무언가를 추가했으므로 그의 재산은 타인들에 의한 공유의 권리를 배제한다(Locke, 1690, pp. 145~146).

이처럼 로크의 소유권 이론에 따르면, 첫째 본래의 자연 상태에서 토지와 지상의 모든 자원은 인류의 공유재산이다. 둘째, (다른 사람을 위한 공유지가 충분히 남아 있는 한) 자연 상태의 공유재산은 노동을 통하여 사유 재산화가 된다. 그러므로 토지에 관한 소유권은 역사적으로 노동과 토지가 서로 협력하는 과정에서 창출된 자연권이다.

3) 스미스의 관찰자 기반 소유권 이론

『국부론』에서 로크의 노동소유권 이론이 마치 원형 그대로 수용되는 것처럼 보이는 표현이 한군데 있다. 1편 10장의 임금의 불균등에 관한 논의 가운데 등장한다.

> 모든 사람이 자기 자신의 노동을 통해 소유하게 되는 그러한 재산은 다른 모든 재산의 본원적 토대이며, 가장 신성하고 침범할 수 없는 것이다. 어느 가난한 사람의 세습재산은 그가 지닌 양손의 힘과 기교에 있다. 따라서 그가 이웃 사람에게 해를 끼침이 없이 이 힘과 기교를 적당하다고 생각하는 어떤 방식으로 활용하는 것을 방해하는 것은 이 가장 신성한 재산에 대한 명백한 침해다 (Smith, 1776, p. 138).

이 인용문에서 보듯이, 스미스는 노동의 결과물을 소유하는 것에 관해서 "다른 모든 재산의 본원적 토대"라고 언급하고 있다. 이러한 연유로 과거 학계에서는 스미스의 소유권 이론 역시 노동에 기반한 권리로부터 토지 재산권이 수용된 것으로 해석해 왔다.

하지만 스미스의 권리론 일반과 소유권에 관한 법리적 견해는『국부론』에서가 아니라, 이에 선행하는『도덕감정론』과『법학강의』공간에서 상술된다. 먼저, 윤리학 저술인『도덕감정론』은 정의론 같은 법리 일반의 논거를 다루고 있다. 이에 따르면, 도덕 판단의 일종인 정의감은 공정한 관찰자의 동감의 원리에 근거해서 분개심의 감정이 승인될 때 비로소 성립한다. 그러므로 모든 시대를 막론하고 국가가 실행하는 정의의 법률체계(민법, 형법 등)는 인류의 내면적인 도덕감정 및 정의감에서 나온 것이다. 즉, 이에 근거해서 신체, 명예, 재산 등에 관한 공동체 구성원들의 권리를 존중하고 자유로운 교환을 보장하려는 보편적 정신작용에서 비롯된 것이다. 또 당연하게도 사회공동체와 시장에 대한 국가의 개입과 강제력의 발동은 주로 정의의 법률체계에 의존한다(스미스, 2016[1759], pp. 199~248).

한편, 관찰자 기반 소유권 이론을 역사적 맥락과 구체적 경제환경에 접목하면서 스미스는 법제도의 성립과 진화를 고찰했다. 『법학강의』는 이 같은 동감적 정의론에 기초해서 모든 국가의 역사적 실정법체계가 실제로 어떻게 형성되고 변화했으며, 더 나아가 일부 실정법적 일탈에 대응해서 규범적으로 합당한 법체계는 어떠해야 하는가를 비판적으로 논의한다.

인류 역사에서 소유권은 본유적 자연권으로 출현한 것이 아니라, 일정한 발전 단계에서 공정한 관찰자의 도덕적 판단과 사회적 승인에 근거해서 도입되었다. 그리고 공정한 관찰자 이론이 주목하는 것처럼, 소유권에 관한 승인의 토대가 되는 당사자의 '합리적(reasonable) 기대'(Smith, 1978, pp. 17, 472)는 직접적인 노동뿐만이 아니라 시간(time)과 고통(pains) 등의 여러 요인에 대해서도 마찬가지로 적용된다. 이처럼 스미스는 소유권의 토대를 노동은 물론이고, 이와 직간접적으로 연관된 몇몇 요인에 관한 공정한 관찰자의 기대와 승인에서 구했다는 점에서 관찰자 기반 소유권 이론으로 평가된다(Haakonssen, 1981, pp. 106~107).[7] 그리고 관찰자 기반 소유권 이론(spectator-based theory of property)은 소유권에 관해서 동감 본성에 기초한 사회적 가치 내지는 사회적 합의를 중시한 것으로 해석된다.

이러한 이론적 접근 틀에 따라『법학강의』의 내용을 구체적으로 살펴보면, 인류 역사는 수렵시대, 목축시대, 농업시대, 상업시대의 4단계 생존 양식(subsistence mode)을 거쳐 진전되며, 재산권도 이러한 사회발전 단계에 발맞추어 변화하고 증가한다(Smith, 1978, pp. 14~16). 소유물이 전혀 존재하지 않던 시대로부터 경제발전 단계가 높아지면서 소유물의 내용과 범위도 늘고, 이에 따라 재산권을 규정하는 법률의 내용과 범위도 점차 확장된다. 예를 들면, 인류가 수렵 채집에 종사했던 단계의 재산권은 즉각적 소유물에만 국한된다. 수렵 동물은 보관이나 사육이 어려운 관계로 사람들에게 즉시 사용되기 때문이다.

반면 목축 단계에 이르면, 지구상의 동일한 유형의 동물들이 즉각적인 필요를 넘어서서 공동체 생활에 다방면으로 활용되기 시작한다. 이것이 목축 사회에서 '선점'과 '첨부' 같은 재산취득의 규칙이 처음으로 등장하는 이유다(Smith, 1978, pp. 20, 27). 그리고 일단 동물에 대한 소유권이 등장하자마자, "그 재산 개념을 한 대상으로부터 다른 대상으로 확대하는 것, 즉 양 떼 무리로부터 토지 자체로 확대하는 것은 어려움이 조금도 생기지 않았던 문제였다"(Smith, 1978, p. 107). 스미스에 따르면, 토지소유권은 목축 단계로부터 농경 사회로 이행하는 과정에서

7 또한 이에 대해 다음의 최근 문헌을 참고하라. Fleischacker(2004), pp. 185~192; Young(2007); Simon(2013); Schliesser(2017), pp. 169~181.

동산 중심의 소유권 개념의 확장에 따라 비로소 출현했다.

> 토지소유는 사회가 어느 한 부분의 대지에 씨를 뿌리고 식물을 심을 수 있는 권리를 특정인에게 분할이나 배당하는 것에 근거를 두고 있다(Smith, 1978, pp. 460~461).

요약하면, 『법학강의』에서 스미스의 동감이론과 4단계 발전단계론은 역사적으로 재산권이 목축 단계 이후 국가의 형성 과정에서 유래한 취득권임과 동시에, 공동체 사회의 틀 내에서 구성원의 협력을 조율하면서 재산권의 형성과 진화가 이루어짐을 전해 준다. 이처럼 스미스는 로크처럼 토지소유권을 국가 성립에 앞서는 본유적이고 영구적인 권리로 보지 않는다. 스미스에 따르면, 토지소유권은 사회적 관계를 맺고 있는 동감 본능의 관찰자적 관점이 기준틀이 되어 역사적인 환경에 부응해서 성립한 것이며, 또 동시에 환경에 따라 변화가 수용되는 권리이기도 하다.

4) 토지 재산권과 자원 배분의 효율성

그렇다면 이처럼 역사적 발전 단계의 진보에 따라 성립했던 토지 재산권은 어떤 경우든 자원 배분의 효율성을 유인하는가? 오늘날 공리주의적 관점을 채택하는 일부 현대 경제학자들은 종종 토지에 관한 절대적 사유재산제(absolute private property)를 채택하는 것이 자원 배분의 최적화와 효율성에 유익하다고 주장하곤 한다. 이에 비해 스미스는 재산권과 반독점(反獨占) 자유경쟁이 경제 후생에 미치는 긍정적 역할을 대체로 시인했음에도 불구하고, 동시에 몇몇 사례를 통해 토지 재산권의 도입과 절대적 사유재산제 자체가 언제든 경제적 효율성을 보증하는 장치가 아님을 분명하게 밝힌다. 예컨대, 토지 및 자연 자원에 관한 절대적 사적 소유는 '사유재산의 과소 사용'을 유발하고 사회적 비효율을 낳을 가능성이 있다. 이러한 경우에 재산권에 대해 부분적으로 사회적 제한이 필요하다.[8]

스미스의 분석에 따르면, 농경 단계의 초기에 들어서서 토지 재산권의 도입은 그 시대적 불가피성을 반영한 것이지만, 즉각적인 토지 자원의 효율적 활용과는 거리가 있었다. 예를 들면, 고대 로마제국 붕괴 이후 서유럽에서 토지 재산권은 장자상속법과 한사상속제가 도입됨으로써 왜곡되었다. 중세의 한사상속제는 유언자의 뜻에 따라 미래에 벌어질 토지 상속의 계통을 제한한 제도로서 절대적인 사유재산제를 지지하는 제도에 속한다. 이 두 가지 법제도의 시행에 따라 중세에 걸쳐 대토지소유자(영주)에게 토지가 집중되면서 우선 후손들에게 사회적 불의가 초래되었다. 또한 사회적으로도 토지거래가 막히면서 특히 토지자원이 미래 시점에서 가장 생산적인 용도로 배분되는 데 상당한

8 재산권제도는 자원의 활용이란 측면에서 어떠한 경제적 결과를 낳을까? 널리 알려진 공유지의 비극은 사유재산권이 부재한 경우에 공유자원의 과도한 사용과 고갈이 지배적인 현상임을 지적한다. 대조적으로 비공유지의 비극(tragedy of the anti-commons)은 현대의 특허권이나 지적재산권처럼 사유화가 자원의 과소 이용을 낳고 사회 전체의 생산 증가를 가로막는 현상이다. 후자의 사례에 대해 스미스는 18세기 다뉴브강의 지배권이 오스트리아, 헝가리, 바이에른 등에 의해 철저하게 분할되어 있는 관계로 수상 운송이 해당국 상업과 교통에 "거의 아무런 도움이 못 된다"(Smith, 1776, p. 36)고 기술했다. 사회적 이익을 최대화하는 관점에서 볼 때 이러한 두 가지 유형의 비극은 공유자원이든 사유화든 일면적으로 완전한 해결책은 없으며, 다양한 제도와 정책의 조합이 필요하다는 것을 시사한다(Ostrom, 1990).

부작용이 유발되었다.[9] 이에 따라 중세 내내 농업의 발전이 억제되면서 오랜 기간 자연적 진보와 경제발전이 훼손되었다. "이런 권리는 거래에서 토지를 완전히 배제하는 것이기 때문에 최고도로 불합리할 뿐만 아니라 공동체의 복리에 극히 해로운 일이기도 하다. 국가의 이해관계를 고려하면 토지는 필연적으로 다른 재화처럼 거래되어야 한다. … 장자상속권과 한사상속권이 적용되는 나라에서 이러한 두 권리가 거의 전적으로 농경을 훼손하는 지배적인 원인으로 작용했다"(Smith, 1978, p. 70).[10]

이뿐 아니라, 설령 토지 재산권과 토지거래 시장이 존재할 때도 토지생산물 시장의 여건에 따라 특정 목적의 토지가 방치되거나 삼림이 황폐화하는 경우로 귀결될 수 있다. 스미스는 가축 사육에 관한 삼림의 과다 이용 사례를 언급한다. 근대 초기 영국령 북미 식민지의 정착 과정에서 가축의 가치 대비 그 수가 급증하면서 야생적 방목이 일어나 그 많은 삼림과 미경작지의 일부가 황폐해졌다는 것이다(Smith, 1776, pp. 240~241). 한편, 역사적으로 농업과 경제발전의 과정에서 수요 증가로 가축 수가 늘었던 경우에도 마치 공유지의 비극처럼 목재를 공급하는 유럽의 삼림 일부가 황폐해지기도 했다. "농업이 진보하면서 삼림의 일부는 경작의 진보에 따라 벌채되고, 또 다른 일부는 가축의 수가

9 스미스에 따르면, 중세의 장자상속법과 한사상속제는 "자연, 이성, 정의에 반하는"(Smith, 1978, p. 49) 법제도로서 자녀 한 명을 위해 모든 자녀를 희생시켰으며, 동시에 근대 초기에 이를 때까지 유럽의 농업 발전을 저해했다(Smith, 1776, pp. 382~384).

10 또한 "유럽의 모든 대군주국에는 왕실 소유인 드넓은 토지가 아직도 많이 있다. 그런 토지는 대개 삼림이지만, 때로는 몇 마일을 걸어도 나무 한 그루 없는 수렵지도 있다. 이는 생산물이나 인구의 두 측면에서 국토의 순전한 낭비이자 손실이다"(Smith, 1776, p. 824).

늘면서 쇠멸하게 된다. … 수많은 가축 무리가 제멋대로 삼림을 떠돌도록 방치하면, 비록 오래된 나무를 파손하지는 않더라도 어린나무의 성장을 방해하기 때문에, 1세기나 2세기가 지나는 동안에 삼림 전체가 황폐해진다"(Smith, 1776, p.183).

요약하면, 국가와 시장이 협업하는 법과 경제의 체계에서 역사발전 단계에 부응해서 토지소유에 대한 사적인 권리가 생긴 것은 불가피했지만, 토지소유권은 자연적이고 항구적인 권리가 아니며, 또한 어느 경우든 사회적 효율성을 완전하게 보장하는 장치도 아니다. 그것은 공정한 관찰자의 시각에서 승인받은 정도로 사회의 시대적 요구를 수용하고 공생 공영의 관점을 반영하는 권리에 불과하다. 만일 토지의 이용이 다수 구성원에게 피해를 유발하고 공익에 상치되거나 생산적 용도로의 활용이 저해될 때는 그 소유에 관한 법적인 규제(예: 시장거래 허가권, 조세권)가 가능하다(김광수, 2019).

4. 장기적 경제발전 문제: '보이지 않는 손'의 모형과 그 일탈의 동학

1) 인문 세계의 '보이지 않는 손'과 역사의 해석

21세기 현대 물리학의 표준모형이 일반 대중에게 알려주는 것처럼, 자연 현상의 운행은 (그리스-로마 신화에 등장하는 여러 신의 기분에서가 아니라) 중력, 전자기력, 강력, 약력 등 거시 세계와 미시 세계를 구성하는 네 가지 궁극적 힘이 상호 작용하면서 생겨난다. 마찬가지로 스미스가 대중에게 전달하려는 바에 따르면, 인문 세계에 관한 한, (이를테면, 뉴턴 시대 사람들의 중력처럼 단일의 강력한 힘으로서) 인류의 이기심이 그 움직임을 좌우하는 '유일한' 핵심 원리는 아니다. 그 대신, 동감(사회적 공감)에 기반한 정의감과 생활개선 본능 같은 몇몇 본질적이고 궁극적인 힘이 서로 동시에 작용하면서 인문 세계의 운행을 이끌어 간다. 특히 정태적 관점을 초월한 동학의 관점에서 보면, 사회와 국가의 지속가능성과 인류의 흥망성쇠는 이러한 소수 힘이 어떤 비례와 적정성을 유지하며 발휘되는가, 아니면 불비례에 따라 통제 불가능한 어떤 지점까지 일탈하는가에 달려 있다.

고대 로마제국의 쇠망 이후 18세기를 거쳐 산업혁명이 전개된 근대 유럽의 역사적 서사(historical narrative)는 여전히 수많은 인문학도는 물론이고 성장에 주목하는 경제학자의 관심사에 속한다. 그런데 정통적 역사를 대변하는 학자에게 역사는 대체로 합리적 추론의 대상이라기보다는 직접적이거나 간접적 경험의 대상으로 생각되었다. 다시 말해서, 역사는 어떤 원리를 토대로 변화하는 경향성을 추론하는 법칙적 관점보다는, 경험을 통하여 알고 있는 그대로를 서술하는 데에 있다. 이런 정통적 방법론은 철학자 흄 방식의 경험론적 과학관과 실증주의에 훨씬 더 의존하고 있다. 앞서 방법론적 차이에서도 거론했지만, 흄의 실증주의와 스미스의 실재주의가 역사에 관한 해석에서도 부딪치면서 어떤 중대한 차이를 만들어 내고 있음은 흥미롭다.

2) 『국부론』 제3편의 실제 서유럽 경제사

『국부론』도 역시 사회의 지속가능성과 장기적 경제발전이라는 관점에서 유럽의 경제사와 근대로의 이행에 관한 내용을 다루고 있다. 그 3편 2장부터 4장에 이르기까지 스미스는 현대 역사가들이 일반적으로 활용하는 방식처럼 다소 실증적 방법에 가까운 사료 중심의 기술(idiographic history)을 채용하고 있다. 물론 스미스는 중세 유럽에서 근대로의 이행 과정에 관한 사실 기반의 경제사에 대해서조차 자신의 '보이지 않는 손'의 일반 모형에 근거했다. 다만, 그는 자신의 모형 내 소수 힘의 상호 작용을 통해 역사적 변화를 설명하면서도, 실제의 역사적 진보에는 그 힘 사이의 불비례에 따른 어떤 일탈적 요인이 강하게 작용했다고 보았다(Kim, 2009).[11]

이에 따른 서유럽 경제사를 요약하면, 중세의 농촌 지역은 불합리한 소유권제도 및 소작제도, 그리고 봉건영주의 폭력과 무질서가 횡행했다. 따라서 오랫동안 자급자족 수준의 경제력만이 유지되었으며, 개량과 발전의 동력이 억제되었다. 그리고 이러한 농업의 정체는 농업과 제조업의 국지적 분업체계 형성에 따른 내포적 공업화를 저해했다. 그런데 유럽의 도시들은 농촌과 달리 점차 봉건영주의 경제 외적 강제로

11 스미스에 관한 첫 번째 전기를 쓴 스튜어트(Dugald Stewart)는 그가 사용한 역사적 방법론과 분석−종합 방법의 결합을 다음처럼 적었다. "대부분 경우에 사실에 가장 부합하는 진보보다는 가장 단순한 진보(most simple progress)를 확인하는 일이 더욱 중요하다. 왜냐하면 이러한 명제가 외형상 역설처럼 보일지라도 실제 진보가 언제나 가장 자연적이지는 않다는 점은 확실히 사실이기 때문이다. 실제 진보는 다시 발생할 것 같지 않거나 인류의 개선을 위해 자연에 내재한 일반적 원인의 부분으로써 여길 수 없는 특수한 사건에 의해 결정될 수 있다"(Smith, 1980, p. 296).

부터 독립된 자치권과 특권의 확보 등 정치질서의 안정과 재산권의 보호를 통해 자유로운 상업활동을 수행했다. 이 중세 도시들은 특히 사치품 중심의 외국무역에 종사함으로써 거대한 부를 축적했다. 이는 상업과 외국무역이 제조업 발전을 선도하는 외연적 경로를 서유럽에서 발생시키는 계기가 된다.

한편, 중세 말기 영주들에 의한 제조품과 사치품의 수요가 증가하면서 특권적 상인에 의해 원격지 판매 지향의 제조업이 국내에 설립되었으며, 이를 통해 유럽의 농촌과 농업 부문에 큰 변화가 초래되었다. 우선 인근 도시로부터의 농산물에 대한 수요가 확대되고 이 과정에서 농업 생산자의 합리적인 관습과 규범이 정립되었다. 특히 개인의 자유와 안전을 보장하는 법률에 따른 통치와 사법권의 확립이 농촌에까지 점차로 도입되면서 농업에서도 생산자에 의한 농업 생산성을 증진하려는 시도로 잉여농산물이 풍부해졌다.

3) '자연적 진보'의 경로 vs. '완전히 전도된' 서유럽의 역사

방금 본 것처럼 사료 중심으로 접근한 스미스의 역사 기술은 당시 역사서를 집필했거나 이에 준한 관심을 표명했던 유럽의 주요 사상가(몽테스키외, 흄, 로버트슨, 콩도르세 등)와 별반 차이가 없다. 그렇다면 어떤 이유로 서로마제국 소멸 이후 오랜 기간에 걸쳐 상업이 제조업을 진흥하고, 또 제조업은 농업을 촉진하는 성장경로가 진행되었을까? 이에 대해 스미스는 자신의 인문 세계에 관한 보이지 않는 손 모형을 중심으로 크게 두 가지 근거를 제시하고 있다.

첫째, 중세 사회의 불합리한 풍속 및 불의(不義)한 법과 제도이다. 로마의 붕괴 이후 중세의 농촌 지역은 봉건영주의 폭력과 무질서에 따라 자급자족 수준의 경제력만을 유지했으며 개량과 발전의 동력이 억제되었다. 그리고 이러한 농업의 정체는 농업과 제조업의 국지적 분업체계 형성에 따른 내포적 공업화를 저해했다. 이를테면 장자상속법과 한사상속제는 국가 재산권 법제가 그 기초로 삼아야 하는 원칙인 "자연, 이성, 정의에 반하는"(Smith, 1978, p. 49) 제도로서 대표적으로 비판된다. 토지소유권에 관한 이들 법제도는 정의를 침해함으로써 유인구조를 왜곡했다. 이뿐 아니라, 이들 제도는 경제적 관점에서 농업의 발전을 억제하고 사회적 비효율성을 초래했다. 즉, 상기 제도는 토지분할과 토지의 시장거래를 지속해서 억제하는 역할을 함으로써 유럽에 많은 미경작지를 남겨 사회적 빈곤을 가져왔다. 또한 상속분할을 통해 가능했을 것 같은 수많은 소토지 소유자 형성을 억제함으로써 개량의 유인과 농업 발전을 저해했다.

둘째, 근대 초기 중상주의 체계가 시도했던 특정 산업 우대와 규제의 공공정책이다. 16세기 중세로부터 근대 국민국가로 이행하는 유럽의 지형에서 중상주의 사조에 기초한 공공정책이 전개되었다. 이에 따라 국가에 의해 입법, 시행되는 다양한 법률의 내용은 상당 부분 인위적으로 특정 산업(외국무역과 제조업)에 대한 지원 또는 규제 조치를 시행하는 것이었다. 이 같은 중상주의적 입법의 주요 내용은 농업에 비해 외국무역과 제조업을 우대하는 정책으로서 후자의 산업 부문으로 투자가 집중되고 확대되는 결과를 낳았다.

바로 이와 같은 추론이 『국부론』 3편 1장에서 유럽의 실제 역사적 경제발전 과정이 국부의 '자연적 진보'(natural progress) 과정에 부합하지 않았다는 다소 이색적 주장의 토대가 된다. "인간이 만든 제도가 사물의 자연적 경로를 방해하는 일이 없다면, 도시의 부의 증가와 도시의 성장은 어느 사회에서나 영토 또는 농촌의 개량 및 경작의 결과이며 그것에 비례한다. … 이러한 사물의 자연적 질서는 모든 사회에서 어느 정도 전개되었음에 틀림없지만, 유럽의 모든 근대국가에서는 이런 순서가 많은 측면에서 완전히 전도되어 있다"(Smith, 1776, pp. 378, 380). 더 나아가 만일 서유럽이 자연적 진보를 따랐다면, 농업, 제조업, 상업의 순서로 성장경로가 이어졌을 것이다.

> 사물의 자연적인 진행 과정에 따르면, 모든 성장 사회에 존재하는 비교적 많은 자본은 일차적으로 농업에 지향되며 다음에는 제조업으로 그리고 마지막에는 외국무역으로 지향된다. 이와 같은 사물의 자연적인 순서는 매우 자연스러워서 영토를 가지고 있는 모든 사회에서는 어느 정도 언제나 관찰되었다고 나는 믿는다(Smith, 1776, p. 380).

이처럼 자연적 진보 이론에 부합하는, "어느 정도 언제나 관찰"된 사례로서 『국부론』에서 가장 명확하게 거론되는 부분은 당시 북미 아메리카의 영국 식민지였다. 이뿐만 아니라 몇몇 역사적 사례도 자연적 진보 이론에 따르는 데이터로 언급된다.

이러한 유형의 철학적 역사(philosophical history)에 대해 역사적 사실의 특수성과 개별 사안의 역사성을 강조하는 정통 역사학자의 관점에서 많은 비판이 있었던 것이 사실이다.[12] 하지만 위에서 지적한 바대로, '보이지 않는 손'의 모형을 기반으로 부의 진보의 철학적 역사를 다루는 스미스의 과학적 견해는 철학자 흄의 방식과는 나름 분명한 차이가 있다. 앞서 강조한 대로, 역사를 포함한 인문과학에서도 본질적인 원인을 중심으로 사실에 관한 인과 관계를 명확히 추론하는 일이 가장 중요하다. 하지만 이때 인문과학은 주로 사물에 관한 학문인 자연과학과는 다소 차별화되는 어떤 특성을 갖는다. 인문과학에서는 학술 담론의 공통 과제(모형의 설명과 설득력)에 관해 수사적 기능이 훨씬 더 요구된다. 다시 말해, 특정 인문과학의 모형이 한층 높은 설득력을 가지려면, 그 모형이 실천적 판단이나 공공정책에 어느 정도의 유용성을 부여하고 있는가를 알리는 것이 중요하다.

이 가운데 먼저, 사실에 관한 인과 관계를 구명하려는 스미스의 논리는 다음과 같다. 인류의 강력한 생활개선(self-betterment) 본능이 자명하다면, 사물의 본성상 생존의 필요에 따라 어느 사회에서든 농업과 농촌의 발달이 선행할 수밖에 없다. 그 후 잉여농산물의 유무에 비례하여 그 인근에서 제조업과 상업이 부수적으로 발생한다. 농업의 선행적 발전은 이후 도시 제조업과의 사회적 분업의 확대를 위한 토대를 만든다. 즉, 농촌에서 공급되는 식량과 원료의 가격이 낮아지면, 제조업자

---

12 이에 대해 연구자 사이에서 다양한 견해가 제기되었다. 이를테면 1976년 글래스고 판본 편집자들은 스미스가 철학적 역사와 정통적 역사 사이에 의도하지 않게 내재적이고 화해할 수 없는 긴장 관계를 조성했다고 지적했다. 이 두 가지 유형의 역사는 각각 논리적 실체가 있음에도 불구하고, 같은 저술 안에서 이 두 가지 역사를 통합하려 할 때 무언가 모순이 발생한다는 것이다. 즉, 스미스의 철학적 역사는 역사적 증거로써 철저하게 지지받아야 함에도 그 모형이 결국 증거를 배제하는 데서 또 다른 역설이나 모순을 낳았다는 것이다. 이러한 견해에 반해, 스미스가 구사한 장기 경제성장에 관한 철학적 역사는 허구도 아니고 모순도 아니다. 그 경험적 측면 그리고 이론적 측면의 상세한 해부와 변호에 대해서는 Kim(2015; 2022) 및 김광수(2019)를 보라.

들이 농촌 인근에 정주하고 상호 수요를 형성한다. 그 인근에 신흥 산업도시가 만들어지며, 이것이 소위 '농업의 후예로서의 제조업'의 발흥이다. 더욱이 농촌과 신흥 도시 간에 존재하는 사회적 분업이 서로 상승작용을 하게 되면, 해외 무역용 제조품을 만들 정도로 제조업이 정교해지고 성장한다. 이것은 농산물에 비해 제조품에 대해서 공급 측면에서 수확 체증의 특성이 작용하고, 수요 측면으로는 편의품과 사치품에 관한 욕구가 쉽게 확장하기 때문이다. 그러므로 이러한 자연적 진보에 부응하는 실제 역사적 사례가 적지는 않을 것이다. 그런 역사적 사례는 고대 그리스 아테네, 근대 이전 중국제국, 근대 초기 잉글랜드, 18세기 잉글랜드령 북미 식민지 등에 이르기까지 널리 분포한다.

다음으로, 스미스가 제시한 부의 진보에 관한 철학적 역사는 수사학적 설득의 논리, 즉 실천적 판단이나 공공정책에 유용성을 더 보태기 위한 것이다. 물론 사실 기반의 서유럽의 경제사도 마찬가지로 어떤 정책적 시사점을 부여한다. 그 시사점은 당시 학자 사이에 소위 '온화한 상업'(doux commerce)의 명제로 널리 알려졌다. 스미스 역시 궁극적으로는 이런 유형의 명제를 지지하는 그룹에 속한다고 볼 수 있지만, 그 정교함과 상세함으로 보면 동시대 학자들의 수준을 넘어선다.[13] 이

13 소위 온화한 상업의 명제는 역사 연구를 통해 계몽주의 시대에 전파된 것으로, 상업이 사람의 폭력성이나 야만적 본성을 줄임으로써 인성의 세련화와 문명화를 도모하는 경향이 있다는 견해이다. 몽테스키외가 그 용어를 선구적이거나 그대로 쓴 것은 아니지만, "인간의 풍습이 온화한 곳에는 상업이 있고, 상업이 있는 곳에 인간의 풍습이 온화하다"고 하여 그 견해를 전파하는 데는 상당한 역할을 했다(Hirschman, 1977). 오늘날 이러한 견해가 완전히 설득력을 잃은 것은 아니지만, 자유경쟁을 중심으로 하는 자본주의 사회가 여러모로 공동체 파괴에 공헌한 부분이 적지 않다는 점이 동시에 인정되고 있다. 예컨대, 패트릭 드닌은 근자에 자유주의가 절제 없는 개인주의와 반(反)문화주의를 조장함으로써

를테면, 자연적 진보의 역사는 어느 사회든 비교적 높은 수준의 산업발전을 도모하려는 경우 적정한 풍속과 정의로운 법제도가 정착되어 있을 필요가 있음을 보여 준다. 이러한 여건에서야 산업과 경제가 한층 고도화하고 더 빠른 문명화가 도래할 수 있다는 것이다.

그리하여 스미스는 중농주의 자체의 논리적 모순, 아니 이보다는 특히 일부 산업만을 우대했던 중상주의가 인류사회에 끼친 폐해의 맥락에서 『국부론』이 내포한 핵심 사상 가운데 하나를 다음처럼 표현했다. "완전한 정의, 완전한 자유, 완전한 평등을 확립하는 일이 모든 세 계급의 최고 수준의 번영을 가장 효과적으로 보증하는 매우 단순한 비밀이다"(Smith, 1776, p. 669). 오늘날 이른바 '보이지 않는 손'의 우화를 강조하는 사람들이 취하는 방식, 즉 이기심만 최대로 자유롭게 허용되면 인류의 번영과 발전은 저절로 보장된다고 말했다고 하는 취지와는 거리가 꽤 먼 발언이다.

5. 맺음말

이상에서 보듯이 그리고 다음 장에서도 강조되듯이, 스미스는 지속 가능한 사회를 이루기 위한 '보이지 않는 손'이나 핵심 운영 원리에

빈부격차 심화, 우민화와 대중영합주의 득세, 환경 파괴 같은 해악을 초래했다고 비판한다(드닌, 2019). 그렇다면 어떤 조건 아래서 교역과 상업이 긍정적인 역할을 하는가? 중세로부터 근대로의 이행 시기에 관한 귀납적 사실을 근거로 온화한 상업 명제를 지지한 학자들은 이에 관해 답변하기 어렵지만, 스미스의 경우에는 가능하다.

대해 경제활동의 본령을 포함하는 폭넓은 도덕철학 또는 사회과학자적 시각을 견지했다. 따라서 스미스의 이론체계에서 사회규범, 정치, 법과 경제는 각각 별개의 영역이라기보다는 서로 통합된 하나의 분석체계로 나타난다. 정치적, 법률적 기본구조, 더 나아가 윤리 규범과 이를 반영한 사회적 가치의 수준, 또는 문화적 요인이 경제활동과 서로 긴밀한 연관성을 보이는 이유이기도 하다.

이를테면 고전파 경제학 이후 경제학계에서 널리 수용되는 것처럼, 자본축적, 분업, 기술 진보 등 공급 측면 요인들과 일부 수요 요인이 작용하여 경제성장의 선순환을 돕는다. 스미스의 사회과학 체계는 이러한 경제적 기제를 당연히 수용한다. 더 나아가 도덕감정의 작용에 따라 뒷받침되는 정의와 자유, 안전, 평등과 같은 사회적 가치가 국가 실정법의 운용에서 고유의 법원리로서 구현될 때 경제 성과와 사회적 후생은 한층 개선된다.

더욱이, 이러한 사회과학 체계에서 국가는 (현대 주류경제학처럼 무언가 외생적 존재로서 기능하는 것이 아니라) 사회공동체의 생존과 번영을 도모하기 위해서 그리고 도덕적, 물질적 자족성을 갖추도록 다른 영역과 상호 작용하며 나아간다. 그리하여 특히 21세기처럼 분업과 전문화가 고도화된 자본주의 사회에서는 식량 같은 기본적 재화의 공급은 물론이고, 최소한의 도덕성 유지에 요구되는 적절한 여러 수단이 국가가 표명하는 관심의 대상이 된다. 다시 말해, 평화와 질서, 그리고 사유재산권을 보장하는 행위뿐만 아니라, 반(反)독점 원칙 및 자유경쟁의 원리를 준수하고 과도한 경제적 불평등을 줄이기 위한 공공정책 역시 필요하다. 이 후자의 목적을 지향하기 위해서는 독과점 방지 및 형평성

과세, 보건의료, 교육 지원 같은 최소 수혜자의 생존권 보장이 요망된다. 특히 사회적으로 발생하는 경제지대(economic rent)에 대해서 국가는 적정한 조세정책으로 이를 흡수해 현재의 공공 재정에 충당하는 것은 물론이고, 그것이 세대를 넘어 확산하지 않도록 제도적 조처에 나서는 일도 역시 필요하다(김광수, 2015; 2020; 2022). 이 책의 여러 주제가 이와 같은 모든 영역을 다루기에는 당연히 부족하지만, 철학자와 정치경제학자로서 스미스가 지녔던 문제의식을 공유하려는 취지로 쓰였다는 것은 분명하다.

| 참 | 고 | 문 | 헌 |

김광수(2015), 『애덤 스미스: 정의가 번영을 이끈다』, 인문고전 깊이읽기, 한길사.

______(2019), 『국부론과 애덤 스미스의 융합 학문』, 도서출판 해남.

______(2020), 「애덤 스미스의 공공재정과 조세론에 대한 재조명」, 『경제학연구』 제68권 제4호, 한국경제학회, pp. 5~51.

______(2022), 「애덤 스미스의 지대이론에 대한 재조명과 정책적 시사점」, 『경제학연구』 제70권 제2호, 한국경제학회, pp. 95~131.

김광수·최명원(2022), 「애덤 스미스(Adam Smith)의 언어학과 실재론적 과학철학」, 『인문과학』 제87호, 성균관대학교 인문학연구원, pp. 285~316.

드닌, 패트릭 지음, 이재만 옮김(2019), 『왜 자유주의는 실패했는가: 자유주의의 본질적인 모순에 대한 분석』, 책과 함께.

스미스, 애덤 지음, 김광수 옮김(2016), 『도덕감정론』, 한길사.

필립슨, 니콜라스 지음, 배지혜 옮김(2023), 『애덤 스미스』, 한국경제신문사.

Fleischacker, S.(2004), *On Adam Smith's Wealth of Nations*, Princeton: Princeton University Press.

Haakonssen, K.(1981), *The Science of a Legislator: The Natural Jurisprudence of David Hume and Adam Smith*, Cambridge: Cambridge University Press.

Hirschman, A. O.(1977), *The Passions and the Interests*, Princeton: Princeton University Press.

Hume, D.(1975), *Enquiries Concerning Human Understanding and Concerning the Principles of Morals*, edited by L. A. Selby-Bigge, Oxford: Clarendon Press.

Kim, K.(2009), "Adam Smith's Theory of Economic History and Economic Development," *The European Journal of the History of Economic Thought*, vol. 16, pp. 41~64.

______(2012), "Adam Smith's 'History of Astronomy' and View of Science," *Cambridge Journal of Economics*, vol. 36, pp. 799~820.

______(2015), "Demand and Structural Change in Adam Smith's Theory of Economic Progress," *Cambridge Journal of Economics*, vol. 39, pp. 245~264.

______(2017), "Philosophy and Science in Adam Smith's 'History of Astronomy': A Metaphysico-Scientific View," *History of the Human Sciences*, vol. 30, pp. 107~130.

______(2022), "Resolving a Seeming Paradox in Adam Smith's Study of History with regard to Inference to the Best Explanation," *The European Journal of the History of Economic Thought*, vol. 29(1), pp. 40~60.

Locke, J.(1690[1824]), *Two Treatises of Government*, London: C. Baldwin.

Mankiw, N. G.(1998), *Principles of Economics*, Fort Worth, TX: Dryden Press.

Ostrom, E.(1990), *Governing the Commons*, Cambridge: Cambridge University Press.

Raphael, D. D.(1977), "The True Old Humean Philosophy and Its Influence on Adam Smith," in G. P. Morice (ed.), *David Hume: Bicentenary Papers*, Edinburgh: Edinburgh University Press, pp. 23~37.

Schliesser, E.(2017), *Adam Smith: Systematic Philosopher and Public Thinker*, Oxford: Oxford University Press.

Schumpeter, J. A.(1954), *History of Economic Analysis*, New York: Oxford University Press.

Simon, F.(2013), "Adam Smith and The Law," in C. Berry, M. P. Paganelli, and C. Smith (eds.), *Oxford Handbook of Adam Smith*, Oxford: Oxford

University Press, pp. 393~416.

Smith, A.(1776), *An Inquiry into the Nature and Causes of the Wealth of Nations*, edited by R. H. Campbell and A. S. Skinner, Oxford: Clarendon Press.

______(1978), *Lectures on Jurisprudence*, edited by R. L. Meek, D. D. Raphael, and P. G. Stein, Oxford: Clarendon Press.

______(1980[1795]), *Essays on Philosophical Subjects*, edited by W. P. D. Wightman, Oxford: Clarendon Press.

______(1987), *Correspondence of Adam Smith*, edited by Ernest Campbell Mossner, Oxford: Clarendon Press.

West, E.(2003), "Property Rights in the History of Economic Thought: From Locke to J. S. Mill," in T. L. Anderson and F. S. McChesney (eds.), *Property Rights: Cooperation, Conflict, and Law*, Princeton: Princeton University Press, pp. 20~42.

Young, J. T.(2007), "Adam Smith and New Institutional Theories of Property Rights," in V. Brown (ed.), *Adam Smith Review*, vol. 3, London: Routledge, pp. 48~68.

제2장

애덤 스미스 르네상스와 경제학에 관한 조망

김광수

1. 들어가는 말
2. 스미스의 도덕철학과 경제학의 위상
3. 시장 메커니즘 작동의 토대: 가치론 및 분배이론
4. 산업조직과 노동시장
5. 거시경제의 순환과 경제성장
6. 시장과 정부의 역할
7. 스미스 경제학(도덕철학)의 현대적 확장과 그 조류
8. 결론 및 시사점

1. 들어가는 말

20세기 후반 주류 경제학계에 상당한 영향력이 있던 스티글러(George Stigler)와 프리드먼(Milton Friedman)은 애덤 스미스의 경제학이 시카고 경제학의 자유방임주의와 부합한다는 점을 한결같이 강조했다.[1] 여기서 자유라는 것의 실체는 희소성, 소득분배, 정부 규제, 국가 정체(polity)와 같은 사회적 현안들이 시장 질서하에 조율되도록 그런 공간이 최대로 허용되는 것이다.[2] 이들 신고전학파 경제학자의 주된 강조점은 정부의 시장개입을 강력하게 억제하는 데 있었으며, 스미스의 18세기 '자연적 자유의 체계'의 정치경제학은 때마침 이러한 목적에 아주 부합했다.

그런데 1970년대 중반 이후 글래스고 판본이 출간되면서 약 50년간 스미스에 관한 세계 학계의 연구 흐름은 소위 '코페르니쿠스 혁명'(Copernican Revolution)이라고 지칭할 만큼 그 정량적 규모나 정성적 내용에서 엄청난 변화를 겪었다. 『국부론』 이외에도 『철학논집』, 『수사학강의』, 『도덕감정론』, 『법학강의』 등 여러 저술에 관한 융합적인 관심 덕분에 스미스의 과학철학, 수사학, 도덕철학적 접근에 관한 이해도가

---

1 신고전파 경제학은 주관적 쾌락주의 접근법에 기초하고 있으며, 궁극적으로 소비자의 효용과 선호에 의존하는 체계이다. 다시 말해, 인간은 합리성과 쾌락 추구 성향을 지니며, 소득이나 물질적 풍요로움에 비례해서 만족감과 행복이 증가한다. 또한 인간의 합리성에 대해서는 경제주체가 완전정보를 기반으로 확실성의 세계에서 경제활동을 수행하고 있음을 전제한다. 예컨대, 기업은 (현실에서 관찰하는 위계질서하의 불완전한 지시형 조직이 아니라) 일정한 투입물 벡터를 생산물로 전환하는 블랙박스에 불과하다. 그러므로 기업은 이미 주어진 기술적인 생산함수나 비용곡선을 기반으로 최적화 내지 이윤극대화를 추구한다.

2 이러한 내용에 대해 Friedman and Friedman(1980), Butler(2015), Liu(2022)를 참고하라.

폭발적으로 늘어났다. 이 패러다임 전환 과정에서 스미스는 외골수 경제학자가 아니라, 수사학자 그리고 자연철학과 도덕철학의 연구에 두루 관심과 역량을 쏟았던 융합적인 인문 사상가로 부활했다. 이제 단순히 전문화된 경제학적 접근만으로는 스미스 사상과 학문의 진면목이 파악되기 어렵게 된 것이다.[3]

세계 학계의 지성사로 보면, 글래스고 판본이 출간되면서 애덤 스미스 연구에 관한 르네상스가 시작되었다. 그리고 시카고 경제학이 경제학계와 일반 대중 사이에 강하게 정립해 온 자유방임주의적 해석은 적어도 스미스 전문가 사이에서는 퇴출당했다. 하지만 진실로 회귀하는 세계 학계의 분위기와는 달리, 아직도 경제학계 주변에서는 그 협소하고 왜곡된 이미지가 빈번하게 회자하곤 한다. 이것은 명백한 학문 지체 현상임과 아울러 19세기 이후 학문의 분절화에 따라 경제학자들이 사상사로부터 배우는 일이 대폭 축소된 연유와 무관하지 않을 것이다.

이 글은 지난 50년 사이에 전개된 애덤 스미스 르네상스의 본질을 개괄적으로 조명하면서, 스미스 학문체계 그리고 그 경제학에 관한 일반 대중의 오해와 오독을 부분적으로 개선하려는 취지를 지닌다. 먼저 스미스의 폭넓은 인문과학 및 도덕철학 접근법에 기초해서 그간 지배적이었던 사각이 좁고 분절화된 틀과 렌즈에서 벗어나는 것이 중요하다. 이를 통해서만 비로소 스미스가 시장맹신주의, 자유방임주의, 신자유주의자의 선구자가 아니었음을 알 수 있을 것이다.

---

3 예컨대, Winch(1978), Haakonssen(1981; 2006), Fleischacker(2004), Evensky(2005), Berry, Paganelli and Smith(2013), Hanley(2016), Sagar(2022).

2. 스미스의 도덕철학과 경제학의 위상

1) 18세기의 시대적 배경

고대부터 사람들은 흔히 물질적 부가 공동선을 훼손한다고 믿었다. 또한 유럽은 16세기 이후 1세기 동안 종교전쟁과 국제분쟁으로 거대한 상호 폭력과 공포를 경험했으며, 근대 중상주의는 경제에 관한 국가의 일방적 통제를 통해 부국강병을 시도했다. 이러한 여건 아래서 18세기 계몽주의 사상가로서 스미스는 더 좋은 사회, 더 행복한 사회는 어떤 조건에서 형성될 수 있으며, 시민들이 스스로 그 주체가 되려면 어떠한 다차원적 방안이 필요한가를 고민했다. 이러한 과제를 인식하고 실천하는 데 스미스는 당연히도 단일 학문이 아니라 융합적인 사회과학을 활용했다.[4]

2) 방법론과 과학철학

스미스는 오늘날 경제학의 선구자로만 널리 인식되지만, 당시 철학, 수사학, 윤리학, 역사학, 정치학, 법학, 사회학 등 융합 학문을 통해 사회 현상의 본질을 탐구하고자 했다. 세계의 본질은 본래 심층과 표층의 현상이 인과 관계로 얽혀 있는 가운데 표출되어 있다. 스미스는 자연 세계 내지는 인문 세계에 작용하고 있는 사물의 본질이나 원

4 이러한 시대적, 지성사적 배경을 중심으로 근대 사회 초기 스미스가 품었던 사상적 고민에 관한 국내 연구로는 이근식(1999), 박순성(2003) 참조.

형, 즉 '보이지 않는 손'(invisible hand)을 찾는 일이 과학의 과제라고 생각했다.[5] 이러한 세계의 복합 다층적 진면모를 비록 제한적이지만 과학적으로 이해하기 위해서는 존재론적 세계의 단순화, 모형화가 불가피하게 요망된다. 스미스의 도덕철학 체계는 복잡 다층적인 인문환경을 모형 설정을 통해 그 차원과 내용을 줄이고 분석적 방법으로 진리를 유추했던 작업이었다. 더 나아가 복합 다층적 모형의 몇몇 분석적 원리는 합성(종합)적 방법을 통해 사회 시스템의 역사적 동학을 설명하고 예측하는 데 활용될 수 있다.

스미스의 과학철학은 자신이 접근했던 경제학과 사회과학 방법론의 토대를 보여 준다. 이에 따르면, 외부 세계의 존재론 및 인식론과 결부된 과학의 특성은 모더니즘(modernism)의 일원론이나 환원론보다는 매우 복합적인 지적 탐구 행위이다. 세계에 관한 실재의 재현은 각 학

5 스미스가 자신의 저술에서 세 차례 거론한 용어인 '보이지 않는 손'에 대해서는 앞 장에서 이미 논의되었다. 근대 초기 저명한 과학자, 즉 코페르니쿠스, 케플러, 갈릴레오, 데카르트, 라이프니츠, 뉴턴 등이 견지했던 세계관은 기계와 유사한 체계로서의 세계였다. 즉, 기계와 유사한 세계나 자연의 다양한 현상은 비록 보이지 않으나 발견할 수 있는 공통된 힘에 따라 서로 연결되고 조직되었다는 것이다. 스미스의 젊은 시절 저작인 『철학논집』의 '천문학사' 논고에 다음 같은 기술이 있다. "철학은 이렇게 분리된 모든 대상을 통합하는 보이지 않는 연결고리(invisible chains)를 제시함으로써 충돌과 부조화의 현상적 혼돈에 질서를 도입하고, 상상력의 혼란을 진정시키고, 그리고 우주의 장대한 순환에 관해 탐구할 때 그 자체로서 가장 조화롭고 그 본성에 가장 적절한 고요와 평정의 상태로 이를 회복시키고자 노력한다"(Smith, 1980, pp. 45~46). 이러한 연장선상에서 『도덕감정론』과 『국부론』에서는 과학이란 자연 세계의 중력 그리고 전자기력의 원리처럼 소수의 '보이지 않는 손'의 심층 원리에 의해 표층 현상을 연결하고 설명하는 것이라고 지적한다. "자연은 … 모든 다른 경우에서처럼 가장 엄격한 절약의 원리 위에서 움직이면서, 하나의 동일한 원인으로부터 매우 다양한 효과를 창출한다"(Smith, 1759, p. 321). 또한 "소수의 설명 원리에 의해 자연의 모든 현상이 정리되고 연결되는 것처럼 일상생활의 격언들도 체계적인 순서로 정리되고 소수의 일반 원리에 의하여 연결되었다. 이처럼 사회 현상 배후에 존재하는 연결 원리를 연구하고 설명하는 과학은 적절히 도덕철학이라고 불린다"(Smith, 1776, p. 769).

▌**그림 2-1** 실재(reality)의 재현과 군맹평상의 우화

출처: 한스 몰러(Hans Moller) 삽화, "코끼리와 6명의 맹인".

파가 본래 지닌 지식의 한계 때문에 제한적이고 불완전할 수밖에 없다(군맹평상 우화에 관한 〈그림 2-1〉 참조). 따라서 진리를 향한 과학적 실재론적인 연구 방법과 설득 목적의 수사학적인 탐구라는 두 가지 방법론적인 접근법의 상호 작용은 불가피하다. 이러한 관점 아래서는 오랜 과학사를 통한 다양한 패러다임의 경쟁과 혁신, 소통과 수렴의 방식에 의해 진리 탐구를 향한 성과 도출은 매우 점진적 방식으로 가능하다.

그럼에도 이 같은 과학사에 관한 스미스의 견해에 따르면, 실재와 경험주의 기반 이론체계의 면모는 과학이론의 수용을 위한 우선적 평가 기준이 된다. 즉, 세계관과의 부합성, 논리적 정합성, 설명력과 예

측력 등 객관적이고 경험론적 요소가 과학이론의 수월성 평가에 우선적이고 일차적 기준이다. 반면 미학적, 사회학적, 수사학적 요소 역시 과학이론을 평가하고 수용하는 데에 부차적, 이차적 기준으로 작용한다. 과학자의 인지 능력의 한계뿐만 아니라, 관찰 가능한 표층 세계 이면의 보이지 않는 존재론적 관계의 복잡성 및 중첩성 등은 과학자들로 하여금 보편적이고 참된 지식의 확립을 위한 수사학적인 노력을 불가피하게 만든다(Kim, 2012).

이러한 과학철학 그리고 과학이론에 대한 평가 기준의 다면성과 위계성은 스미스의 도덕철학 체계 및 복합 다층적 인문환경 모형(사회, 법과 정치, 경제)을 이해하는 데 근본적 토대를 이루는 요인들이다(〈표 2-1〉 참고). 물론 과학철학의 토대주의가 지배했던 지난 20세기 중반경 방법론적 일원주의 내지는 환원주의 아래서 세력을 강화한 소박한 경제학적 시각이 지닌 경험론적 의의가 존중받아야 한다는 것은 분명하다. 하지만 오로지 방법론적 일원론에 근거한 그 같은 경제학적 해석은 인

표 2-1 스미스의 복합 다층적 인문환경 모형 및 경제학의 존재론적 위상

사회층위	층위의 특성	'보이지 않는 손' (핵심 행위원리)	주요 가치	주요 문헌
차원 1: 사회(공동체)	자생적 질서	(공평한 관찰자) 동감	상호성, 협력, 평판	『도덕감정론』
↓ ↑				
차원 2: 국가(법)	조직된 질서	(동감 기반) 정의감, 사회효용	자유, 평등, 안전	『법학강의』
↓ ↑				
차원 3: 경제(시장)	경쟁적 질서	(동감 기반) 자기애(self-interest)	효율성, 경제번영	『국부론』

출처: 김광수(2019), p. 23; Kim(2022).

문환경에 관한 스미스의 진정한 존재론적 비전, 그리고 인간의 다면성에 기초한 도덕철학 또는 사회과학적 시각에 포괄되어 성립한다는 점이 더욱 중요하다. 스미스는 『국부론』의 이론과 응용 분석에서 (합리적 경제인의 단일 원리가 아니라) 주로 정치경제학적 관점을 활용했다. 스미스는 실재론과 경험주의 관점에서 주로 정치경제학적 접근 방법을 통해 표층에서 관찰되는 시장의 제반 현상을 설명하고 예측했으며, 다양한 현안에 대한 공공복리 측면의 대안을 제시하고 설득하고자 했다.

3) 도덕철학 체계

스미스의 도덕철학, 즉 사회과학 체계 내에서 사회공동체의 세계는 인문환경 존재론의 첫 번째 차원(윤리학과 사회학)이다. 그 세계의 표층 현상은 역사적 사회 규범 및 가치로서, 이곳의 과제는 그 기원과 변화를 설명하는 것이다. 『도덕감정론』의 서두에서 "인간이 아무리 이기적이라고 해도 타인의 운명에 관심을 두는 본성도 있다"고 한다. 이러한 동감이라는 사회적 공감 본능은 인류 역사의 각 국면에서 사회적 규범 및 가치가 자생적으로 형성하도록 돕는다. 예컨대, 인의예지신(仁義禮智信) 같은 공유된 사회 규범이 출현하거나 전승되는 기제의 원천이 된다. 게다가 인류의 가장 강력한 이기심의 본성을 부분적으로 제어하는 역할을 한다. 상업 사회의 공유된 사회 가치 체계 속에서 자본주의가 나름대로 기능할 수 있다고 본 것은 이러한 도덕과학적 논리에 토대를 둔 것이다.

물론 역사적 현실은 강력한 이기심의 왜곡에 따라 이상적인 자생적 질서로부터 빈번히 일탈한다. 따라서 강제력을 행사하는 국가에 의한 사회 질서의 안정이 요망되며, 이에 관한 논의는 사회과학 체계의 두 번째 존재론적 차원(정치학과 법학)을 구성한다. 정치학과 법학은 국가 이론에 의해 조직적 질서의 표층 현상인 법제도의 기원과 변화를 다루고 있다. 『법학강의』에 따르면, 역사적 현실에서 사회 구성원의 신체, 재산, 명예 등에 대한 침해와 분쟁이 일정 부분 발생한다. 이처럼 공정한 교환 행위가 방해받거나 타인의 합당한 권리가 침해되는 행위에 대해 분개심(resentment)이라는 일반적인 심리 기제가 유발된다. 정의감(sense of justice)은 이 같은 분개심에 관한 공평한 관찰자의 동감, 즉 사회적 공감으로 성립한다. 정의감은 인류사의 국가법 제도(민법과 형법)의 기원과 변화의 이면에서 끊임없이 작용해 온 핵심 원리였다.

마지막으로, 인문환경의 세 번째 층위는 경제활동의 차원으로서 물질적 자원 마련을 위한 경쟁적 질서가 존재하는 공간(경제학)이다. 경제 세계의 표층 현상은 인류 역사에서 계속 이어온 생산, 교환, 분배, 지출에 관한 가격제도로서, 경제학은 자족적 경제활동, 자원의 효율적 배분, 경제성장 등에 관한 기제를 다룬다. 『국부론』은 세 번째 존재론적 층위인 경제의 세계, 즉 물질적 자족성을 추구하기 위한 인류의 다양한 경제활동 및 부의 본질을 해부하기 위해 제시되었다. 이에 관한 스미스의 분석에 따르면, 이기심의 하위 유형에 속하는 두 가지 본성, 즉 '생활개선 본능'(self-betterment)과 '교환 본능'(instinct to exchange)이 경제활동 및 물질적 토대의 기원과 변화의 이면에서 영향력을 행사하는 핵심적 원인이다.

한 나라의 경제 성과는 경제적 층위의 생활개선 본능이 어떻게 작용하는가에 있으며, 사회공동체의 비공식적 제도와 문화, 그리고 국가가 개입하는 공식적 제도와 규제의 질(質)에 대체로 의존한다.[6] 구체적으로, 사람들의 행복과 발전은 경제, 교육, 문화, 예술 등 모든 영역에서 정의, 자유와 경쟁이 허용될 때 한층 잘 성취된다. 이때 생활개선 본능이 충분히 발휘됨으로써 생활의 편의가 개선되고 경제발전이 이루어지는 동시에, 법률, 예술, 학문이 발전한다. 국가의 역할은 정의와 사회적 효용의 국가 경영원리에 의해서 법률과 사회적 제도를 운용하는 것에 있으며, 이에 준거해서 시장의 자율성과 경쟁을 보장하는 것이 필요하다. 이처럼 사회 진보를 위한 시장과 국가의 역할은 상호 보완성과 합당한 분업 관계에 있다. 그럼에도 인류 행복의 추구에서 정의의 법과 제도보다 더욱 중요한 요인은 인간의 내면적인 윤리 작용의 고양을 통한 국민 의식과 생활문화의 선진화를 달성하는 것에 있다.

4) 중상주의(대립과 전쟁의 체계)의 극복과 평화 · 협력의 경제학을 향하여

중세에서 근대로 이행하는 초기 유럽 사회를 약 3세기 동안 지배한 경제 사조는 중상주의였다. 중상주의에 관한 대표적 연구인 슈몰러(Gustav von Schmoller) 및 헥셔(Eli Heckscher)에 의하면, 중상주의는 부국강

6 20세기 초 사회학의 대가 막스 베버(Max Weber)는 종교적 금욕주의의 신념이 자본주의 정신의 토대가 되었다고 지적했다. 미국의 역사철학자인 후쿠야마(Francis Fukuyama)에 따르면, 윤리 규범에 토대를 둔 신뢰는 사회적 자본으로서 거래비용을 줄이고 기업과 경제의 효율성을 높인다. 또한 더글러스 노스(Douglass North)의 신경제사 이론에 따르면, 불의(不義)하고 불안정한 정치구조는 경제 성과에 흔히 유해하다.

병을 목표로 했으며, 그 본질에서 국가 형성(state-making)과 다름없다. 구체적으로 귀금속의 축적, 국부와 경제성장 촉진, 무역수지 흑자 구현, 고용 극대화, 국내 산업 보호, 인구 증가 장려 및 국가 통일 등을 정책적 목적으로 삼았다.[7]

현대적 관점에서 보면, 중상주의는 극단적 자국중심주의에 기반해서 대립적 무역 질서를 상정한 것으로 볼 수 있다. 이 교리에 따르면, 국가는 그 수량이 제한되어 있는 금은 확보를 위해 대내적으로 경제를 강력하게 통제하고 보호무역을 시행하면서 근린 궁핍화 정책을 시행해야 한다. 따라서 수출경쟁력을 위해 노동력은 저렴하고 다수 노동자가 무지한 상태를 유지하는 게 바람직하다. 국가는 대외적으로는 군사력을 동원해서라도 식민지 시장을 확보하고 값싼 원료로 비싼 완성품을 만들어 수출해야 한다. 결국 중상주의의 비전은 전 세계를 '제로섬 게임' 아래서의 무력 대결과 전쟁의 경제학으로 오도할 수밖에 없다. 따라서 중상주의는 인류의 역사가 종종 보여 주었듯이 기존 강대국 사이의 대립은 물론 부상하는 신흥국 사이의 전쟁이 불가피해지는 '투키디데스의 함정'을 부를 게 자명했다.[8]

한편, 스미스에 따르면, 프랑스의 중농주의는 자본주의 사회에서 토지지대를 유일한 경제 잉여로 간주했다는 점에서 중상주의에 비해

---

7 Schmoller(1896), Heckscher(1955), Stern and Wennerlind(2013) 참고.

8 스미스에 따르면, 중상주의 정책은 '사적 이익과 독점 정신'(Smith, 1776, pp. 474, 661)을 기초로 설계되었으며, 공공정책에서 지대추구자(rent-seeker)로서 소수의 상인과 제조업자의 이해관계를 대변한 것이다. 중상주의를 통해 제한된 수량의 귀금속이 국부로 규정된 채 무역차익의 불리함과 자국 산업의 위기가 과장되어 전파되었다. 결국 무역은 중상주의적 정책과 매개되어 호혜와 평화가 아니라 오히려 국제적 대립과 국민적 적대감의 원천이 되었다.

서 '진리에 가까운 체계'로서 경제학적인 기여를 이룬 것은 명백하다. 하지만 정치철학상으로는 비판의 소지가 컸다. 중농주의는 18세기 프랑스의 바람직한 정체(polity)로서 합법적 전제주의(legal despotism)를 지지했다. 합법적 전제주의란 근대 이전 중국제국의 황제를 모델로 한 입헌적(전제적) 군주국을 염두에 둔 정치철학이다. 사변적인 중농주의는 자연법적 전제권력의 강제에 의한 법률적, 제도적 제약을 객관적인 것으로 지지했다(Skinner, 1999; Hont, 2005). 『국부론』의 '자연적 자유의 체계'는 중농주의의 부분적 이론적 오류를 수정하면서, 중상주의에 기초한 대립과 전쟁의 경제학을 평화와 협력의 경제학으로 바꾸고자 했다.

3. 시장 메커니즘 작동의 토대: 가치론 및 분배이론

1) 경제학의 일반 원리

스미스 경제학에 관한 주요 원리로는 분업과 전문화의 원리가 가장 널리 알려져 있다. 분업과 전문화는 교환 성향에서 비롯되며, 생산 규모와 시장 크기가 커지면 그 유형의 분업과 전문화도 마찬가지로 수평적이든 수직적이든 확장한다는 내용이다(Smith, 1776, pp. 13~36). 하지만 여기에서는 다수의 주요 원리 가운데 학설사에서 그다지 잘 알려지지 않았거나 혹은 분명히 오해가 있는 세 가지 주요 원리만을 간략히 소개한 후, 다음 본론으로 넘어가기로 한다.

(1) 비교우위 원리

분업과 전문화가 이루어져 각자가 특정 직업을 갖게 되면, 모든 사람은 자기 재능이나 소질을 토대로 고유의 비교우위가 두드러진 일에 종사하게 된다. 경제구조가 고도화하는 산업 사회에서는 각자가 생활 개선을 통해 더 풍요롭게 살기 위한 경제활동에 나선다. 다시 말해, 각 구성원은 어떤 특정 직업에 종사하되, 기회비용(opportunity cost)이 가장 낮은 활동과 업무에서 특화하려는 경향이 있다.[9]

> 각자의 노동생산물 잉여분을 서로 교환할 수 있다는 사실이 확실하면, 모든 사람은 스스로 특정 직업에 전념하게 되고, 그 특정한 유형의 일을 위해서 자신이 보유한 재능이나 소질을 그 무엇이든 육성하고 완성하도록 고무된다. … 비용면에서 구매하는 것보다 만드는 편이 더욱 비싸다면 굳이 집안에서 만들지 않는 것이 모든 분별 있는 가장(家長)의 실천 원칙이다. 재단사는 자신이 신을 구두를 직접 만들지 않고 제화공에게서 구매한다. 제화공은 자신이 입을 옷을 손수 만들지 않고 재단사에게 맡긴다(Smith, 1776, pp. 28, 456~457).

---

9 현대 경제학 교과서들은 흔히 이러한 정태적 명제가 19세기 고전파 경제학자인 데이비드 리카도(David Ricardo)의 비교우위(比較優位) 개념에서 나왔다고 기술한다. 하지만 리카도는 자신의 『정치경제학과 과세의 원리』(1817)에서 이 개념을 정확하게 정의하는 대신에 비교열위(comparative disadvantage)를 한 차례 언급했을 뿐이다. "한 나라 상품의 상대적 가치를 규제하는 똑같은 규칙이 두 나라 이상에서 교환되는 상품의 상대적 가치를 규제하지는 않는다. 완벽하게 자유로운 상업 시스템하에서 각국은 자연스레 자국의 자본과 노동을 스스로에 가장 유리한 사업으로 돌린다. 이러한 각자의 우위 추구는 놀라울 정도로 전체의 보편적 이익과 연결되어 있다. … 우리 상품 대부분의 가격이 상승하면, 일시적으로 수출이 전반적으로 억제되고, 또 일부 상품의 수출이 영구적으로 금지될 수도 있겠지만, 외국무역에 실질적으로 지장을 주지는 않을 것이고, 외국시장에서의 경쟁에서 우리가 비교열위에 놓이지도 않을 것이다"(Ricardo, 1817, pp. 156, 220).

이와 같이 분업과 전문화가 고취되는 여건에서 각 개인이 자기 직업 선택에서 비교우위 원리를 적용해 생산성이나 효율성을 도모하려 한다. 마찬가지로 이 원리는 국가 사이의 무역에서도 그대로 적용된다.

> 모든 개별 가정의 행동에서 분별 있는 원칙이 거대 왕국의 행동에서 아둔한 행동이 되는 일이 좀처럼 있을 리 없다. 만일 어떤 외국이 우리 스스로 만드는 것보다 더 값싸게 어느 상품을 공급해 줄 수 있다면, 우리가 약간의 우위를 갖는 방식으로 만든 우리 근로 생산물 가운데 일부로써 그 나라 상품을 구매하는 편이 훨씬 낫다(Smith, 1776, p. 457).

(2) 제도경제 원리

만일 정의에 기초한 법제도가 있으면, 이것은 모든 사람이 사익 추구 과정에서 근면으로써 일에 나서도록 유인하며, 이에 따라 생산적 자원개발은 비교적 수월하고 또 저렴하게 된다. 또 경제 전반의 거래 비용을 낮추고 자원의 낭비를 막아 경제발전에 공헌한다. 이를테면,

> 자유와 안전을 보장하는 경우 자신의 처지를 개선하려는 모든 개인의 자연적 노력은 매우 강력한 추진 원리로서 작용하므로 어떠한 도움 없이도 사회의 부와 번영을 가져온다. … 정의(正義)의 조직적 집행이 시행되지 않는 어떠한 국가에서도, 국민이 재산의 소유에서 불안함을 느끼는 어떠한 국가에서도, 계약이 법률로 보호받지 못하는 어떠한 국가에서도, 국가의 공권력이 지급 능력이 있는 사람의 채무변제를 강제할 수 없는 어떠한 국가에서도, 상업과 제조업이 장기적으로 번성하는 일은 거의 발생할 수 없다(Smith, 1776, pp. 540, 910).[10]

(3) 경제 지리 원리

인구·공간 질서에 관한 경제 지리의 힘은 생산비용, 거래비용, 운송비용을 통해 인류의 경제활동에 상당히 직접적이거나 간접적인 파급효과를 갖는다.[11] 경제학적으로 매우 중요한 변수 가운데 하나인 인구(밀도)는 자연·인문 지리에 의존하고 있다. 이것은 인류의 경제활동이 물리적 공간 및 인문 지리에서 파생되는 자원이나 경관에 크게 의존하는 데서 비롯된다. 구체적으로 인구·공간 질서는 사회적 분업, 경제조직, 기술이 공간에 고착하는 방식의 차이를 가져온다. 이

10 이는 스미스의 매우 중요한 경제원리로서 정의, 자유, 평등이 '모든 계층의 최고 번영을 가장 효과적으로 보증하는 매우 단순한 비밀'이라는 원리에서 나온다(Smith, 1776, p. 669). 한편, 경제사에 관한 연구로 1993년 노벨 경제학상을 수상했던 더글러스 노스는 스미스의 후학답게 다음처럼 말한 적이 있다. "잘 정의되지 않고 비효율적인 재산권의 결과를 이해하기 위해서는 제3세계 경제의 생산조직과 선진공업국 경제의 생산조직을 대비하기만 하면 된다. 제3세계 경제에서의 제도적 틀은 높은 거래비용을 일으킬 뿐 아니라, 불안정한 재산권은 고정자본의 투입이 거의 없는 기술을 사용하도록 유인하고, 장기계약을 수반하지 않는다. 정부에 의해 운영되거나 보호받는 것을 제외하고는 기업은 전형적으로 소규모일 것이다"(North, 1990, pp. 64~65). 한편, MIT 교수 아제모을루(Daron Acemoglu)와 하버드대 교수 로빈슨(James Robinson)은 스미스와 노스의 직접적 영향 아래서 책을 썼다고 밝힌 적이 있다. 이러한 관점에서 이들은 『국가는 왜 실패하는가』를 통해 국가의 흥망성쇠가 포용적(inclusive) 혹은 착취형(extractive) 정치경제 제도에 달려 있다는 점을 지적했다(Acemoglu and Robinson, 2012). 스미스-노스 계통의 제도경제학에 이바지한 공로로 이들이 2024년 노벨 경제학상을 수상한 것은 그다지 놀랍지 않은 일이다.

11 이른바 일물일가(一物一價)의 법칙이란 용어가 시사하듯이, 현대 경제학에서 운송비용이 마치 일정하게 주어진 것으로 가정된 적도 흔했다. 이에 비해 스미스의 경제학에서 '근접성'(proximity)(Smith, 1776, p. 496)과 운송비용은 실제 경제 운영에서 결코 간과할 수 없는 요소이다. 이를테면, 『국부론』 4편 9장에서 지적하듯이, 농업국 혹은 후발 공업국이 선진국 제조품과 경쟁할 수 있는 조건 가운데 하나는 거리와 운송비용에서 비롯된다. "그들(농업국 제조업자)이 기술과 숙련의 부족으로 인해 당분간 그만큼 값싸게 제작할 수는 없을지라도, 국내에 시장이 있으므로 자신들의 제조품을 자국 시장에서는 상업국의 수공업자와 제조업자의 제조품만큼 싸게 팔 수 있을 것이다. 그런 상업국의 제조품은 아주 멀리 떨어진 곳에서 그 시장으로 반입되지 않을 수 없기 때문이다"(Smith, 1776, pp. 670~671).

를테면,

> 육상운송만으로 실행하는 일보다 수상운송에 기초해 더 넓은 시장이 모든 종류의 산업에 개방되기 때문에, 해안 지대와 운항할 수 있는 강의 연안에서 각종 산업이 세분화하고 발전하기 시작하는 것은 당연하다(Smith, 1776, p. 32).

인구가 증가하면 희소성과 경쟁압력으로 전문화와 기술혁신이 이루어지며, 이에 따라 제품가격 하락, 시장 확대, 경제성장이 달성된다. 이와 동시에 인구 규모가 커지면, 지리적으로 더 집중되고 상호 의존성을 높이는 도시화가 진행된다. "수공업의 발전과 개량이 이루어지고 결과적으로 생계유지가 더욱 쉬워지면서, 도시의 인구는 한층 조밀해지고 일반 거주자의 수는 증가한다"(Smith, 1978, p. 229). 국가 경제가 도약하는 국면(take-off)에서는 이 같은 인문 지리가 낳는 공간적 불균등성은 교역의 유불리에 큰 영향력을 행사한다. 다시 말해, 도시화에 따른 인구 밀집 지역에서는 집적경제 효과와 공간 외부성이 생겨 규모경제, 조직혁신, 기술개발이 발생하게 되고 제품 공급 관련 비용은 저렴해진다.[12] 스미스에 따르면,

> 어느 특정 작업장의 노동자 사이에서 일어나는 사안은 똑같은 이유로 거대한

12 인구가 밀집한 지역의 제조업에서는 규모의 경제가 발생하는 데다가, 제조기업들은 운송비용을 절감하기 위해 그런 도시 특정 지역에 공간적으로 집적한다. 게다가, 이 지역 제조업 노동자의 실질임금 상승에 따라 다른 지역 노동자가 이동하면서 결국 이 특정 지역의 인구는 더 조밀하게 된다. 초기의 인구·공간적 요소는 규모경제 및 집적경제에 영향을 주고, 또 역으로 이것은 경제활동의 공간적 집적과 제조업 중심지의 확장에 상호 작용한다. 아직 널리 알려지지는 않았지만, 이러한 스미스 경제학의 원리 적용이 20세기 말 크루그먼(Paul Krugman)의 무역이론과 경제지리학에 반영된 것이다(Krugman, 1980; 1991 참조).

사회의 노동자 사이에서도 일어난다. 사회의 인구수가 많으면 많을수록, 그들의 업무는 자연히 각기 다른 유형 그리고 그 아래의 세부 부문으로 한층 더 나뉘게 된다. 더 많은 사람이 각자의 업무수행을 위한 최적의 기계를 발명하는 데에 전념하고 있으므로, 결국 그런 기계가 발명될 가능성이 더 높아진다. 따라서 이러한 개량의 결과로써 이전보다 훨씬 더 적은 노동으로 생산되는 상품이 많아져서, 노동가격이 상승해도 이것은 오히려 노동량이 감소하면서 충분히 상쇄되고도 남는다(즉, 제조품 가격은 하락한다)(Smith, 1776, p. 104).

2) 가치론: 자연가격 이론

경제학에서 무엇보다 가치론이 핵심적 지위를 갖는 이유는 그것이 상대가격의 이면에서 작용하는 여러 힘과 소득분배를 결정하는 요인을 본질적 인과 관계에 따라 식별하는 특성을 갖는 점에 있다. 게다가 이러한 핵심적 특성 때문에 가치론은 경제성장의 원천이 되는 요인들을 확인하는 데도 유용하다.

경제학계의 주류적인 해석에 근거하면 스미스의 가치론은 일관성을 상실하고 있다. 『국부론』에서 자본축적과 토지점유가 없었던 원시 사회에서는 노동가치론이 타당하지만, 자본축적과 토지점유가 이루어진 경제에서는 생산비설이 타당하다고 거론하고 있다는 것이다. 다시 말해, 원시 사회에서는 상품에 투입되는 노동시간에 의해 그 가치가 결정되지만, 진보한 경제에서는 임금뿐만 아니라 이윤과 지대가 동시에 자연가격을 구성한다고 말해진다(Landreth and Collander, 2002).

하지만 최근의 (현대)고전파적 연구에 따르면, 스미스의 가치론이 미완성의 노동가치론이나 순환론적인 단순 생산비설로 규정되는 것은 그릇된 해석이다.[13] 스미스의 자연가격 이론에서 재화의 실질가격은 현재의 생산 과정에서 지출된 직접적 분배 소득을 단순히 합산하는 방식을 넘어선다. 이러한 산술식에서는 중간투입물과 자본재의 감가상각을 산정하기 위해서 전체 생산기간에 걸쳐 지출되었던 간접적 분배 소득을 (과거로의 환원 과정을 통해) 합산한 것이 추가되고 있다. 이러한 비용-가격에 관한 산정 방식은 실질가격을 그 구성요소로 환원하는 과정에서 시간적 요인(time element)을 고려하는 것이다. 이러한 속성 때문에 단순 생산비설에 관한 순환성 논리(가격-비용-가격의 동어반복) 기반 비판은 그 근거를 상실한다.[14]

이처럼 고전파의 방법론을 현대적으로 재구성하는 패러다임에 따르면, 자연가격은 인구변화에 따른 임금 조정(예: 생존임금 수렴)과 경제 내 이윤율 균등화가 성립된다는 가정에 따라 일반 균형 틀 속에서 수렴되는 장기 균형가격이다. "자연가격, 즉 자유경쟁의 가격은 모든 경우에는 아니지만 진정으로 상당한 기간에 걸쳐 획득할 수 있는 최저가격이다"(Smith, 1776, pp. 78~79). 그리고 장기 균형가격으로 명명되는 자연가격은 단기적 수요와 공급의 작용으로 수시로 변동하는 실제 시장가격의 중심축(center of gravitation)이 된다.[15] 이 자연가격의 구성요소 가

13 스미스의 가치론은 서로 독립적인 것처럼 보이는 세 유형의 분배요소를 단순히 합산하는 생산비설로 지칭되었다. 이처럼 생산비의 단순 합산으로 국민소득의 분배상의 상호 제약을 고려하지 못한 것으로 그릇되게 평가되었다(Ricardo, 1817; Marx, 1968).

14 Aspromourgos(2009), Sinha(2010), Kim(2023), Sraffa(1960, 6장) 참조.

15 스미스의 가격이론에 대한 일반 균형적 접근에는 두 가지 부류가 있다. 먼저, 복수 단기 균형에 초점을 맞추는 신고전파 경제학적 해석에 의하면, 수급의 일반 균형에서 자연가격이 결정된다(Hollander, 1973; Samuelson, 1977). 반면, 1960년대 이후 스라파 이론을 기반으로 재조명된 현대 고전파의 해석에 따르면, 스미스의 자연가격 이론은 장기적인 이

운데 임금과 이윤은 자본주의적 (재)생산에 불가결한 비용이지만, 지대는 가격의 원인이 아니라 그 결과에 따라 결정되는(price-determined) 잔여적(경제 잉여) 분배요소의 특성을 갖는다(Smith, 1776, p. 162). 그럼에도 스미스의 가치론에서 지대의 자연율이 자연가격의 구성요소로서 포함된 연유는 지대가 발생하고 수취되는 역사적 현상에 있다. 즉, 식량은 인구를 부양하는 데에 가장 본원적이고 필수적인 재화였으며, 인구 증식의 메커니즘에 따라 곡물 재배지에 대한 수요 초과는 일상적인 현상이었다는 것이다.[16]

3) 분배론: 임금, 이윤, 지대에 대하여

지금 거론한 스미스의 자연가격 이론은 시장 내부 과정의 주요 경제변수의 상호 관계를 '정태적' 관점에서 추상화한 것이다. 정태적 균형을 이해하기 위해 자연가격 이론에서 임금률 및 이윤율은 잠정적으로 주어진 것으로 가정된다. 또한 이 정태적 단면 분석에서 생산기술과 제도적 장치 등은 파라미터로서 추상적 경제모형(생산체계)의 외부에서 작용하거나 결정되는 주요 요소임을 보여 준다. 이렇듯이 자연가

윤율 균등화를 전제로 한다(Dome, 1998; 롱칼리아, 2014, pp. 93~94). 이 해석에 따르면, 고전파 경제학은 수익률 균등화의 일반 균형 틀 속에서 경제의 순환, 재생산, 성장을 위한 경제 잉여의 최적 생산과 분배를 목적으로 하는 경제 분석이다. 일반 균형에서 자연가격은 생산비용과 일치하고, 이때 상대가격과 순생산물의 분배는 경제 외부의 생산기술과 제도적 규칙 등에 의해 결정된다.

16 스미스에 따르면, 인류 역사에서 식량 생산 토지의 지대가 늘 있었던 것은 식량에는 "시장에 가져가는 데 충분한 부분(임금과 이윤의 합계)에 비해 언제나 더 높은 가격을 형성할 수 있을 만큼의 수요가 반드시 존재"하기 때문이다(Smith, 1776, p. 162).

격 이론 기반의 정태적 단면 분석은 경쟁 시장 내의 상대가격 및 순생산물(경제 잉여)이 어떻게 결정되는가를 이해하도록 돕고, 경제의 응용 분석을 시도하는 데에 유용성을 부여한다.

그렇지만 스미스의 임금, 이윤, 지대의 분배론을 전체적으로 이해하려면 다소 포괄적인 동학적 상황(경제의 진보, 정체, 퇴보 상황)이 고려되어야 한다. 예컨대, 스미스에 따르면, 역사상 진보 상태, 즉 우호적인 경제 여건과 경제발전은 임금이나 이윤의 수준을 장기 균형 상태의 자연율보다도 훨씬 높게 유지한다(Smith, 1776, pp. 87, 91, 864). 이처럼 진보 상태에서 장기 균형가격 수준을 초과하는 분배 소득의 일부분은 지대와 마찬가지로 경제 잉여의 일부분이 된다.[17]

이러한 논의는 자연가격 이론에서 결정되는 재화의 상대가치 및 소득분배가 순전한 경제적 요인뿐만 아니라, 생산기술, 사회문화 및 정치적인 요인에도 의존하고 있음을 시사하는 것이다.[18] 실상 임금률과 이윤율 같은 분배 변수들은 자본축적률, 노동자의 생산성(숙련도), 경쟁의 정도뿐만 아니라, 국가규제 및 협상력(사회관계) 같은 제도적 요인에 의해서도 결정된다.

하지만 순수 경제이론으로 접근하면, 자연임금률은 경제가 진보 상태, 정체 상태, 퇴보 상태에 있는가에 의존한다. 구체적으로 임금률은 자본축적률의 정도에 의존한다.[19] 특히 경제의 진보 상태에서 빠른 자

17 본래 경제 잉여의 속성을 지닌 토지지대뿐만 아니라, 자본주의 사회에서는 여타 본원적 소득 역시 경제발전에 따라 생산비용을 초과하는 경제 잉여로서 순소득이 될 수 있다.

18 Aspromourgos(2013), Sinha(2019), 김광수(2019)를 보라.

본축적에 따라 분업의 확장 및 노동절약적 기술의 채택으로 인해 노동생산성이 개선됨으로써 실질임금은 상승한다.

마찬가지로, 자연이윤율도 경제의 상태가 진보, 정체, 또는 퇴보하고 있는가에 의존한다. 『국부론』 1편 9장에서 거론되는 것처럼, 인류의 '역사적 경험'과 데이터를 보면 임금률과 이윤율은 대체로 역관계에 있다. 이러한 관계에 대해 경제이론의 측면에서, 만일 생산기술이 고정되어 있다고 가정될 때, 그 두 변수 사이의 역관계가 성립한다는 것은 거의 자명하다. 하지만 경제가 진보하는 상태에서 자본축적률이 증가하면서 분업과 노동생산성이 동시에 개선되는 상황을 전제로 한다면, 즉 생산기술이 개선되는 여건을 염두에 둔다면 임금과 이윤율의 역관계가 '이론적으로' 명료하게 정립되는 것은 아니다(Sinha, 2019, pp. 21~30).

한편, 18세기 당시 국부와 경제 잉여의 핵심 구성 부분이었던 자연지대 역시 다른 분배 변수와 유사한 원인에 따라 변화하며, 경제의 진보 상태에서 상승한다(김광수, 2022). 물론 스미스의 자연가격 이론에 따르면, 토지지대는 경제의 일반 균형에서 재화가격과 함께 결정되는 잔여분이었다. 그러한 지대는 (토지 비옥도 같은 자연적 속성에 의존할 뿐만 아니라) 그 소유권 기반(제도적) 속성에 따라서 토지가격이 동태

19 "노동의 화폐가격은 필연적으로 두 가지 경제적 사정, 즉 노동에 대한 수요, 그리고 생활필수품 및 편의품의 가격에 의해 규제된다. 노동에 대한 수요는 때마침 그 수요가 증가, 정체, 감소하고 있는가에 따라서, 즉 그것이 인구의 증가, 정체, 감소를 요구하고 있는가에 따라서 노동자에게 제공되어야 하는 생활필수품과 편의품의 수량을 결정한다. 또한 노동의 화폐가격은 이러한 수량을 구매하는 데 필요한 금액에 의해 결정된다"(Smith, 1776, p. 103).

적으로 변화할 때 변동한다. 다시 말해, 이러한 지대 전체는 사회제도 개선과 함께 토지개량, 제조기술과 노동자의 근면이 활성화되는 경제 발전 과정에서 증가한다(Smith, 1776, p. 264). 예컨대, 경제발전 과정에서 생산기술과 소득 수준이 증진되면 식량 이외의 토지생산물과 제조품에 대한 수요도 꽤 증가하므로, 그런 수요의 부족 때문에 경작이 이루어지지 않았거나 지대가 존재하지 않았던 토지의 가치와 지대를 역시 상승시킨다.[20]

4. 산업조직과 노동시장

1) 반(反)독점 형태의 산업조직 지지와 경제 성과

신고전파 경제학에서 '보이지 않는 손'의 작용을 통한 자원 배분의 효율성을 비유적으로 거론해 온 정도로 스미스의 시장구조 이론은 현대 완전경쟁의 개념과 유사하다고 인식되곤 한다. 신고전파 경제학의 완전경쟁은 일종의 균형 상태(equilibrium state)로서 어떠한 개별 기업도 제품가격에 영향을 미칠 수 없는 특정한 시장구조 내지는 완전한 시장

20 지대론과 가치론에 기반한 이론적 논의는 조세에 관한 응용경제 분석은 물론 경제 후생 증진에 관한 경제학의 대안 체계를 정립하려는 시도였다. 예를 들면, 곡물 대비 기타 재화의 상대가격 지표에 의해 경제발전 추이를 확인하는 것이 가능하다. 경제사 연구가 보여 주듯이, 당시에는 농업 부문의 총지대가 상공업 부문의 경제 잉여를 훨씬 초과했다. 이 점에서 새뮤얼슨(Paul Samuelson)은 "스미스의 체계는 지대를 최대화한다"고 기술했다(Samuelson, 1977, p. 43). 농업 기반 경제에서 총지대는 순생산물로서 경제 후생에 관한 최적의 지표임과 동시에 경제의 성장잠재력에 대한 대리변수였다.

경쟁의 과정이 수반하는 '이상적이고 규범적' 상황을 의미한다(Stigler, 1957).

이러한 표준모형의 완전경쟁은 경제적 자유를 갖는 수많은 독립적 판매자 그리고 완전정보의 속성을 지닌 시장구조에 근거한 개념이다. 시장에서 결정되는 완전경쟁의 가격은 개별 판매자의 자의적인 경쟁적 흥정 의사와 무관한 파라미터에 불과하다. 개별 판매자는 완전경쟁 가격을 수용할 뿐 흥정을 통한 시장 행위는 사실상 불가능하다. 또한 현대 경제학에서 완전경쟁과 대비되는 독점 개념은 특정 산업에서 단일 판매자만 있는 시장구조이다.

이와 대조적으로, 스미스가 거론하는 '자유경쟁'(free competition)이란 기업의 활동에 진입장벽이 없는 상태로서 잠재적 경쟁기업이 자유롭게 진입하고 퇴출하는 상태를 지칭한다. 따라서 경쟁은 가격이나 그 밖의 조건을 가지고 경합적 이해관계에 있는 경제주체들과 서로 다투는 시장 행위이다. 예컨대, 시장의 초과 공급이나 혹은 수요자가 제한된 공급 물량을 놓고 경합하는 사례처럼, 수급균형으로부터 시장이 일탈할 때 비로소 자유경쟁은 발생한다. 사업가의 관점에서 보면 경쟁가격은 파라미터가 아니라 변수에 해당한다.

이처럼 스미스는 반(反)독점과 경쟁에 의한 균형 상태뿐만이 아니라 경쟁에 따른 변화 과정에 주된 관심을 지녔다. '자유경쟁'은 정태적인 균형 상태가 아니라 시장에 참가하는 경제주체들의 제한 없는 시장의 진입과 퇴출에 따라 계속 변화하는 실제적이거나 잠재적 경합이며, 따라서 시장 과정(market process)의 개념이다. 시장의 수급 불일치에 따라 서로 경합하고 다투는 경쟁 개념은 동태적인 불균형 및 기술적 ·

구조적 변화를 초래하는 요인으로서 일종의 진화적 속성을 보여 준다(Sylos-Labini, 1976).

마찬가지로, 스미스 경제학에서의 독점은 '자유경쟁'과 대비됨으로써 훨씬 더 광의의 의미를 지닌다(Salvadori and Signorino, 2014). 다시 말해, 독점은 진입장벽이 존재하기 때문에 특정 상품의 공급이 고정되거나 제약되는 상황을 의미한다. 그러므로 스미스는 단일 공급자인 경우를 포함하여 소수의 판매자가 담합에 따라 시장 공급을 제한하는 때에도 독점으로 판단했으며, 이 때문에 재생산이 불가능한 토지마저도 독점이다.

또한 경쟁의 개념처럼 독점에 대한 스미스의 인식은 정태적 분석을 넘어 동태적 성격을 지닌다. 이러한 개념 아래의 독점 행동 분석은 현대식 제한된 독점 개념보다 더 풍부한 설명을 제공한다. 예컨대, 역사적으로 지대추구를 도모하는 사람들은 대체로 권력자와 결탁해서 제도적 장치를 통해 진입장벽을 강화하기를 선호했다. 이러한 맥락에서 앞서 거론된 중상주의는 근대 자본주의의 거대한 독점체 구성 기구였다. 이러한 특성의 독점은 정태적 차원에서 비효율적 자원 배분을 일으킬 뿐만 아니라, 지대를 추구하는 과정에서 사회적 자원을 흔하게 훼손한다. 경제주체의 절약 습관을 해치고 불필요한 낭비를 조장하며, 기업경영의 내부 비효율성도 초래한다. 결과적으로 자유경쟁과 대비되는 독점은 국민소득을 낮춤으로써 자본축적과 경제성장을 저해하며, 더 나아가 주변 교역국의 경제 후생도 감소시키는 효과가 있다.

2) 노동시장 규제와 경제 성과

이상에 제시된 것처럼, 판매자나 공급자가 담합에 따라 시장 공급을 제한하는 폭넓은 독점 개념에 근거한 시장구조 이론은 노동시장과 그 성과에 관한 분석에서도 활용된다. 예를 들면, 『국부론』에서 영국 근대사회 초기의 동업조합법, 도제법, 정주법에 대한 평가는 실질적으로 노동시장을 규제하고 일종의 독점 상태로 몰아간 법제도에 대한 비판이었다. 실상 당시 제조업자, 상인 등 기업가 단체들은 시장의 특권 및 규제권 획득을 위해 정치인들에게 입법 청원하고 영향력을 행사했다. 이들은 이러한 법제도의 신설을 통해 가격통제, 생산제한, 지역제한, 획일적 시장 형태의 유도, 신규진입의 제한 등 각종 경쟁 제한적인 규제를 획득했다(Smith, 1776, pp. 157, 267, 471, 584, 647, 733). 이것은 노동시장에 대한 법률적인 규제를 통해 사익 추구를 배가하고자 했던 고용주의 지대추구 행위라고 할 수 있다.

그리고 이러한 노동시장 규제 제도들은 법적 정의 및 경제적 효율성 측면에서 경제 전체에 유인 감소로 작용했으며 그렇지 않은 경우보다 경제 후생의 악화를 낳았다. 첫째, 자유로운 경쟁과 자원의 이동을 규제함으로써 경제활동을 효율화하려는 의지를 억제하고 자원 배분의 비효율성을 증대시켰다(Smith, 1978, pp. 83~84; Smith, 1776, pp. 144, 152). 둘째, 국가 전체의 고용량을 감소시킴으로써 노동자 임금 전반과 국민소득 수준을 낮추며 장기적인 자본축적을 저해했다(Smith, 1776, pp. 79, 469~471, 611). 경제적으로 보면, 결국 노동자의 근면성에 악영향을 미치고 자원의 낭비를 유발하며 경제성장을 억제하는 등 경제의 정태적,

동태적 효율성을 해치는 결과를 초래했다.[21]

한편, 이와 같은 기득권 세력에 의한 제도적 규제에 대해서는 당연히 경쟁 질서 유지 측면에서 그것이 법제도화하지 않기를 선호한다. 하지만 그러한 사회적 이상은 현실적인 국가 통치구조 아래서 성취되기 어려우며, 따라서 고용주, 기업가 세력에 의해 노동에 관한 자연적 정의가 실제로 침해될 소지가 클 것이다.[22] 이 점에서 스미스는 대중 혹은 노동자 교육에 대한 정부 정책이라든가 노동자들의 대항력(countervailing forces)이나 단결권을 지지한다. 즉, 시대와 장소를 막론하고 노동권 침해가 일상적일 가능성이 크다면, 경쟁 질서의 강화를 위한 부분적, 간접적, 차선의 제도적 구조의 모색이 필요하다. 예컨대, 스미스는 당시 고용자 그룹의 은밀한 담합을 상쇄하기 위한 노동자의 단결된 행동을 '방어적 단결'(defensive combination)로서 기술했다(Smith, 1776, p. 84). 이처

21 이러한 노동법 제도에 관한 법경제학적 평가는 『국부론』 4편의 중상주의 비판에서 분명하다. 당시 영국의 경제 후생 증진을 위해서는 노동 관련 법제도의 개혁이 필요하다. "국민 모두에 … 자신들이 원하는 어떠한 유형의 직업에도 종사할 수 있는 자연적 자유를 회복시켜야 한다. 즉, 자연적 자유에 대한 실질적 침해에 해당하는 동업조합의 배타적 특권을 없애고, 도제법 및 정주법을 철폐해야 한다. 그래서 가난한 노동자가 어느 직업이나 어느 장소에서 실직해도 기소당하거나 추방당할 두려움 없이 다른 직업을 얻거나 다른 장소에서 직업을 얻을 수 있도록 해야 한다"(Smith, 1776, p. 470).

22 예컨대, 1768년 영국 조지 3세는 최고 임금 규제 특별법을 신설했다. 이 법안은 임금억제를 위한 고용주의 담합을 처벌 조항을 넣고 법령화한 것이다. 이에 대해, "입법부가 고용주와 노동자 간의 의견 차이를 규제하려고 시도할 때 그 상담역은 언제나 고용주이다. 그러므로 그 규제가 노동자에게 유리할 때는 항상 정당(just)하고 공평(equitable)하지만, 고용주에게 유리할 때는 종종 그렇지 않다. … 고용주들이 노동자의 임금을 인하하기 위해 단결할 때, 그들은 일정한 위약금을 걸고 어떤 수준 이상의 임금을 주지 않기로 사적인 동맹 또는 협약을 맺는다. 노동자들이 일정한 위약금을 걸고 어떤 수준 이하의 임금을 받지 않기로 유사한 단결을 한다면, 법령은 노동자들을 매우 엄격하게 처벌할 것이다. 만일 그 법령이 공평무사하게 집행된다면 고용주들도 마찬가지로 처벌되어야 할 것이다"(Smith, 1776, pp. 157~158).

럼 노동자 그룹에 의한 대항력의 필요성을 지적한 것은 노동권에 대한 현실적 침해를 상쇄하기 위한 고민의 일단이다(McNulty, 1973, p. 363).[23]

5. 거시경제의 순환과 경제성장

1) 경제성장론

스미스를 포함한 고전파 경제학은 사회적 재생산과 순환의 관점에서 국민총생산의 규모, 소득분배, 그리고 지출의 문제를 그 과제의 중심에 두었다. 그러므로 이러한 고전파 경제학의 접근법에서 경제 잉여의 크기와 경제 잉여의 사용 방식은 경제성장에 결정적인 영향을 미치는 과정이다.

스미스의 경제성장론에 대한 통상적 해석에 따르면, 경제성장의 근본적 조건은 자본축적과 분업의 두 가지 요인으로 귀결된다.[24] 자본축적에 따라 분업의 확대가 전개되면, 기술 진보와 생산성 향상으로

---

23 2021년에 노벨 경제학상을 수상했던 카드(David Card)는 노동시장의 수요독점 현상에 주목하면서 "시장이 임금을 결정"하는 것보다는 "고용주가 임금을 결정한다"고 강조했다(Card, 2022). 한편, 최근 AER에 발표된 수요독점 논문에 따르면, 수요독점 현상 때문에 미국 제조업체는 노동자 생산기여분의 65%만을 임금으로 지급한다(Yeh, 2022). 또한 근자의 경제협력기구 고용 전망 보고서에 따르면, 수요독점의 해법으로 '단체 임금협상과 최저임금'이 유의미하다(OECD, 2022).

24 스미스에 따르면, 자본축적은 분업에 시간상 선행하지만 상호 인과 관계(reciprocal causation)를 형성하면서 경제성장의 동학을 만든다(Young, 1928, p. 533; Lowe, 1975, p. 416; Kaldor, 1972, p. 1244; Hollander, 1987, p. 319).

제조품 가격이 하락하고 임금 상승이 유발된다. 이러한 현상은 계기적으로 인구 증가와 상품 수요 증대를 촉발하면서 시장 규모의 확대를 순차적으로 불러온다. 그러므로 시장 규모가 확장됨으로써 자본축적과 분업이 더욱 촉진되면, 경제구조가 심화하고 지속적인 경제성장이 이루어진다.[25] 자본축적과 분업의 상호 작용 결과로써 경제활동의 선순환, 경제력의 발전과 경제 규모의 확장이 수반되는 것이다(Smith, 1776, p. 343).

20세기 말에는 경제성장의 근본적 동인에 대해 시장 내부 요인에만 주목하는 이상과 같은 통상적 해석에서 벗어나 제도적 요인과 공간지리에 함께 주목하는 접근법이 추가되었다. 이것은 역사적인 국가 간 성장 격차 및 불균등 성장의 이해에 유용할 수 있다. 다시 말해, 스미스의 경제성장론은 시장경제력, 국가 법제도 그리고 인구·지리의 다층

그림 2–2 경제성장 이론: 국가 법제도와 경제 성과 간의 상호 작용

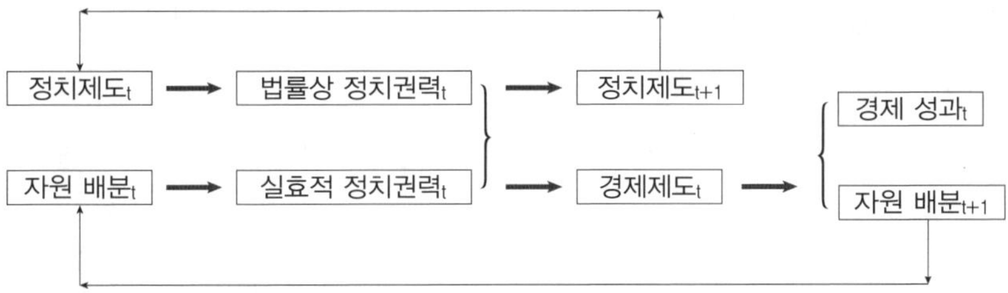

출처: Acemoglu, Johnson, and Robinson(2005), p. 392.

25 Schumpeter(1954), Richardson(1975), Eltis(1975)에 따르면, 스미스의 경제성장론은 제한 없는 지속 성장 모형이다. 대조적으로, Spengler(1959), Heilbroner(1975), Samuelson(1978)은 이를 리카도의 정체 상태 모형과 유사한 것으로 본다.

적 하위 이론으로 구성된 이론체계로 확장되고 있다. 시공간적으로 상호 작용하는 이 세 가지 주요 요인은 경제 세계의 생산비용, 거래비용, 운송비용에 영향력을 행사하면서 한 나라의 경제성장 및 그 불균등 성장을 좌우하는 요인으로 여겨진다.

먼저, 국가의 법제도는 기본적으로 사람의 본연적 정의감을 반영해서 형성되고 변화하며, 국가 통치의 중추적 구조물임과 동시에 기저 산업의 고도화와 경제성장에도 주요한 영향력을 행사하는 요인이다. 법제도 운영에서 불의가 횡행하면 장기적인 경제성장이 어려워진다. 그리고 역사적 시간 속에서 제도적 요인이 경제성장에 미치는 영향력은 상호 인과 관계 및 누적적 인과 관계를 형성한다(〈그림 2-2〉 참고).[26] 즉, 경제성장이 더디거나 저개발 단계에서는 빈곤 자체가 사회 규범과 풍습의 조야함 그리고 법제도가 정의롭지 못하게 운용되는 데 일조한다. 예컨대, 경제적 유인이 부족한 전통 사회에서는 사람들의 부주의와 나태함이 지배적이며, 통치의 특성 또한 전제적이고 폭력적이다. 반면에, 성장세가 두드러진 상업 사회 단계에서는 경제활동 동기가 자극되어 낙후된 전통 산업 내에서조차 질서 순응성과 민도 향상, 그리고 근로 태도 개선 등 경제적 합리성이 제고된다(Smith, 1776, p. 412).

한편, 인구·공간 질서는 인간 본연의 생존 욕구를 충족하려는 공간 기반 생계활동에서 비롯되며, 이에 투입되는 자원과 운송비용에 대한 연결고리를 통해 경제성장에 영향력을 행사한다. 역사적으로 볼 때 자연 지리 요인은 생산비용 및 운송비용에 대한 강력한 영향력 때문에,

26 Chandra(2004), Evensky(2005), Kim(2009; 2014)을 보라. 이러한 이론에 기초한 현대 실증 분석에 대해서는 Acemoglu, Johnson, and Robinson(2005) 참고.

주요 제도와 시장 경제활동의 변화를 좌우했다. 경제성장이 진전되면서 자연 지리에 의한 제약이 일부 해소되지만, 근대에서는 도시화 및 인구집적 같은 인문 지리의 중요성이 부상한다. 이것은 사회적 공간경제의 주요 요소, 즉 공간 내 인구밀도의 변화를 통해 시장 크기와 분업의 확장이 좌우되는 점에서 비롯된다.[27]

2) (내생적) 수요와 자연적 진보 그리고 서구 경제사

이상의 다차원적 관점과 층위별 하위 이론을 활용해서 스미스는 장기적인 경제성장과 불균등 발전, 그리고 공간적 경제 불평등에 관한 현상을 설명한다. 자본축적에 따른 경제성장, 경제구조 변화 그리고 일련의 도시화 현상은 인구 규모의 확대에서 비롯될 뿐만 아니라, 이에 기반한 분업과 질적인 기술변화에 따라 생산비용과 운송비용이 낮아지고 동시에 제품 수요가 누적적으로 확대되는 과정에서 비롯된다.

특히 한 경제의 도약 과정에서 도시화, 소비자의 수요변화,[28] 그리고 이에 따른 공간 외부성에서 유래하는 인문 지리적 요인은 농업 중심 경제로부터 벗어나 외부 경제 및 수확 체증을 보이는 제조업 기반 경제로 이행하도록 촉진하며 경제발전을 선도한다. 스미스에 따르면,

27 Spengler(1976), Lange(2012), Kreager(2017)를 보라.

28 스미스의 경제성장론에 관한 통상적 해석에서 수요 측면은 공급 측면에 계기적으로 부수되는 현상일 뿐 그 독립적인 역할은 없었다. 하지만 스미스에 따르면, 경제성장과 소득 수준의 향상에 따라 제조품 선호의 소비 패턴으로 변화하며, 이때 농업경제는 제조업 기반 산업구조로 변화한다. 이러한 수요 및 공급 측면의 내생적 상호 작용을 모두 고려하는 내용이 스미스의 '부의 자연적 진보'에 관한 경제성장 이론이다(Rosenberg, 1968; Kim, 2015).

흔히 알려진 경제발전의 주요 동인과 더불어 공간 지리적 요인이 중세 시대의 서유럽 경제사에서 지체된 발전의 원인으로 작용했으며, 반대로 19세기 산업혁명의 전야에는 잉글랜드 중부지역의 집적경제가 영국을 선진국 경제로 한층 고도화시키는 데 계기로 작용했다. 이것이 『국부론』 3편의 주제를 구성했던 서로마제국 붕괴 이후 유럽 경제사의 실체에 관한 내용 가운데 일부이다(김광수, 2023).

6. 시장과 정부의 역할

1) 국가 개입 원리와 공공정책

국가의 역할에 관해서 스미스가 제창한 '자연적 자유의 체계'는 대체로 고전적 자유주의 일반 원리(반(反)독점 및 자유경쟁)를 내포하고 있으며, 특히 경제활동에 관한 경제적 자유주의를 지향한다. 이러한 부분이 예전에는 자유방임주의 내지는 신자유주의로 그릇되게 포장되고 왜곡되었다. 스미스에 따르면, 모든 사회와 시장은 이상적으로 완벽하게 작동하지 않으므로 사회 질서 유지와 번영을 위해 항상 동일한 일정 원리를 기반으로 강제력을 동원하는 국가의 개입이 필요하다.[29] 스미스의 윤리학과 법학에서 거론하는 국가의 운영 원리는 정의(justice) 및

29 『국부론』에 표현된 바에 따르면, 정치학은 "입법자의 과학"이며, 그 과학적 논의는 "언제나 동일한 일반 원리"에 토대를 두어야 한다. 즉, "the science of a legislator, whose deliberations ought to be governed by general principles which are always the same."

▌**표 2-2** 스미스와 정부의 역할: 21세기 대한민국 정부 조직의 준용을 통한 이해

21세기 정부조직	18세기 스미스가 지지한 정부의 역할과 사례
국방부	방위, 방위산업 보조, 해양 교역 보호
행정안전부	대내 폭력 방지 및 질서유지(순찰 업무, 부정행위, 폭력, 사기 예방), 소방 관련 업무(소방벽 설치 의무화)
법무부	법률에 의한 계약이행 의무화, 등기제도
외교통상부	국제법 관련(대외 교섭 및 분쟁) 업무, 관세 업무(등가관세, 보복관세 등)
국토부	도로, 교량, 운하, 항만 등 공공재 건설 및 관리
산업자원부	특허 및 저작권, 제품 품질보증제도
과학부	혁신적 벤처 업종에 관한 일시적 지원, 우편 서비스
기획재정부	국부 및 물가 관리, 화폐주조, 세제 관리(누진세, 사치품세)
교육부	대중 일반 의무교육, 여성 교육, 직업검정 시험제도(고등교육 지원)
노동부	고용주의 (현물임금 대신) 노동자에 대한 현금 지불 강제
보건복지부	공중 보건서비스(전염병 예방, 혐오 질병 관리), 사회적 연대(상호선행, 구빈법) 정책
문화부	문화예술 활동 지원(연극 상연, 전시회, 대중 오락)
금융위원회	은행 감독, 고리 이자율 규제
공정거래위원회	독과점 폐지, 우월적 지위 남용 금지

출처: 김광수(2015), p. 276.

사회적 효용(utility)이며, 이 두 가지 일반 원리가 모든 공공정책의 토대가 된다.[30] 또한 시간의 흐름에 따라 역사적 환경이 한층 복잡다단하게 변화하면, 두 가지 국가 개입의 원리에 따라 정부와 공공정책의 확장이 허용된다(〈표 2-2〉 참고).[31]

---

30 Winch(1978), Haakonssen(1981), 김광수(2015; 2019)를 참고하라.

31 스미스에 따르면, "어떤 경우에는 사회의 상황에 의해 필연적으로 사람 대부분은 그 상황이 필요로 하거나 허용할 수 있는 거의 모든 능력과 덕목을 정부(政府)의 주의와 관심 없이도 자연스럽게 형성한다. 다른 경우에는 사회의 상황이 사람 대부분을 그러한 조건에 놓이게 하지 않으며, 대다수 사람이 완전한 타락과 퇴보에 빠지는 것을 방지하기 위해 일정 부분 정부의 개입이 필요하다"(Smith, 1776, p. 781). 이 같은 스미스의 역사적 방법론과 국가 개입의 일반 원칙은 동시에 결합하여 적용된다. 사례를 들어 보자. 〈표 2-2〉에

이러한 국가의 거대 운영 원리에 따라 파생된 공공정책의 몇 가지 소원칙은 다음과 같다. 첫째, 다른 국가의 잠재적 호전성과 평화의 위협에 대응해서 국가안보와 방위책을 마련해야 한다. 둘째, 구성원 사이의 상호 침해를 방지할 뿐만 아니라, 경제적 거래에서도 공정성이 유지되도록 사회 질서를 바로 세워야 한다. 특히 국가는 기득권 세력의 우월적 지위(지대추구 행위)가 권력과 제도에 의해 남용되지 않도록 경제정의 실현정책을 강화해야 한다. 경제정의 실현정책과 공평성에 기반한 조세정책이 적절히 작동되면 시장경제 체제의 난제인 경제적 불평등을 완화하는 데 유익하다.[32] 셋째, 정의의 훼손이 없다면 역사적 발

서 보면 18세기 유럽에서는 유기농법과 자연 생태환경에 부응한 생활 방식이 지배적이어서 정부의 환경정책이 사실상 불필요했다. 하지만 19세기 산업혁명을 거치면서 환경오염으로 인류의 삶과 생존이 심각하게 위협받게 되자 환경 문제에 대처하려는 정부의 공공정책이 등장했다. 이러한 환경정책은 (피구 식의 공리적 접근보다는) 환경오염에 따른 침해 내지는 높은 침해 가능성에 관한 사회적 공감(sympathy)을 바탕으로 전개된다는 것이 스미스의 관점이다. 이러한 저간의 사정 때문에 1920년대 시카고경제학의 초기 대부인 바이너(Jacob Viner) 교수는 정부의 역할에 관한 스미스의 주장이 "사회주의자의 논변을 위한 탄약을 제공하는 데 충분할 정도다"라고 썼다(Viner, 1927, p. 215).

32 『법학강의』에 따르면, 역사적으로 부의 불평등 분배가 초래한 일반 대중의 생존 및 사회번영의 문제는 시대를 막론하고 주요 관심사였다. 예컨대, 농경 사회인 고대 초기 로마공화국에서 토지분배법(agrarian law)은 그 해결 방안으로 제시된 바 있었다. 그렇지만 토지분배법은 평등의 측면에서 그 장점에도 불구하고, 일반 대중이 빈곤과 궁핍에서 벗어나 사회적 안전망으로 의존하기에는 불리한 제도이다. 오히려 역사적으로 농경 단계의 '근소한' 부의 불평등은 농업으로부터 제조업과 상업을 촉진하는 동시에 경제성장을 통해 대중의 생계 확보와 안전보장을 강화하는 데 공헌했다. 이런 측면에서 "부자와 하층민 사이에 존재하는 재산상의 격차가 점차 축소된다는 것이 전제된다면, 현재의 상태에서 상당한 재산을 가진 사람은 국가에 불이익이 아니라 오히려 이익이 될 것이다. 하지만 지금 바로 거론될 것처럼, 국민 가운데 월등히 부유한 사람은 국가 공동체에 진정으로 유해하다"(Smith, 1978, p. 196). 만일 이처럼 경제 정의에 기반한 공공정책과 '자유경쟁'이 지배적인 상업 사회에서는 (앞서 거론했듯이) 이윤율이 하락하고, 임금과 지대는 상승할 것이며, 또한 (경제)지대에 대한 과세가 조세제도의 주축이 되면 경제적 불평등은 상당히 해소될 가능성이 크다(Boucoyannis, 2013). 물론 ('자연적 자유'의 이론체계와는 달리) 독점 정신

전 단계에 발맞추어 사회공동체의 효용을 공공정책의 수립에 참작할 필요가 있다. 예컨대, 사회적으로 바람직한 재화가 자발적으로 공급될 수 없는 상황(시장실패)에서는 국가는 공공재(public goods)를 공급하는 것이 유리하다. 이뿐 아니라, 일부 형성된 시장이 있더라도 더 큰 긍정적 외부효과가 예상되는 가치재(merit goods), 즉 기초 의료, 의무교육 등과 같은 공공서비스에 관한 적정한 정부 개입이 마찬가지로 타당하다.

넷째, 사회경제적으로 유용하지만 혁신에 따른 위험과 비용 부담이 매우 큰 산업에 관한 일시적인 보호와 제한 조치는 가능하다. 예를 들면, 새로운 기계 발명가와 책의 저자에게 일정 기간 독점을 부여하는 것이 허용된다. 또한 유럽의 근대 동인도회사처럼 유럽과 아시아의 원거리 무역 개설에 수반되는 엄청난 위험과 비용을 부담하는 상인 그룹에 대해 일시적인 독점 부여도 가능하다. 다섯째, 국가는 사회발전이 고도화된 단계에서 사회적 연대를 확보하는 정책에도 부분적인 관심을 기울여야 한다. 상업(자본주의) 사회로 이행하는 단계에서는 분업이 고도화되고 사회적 협력이 사회 전체로 확장되지만, 제도적 제약에 따라 고용 등에서 필요(necessity)의 위기를 부를 수 있다. 따라서 제한적인 분배적 정의는 '공공 평화 유지' 및 '불의의 규제'의 맥락에서 '선량한 규율'을 함양하고 '모든 종류의 악덕과 부적정성'을 억제함으로써 '국가의 번영'을 도모하는 정도로 강제할 수 있다(Witztum and Young, 2006).

마지막으로, 개인들의 제한된 합리성과 인지 편향성, 즉 자기 통제

및 중상주의 해체에 관한 스미스의 회의적 시각에서도 드러나듯이, 역사적으로 이것은 막강한 권력을 지닌 기득권 세력의 이해관계와 직접적으로 대립하는 현실적이고 실천적인 문제였다(Smith, 1776, p. 471).

부족, 불완전한 지식, 장기적 이해관계에 대한 둔감에 따라 발생할 가능성이 아주 높은 사회적 침해를 방지 내지 보완하도록 공공정책을 수행할 필요가 있다. 예컨대, 1770년대 금융업계의 복잡한 신용구조에 의해 영국의 주요 은행들의 줄도산 및 경제 전반의 불안정성 문제가 심각했다. 이는 투기 당사자뿐만 아니라 금융위기에 직접 책임이 없는 예금자나 일반 국민에게까지 큰 침해를 야기하고 국민경제의 시스템적 안정 기반을 해쳤다. 그러므로 금융규제법 및 고리대금 규제법에 따른 정부의 개입은 불가결하다.[33]

이처럼 자연적 자유체계와 국가의 역할에 관한 스미스의 견해는 정치 세계의 기본원리에 근거한 것으로서, 특히 역사적 국면과 상황 적정성을 고려한 공공정책 이론이다. 물론 정의와 효용의 원리에 근거한 정치학이 역사적 상황 적정성을 고려해서 확장 가능하다고 해도, 국가의 역할이 사회와 경제에 관한 공학으로 여겨진 것은 아니다. 단지, 스미스의 공공정책론에 대해 사회적, 정치적, 법적 영역으로부터 완전히 벗어난 시장지상주의, 아무런 사회적 규제 없는 자유방임주의, 최소한의 정부 기능과 무조건적 민영화 지지와 부합하는 것으로 해석하는 신자유주의적 시각은 지나치게 일차원적이고 객관적인 근거를 상실한 것이다.[34]

33 철저한 합리성 가정에 기초한 벤담과 현대 일부 경제학자는 금융규제법에 대한 스미스의 견해가 소극적 자유에 관한 사상과 모순된다고 비판했다. 이와 대조적으로, 제한된 합리성을 수용하는 케인스는 스미스의 견해를 "극히 절도 있는 판단"(Keynes, 1936, p. 352)으로 본다.

34 현대적 관점에서 바라본 스미스의 사회정치 철학은 자유주의, 아니면 공동체주의 같은 이분법적 구분에 적합하지 않다. 이보다는 개인의 자유와 권리를 공동체의 연대성과 접목하려는 변증법적 시도에 해당한다(Griswold, 1999; Weinstein, 2006; Herzog, 2016).

2) 공공 재정과 조세: 공평성, 형평성 그리고 효율성

20세기 주요 재정학자들에 따르면, 공공 재정과 조세론에 관한 스미스의 견해가 현대 재정학의 정립에 공헌한 것은 분명하다. 그 이전에는 조세론의 주제가 거의 전적으로 재정수입을 어떻게 충족할 수 있는가에 국한되어 있었다면, 스미스는 좋은 조세제도가 갖추고 있어야 할 최소 요건에 관한 관심을 표명하고 조세 분석을 수행했다. 다시 말해, 특정 조세제도가 갖는 재정수입의 자족성뿐만 아니라 공평성이나 경제적 효율성처럼 그것이 사회와 경제에 미치는 함의를 고려했다. 이 점에서 스미스는 조세의 네 가지 규범 원칙, 즉 공평성, 확실성, 납세 편리성, 징세 효율성의 원칙을 제시했다.

그럼에도 주요 재정학자의 견해로는 스미스의 조세론에 모순과 역설이 꽤 존재했다.[35] 예를 들면, 스미스는 조세에 관한 비례세(proportional tax)를 제창했지만, 때에 따라서는 부자에 대한 누진세를 지지했다. 궁극적으로 이러한 부분적 모순과 절충성은 정치적 상식에 기초한 '실용주의' 철학에서 비롯된다. 더 나아가 이러한 모순이 발생하는 근본적 원천은 신고전파 경제학의 관점에서 볼 때 스미스의 가치론과 분배론에 노정된 분석적 사고의 결함에서 유래한다.

하지만 20세기 후반 이후 현대 고전파적 해석에 따르면, 스미스의 가치론과 분배론 그리고 이에 근거한 조세론은 상당히 일관적이다. 이뿐 아니라, 스미스의 경제이론과 더불어 정치철학 및 정의론을 동시에

---

35 Peacock(1976), Musgrave(1976; 1985)를 보라.

고려하면 공공 재정 및 조세론에 관한 외형적 모순성은 사라진다(김광수, 2020; Kim, 2023). 구체적으로 스미스의 국가이론에서 명시되듯이, '정의와 효용'(justice and utility; Smith, 1776, p. 827)의 원리가 국가의 역할 및 조세론을 관통하는 핵심 원리이다. 조세원칙으로 가장 중요한 위상을 지닌 정의(正義)의 원리는 조세의 공평성(equality)이며, 이를 시대적 변화에 걸맞게 보충하기 위한 보조 원리가 형평성(equity)으로 구체화한다. 여기서 형평성이란 특정 역사적 상황에서 벌어지는 공평성의 훼손을 본래 입법 취지에 맞게 실천적으로 보정하는 것이다.

공평성의 세부 원칙에 따르면, 최종적으로 담세 능력(able to bear)이 있는 수입 원천에 대한 비례적 과세가 타당하다. 자연가격 이론에 근거하면, 제품의 생산비용과 가격을 가능한 한 일치시키고 자원 배분 메커니즘에 대한 조세의 교란(초과 부담)을 최소화하는 것이 중요하다. 이렇듯 경제의 '재생산 능력을 유지'하면서 생산성과 효율성 등 사회적 효용을 동시에 개선하려면 수익자 부담(편익)에 대응하는 담세 능력이 있는 소득에 과세하는 것이 요구된다. 즉, 경제 균형 수준을 넘어서는 소득(경제지대)은 담세 능력이 충분하며, 세원의 파괴나 감소 없이 과세하거나 조세의 전가 없이 납부될 수 있는 최적의 세원이다.

한편, 담세 능력을 보유한 수입에 부과하는 조세의 공평성에는 두 가지 범주, 즉 조세별 공평성 및 세원 간 공평성이 있다. 그리고 이 조세의 공평성은 특정 시기의 조세법에 따라 구체적으로 규정되고 집행된다. 그런데 시간의 경과에 따라 외부 환경이 변화했을 때 공평성의 본래 법률적 취지가 실현되기 어려우므로 형평성의 원리에 따라 조세법 개혁이 부단히 요망된다. 이러한 정의론, 공평성과 형평성이라는 개념적 구도를 토대로 스미스는 당시 역사적인 조세법에 투영된 조세 공평성 원칙의 훼손에 대응해서, 그 동등성 복원의 취지로 보정적인 조세정책을 거론했다.

만일 조세법의 정태성, 상속성, 독재성에 따라 조세의 불공평성이 증가할 때 형평성 기반 보정정책이 이루어지지 못하면, 정의의 훼손은 물론이고 생산비용과 가격 사이의 간격이 확대되면서 생산, 고용, 경제성장에 불리한 결과가 초래될 것이다. 이처럼 스미스는 형평성 원칙에 따라 18세기 당시의 조세법을 비판하고 개혁을 요청했지만, 신고전파 재정학자들은 스미스의 도덕철학 분석 틀과 방법론에 무지했기 때문에 오해와 오독을 불렀다. 다시 말해, 마치 스미스의 비례세 주장이 때에 따라 폐기되면서 부자들의 누진세 주장으로 변화했으며, 조세 실용주의를 내세운 것으로 비쳤다.

스미스의 올바른 논지를 재정학의 관점에서 현대적 시사점을 함께 제시하면서 요약하면 다음과 같다. 스미스는 정의와 효용의 원리에 근거해서 국가의 역할을 규정했다. 이러한 국가의 역할 및 공공서비스에 부응하는 재정비용의 조달은 기본적으로 수익자 부담 원칙이다. 단지, 사회적으로 불가결한 서비스가 수익자 부담금이나 수수료에 의해 보전되기 어려운 경우에만 일반 세입이 투입되어야 한다.

일반 세입이 되는 조세의 네 가지 원칙 가운데 가장 중요한 원칙은 공평성이다. 스미스에게 공평성 원칙이란 최종적으로 담세 능력이 있는 수입 원천에 관한 비례적 과세를 하는 것이다. 구체적으로 일반 균형 수준의 자연임금과 자연이윤을 초과하는 모든 수입(지대, 이윤, 임금의 잉여분)은 경제지대(economic rent)에 해당하며, 경제지대에 최우선으로 과세하는 것이 정의를 충족할 뿐만 아니라 효율과 성장에도 유리하다. 따라서 지대, 대부자본의 이자, 독점이윤, 사치 물품 등에 관한 조세는 경제의 초과 부담(excess burden)을 최소화한다. 자본주의적 생산과 지속가능성에 불가결한 경쟁적 생활임금과 순이윤(위험 감수 및 혁신의 보상)에 대해서는 과세의 공제나 감면이 타당하다.

한편, 조세의 공평성이 훼손되는 경우 형평성의 원리에 따른 보정적 조세정책을 병용하는 것은 정의의 원리에 부합하는 것은 물론이고 생산, 고용, 성장에 중요하다. 이 점에서 조세 공평성의 원칙에 근거한 기본적인 과세체계는 비례세이지만, 부유층과 상류층이 비례세 이상으로 과세 분담을 하는 것은 합리적이다. 권력가와 부유층은 역사적으로 그리고 사회구조적으로 조세제도의 경직성 및 세원 측정의 불완전성에 기대어 비대칭적이고 불비례적인 지대추구 행동을 해왔기 때문이다. 형평성 원리에 근거해서 왜곡된 과세 현실을 보정하는 정책은, 앞선 생활임금 및 순이윤에 관한 비과세 조치와 함께 고려하면, 실효세율의 누진적 변화를 수반함으로써 수직적 공평성을 달성하고 경제적 불평등을 완화하는 조치가 될 것이다.

7. 스미스 경제학(도덕철학)의 현대적 확장과 그 조류

스미스는 환경의 불확실성, 인간의 제한된 합리성, 그리고 생산비용뿐만 아니라 거래비용과 운송비용이 현실적으로 경제활동의 규모와 내용에 적지 않은 영향을 미친다는 점을 전제로 했다. 신고전파 주류경제학의 매우 엄격한 가정과 대비해서 한층 현실적인 이러한 경제학적 가정은 지난 20세기 후반 이후 그 표준모형에서 벗어난 일부 현대 경제학 조류의 기원으로 인식되는 계기가 되었다(김광수, 2019).

먼저, 스미스의 도덕철학은 현대 행동경제학 및 행동법학의 기원이 되는 것으로 평가받고 있다.[36] 이에 따르면, 법과 경제의 문제에서 사람들은 신중한 합리성을 유지하려는 경향에도 불구하고, 동시에 과도한 낙관성, 절제력의 한계, 현재를 선호하는 근시안적 마음, 손실 회피의 성향 등 소위 제한된 합리성을 보인다. 이뿐 아니라 스미스는 공정성, 시기심, 분노 등의 감정이 합당한 의사결정의 과정에 작용하는 경로를 인정한다. 스미스의 법경제학에서 나타나는 것처럼, 권리침해에 수반되는 분개심에 관한 동감과 이성의 통합적 상호 작용은 국가 법제도 기원과 변화의 원리가 되고 있다. 예컨대, 사람들의 제한된 합리성에 기반해서 스미스는 노동자 의무교육, 금융시장의 통제, 사회경제적 영역에 관한 규제 등 자유 온정주의 방식의 국가 개입을 승인했다.

다음으로, 20세기 후반 전개된 현대 경제학의 영역 가운데 스미스의 도덕철학의 영향이 가장 심대한 분야는 신제도주의 경제학이다.[37] 신고전파 주류경제학이 지배적인 시기에 소위 이분법적인 '시장과 국가'는 상호 보완보다는 상호 대립의 실체로서 인식되고는 했다. 이러

36 Ashraf *et al.*(2005), Camerer *et al.*(2005), Sunstein(2000)을 참고하라.

37 로널드 코즈(Ronald Coase) 이후 여러 신제도주의 경제학자 또는 이와 관련된 내용에 대해 실증 분석을 시도한 학자들이 노벨 경제학상을 받았다. Coase(1976), Williamson(2000), Kim (2014)을 보라.

한 관점에서 볼 때, 시장은 외부적 간섭 없이 자발적으로 대부분 기능을 수행하고 최적의 성과를 낼 수 있는 만큼, 여기에 외생적으로 개입하는 국가 주도의 제도는 가능한 한 배제하는 것이 유리하다. 반면 신제도주의에 따르면, 경제활동의 조정 기구로서 제도의 역할과 기능 없이 현실 세계의 시장경제 질서는 제대로 작동하지 않는다. 제도는 사회의 공식적, 비공식적인 사회 규칙으로서, 경제주체의 자기 책임 원리를 강화하고 안정적 기대를 형성하며 협력적 행위를 조율하는 기능을 한다. 국가 없이 시장 질서의 운용에 불가결한 경기 규칙으로서의 제도는 성립하기 어렵다. 예를 들면, 국가의 개입으로 성립하는 재산권은 수익의 배타적 전유와 자산의 양도성을 보장함으로써 경제주체의 개별적 차원의 경제적 노력을 배가시킨다. 재산권제도는 거래비용의 절감을 통해 새로운 교역 기회를 활용하도록 자극하는 유인을 제공하며, 동태적인 경제발전에 공헌한다.

또한 신제도주의의 관점에서 볼 때, 조직의 본질 및 조직행동론에 관한 스미스의 견해는 조직경제학(organizational economics) 그리고 사회과학계의 현대 조직이론의 선구자적 연관성을 보여 준다. 첫째, 스미스의 조직론은 경제학적, 사회학적, 정치학적 접근법에 근거해 복합 다면적 속성을 지닌 조직의 실체를 다루고 있다. 둘째, 조직에 관한 스미스의 경제학적 접근법은 자원기반 이론과 계약주의 이론의 혼합형에 해당한다. 특히 자원기반 이론의 관점에서 볼 때 스미스는 주식회사 조직이나 선교조직에서 조직의 효율성이나 효과성을 도모하기 위한 조정 방식이 일상 과정 내지는 표준화를 통해 성취되고 있음을 선구적으로 제시했다.

다른 한편, 스미스의 도덕철학은 최근 출현한 행복경제학(happiness economics)의 선구적 견해가 된다(Bruni and Porta, 2005). 행복이론에서 주관주의적 그리고 객관주의적 접근법이 모두 활용된다. 스미스에 따르면, 첫째 행복은 본원적인 욕구의 충족에서 비롯되며 또한 자유와 재산 같은 외부적 조건의 영향을 받는다. 둘째, 진정한 행복은 욕구의 충족이 객관적 기준(공평한 관찰자의 동감)에 부합하는 경우에만 도래한다. 셋째, 객관적 목록 기준에 부합하는 때에도 마음의 구조나 욕구의 특성에 따라서 행복의 질적인 차이가 발생한다. 넷째, 행복경제학에 관한 스미스의 관점은 기본적으로 사회 경제활동에서 호혜성의 가치를 중시한다는 점에서 현대 시민경제론과 사회적 경제의 지성사적 기원을 형성한다.

마찬가지로 게임이론 방법론적 도구를 활용한 스미스의 사상과 공공정책론에 관한 설명도 흥미로운 부분이다.[38] 이러한 방법론에 근거한 연구에 따르면, 공공재 제공과 외부효과 문제에 관한 스미스의 논의는 게임이론 도구를 활용해서 충분한 설명과 그 원리의 이해가 가능하다. 다시 말해, 정부 역할에 관해서 스미스는 외부효과의 내부화 그리고 평판에 의한 사회적 제재(reputational enforcement)의 문제를 편익과 비용의 측면에서 적절히 관련지어 설명했다. 외부효과와 공공재 관련 정부의 역할을 게임이론에 의해 설명할 수 있다는 것은 이를 불확실한 환경 아래서의 전략적 선택 문제로 간주한 것이며, 국가 개입에 관한 유인 기반 접근법을 활용한 것임을 보여 준다. 그러므로 이러한 원리

38 Meardon and Ortmann(1995), Ortmann and Walraevens(2022)을 보라.

와 접근법은 18세기와 다른 현대적 여건하에서의 정부의 역할이 규범적으로 무엇인가에 관한 시사점을 부여한다.

8. 결론 및 시사점

19세기 이후 오랜 기간 경제학계에서 스미스의 명성은 자유로운 시장 행위를 억제할 필요성이 없는 자본주의 경제체제를 전적으로 옹호하는 데 주로 활용되었다. 이러한 접근법은 독자들의 관심을 애덤 스미스 사상의 실체와 본질에 대한 탐구보다는 '보이지 않는 손'의 은유와 합리적 경제인의 우화에 매몰시켰다. 따라서 스미스는 자유방임주의, 시장지상주의, 신자유주의 선구자로 종종 획일화되고 희화화되었다. 이러한 학문적 지체 현상은 아주 초보적이고 부실한 문헌주의 해석 및 장님 코끼리 만지기식 접근법이 만연하는 분위기에서 비롯된 것이다.

하지만 1976년 이후 스미스의 방대한 저술이 글래스고 판본에 의해 순차적으로 연결되어 간행되었고, 세계 학계의 전문 연구자 사이에서는 그 연구의 르네상스기가 도래했다. 그리고 약 반세기에 걸쳐 그 과학철학과 도덕철학 체계에 대한 재조명을 통해 획기적인 패러다임의 전환과 진실로의 회귀가 이루어졌다. 특히 21세기 들어서는 그러한 스미스의 학문과 사상이 융합적 세계질서에 대응하려는 혁신적 학자들과 정책 입안자에 큰 영감을 불어넣고 있다.

1998년 노벨 경제학상 수상자인 센(Amartya Sen)은 자본주의 관점의 자유를 중시하면서도, 또 신고전파 경제학의 공리주의적 접근과는 달리 다양성과 다원성 관점 아래서의 역량접근법(capability approach)에 근거해서 불평등과 빈곤 문제를 다루었다. 센에 따르면, 자본주의와 시장경제가 제대로 작동하기 위해서는 사회의 불안정성, 불평등, 빈곤 등을 예방하거나 대안을 내놓는 것이 중요하다. 스미스는 이를 위해 시장지상주의를 외친 것이 아니라, "보완적인 사회적, 국가적 제도를 통해 왜 시장이 억제, 수정, 보완되는 과정이 필요한가"에 대해 설명했다(Sen, 2010, p. 53).

이러한 배경 아래서 20세기 말 유엔개발계획(UNDP)의 정책에 영향력을 행사했던 역량접근법은 인간의 복지나 삶의 질의 개선은 단지 부와 소득 같은 경제적 자원만이 아니라, 인권, 안전, 자유, 교육, 보건 같은 사회적 안전망이나 기회를 향유하거나 구현할 수 있는 개인적 역량을 제고하는 데에 있다. 이것은 21세기 들어 기후환경 이슈가 추가된 유엔의 지속가능발전 목표(UN SDGs)에도 반영되어 실행되는 중이다.[39]

이뿐 아니라, 기업경영에 관해서 제한 없는 이윤극대화 및 자기 이익 추구에만 몰입하는 행태는, 현대 경제학적 용어로 말한다면, 거대한 외부효과를 낳아 끊임없는 시장실패로 이어진다. 환경 파괴와 기후위기가 그 대표적인 거시 사례가 될 수 있다. 이에 대해 경제학계에서는 통상적으로 시장적 해법이나 국가의 강력한 규제가 대안으로 거론되기도 했지만, 공유자원(common-pool resources) 관리에 관한 오스트롬(Elinor

---

39 2016~2030년까지 시행되는 유엔의 지속가능발전 세부 목표 17가지는 사람의 행복(빈곤, 기아, 건강, 교육), 경제적 번영(일자리, 성장, 혁신, 불평등), 제도적 안정(정의, 평화), 생태적 안전(지속 가능한 육해공 생태계), 국제관계 협력(지구촌 협력) 등으로 행복을 도모하는 스미스의 도덕철학 체계에서 대부분 주목하는 지표들이다. 한편, 2022년 GDP 기준으로 보면 우리나라는 세계 13위이지만, UN 지속가능발전 목표에 의한 순위는 27위로 떨어진다.

Ostrom)의 정치학적 연구가 더 크게 주목받으며 부상했다는 점도 유의할 필요가 있다(Ostrom, 1990).

윤리학에서 스미스의 동감이론은 오스트롬의 공유자원 관리에 관한 연구의 토대가 된다. 오스트롬은 지구 공유자원의 관리에 대해 시장이나 국가의 경로와는 서로 다른 참여자치적 관점을 강조했다. 비록 자유경쟁의 이점을 높게 평가했지만, 스미스는 오스트롬의 선구자로서 아울러 시장의 과잉 행위를 방지하기 위한 경제주체의 자제와 사회 규범의 역할을 강조했다. 인간 본성으로 보면 이기심과는 별개의 동감 성향에 의해 시장의 과잉 행위를 억제하는 내생적 제도적 장치가 구축되고 변화한다고 본 것이다. 이 같은 스미스의 이론체계는 오늘날 복잡다단한 시장환경 아래서 기업들이 환경적으로 책임 있는 투자 행위(예: ESG 기반 투자)에 나서는 과정에 대한 적합한 설명력을 제공한다(Whittaker, 2011).[40]

종합적으로, 20세기 말 이후 다양한 인문·사회과학 전문가들의 융합적 심화 연구 덕분에 스미스의 도덕철학과 경제학의 위상은 재발견되었다. 스미스의 도덕철학이 제기하는 인문환경에 관한 복합적 단면은 자유지상주의가 아니라 자유주의와 공동체주의의 변증법적 통합을 지향하는 정치이념으로 귀결된다(김광수, 2024). 즉, 스미스의 사회·정

40 최근 기업지배구조에 관한 모델 가운데 기업 시민 및 이해관계자 자본주의가 부상하면서 이를 스미스와 관련짓는 담론은 여기에서 비롯된다(Fritsch, 2023). 반면 스미스의 사상을 진정으로 곡해했던 밀턴 프리드먼의 1985년 뉴욕타임스 칼럼에 따르면, 기업의 사회적 책임은, 법인으로 사회에 직접 참여하고 있다는 사실과는 무관하게, 오로지 이윤극대화를 추구하는 점에 있다. "주주들을 위해 가능한 한 많은 돈을 버는 것 이외의 일에 대해 기업 관계자들이 사회적 책임을 받아들이는 것만큼 우리 자유 사회의 근간을 완전히 훼손할 수 있는 경향은 드물 것이다. 이것은 근본적으로 사회파괴적인 주장이다."

치철학에서 보편적 공동선 그리고 개체성 기반의 자유와 권리는 인간 본질의 구현과 행복한 삶을 위해 배타적이 아니라 상보적이다.

| 참 | 고 | 문 | 헌 |

김광수(2015), 『애덤 스미스: 정의가 번영을 이끈다』, 인문고전 깊이읽기, 한길사.

______(2019), 『국부론과 애덤 스미스의 융합 학문』, 도서출판 해남.

______(2020), 「애덤 스미스의 공공재정과 조세론에 대한 재조명」, 『경제학연구』 제68권 제4호, 한국경제학회, pp. 5~51.

______(2022), 「애덤 스미스의 지대이론에 대한 재조명과 정책적 시사점」, 『경제학연구』 제70권 제2호, 한국경제학회, pp. 95~131.

______(2023), 「애덤 스미스의 경제발전 이론체계와 불균등성장」, 『국제경제연구』 제29권 제2호, 한국국제경제학회, pp. 1~33.

______(2024), 「애덤 스미스 정치학에 관한 재조명」, 『정치사상연구』 제30집 제1호, 한국정치사상사학회, pp. 335~380.

롱칼리아 지음, 박만섭 옮김(2014), 『스라파와 가격이론』, 아카넷.

박순성(2003), 『애덤 스미스와 자유주의』, 풀빛.

스미스, 애덤 지음, 김광수 옮김(2016), 『도덕감정론』, 한길사.

이근식(1999), 『자유주의 사회경제사상』, 한길사.

Acemoglu, D., S. Johnson, and J. A. Robinson(2005), "Institutions as a Fundamental Cause of Long-Run Growth," in P. Aghion and S. N. Durlauf (eds.), *Handbook of Economic Growth*, Amsterdam: Elsevier, 1A: pp. 385~472.

Acemoglu, D. and J. A. Robinson(2012), *Why Nations Fail: The Origins of Power, Prosperity and Poverty*, New York: Crown.

Ashraf, N., C. Camerer, and G. Loewenstein(2005), "Adam Smith, Behavioral Economist," *Journal of Economic Perspectives*, vol. 19(3), pp. 131~145.

Aspromourgos, T.(2009), *The Science of Wealth: Adam Smith and the Framing of Political Economy*, New York: Routledge.

______(2013), "Adam Smith on Labour and Capital," in Berry, Paganelli and Smith (eds.), *The Oxford Handbook of Adam Smith*, Oxford: Oxford University Press, pp. 267~289.

Berry, C. J., M. Paganelli, and C. Smith (eds.)(2013), *The Oxford Handbook of Adam Smith*, Oxford: Oxford University Press.

Boucoyannis, D.(2013), "The Equalizing Hand: Why Adam Smith Thought the Market Should Produce Wealth without Steep Inequality," *Perspectives on Politics*, vol. 11(4), pp. 1051~1070.

Bruni, L. and P. L. Porta (eds.)(2005), *Economics and Happiness*, Oxford: Oxford University Press.

Butler, E.(2015), *Adam Smith-a Primer*, Institute of Economic Affairs.

Camerer, C., G. Loewenstein, and D. Prelec(2005), "Neuroeconomics: How Neuro-science Can Inform Economics," *Journal of Economic Literature*, vol. 43, pp. 9~64.

Card, D.(2022), "Who Set Your Wage?," NBER Working Paper, No. 29683, pp. 1~29.

Chandra, R.(2004), "Adam Smith and Competitive Equilibrium," *The Evolutionary and Institutional Economics Review*, vol. 1(1), pp. 57~83.

Coase, R. H.(1976), "Adam Smith's View of Man," *Journal of Law and Economics*, vol. 19, pp. 529~546.

Dome, T.(1998), "Adam Smith's Theory of Tax Incidence: An Interpretation of His Natural-price System," *Cambridge Journal of Economics*, vol. 22, pp.

79~89.

Eltis, W. A.(1975), "Adam Smith's Theory of Economic Growth," in A. S. Skinner and T. Wilson (eds.), *Essays on Adam Smith*, Oxford: Clarendon Press, pp. 426~454.

Evensky, J.(2005), *Adam Smith's Moral Philosophy: A Historical and Contemporary Perspective on Markets, Law, and Culture*, Cambridge: Cambridge University Press.

Fleischacker, S.(2004), *On Adam Smith's Wealth of Nations*, Princeton: Princeton University Press.

Friedman, M. and R. D. Friedman(1980), *Free to Choose: A Personal Statement*, New York: Harcourt Brace Jovanovich.

Fritsch, S.(2023), "Adam Smith, Just Commercial Society and Corporate Social Responsibility," *Review of International Political Economy*, vol. 30(4), pp. 1582~1604.

Griswold, C. L.(1999), *Adam Smith and the Virtues of Enlightenment*, Cambridge: Cambridge University Press.

Haakonssen, K.(1981), *The Science of a Legislator: The Natural Jurisprudence of David Hume and Adam Smith*, Cambridge: Cambridge University Press.

______(ed.)(2006), *Cambridge Companion to Adam Smith*, Cambridge: Cambridge University Press.

Hanley, R. P. (ed.)(2016), *Adam Smith: His Life, Thought, and Legacy*, Princeton: Princeton University Press.

Heckscher, E.(1955), *Mercantilism*, London: George Allen & Unwin.

Heilbroner, R.(1975), "The Paradox of Progress: Decline and Decay in the Wealth of Nations," in A. S. Skinner and T. Wilson (eds.), *Essays on Adam Smith*, Oxford: Clarendon Press, pp. 524~539.

Herzog, L.(2016), "Adam Smith and Modern Ethics," in R. P. Hanley (ed.), *Adam Smith: His Life, Thought, and Legacy*, Princeton: Princeton University Press, pp. 340~353.

Hollander, S.(1973), *The Economics of Adam Smith*, Toronto: University of Toronto Press.

______(1987), *Classical Economics*, Oxford: Blackwell.

Hont, I.(2005), *Jealousy of Trade: International Competition and the Nation-state in Historical Perspective*, London: Harvard University Press.

Kaldor, N.(1972), "The Irrelevance of Equilibrium Economics," *Economic Journal*, vol. 82, pp. 1237~1252.

Keynes, J. M.(1936), *The General Theory of Employment, Interest, and Money*, London: Macmilan.

Kim, K.(2009), "Adam Smith's Theory of Economic History and Economic Development," *The European Journal of the History of Economic Thought*, vol. 16, pp. 41~64.

______(2012), "Adam Smith's 'History of Astronomy' and View of Science," *Cambridge Journal of Economics*, vol. 36, pp. 799~820.

______(2014), "Adam Smith's and Douglass North's Multidisciplinary Approach to Economic Development," *American Journal of Economics and Sociology*, vol. 73, pp. 3~31.

______(2015), "Demand and Structural Change in Adam Smith's Theory of Economic Progress," *Cambridge Journal of Economics*, vol. 39, pp. 245~264.

______(2022), "Resolving a Seeming Paradox in Adam Smith's Study of History with regard to Inference to the Best Explanation," *The European Journal of the History of Economic Thought*, vol. 29(1), pp. 40~60.

______(2023), "New Light on Adam Smith's View of Taxation via the Concept of

Equity," *The European Journal of the History of Economic Thought*, vol. 30(6), pp. 1~20.

Kreager, P.(2017), "Adam Smith, the Division of Labor, and the Renewal of Population Heterogeneity," *Population and Development Review*, vol. 43(3), pp. 513~539.

Krugman, P.(1980), "Scale Economics, Product Differentiation, and the Pattern of Trade," *American Economic Review*, vol. 70(5), pp. 950~959.

______(1991), "Increasing Returns and Economic Geography," *Journal of Political Economy*, vol. 99(3), pp. 483~499.

Landreth, H. and D. C. Collander(2002), *History of Economic Thought*, 4th ed., Boston: Houghton Mifflin.

Lange, J.(2012), "Division, Demand and Supply of Labour Elements of a Theory of Population in Adam Smith," XIVème Colloque de l'Association Charles Gide pour l'étude de la pensée économique, pp. 1~24.

Liu, G.(2022), *Adam Smith's America: How a Scottish Philosopher Became an Icon of American Capitalism*, Princeton: Princeton University Press.

Lowe, A.(1975), "Adam Smith's System of Equilibrium Growth," in A. S. Skinner and T. Wilson (eds.), *Essays on Adam Smith*, Oxford: Clarendon Press, pp. 415~425.

Marx, K.(1968), *Theories of Surplus Value, Part II*, Moscow: Progress Press.

McNulty, P. J.(1973), "Adam Smith's Concept of Labour," *Journal of the History of Ideas*, vol. 34, pp. 345~366.

Meardon, S. J. and A. Ortmann(1995), "A Game-theoretic Re-evaluation of Adam Smith's Theory of Moral Sentiments and Wealth of Nations," in I. H. Rima (ed.), *The Classical Tradition in Economic Thought*, Aldershot: Edward Elgar, pp. 43~61.

Musgrave, R. A.(1976), "Adam Smith on Public Finance and Distribution," in T. Wilson and A. S. Skinner (eds.), *The Market and the State*, Oxford: Clarendon Press, pp. 296~319.

______(1985), "A Brief History of Fiscal Doctrine," in A. Auerbach and M. Feldstein (eds.), *Handbook of Public Economics*, vol. 1, Amsterdam: Elsevier, pp. 1~59.

North, D.(1990), *Institutions, Institutional Change and Economic Performance*, Cambridge: Cambridge University Press.

OECD(2022), *OECD Employment Outlook 2022: Building Back More Inclusive Labour Markets*, Paris: OECD Publishing.

Ortmann, A. and B. Walraevens(2022), *Adam Smith's System: A Re-Interpretation Inspired by Smith's Lectures on Rhetoric, Game Theory, and Conjectural History*, Cham: Palgrave Macmillan.

Ostrom, E.(1990), *Governing the Commons: The Evolution of Institutions for Collective Action*, Cambridge: Cambridge University Press.

Peacock, A.(1975), "The Treatment of the Principles of Public Finance in the Wealth of Nations," in A. S. Skinner and T. Wilson (eds.), *Essays on Adam Smith*, Oxford: Clarendon Press, pp. 553~567.

Ricardo, D.(1817), *On the Principles of Political Economy and Taxation*, Cambridge: Cambridge University Press.

Richardson, G. B.(1975), "Adam Smith on Competition and Increasing Returns," in A. S. Skinner and T. Wilson, *Essays on Adam Smith*, Oxford: Clarendon Press, pp. 350~360.

Rosenberg, N.(1968), "Adam Smith, Consumer Tastes, and Economic Growth," *Journal of Political Economy*, vol. 76, pp. 361~374.

Sagar, P.(2022), *Adam Smith Reconsidered: History, Liberty, and the Foundations of*

Modern Politics, Princeton: Princeton University Press.

Salvadori, N. and R. Signorino(2014), "Adam Smith on Monopoly Theory, Making Good a Lacuna," *Scottish Journal of Political Economy*, vol. 61(2), pp. 178~195.

Samuelson, P.(1977), "A Modern Theorist's Vindication of Adam Smith," *American Economic Review*, vol. 67, pp. 42~49.

______(1978), "The Canonical Classical Model of Political Economy," *Journal of Economic Literature*, vol. 16, pp. 1415~1434.

Schmoller, G.(1896), *The Mercantile System and its Historical Significance*, New York: Macmillan.

Schumpeter, J. A.(1954), *History of Economic Analysis*, New York: Oxford University Press.

Sen, A.(2010), "Adam Smith and the Contemporary World," *Erasmus Journal for Philosophy and Economics*, vol. 3(1), pp. 50~67.

Sinha, A.(2010), "In Defence of Adam Smith's Theory of Value," *The European Journal of the History of Economic Thought*, vol. 17(1), pp. 29~48.

______(2019), *Theories of Value from Adam Smith to Piero Sraffa*, London: Routledge.

Skinner, A. S.(1999), "Adam Smith and Physiocracy," in Roger E. Backhouse and John Creedy (eds.), *From Classical Economics to the Theory of the Firm*, Cheltenham: Edwar Elgar.

Smith, A.(1776), *An Inquiry into the Nature and Causes of the Wealth of Nations*, edited by R. H. Campbell and A. S. Skinner, Oxford: Clarendon Press.

______(1978), *Lectures on Jurisprudence*, edited by R. L. Meek, D. D. Raphael, and P. G. Stein, Oxford: Clarendon Press.

______(1980), *Essays on Philosophical Subjects*, edited by W. P. D. Wightman, Oxford: Clarendon Press.

Spengler, J. J.(1959), "Adam Smith's Theory of Economic Growth," *Southern Economic Journal*, vol. 25, pp. 397~415 and vol. 26, pp. 1~12.

Sraffa, P.(1960), *Production of Commodities by Means of Commodities: Prelude to a Critique of Economic Theory*, Cambridge: Cambridge University Press.

Stern, P. J. and C. Wennerlind(2013), *Mercantilism Reimagined: Political Economy in Early Modern Britain and Its Empire*, Oxford: Oxford University Press.

Stigler, G. J.(1957), "Perfect Competition, Historically Contemplated," *Journal of Political Economy*, vol. 65(1), pp. 1~17.

Sunstein, C. R.(2000), *Behavioral Law and Economics*, Cambridge: Cambridge University Press.

Sylos-Labini, P.(1976), "Competition: The Product Markets," in A. S. Skinner and T. Wilson (eds.), *The Market and the State*, Oxford: Clarendon Press, pp. 200~232.

Viner, J.(1927). "Adam Smith and Laissez-faire," *Journal of Political Economy*, vol. 35, pp. 198~217.

Weinstein, J. R.(2006), "Sympathy, Difference, and Education: Social Unity in the Work of Adam Smith," *Economics and Philosophy*, vol. 22, pp. 79~111.

Whittaker, J.(2011), "The Evolution of Environmentally Responsible Investment: An Adam Smith Perspective," *Ecological Economics*, vol. 71, pp. 33~41.

Williamson, O. E.(2000), "The New Institutional Economics: Taking Stock, Looking Ahead," *Journal of Economic Literature*, vol. 38, pp. 595~613.

Winch, D.(1978), *Adam Smith's Politics: An Essay in Historiographic Revision*, Cambridge: Cambridge University Press.

Witztum, A. and J. T. Young(2006), "The Neglected Agent: Justice, Power, and Distribution in Adam Smith," *History of Political Economy*, vol. 38(3), pp. 437~471.

Yeh, C.(2022), "Monopsony in the US Labor Market," *American Economic Review*, vol. 112(7), pp. 2099~2138.

Young, A.(1928), "Increasing Returns and Economic Progress," *Economic Journal*, vol. 38, pp. 527~542.

제3장

경제성장과 소득분배의 동학에 대한 '애덤 스미스 가설'

김영식

애덤 스미스는 『도덕감정론』과 『국부론』에서, 지주와 자본가의 이기심 및 자애심이 주도하는 토지경작 확대와 자본축적이 주민들에게 생활필수품이 고르게 분배되고 공공의 이익이 향상되도록 의도된 것은 아니었지만, 이로 인해 최저 수준의 부조차 소유하지 못한 사람들이 일자리를 얻어 빈곤과 실의에서 벗어나 마음의 안정과 행복을 찾게 된다고 주장했다. 스미스는 이러한 경제성장과 부의 적절한 순환이 이루어지기 위해서는 자유롭고 공정한 시장경제 체제의 구축이 필수적이라고 강조했다. 아울러 스미스는 경제성장이 노동자의 소득 증가와 함께 사회적·정치적 지위의 향상을 가져와 자유로운 시민으로서의 삶을 가능하게 하며, 이는 다시 노동자들의 근로 의욕과 생활개선 의지를 높이고 생산성을 향상시키면서 국가 경제의 성장에 긍정적인 영향을 미친다고 보았다. 본 장에서는 『도덕감정론』과 『국부론』에 기초하여 경제성장과 소득분배의 동학에 대한 애덤 스미스의 주장을 하나의 가설로 설정하고 우리나라를 포함한 주요국의 패널 데이터를 이용하여 이 가설을 재조명하고자 한다.

1. 인간의 야심과 경제발전

스미스는 『도덕감정론』에서 사회 질서뿐만 아니라 부의 증대도 동감(sympathy)이라는 인간 본성(human nature)에 의해 인도된다고 보았다. 인간은 자신이 부자가 되거나 높은 지위에 오르면 타인이 자신의 기쁨에 동감하고 자신이 얻은 부나 지위를 칭찬하는 반면, 가난해지거나 지위가 낮아지면 타인은 자신의 슬픔에 쉽게 동감해 주지 않은 채 무시하고 경멸할 것이라고 상상한다. 따라서 사람들이 부와 지위에 대해 야심(ambition)을 갖는 것은 부의 편리함과 쾌적함뿐만 아니라 그것으로부터 타인의 동감과 칭찬 또는 존경과 감탄을 얻을 수 있기 때문이다.

스미스는 세간의 평가를 걱정하는 인간의 '연약함'이 경제를 발전시킨다고 보았다. '연약한 사람'(weak man)은 '건강하고, 빚이 없고, 양심에 거리낌이 없는' 상태로 생활할 수 있는 최저 수준의 부를 가지고 있어도 더욱 많은 부를 획득하여 보다 행복한 인생을 보내려 한다. 그러나 부에 대한 야심은 환상에 불과하고 행복의 정도는 부가 증가하기 전이나 후에 거의 변화가 없기 때문에 연약한 사람은 자신을 속인 것이 된다. 스미스는 이러한 연약한 사람의 '자기 기만'(self-deceipt)이 토지 경작을 확대하고 문명사회를 형성하는 주요 동기가 된다고 보았다.

> 이러한 복합적인 관점에서 고려할 때, 부와 권세의 즐거움은 웅대하고 아름다우며 고귀한 어떤 것으로서 우리의 상상력에 강한 인상을 주게 되며, 그러한 즐거움을 얻을 수만 있다면 이를 위해 응당 기울이게 되는 모든 노고와 걱정을 감당할 가치가 충분히 있는 것처럼 보인다.

> 그리고 자연이 이런 식으로 우리에게 작용하는 것은 좋은 일이다. 세상 사람들의 근면을 일으키고 계속해서 움직이게 하는 것은 바로 이러한 기만이다. 바로 이것이 처음에 세상 사람들을 자극하여 토지를 경작하게 하고, 집을 짓게 하고, 도시와 국가를 만들게 하고, 모든 과학과 기예를 발명하고 개량하게 만들었다. 이것들은 인간 생활을 고귀하게 하고 아름답게 장식했으며, 지구의 표면 전체를 완전히 변화시켰고, 자연의 거친 삼림을 쾌적하고 비옥한 평원으로 전환시켰으며, 발자취가 닿지 않아 쓸모없는 대양을 생계수단의 새로운 원천

> 으로 만들고, 지상의 서로 다른 국가들 사이의 교류를 위한 큰 주요 도로를 만들었다. 대지는 이러한 인류의 노동을 통해 그 자연적 비옥도를 다시 늘리고 훨씬 더 많은 주민을 부양해야만 하게 되었다(스미스, 2016[1759], p. 417).

나아가서 스미스는 문명사회에서 큰 부를 얻은 지주들로부터 다른 시민들에게 부가 분배되는 '보이지 않는 손'에 대해 다음과 같이 언급한다.

> 거만하고 몰인정한 지주가 자신의 광대한 들판을 바라보면서, 그의 이웃 형제들의 궁핍에 대해서 생각하지 않고 거기서 자라고 있는 수확물 전부를 자기 혼자 소비하겠다고 상상하는 것은 전혀 부질없는 일이다. 눈은 배보다 크다는 통속적이고 서민적인 속담이 이 지주에 대해서보다 한층 더 충분히 입증되는 경우는 없다. 그의 위(胃)의 용량은 그의 욕망의 무한성에 전혀 비례하지 않으며, 단지 가장 비천한 농부의 위의 용량 정도만을 수용할 것이다. 그 나머지를 그는 가장 고상한 방법으로 자신들이 소비할 약간의 식량을 마련하는 사람들에게, 이 약간의 식량이 소비되는 장소인 대저택을 갖추어 주는 사람들에게, 권세가의 경제활동에 사용되는 모든 다양한 자질구레한 물품들을 공급하고 정리하는 사람들에게 분배하지 않을 수 없다.
>
> 이런 식으로 이들 모두는 생활필수품의 자신의 몫을 지주의 사치와 변덕에서 얻어내며, 그것을 지주의 인간애나 정의감에서 기대하는 것은 헛된 일이다. 토지의 생산물은 어느 시대나 그것이 부양할 수 있는 정도의 주민들을 유지할 뿐이다. 부자들은 단지 그 더미로부터 가장 귀중하고 쾌적한 것을 선택한다. 그들은 가난한 사람이 소비하는 정도만을 소비한다. 그리고 그들의 자연적인 이기심과 탐욕에도 불구하고, 비록 그들이 자신의 편의만을 의도하더라도, 비

록 그들이 고용하고 있는 수천 명의 노동에서 도모하는 유일한 목적이 그들 자신의 공허하고 만족시킬 수 없는 욕망의 충족이더라도, 그들은 모든 개량의 생산물을 가난한 사람들과 나누게 된다.

그들은 보이지 않는 손에 인도되어 대지가 모든 주민에게 똑같은 몫으로 분할되었을 경우에 이루어졌을 것과 거의 동일한 정도의 생활필수품의 분배를 하게 된다. 그리하여 이를 의도하거나 인식하는 일 없이 사회의 이익을 촉진시키고 종족 번식의 수단을 제공한다(스미스, 2016[1759], pp. 417~148).

2. 분업과 경제성장

스미스는 『국부론』 서문에서 노동생산성이 분업에 의해 빠르게 상승하며, 따라서 분업이 경제성장의 주된 원동력이라는 것을 강조했다. 스미스는 분업이 이루어지지 않은 미개사회와 분업이 진행된 문명사회 간 비교를 통해 노동생산성이 높은 문명사회에서는 총생산물로 모든 사회 구성원을 부양하고 최하층의 노동자도 미개사회의 사람들보다 더 많은 필수품과 편의품을 소비할 수 있다고 보았다.

사냥이나 고기잡이에 종사하는 야만국들을 보면, 일할 수 있는 사람들은 모두 많든 적든 유용노동에 종사하며, 자기 자신을 위해 또는 자기 가족이나 종족 중 너무 늙거나 어리거나 허약해서 사냥과 고기잡이를 할 수 없는 사람들을 위해 생활필수품과 편의품을 공급하려고 온갖 애를 쓴다. 그러나 이러한 나라들은 너무나 비참할 정도로 가난해서 단순한 결핍 때문에 아이들, 노인들, 병든 사람들을 때로는 직접 죽이거나 때로는 내다 버려서 굶어 죽게 하여 야수

> 들의 밥이 되게 할 수밖에 없거나 또는 적어도 스스로 그런 처지에 있다고 생각한다. 이와 반대로 문명화되고 번영하는 나라들을 보면, 수많은 사람들이 전혀 노동을 하지 않으면서도 절대 다수의 일하는 사람들보다 10배, 때로는 100배의 노동생산물을 소비하는데도 사회의 총노동생산물이 너무나 거대하기 때문에 모든 사람들은 풍부하게 공급받으며, 가장 저급의 가장 빈곤한 노동자라도 그가 절약하고 근면하다면 어떤 야만인이 얻을 수 있는 것보다 더 많은 생활필수품과 편의품을 얻을 수 있다(스미스, 2003[1776], p. 2).

스미스는 특히 분업이 사회 전체의 노동생산성을 증가시킬 뿐만 아니라, 늘어난 생산물이 사회의 최하층 사람들의 생활 수준을 미개사회 왕의 생활 수준 또는 그 이상으로 더 나아지게 하는 결과를 가져온다고 보았다.

> 수천 명의 도움과 협력 없이는 문명국의 가장 초라한 사람까지도 그의 일상의 단순한 생활을 영위할 수 없다는 것을 알 수 있을 것이다. 물론 부자의 사치스러운 생활과 비교한다면 그의 생활은 매우 단순한 것임에 틀림없다. 그러나 유럽 왕의 생활용품이 근면하고 검소한 농민의 생활용품을 능가하는 정도는, 후자가 수만 명의 나체 야만인들의 생명과 자유의 절대적 지배자인 아프리카 왕의 생활용품을 능가하는 정도보다 크지 않다는 것은 아마도 사실일 것이다(스미스, 2003[1776], p. 15).

3. 자본축적과 경제성장

스미스에게 분업 다음으로 경제성장을 가져오는 원동력은 자본축적이었다. 그는 『국부론』 서문에서 2편(자본의 성질·축적·사용)의 내용을 다음과 같이 서술하고 있다.

> 어떤 나라에서 노동을 할 때 발휘되는 기교, 숙련 및 판단의 실제 상황이 어떠하든 간에 그 상황이 계속되는 상태에서는 그 나라 연간 공급의 풍족·결핍은 연간 유용노동에 종사하는 사람의 수와 그런 노동에 종사하지 않는 사람 수 사이의 비율에 달려 있음에 틀림없다. 유용하고 생산적인 노동자들의 수는 그들에게 일을 시키는 데 사용되는 자본의 양과 그 자본량을 사용하는 구체적인 방법에 비례한다. 따라서 2편은 자본의 성질, 자본이 점차로 축적되는 방식, 자본이 사용되는 상이한 방식에 따라 자본이 고용하는 노동의 수량이 달라지는 것을 다룬다(스미스, 2003[1776], pp. 2~3).

이와 같이 스미스는 한 국가에서 생산적 노동의 비중은 이를 고용하여 이용할 수 있는 자본(재고)의 양에 의존한다고 보았다. 구체적으로 문명사회에 본격적으로 진입하기 위해서는 분업이 시작되기 전에 어느 정도 자본이 축적되어 있어야 한다고 보았다.

> 사물의 본성상 재고의 축적은 분업에 앞서 이루어져야 하며, 따라서 재고가 미리 더 많이 축적되면 될수록 그것에 비례해서 분업은 더욱 세분된다. 동일한 수의 사람들이 일하는 데 필요한 원료의 수량은 분업이 세분될수록 더욱더 증가한다. 각 노동자의 조작이 점점 더 단순해짐에 따라 그 조작을 용이하게 하고 간단하게 하기 위해 다양한 종류의 새로운 기계가 발명된다. 분업이 진전됨에 따라 동일한 수의 노동자를 항상 고용하기 위해서는 미개한 상태에서 필요한 것과 동일한 양의 식량과 그것보다 더 많은 양의 원료·도구가 미리 축적되어 있어야 한다(스미스, 2003[1776], p. 302).

그렇다면 문명사회에서 분업과 자본축적에 의해 창출된 '거대한 총 노동생산물'은 사회 구성원들 간에 어떻게 분배되는가? 스미스가 『국부론』에서 생각하는 문명사회는 지주, 자본가, 노동자로 이루어진 계급사회이다. 지주는 커다란 부와 높은 지위를 갖고 노동할 필요가 없으며, 토지를 자본가에게 대여하여 수입을 얻는다. 자본가는 중류계급으로 지주보다 부는 적고 지위도 높지 않지만, 자본 소유자로서 생산을 조직하고 이윤을 획득하며, 이때 노동자를 고용하고 임금을 지불한다. 노동자는 하층계급으로 취업자와 실업자로 나뉜다. 취업자는 일을 가지고 적어도 최저 수준의 수입을 얻어 평균 생활을 할 수 있는 반면, 실업자는 할 일이 없고 최저 수준의 수입조차 얻을 수 없기 때문에 『도덕감정론』에서 언급된 '건강하고, 채무도 없으며, 양심의 거리낌도 없는'[1] 생활을 할 수 없다.

한편, 자본가는 사업에 성공하여 지주와 같은 부와 지위를 획득하고 우아한 생활을 하며 세간의 존경과 감탄을 얻으려는 야심을 갖고 자본을 축적한다. 그 결과 경제가 성장하고 노동에 대한 수요가 증가하여 노동자계급 중 실업자 비율이 낮아지고 임금이 상승한다. 이러한 방식으로 자본가는 의도하지 않았지만 노동자계급의 처지를 개선시키게 된다.

또한 자본축적이 어떻게 이루어져야 더욱 많은 사람들에게 일자리가 주어지게 되는가에 대하여 애덤 스미스는 『국부론』 2편 3장(자본축적 또는 생산적 노동과 비생산적 노동)에서 다음과 같이 설명하고 있다. 자본

1 스미스(2016[1759]), p. 159.

가는 생산을 시작하는 시점에서 먼저 유동자본을 이용하여 생산에 직접 종사하는 노동자를 고용한다. 이러한 생산적 노동자는 유동자본으로 생활을 유지하면서 일정 기간이 지난 뒤에 생산물을 만들어 낸다. 이 생산물은 모두 자본가의 소유가 되는데, 이 중에서 생산 초기에 투입된 유동자본을 초과하는 부분이 이윤으로 간주된다. 이윤의 일부는 세금으로 정부에 납부되며 나머지는 저축 또는 소비된다.

이러한 자본가의 저축은 자본축적으로 이어지며, 그 결과 고용·생산의 증가를 가져온다. 즉, 자본가의 저축이 증가할수록 경제성장이 빨라지는 것이다. 이것은 자본가의 소비가 적을수록 성장이 빠름을 의미하는데, 자본가의 소비는 자기 소비와 비생산적 노동(하인 등 자본가에게 개인적 서비스를 제공하는 노동)의 고용으로 구성된다. 자본가가 살아가는데 필수불가결한 자기 소비와는 달리, 비생산적 노동의 고용을 줄임으로써 저축 증가를 통해 경제성장을 높일 수 있다. 이때 해고된 비생산적 노동자는 증가된 자본에 의해 생산적 노동자로 고용된다. 즉, 자본축적이란 비생산적 노동을 생산적 노동으로 전환시키는 결과를 가져온다.

한편, 스미스는 노동을 고용하는 자본가의 투자 동기 및 그 사회적 결과와 관련하여 시장의 가격조정 메커니즘을 의미하는 '보이지 않는 손'의 역할을 다음과 같이 설명하고 있다.

> 각 개인이 최선을 다해 자기 자본을 본국 노동의 유지에 사용하고, 노동생산물이 최대의 가치를 갖도록 노동을 이끈다면, 각 개인은 필연적으로 사회의 연간 수입이 가능한 한 최대의 가치를 갖도록 노력하는 것이 된다. 사실 그는, 일반적으로 말해서, 공공의 이익을 증진시키려고 의도하지도 않고, 공공

의 이익을 그가 얼마나 촉진하는지도 모른다. 외국 노동보다 본국 노동의 유지를 선호하는 것은 오로지 자기 자신의 안전을 위해서였고, 노동생산물이 최대의 가치를 갖도록 그 노동을 이끈 것은 오로지 자기 자신의 이익을 위해서였다. 이 경우 그는, 다른 많은 경우에서처럼, 보이지 않는 손에 이끌려서 그가 전혀 의도하지 않았던 목적을 달성하게 된다. 그가 의도하지 않았던 것이라고 해서 반드시 사회에 좋지 않은 것은 아니다. 그가 자기 자신의 이익을 추구함으로써 흔히, 그 자신이 진실로 사회의 이익을 증진시키려고 의도하는 경우보다, 더욱 효과적으로 그것을 증진시킨다. 나는 공공이익을 위해 사업한다고 떠드는 사람들이 좋은 일을 많이 하는 것을 본 적이 없다. 사실 상인들 사이에 이러한 허풍은 일반적인 것도 아니며, 말 몇 마디만 해도 그런 허풍을 떨지 않는다(스미스, 2003[1776], pp. 499~500).

4. 공평한 관찰자와 자연가격, 그리고 소득분배

스미스는 『도덕감정론』에서 사람들이 더 큰 부와 높은 지위를 얻기 위해 서로 경쟁할 때, 동일한 야심을 품은 다른 이들과 경쟁해야 하며, 과도한 열망으로 인해 사회 질서를 침해할 수 있다고 지적했다.

이러한 선망의 지위에 도달하기 위해서 재산을 도모하는 지망자들은 덕성에 이르는 길을 너무나 빈번히 포기한다. 왜냐하면 불행하게도 재산에 이르는 길과 덕성에 이르는 길은 정반대의 방향으로 나 있는 경우가 종종 있기 때문이다. 그러나 야심에 찬 사람은 자신이 추진해 온 화려한 여건에서 세상 사람들의 존경과 감탄을 좌우할 수 있는 수단을 소유하며, 대단히 탁월한 적정성과 품위를 가지고 행동할 수 있게 되므로 그의 미래 행위의 광채가 그런 높은 지위에 이르는 동안 활용한 여러 단계의 어리석음을 완전히 숨기거나 말소할 것이라고 생각하고 득의만면해 한다.

> 많은 정부에서 최고의 지위를 지향하는 지망자들은 초법적으로 행동한다. 이들은 야심이 요구하는 목표를 달성할 수 있다면 이를 위해 활용한 수단에 대해서 해명을 요구 받는 것을 전혀 두려워하지 않는다. 그러므로 그들은 종종 음모와 술수에 동원되는 야비한 상투 수법인 사기와 거짓말뿐만 아니라, 때로는 가장 극악무도한 범죄의 실행, 즉 살인과 암살, 반란과 내전에 의해 권세에 이르는 도상에서 자신들에게 반대하거나 맞서는 모든 사람들을 대체하거나 제거하려고 시도한다(스미스, 2016[1759], p. 193).

하지만 공평한 판단을 가진 관찰자(impartial spectator)가 승인하는 것은 다른 사람의 생명, 신체, 재산, 명예를 침해하지 않는 것, 즉 정의로운 '페어플레이' 규칙을 따라 경쟁하는 것임을 스미스는 강조했다.

> 부, 명예 그리고 높은 지위로 승진하기 위해 벌이는 경주에서 그는 자신의 모든 경쟁 상대를 능가하기 위해 가능한 한 열심히 달리고, 모든 신경과 모든 근육을 최대한 활용할 것이다. 그러나 만일 그가 그 가운데 어느 누구든지 밀어 제치거나 넘어뜨린다면 관찰자들의 관용적 태도는 완전히 끝이 난다. 그것은 공정한 경기를 위반하는 것이며, 관찰자들이 용납할 수 없는 행위이다(스미스, 2016[1759], p. 233).

스미스에 따르면 페어플레이 정신이 미치는 영향 아래에서 모든 상품의 시장가격은 결국 자연가격으로 수렴하게 된다. 자연가격은 상품 한 단위를 생산하는 데 필요한 노동, 자본, 토지의 양에 임금, 이윤, 지대의 자연율을 곱한 값으로 정의된다.[2] 수요 증가로 시장가격이 상승하거나, 생산자의 기술혁신으로 비용이 감소하여 시장가격이 하락하는 경우가 있다. 이로 인해 해당 부문에서 초과 수요가 나타나면서 임금, 이윤, 지대가 상승하고, 부문 내 우위를 가져오게 된다. 그러나 다른 부문의 진입으로 시장가격은 결국 자연가격과 일치하게 되며, 해당 부문의 일시적인 우위는 사라진다.

스미스는 페어플레이 규칙이 지켜지지 않아 공급자가 독점적이거나 특권을 가진 경우, 시장가격이 자연가격보다 높게 유지될 것으로 보았다.

> 동업조합(길드)의 배타적 특권, 도제 조례, 그리고 기타 특정 직종에서의 경쟁자 수를 그 직종에 진입하고자 원하는 사람의 수보다 적은 수로 제한하는 모든 법률은, 비록 정도는 낮지만, 독점과 동일한 경향을 가지고 있다. 그것들은 일종의 확대된 독점으로, 흔히 몇 세대에 걸쳐 그 직종 전체에서 특정 상품의 시장가격을 자연가격보다 높게 유지하며, 거기에 종사하는 노동의 임금과 자본의 이윤을 자연율보다 높게 유지한다. 시장가격의 이러한 등귀는, 이 등귀를 야기하는 행정규제가 존재하는 한 계속될 것이다(스미스, 2003[1776], p. 74).

즉, 스미스는 경쟁이 페어플레이 규칙을 무시하면서 이루어질 때, 공정한 관찰자의 '보이지 않는 손'이 작동하지 않아 경제 전체의 성장과 함께 많은 사람들에게 생활필수품을 분배하여 행복을 가져오는 이기심의 '보이지 않는 손'도 제대로 작동하기 어렵다고 판단했다.

---

2 여기서 임금, 이윤, 지대의 자연율은 사회에서 평균적으로 여겨지는 노동·토지 서비스의 단위당 보수를 의미한다.

5. '사물의 자연스러운 흐름'과 경제발전, 그리고 소득분배

스미스가 『국부론』 3편 1장(국부 증진의 자연적인 진행 과정)에서 강조한 바와 같이, '사물의 자연스러운 흐름'(natural course of things)에 따르면 자본은 먼저 농업에, 그다음으로는 제조업에, 마지막으로는 외국무역에 투자된다고 생각했다. 그는 농업, 제조업, 외국무역의 순서대로 노동집약도와 부가가치율이 높다고 판단했으며, 이는 생활의 필요성, 투자의 안전성, 토지에 대한 본성적 애착 등을 고려한 결과라고 보았다.

> 한 나라의 자본이 불충분해서 이들 세 가지(농업, 제조업, 무역) 목적을 모두 달성하지 못할 경우, 자본의 더 큰 몫이 농업에 사용되는 것에 비례하여, 자본이 그 나라 안에서 가동시키는 생산적 노동량은 더욱 커지며, 자본의 사용이 사회의 토지·노동의 연간 생산물에 부가하는 가치도 더욱 커진다. 농업 다음으로는 제조업에 사용된 자본이 가장 많은 생산적 노동량을 가동시키며, 연간 생산물에 가장 큰 가치를 부가한다. 상업에 사용된 자본은 셋 중에서 가장 작은 효과를 갖는다(스미스, 2003[1776], p. 404).

따라서 농업, 제조업, 외국무역의 발전 순서는 생산적 노동자의 고용을 가장 신속하게 확대시키면서 동시에 부의 가장 빠른 확대를 가져온다. 스미스에 따르면, 자본가들이 이러한 결과를 의도적으로 얻기 위해 투자 순서를 결정하는 것이 아니라 자기의 마음속에 있는 절약 성향과 재산 축적의 욕망에 따라 자본을 축적하게 된다. 특히 이러한 순서로 이루어진 투자의 결과로 형성된 자본축적은 최하층 사람들의 삶을 가장 효과적으로 향상시킨다. 다시 말해, 최저 수준의 부조차 소유하지 못한 사람들에게 일과 소득을 제공하여 마음의 안정과 행복을 얻을 수 있도록 도와준다는 것이다.

『국부론』 3편 2~4장에 따르면, 5세기 서로마제국의 멸망부터 15세기 대항해시대 초기까지 경제발전은 농업, 제조업, 외국무역의 일련의 단계를 거치면서 이루어졌다. 그러나 전체적으로 보면 이러한 발전 순서는 오히려 역전되었다. 특히 토지에 투입될 자본과 노동이 대신 원거리 무역을 위한 제조업에 투입되었다. 그 결과 유럽 국민들은 원거리에서 수입되는 생활필수품과 편의품에 의존하게 되었다. 그러나 이러한 물품의 수량이 한정되어 있어 각 국가는 이를 획득하기 위해 서로 경쟁해야 했다.

스미스는 중상주의 정책이 국가 간 분쟁의 원인이 되어 무역의 연결고리를 손상시켰다고 보았다.

> 국민들은 이웃 나라를 궁핍하게 만드는 것(beggaring all their neighbors)이 자신들에게 이익이 된다고 배웠다. 각 국민은 자기 나라와 무역하는 상대국의 번영을 질투의 시선으로 바라보았으며, 그들의 이익이 자신의 손실이라고 생각하게 되었다. 개인들 사이에서와 마찬가지로 국민들 사이에서 자연히 협동과 우정의 끈이 되어야 할 상업(무역)이 불화와 반목을 가장 많이 발생시키는 원천이 되었다. 금세기와 전세기 동안 국왕과 장관들의 변덕스런 야심도 상인·제조업자들의 당치도 않은 질투심에 비하면 유럽 평화에 더 치명적이지 않았다. 인류의 지배자들의 폭력·부정은 오래된 악이며 그 성질상 치유될 수 없는 것이라 생각된다. 그러나 인류의 지배자도 아니고 또 지배자로 될 수도 없는 상인·제조업자들의 비열한 탐욕과 독점정신이, 비록 교정될 수는 없다 하더라

도, 다른 사람들의 평온을 교란하지 못하도록 저지하는 것은 매우 용이할 것이다(스미스, 2003[1776], p. 543).

스미스는 각 나라의 경제가 농업, 제조업, 외국무역의 순서로 발전하게 되면 국내 필수품과 편의품을 충분히 공급받을 수 있으며, 자국 자본의 대부분이 농업과 국내 공급용 제조업에 투입되기 때문에 국제시장 여건이 그 나라의 존속에 결정적인 문제로 여겨지지 않는다고 보았다. 이러한 상황에서는 각 나라 정부가 국제시장 개입에 관심을 두지 않게 되어, 수입제한 조치나 관세, 장려금 등의 제약 없이 자유로운 무역이 이루어진다. 그 결과 국민들은 풍부한 국산제품과 다양한 외국제품을 소비할 수 있으며 국내 농업과 제조업은 외국에서의 원재료 및 제품 수요 증가로 인해 더욱 발전할 것으로 예측되었다.

스미스는 영국을 포함한 모든 유럽 국가가 사물의 자연스러운 흐름에 따라 농업, 제조업, 상업(외국무역)의 순서로 발전하는 '자연적 자유의 체계'(system of natural liberty)로 돌아가야 한다고 주장했다.

특혜를 주거나 제한을 가하는 모든 제도가 완전히 철폐되면 분명하고 단순한 자연적 자유(natural liberty)의 제도가 스스로 확립된다. 이 제도하에서 모든 사람은 정의의 원칙을 위반하지 않는 한, 완전히 자유롭게 자기의 방식대로 자신의 이익을 추구할 수 있으며, 자신의 근면·자본을 바탕으로 다른 누구와도(다른 어느 계급과도) 완전히 자유롭게 경쟁할 수 있다. 이렇게 되면 국왕은 사적 개인의 노동을 감독하고 그것을 사회의 이익에 가장 적합한 직업으로 인도해야 하는 의무로부터 완전히 해방된다. 국왕은 이 의무를 이행하려고 시도할 때 항상 수많은 망상에 빠질 수밖에 없었고, 또한 이 의무를 적절히 이행하는 데는 인간의 어떤 지혜나 지식도 결코 충분할 수 없었던 것이다. 자연적 자유의 제도하에서는 국왕은 오직 세 가지의 의무에 유의해야 하는데, … 첫째 사회를 다른 독립 사회의 폭력·침략으로부터 보호하는 의무, 둘째 사회의 각 구성원을 다른 구성원의 불의·억압으로부터 가능한 한 보호하는 의무, 셋째 일정한 공공사업·공공시설을 건설·유지하는 의무이다(스미스, 2003[1776], p. 848).

6. '애덤 스미스 가설'의 실증 분석

스미스는 인간을 사회적 존재로 간주하고 본성적으로 타인의 감정과 행동에 관심을 가지며 동감을 표현한다고 보았다. 또한 그는 사회적 존재로서 인간이 경제적 이익을 추구하면서 공평한 관찰자의 감시 아래 행동한다고 보았다. 이러한 근거에서 경제성장과 부의 적절한 순환이 유지되기 위해서는 자유롭고 공정한 시장경제를 구축하는 것이 필수적임을 강조했다. 이러한 조건이 충족되는 '자연적 자유의 체계'가 유지되면, 경제성장에 수반하는 부의 순환은 '사물의 자연스러운 흐름'에 따르게 된다고 보았다.

아울러 스미스는 부의 축적 및 경제성장과 함께 개인의 행복에 가장 기본적이고 중요한 요건인 자족적 재산 형성이 가능해진다고 보았다. 특히 '자연적 진보'(natural progress)에 따른 경제성장 과정에서 최하 빈곤계층인 다수 노동자의 소득이 상승한다는 점에서 그러하다.[3] 이와

3 『도덕감정론』 7부 2편에 의하면, "자유와 재산은 쾌락과 행복의 수단이자 도구"이다. 또한 스미스의 정형화된 경제성장론은 자본축적과 분업의 상호 작용으로 생산성 향상, 기술 진

동시에 소득분배의 개선으로 그들의 사회적·정치적 지위가 개선되면서 상호 상승작용을 가져온다. 스미스의 설명에 따르면, 전근대사회에서 생산을 책임지는 대다수 노동자는 오랜 기간 생존 수준의 임금에 의지하여 부득이 독립성과 자유를 거의 상실한 노예 내지는 농노로서 지낼 수밖에 없었다. 하지만 자연적 진보에 따른 경제성장이 진행되면서 그들의 노동이 생존 수준을 넘어서는 임금으로 보상받는 것은 물론, 어느 정도 자족성, 독립성, 자유를 행사하는 평범한 시민계층이 되었다.[4] 이와 같은 동학적 진행 과정에서 다수 노동자가 확보한 사회적·정치적 지위의 개선은 그들의 근로의욕과 생활개선 의지를 촉진하는 결과를 가져왔다.[5] 스미스에 따르면, 이는 다시 역으로 전반적인 시장성과에 긍정적인 영향을 미치면서 지속적인 국가 경제의 번영을 이루는 데 기여했다.

이제 우리나라를 포함한 주요 국가들의 데이터를 이용하여 경제성장과 소득분배의 동학에 대한 실증 분석을 통해 스미스의 주장을 현대적으로 재조명해 보고자 한다. 토마 피케티(Thomas Piketty)는 『21세기 자

보가 이루어지며 상품 수요 증대 및 시장이 더 확대되는 과정을 잘 묘사한다. 이와 같은 과정에서 매우 중요한 점은 극히 빈곤 상태에 있던 노동자 임금이 점차 개선되는 사실이다.

4 『국부론』 3편에서 "상업과 제조업은 이전에는 인근 거주민들과 끊임없는 전쟁과 영주들에 대한 노예적인 예속 상태에서 살았던 농촌 주민들 사이에 질서와 훌륭한 통치, 그리고 이와 더불어 개인의 자유와 안전을 점진적으로 도입했다."

5 『국부론』 4편 7장에 의하면, 근대 시기 영국의 번영이 무엇보다 아주 빨랐던 이유는, "가장 비천한 영국 시민이라도 자기 권리를 권력자로부터 존중받을 수 있었음과 동시에 각 개인에게 노동의 결실을 안전하게 보장함으로써 모든 유형의 근로를 최대로 가장 유효하게 장려했던, 평등하고 불편부당한 정의의 집행이었다." 또 『국부론』 3편 2장에 의하면, "모든 시대와 모든 민족의 경험은 노예에 의한 작업이 외관상 그들의 생활비만 드는 것처럼 보이지만, 결국 모든 노동 중에서 가장 비싸다는 것을 증명한다고 믿는다."

본』(*Capital in the Twenty-First Century*, 2013)에서 주요 국가에서 관측되어 온 부의 분배의 역사적 동학에 대해 살펴보았다. 그러나 이러한 부의 동학과 경제성장 간의 관계에 대한 분석은 없었다.

실증 분석은 다음 세 단계로 수행한다. 첫째, 주요 국가의 개인별 패널 데이터를 이용하여 소득분배의 동학을 나타내는 소득계층이동성을 추정한다. 구체적으로 Guvenen *et al.*(2022)의 GRID(Global Repository of Income Dynamics) 프로젝트에서 분석된 13개 주요 국가(1997~2007)와 한국(2008~2022)의 개인별/가구원별 패널 데이터를 이용하여 초기 시점에서 1~5분위 중 특정 소득분위에 속한 개인에게 향후(예를 들어, 5년 후) 소득계층 이동이 나타날 가능성을 추정한다. 또한 초기 시점에 하위 50% 또는 상위 50% 소득분위에 속한 개인의 5년 후 소득계층이동성을 각각 추정한다. 둘째, 국가별 소득계층이동성과 소득불평등(지니계수) 간의 관계를 살펴본다. 셋째, 동 기간 개별 국가의 1인당 실질GDP 증가율로 측정한 경제성장률과 국가별 소득계층이동성 간의 상관관계 추정을 통해 '애덤 스미스 가설'을 재조명해 본다.

1) 소득계층이동성

주어진 소득불평등 수준에서 소득계층이동성이 높으면 소득 상승 기회가 있다는 것을 의미하므로 장기적으로 횡단면적 불평등성이 낮다는 것을 의미한다. Guvenen *et al.*(2022)은 소득이동성을 측정하는 지표로 RRS(rank-rank slope), AUM(absolute upward mobility), ADM(absolute downward mobility) 등 세 가지를 사용했다.

첫째, RRS는 다음과 같이 5년 후 소득분위를 초기 소득분위에 대해 회귀 분석하여 추정된 계수이다.

$$R_{i,\,t+5} = \alpha + \beta R_{i,\,t} + \varepsilon_{i,\,t}$$

위 식에서 β의 추정값이 0에 가까울수록 초기 소득에 의존하지 않으므로 지속성이 낮은 반면, 1에 가까울수록 지속성이 커서 소득계층 이동이 발생하지 않음을 의미한다.

둘째, AUM은 초기 소득이 하위 50%에 있을 때 5년 후 소득분위 기댓값이 [25-50] 사이 값을 가지며, 50에 가까울수록 소득계층 이동이 활발하다는 것을 의미한다.

$$AUM = E[R_{i,\,t+5} \mid R_{i,\,t} \leq 50]$$

셋째, ADM은 초기 소득이 상위 50%에 있을 때 5년 후 소득분위의 기댓값이 [50-75] 사이 값을 가지며, 50에 가까울수록 소득계층 이동이 활발하다는 것을 의미하는 것으로 볼 수 있다.

$$ADM = E[R_{i,\,t+5} \mid R_{i,\,t} > 50]$$

〈표 3-1〉은 Guvenen *et al.*(2022)이 GRID 데이터(1997~2007)를 이용하여 13개 국가의 소득이동성을 분석한 결과를 정리한 것이다. 특히 스칸디나비아 국가(덴마크, 노르웨이, 스웨덴)가 비교적 작은 RRS와 50에

표 3-1 주요 13개 국가의 소득이동성

	1997~2007년		
	RRS	AUM	ADM
아르헨티나	0.71	33.3	69.2
브라질	0.87	28.9	73.6
캐나다	0.74	32.2	70.1
덴마크	0.68	33.8	68.5
프랑스	0.83	29.8	72.6
독일	0.76	30.1	68.7
이탈리아	0.86	29.0	73.4
멕시코	0.82	30.0	72.4
노르웨이	0.70	33.6	68.8
스페인	0.79	31.1	71.4
스웨덴	0.67	34.5	68.0
영국	0.87	28.6	71.5
미국	0.75	31.7	70.5

출처: Guvenen *et al.*(2022).

가까운 AUM 및 ADM을 나타내고 있다는 점에서, 동 기간 이들 국가의 소득계층지속성이 낮고, 따라서 소득계층이동성이 높았다는 것을 알 수 있다.

2) 소득계층이동성과 소득불평등

〈그림 3-1〉은 〈표 3-1〉의 국가별 RRS와 GRID 데이터를 이용하여 계산한 국가별 지니계수(Gini coefficient)의 산포도이다. 전반적으로 RRS가 높을수록(즉, 소득계층이동성이 낮을수록) 지니계수로 측정한 소득불평등도가 높아지는 성향이 있음을 알 수 있다. 즉, 세대 간 소득이동성과

그림 3-1 소득불평등과 소득계층이동성

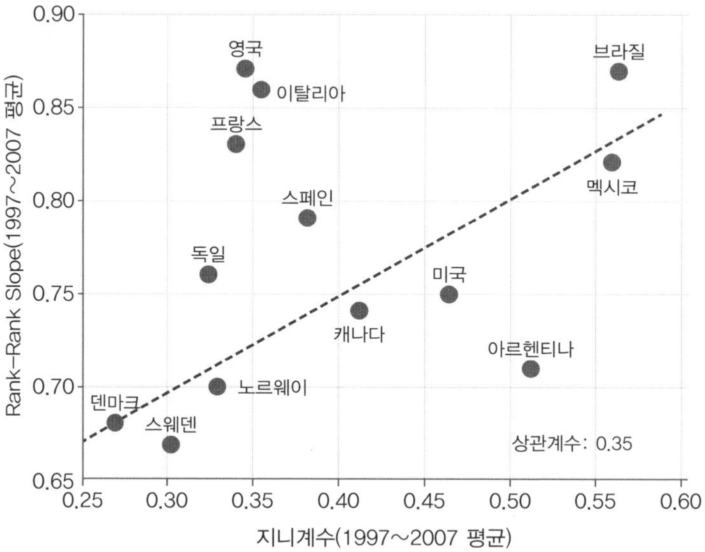

출처: Guvenen *et al.*(2022).

소득불평등 간의 관계를 나타내는 개츠비 곡선(great Gatsby curve)과 유사하게 국가별 소득불평등도와 소득계층이동성 간 음(−)의 상관관계를 확인할 수 있다.

한편, 소득불평등과 소득계층이동성 간 양(+)의 상관관계가 있는 국가들도 있다. 영국의 경우 전체적인 소득불평등도는 낮으나 소득계층이동성이 낮은 사회인 반면, 아르헨티나는 소득불평등이 높지만 소득계층 이동은 활발히 이루어진 국가로 볼 수 있다.

이제 Guvenen *et al.*(2022)의 GRID 방법론을 이용하여 우리나라의 소득불평등과 소득계층이동성 간의 관계를 분석한다. 먼저 '가계금융

■ **표 3-2** 우리나라의 소득계층이동성: 가계금융복지조사

연도	Gini	RRS	AUM	ADM
2012~2017	0.38	0.65	39.2	70.7
2018~2022	0.44	0.71	35.6	68.9

출처: 저자 작성.

복지조사'의 가구원별 패널 데이터를 이용하여 분석한 소득계층이동성 지표(RRS, AUM, ADM)와 소득불평등을 나타내는 지니계수는 〈표 3-2〉와 같다.

'가계금융복지조사'는 '가계금융조사'와 '복지조사'가 합쳐지는 시점인 2017년과 2018년 사이에 패널 단절이 있었으며, 2017년 이후부터는 소득이 세무행정의 실젯값으로 대체되었다. 그 결과 지니계수가 2017년 이전에 0.38에서 2018년 이후 0.44로 상승한 것으로 보인다.

〈그림 3-2〉는 앞서 주요국의 소득불평등과 소득이동성을 나타낸 〈그림 3-1〉에 한국의 RRS와 지니계수를 2012~2017년은 'KOR1'로, 2018~2022년은 'KOR2'로 표시한 것이다. 2012~2017년 데이터는 응답자가 직접 소득을 기입하기 때문에 부정확할 수 있고 반올림 누락소득이 많은 서베이 자료인 반면에, 2018~2022년 소득 데이터는 세무행정 자료이므로 직접 비교는 어려운 것으로 보인다. 실제 소득 데이터를 이용한 'KOR2'를 기준으로 하되, 5년 대신 4년 동안(2018~2022) 소득계층이동성을 추정한 것이라는 점에 유의할 필요가 있다.

'가계금융복지조사'보다 오랜 기간(2008~2022)에 걸쳐 수집된 가구원별 패널 데이터인 '재정패널조사'를 이용하여 소득계층이동성을 추정할 수 있다. '재정패널조사'는 가구원 5,000명을 대상으로 한다는 점

▮ **그림 3-2** 우리나라의 소득불평등과 소득계층이동성: 가계금융복지조사

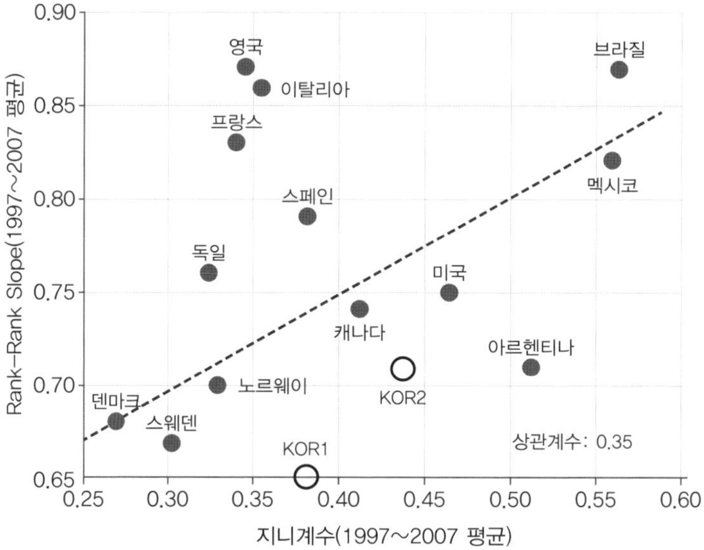

출처: Guvenen *et al.*(2022) 및 저자 계산.

에서 패널 샘플이 다소 부족하지만, 비교적 오랜 기간에 걸쳐 연속적으로 조사된 패널이기 때문에 시계열 추이를 파악하는 데 적합하다.

〈표 3-3〉은 '재정패널조사'의 가구원별 패널 데이터를 이용하여 추정된 세전(before tax) 근로소득을 기준으로 한 소득계층이동성 지표(RRS, AUM, ADM)와 지니계수 값을 보여 주고 있다. 여기서 지니계수는 2008~2022년 동안 계산되었고, 세 가지 소득이동성 지표(RRS, AUM, ADM)는 2008년부터 매 5년이 끝난 시점, 즉 2013~2022년에 걸쳐 계산되었다.

〈그림 3-3〉의 패널 (a)에서 투명한 원은 우리나라의 2013~2022년

표 3-3 우리나라의 소득계층이동성: 재정패널조사

연도	Gini	RRS	AUM	ADM
2008	0.3763			
2009	0.4030			
2010	0.4024			
2011	0.3909			
2012	0.3955			
2013	0.4076	0.6909	0.3835	0.7116
2014	0.4075	0.7131	0.3731	0.7208
2015	0.4043	0.6793	0.3722	0.7053
2016	0.4077	0.6725	0.3804	0.7046
2017	0.4200	0.6559	0.3808	0.6971
2018	0.4025	0.6557	0.3795	0.7023
2019	0.3917	0.6550	0.3768	0.7035
2020	0.3723	0.6523	0.3976	0.7189
2021	0.3878	0.6156	0.4059	0.7071
2022	0.3943	0.6108	0.4106	0.7080
평균	0.3976	0.6601	0.3860	0.7079

출처: 저자 작성.

동안 지니계수, RRS의 평균값을 나타내고 있으며, 패널 (b)는 동 기간 지니계수, RRS의 동태적 변화를 나타내고 있다. 먼저 패널 (a)에서 다른 주요 국가들의 지니계수, RRS와 비교해 볼 때, '재정패널조사'의 분석 결과가 〈그림 3-2〉의 '가계금융복지조사' 분석 결과와 유사한 것을 확인할 수 있다.

한국의 경우 다른 나라보다 비교적 높은 소득계층이동성(RRS)을 보이고 있다. 그러나 우리나라의 RRS는 주요 13개국의 분석 기간에 해당하는 1997~2007년 동안 개인별 패널 데이터의 부재로 인해 2008~2022

그림 3-3 우리나라의 소득불평등과 소득계층이동성: 재정패널조사

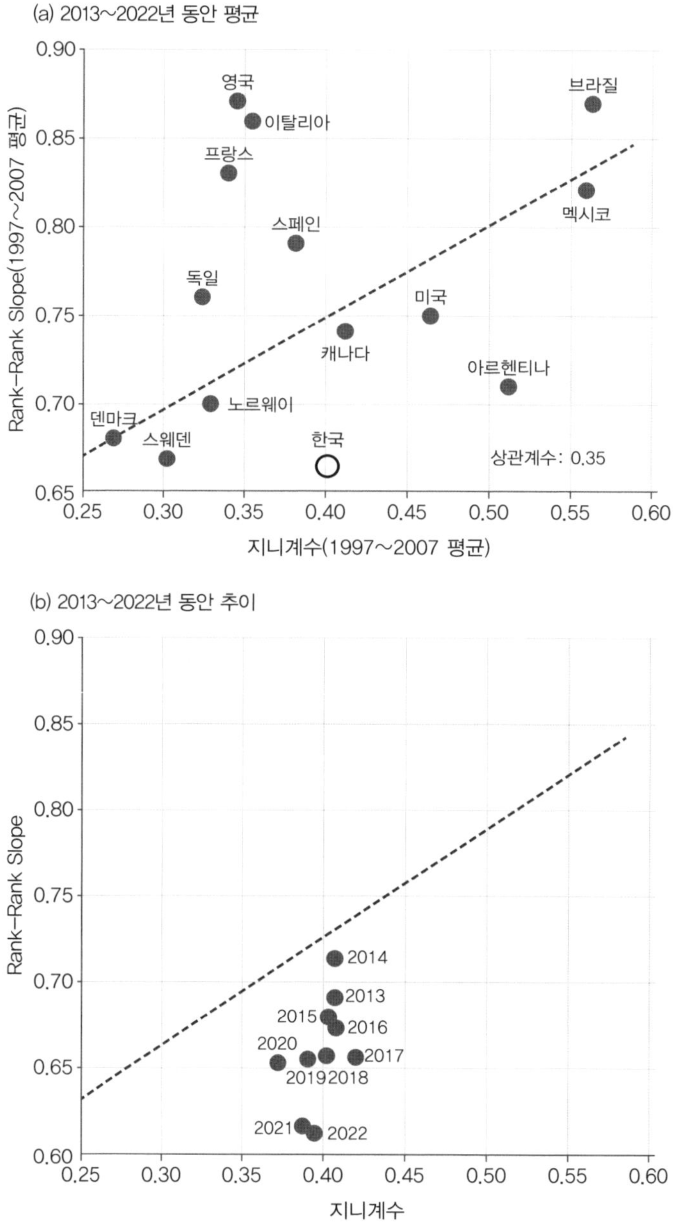

출처: 저자 작성.

년 동안 가구원별 패널 데이터를 사용하여 추정한 소득계층이동성이 라는 점에서 다른 국가와 직접 비교하는 데 한계가 있음에 유의할 필

그림 3-4 우리나라의 소득계층이동성과 소득불평등 추이: 재정패널조사

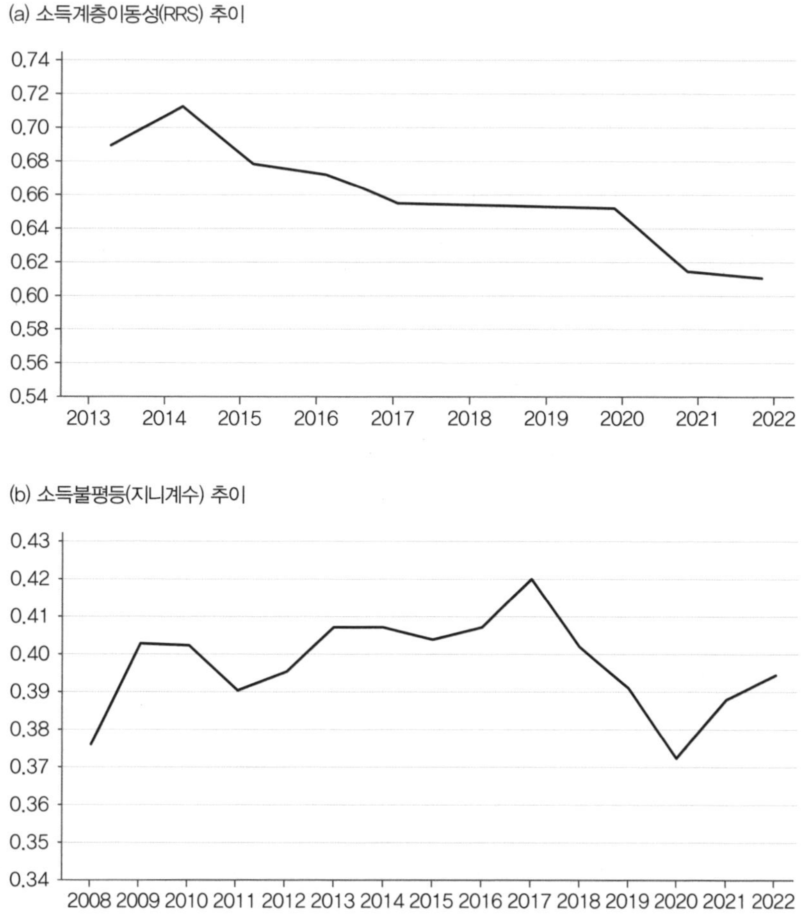

출처: 저자 작성.

요가 있다.

또한 패널 (b)에 따르면 2008~2022년 동안 소득계층이동성은 개선되는 추이를 보인 반면, 소득불평등을 나타내는 지니계수는 뚜렷한 추이를 나타내고 있지 않는 것으로 보인다. 이는 동 기간 지니계수와 RRS의 시계열 추이를 나타낸 〈그림 3-4〉에서 확인할 수 있다.

3) 소득계층이동성과 경제성장

이제 경제성장과 소득분배 간 관계에 대한 스미스의 주장, 즉 '사물의 자연스러운 흐름'의 결과 경제성장과 분배의 선순환이 이루어진다는 가설을 재조명하기 위해 앞서 논의한 국가별 소득계층이동성 지표

그림 3-5 RRS와 1인당 실질GDP 성장률

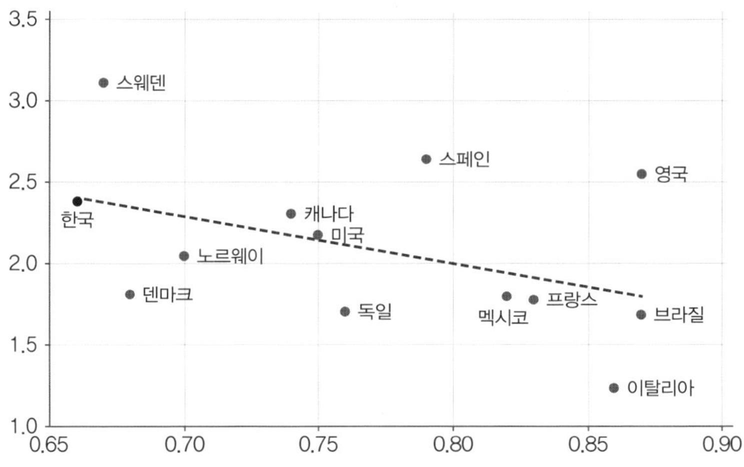

출처: 저자 작성.

그림 3-6 AUM과 1인당 실질GDP 성장률

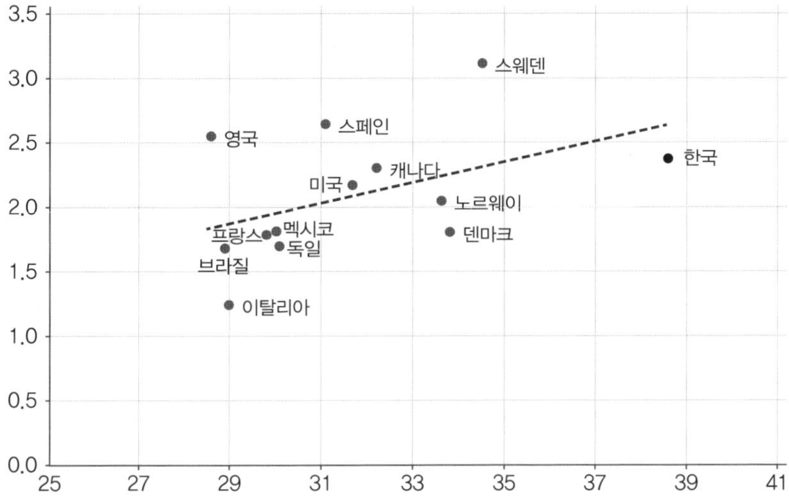

출처: 저자 작성.

(RRS)와 경제성장률 간의 상관관계를 분석한다.

〈그림 3-5〉는 개별 국가의 RRS와 동 기간 연평균 1인당 실질GDP 성장률을 산포도로 나타낸 것이다. RRS가 낮을수록 (즉, 소득이동성이 높을수록) 경제성장률이 높은 성향이 있음을 확인할 수 있다.

한편, 초기 소득 수준이 하위 50%에 있을 때 5년 후 소득이동성을 나타내는 AUM의 경우 5년 후 소득분위 기댓값이 50에 가까울수록 소득계층 이동이 활발함을 의미한다. 〈그림 3-6〉에 따르면 AUM이 50에 가까워질수록(즉, 하위 50%에서 소득이동성이 높아질수록) 경제성장률이 높은 성향을 보이고 있다.

반대로 초기 소득 수준이 상위 50%에 있을 때 5년 후 소득이동성

▌**그림 3-7** ADM과 1인당 실질GDP 성장률

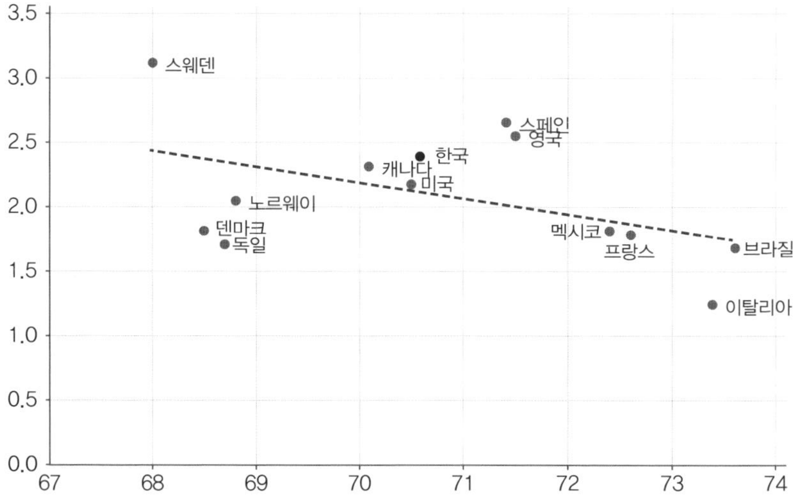

출처: 저자 작성.

을 나타내는 ADM의 경우 5년 후 소득분위의 기댓값이 50에 가까울수록 소득계층 이동이 활발함을 의미한다. 〈그림 3-7〉에서 알 수 있듯이 ADM이 50에서 멀어질수록(즉, 상위 50%에서 소득이동성이 낮아질수록) 경제성장률이 낮아지는 성향이 있음을 알 수 있다.

7. '애덤 스미스 가설'의 현대적 시사점과 동반성장

주요국에서 경제성장률과 소득이동성이 양(+)의 상관관계를 보인다는 점은 부와 가난 사이의 적절한 순환이 경제성장의 자연스러운 결

과이고 그 역도 성립한다는 스미스의 주장을 뒷받침한다. 북유럽 국가들은 높은 소득이동성과 성장률을, 이탈리아·브라질·프랑스는 낮은 소득이동성과 성장률을 보이며 이러한 관계를 보여 주고 있다. 한국도 높은 소득이동성과 성장률을 보였으나, 개인별 패널 데이터의 부재로 인해 다른 국가와 직접 비교에는 한계가 있다.

Aghion and Bolton(1997)은 소득계층이동성과 경제성장 간 상호 긍정적 관계를 부자들이 축적한 자본이 중산층이나 빈곤층으로 흘러가 빈부격차를 줄이고 경제를 성장시키는 낙수효과(trickle-down effect)로 설명하고 있다. 자본가의 저축이 중소기업가의 투자 자금으로 공급되어 자금 차입비용을 낮추고, 이는 중소기업가의 자본축적과 부의 증가로 이어진다는 것이다. 실제로 경제발전 초기에는 자금대출이 상대적으로 유리한 자본가의 자산이 빠르게 증가하지만, 경제성장과 함께 자본가의 저축 증가가 자금 공급의 확대를 가져온다. 이에 따라 경제 전반적으로 자금대출 조건이 개선되면서 중소기업가들의 투자와 자본축적이 늘어난다. 이로 인해 중산층의 부가 부유층을 따라잡으며, 초기에는 부의 불평등이 확대되나 후기에는 감소하는 쿠즈네츠(Simon Kuznets) 곡선이 나타난다.

그러나 현실에서 시장경제의 낙수효과로는 자원의 효율적 분배에 한계가 있다. 따라서 대기업에서 중소기업으로의 재분배는 자금부족 문제를 완화하여 효율적 투자를 가능하게 하고, 투자 기회의 평등을 높여 경제성장과 불평등 개선을 동시에 이룰 수 있다. 일반적으로 추가 조세를 통한 정부의 재분배정책은 효율적 투자의 왜곡을 초래할 수 있다. 반면, 동반성장은 대기업과 중소기업 간 자발적 재분배로 자원 배분의 왜곡을 줄일 수 있다. 예를 들어, 동반성장은 초과이익공유제를 통해 대기업 수익 일부가 협력 중소기업으로 흘러가는 낙수효과를 유도할 수 있을 것으로 기대된다.

| 참 | 고 | 문 | 헌 |

스미스, 애덤 저, 김수행 역(2003), 『국부론』, 개역판, 상·하, 비봉출판사.

스미스, 애덤 지음, 김광수 옮김(2016), 『도덕감정론』, 한길사.

정운찬(2021), 『한국 경제, 동반성장, 자본주의 정신』, 파람북.

Aghion, P. and P. Bolton(1997), "A Theory of Trickle-Down Growth and Development," *Review of Economic Studies*, vol. 64(2), pp. 151~172.

Durlauf S. N. and A. Seshadri(2018), "Understanding the Great Gatsby Curve," *NBER Macroeconomics Annual*, vol. 32(1), pp. 333~393.

Guvenen F., L. Pistaferri, and G. L. Violante(2022), "Global Trends in Income Inequality and Income Dynamics: New Insights from GRID," *Quantitative Economics*, vol. 13(4), pp. 1321~1360.

Piketty T., E. Saez, and G. Zucman(2018), "Distributional National Accounts: Methods and Estimates for the United States," *Quarterly Journal of Economics*, vol. 133(2), pp. 553~609.

제4장

애덤 스미스, 불평등의 변호인인가?

이명헌

1. 들어가는 말

흔히 애덤 스미스는『국부론』을 통해서 개인의 이익 추구가 사회 전체의 경제적 번영으로 이어진다고 주장한 것으로 알려져 있다. 그러므로 정부가 필수적인 공공재의 공급 외에는 경제에 간섭하지 않는 자유방임을 최선의 경제정책으로 제시한 것으로 알려져 있다. 스미스를 '사익 추구'와 '작은 정부'의 제사장으로만 이해한다면 시장의 작동에 의해서 발생하는 경제주체들 간의 불평등(inequality)은 자연스러운 것이므로 그것을 교정하려고 정부가 간섭해서는 안된다는 교리를 전파했을 것으로 생각하기 쉽다.[1]

정말 스미스는 불평등에 대해서도 자유방임의 태도였을까?『국부론』에는 그의 가장 중요한 관심사를 나타내고 있는 '번영'(prosperity)이라는 단어가 27번 등장한다. 다른 한편, 불평등(inequality)이라는 단어도 18번이나 나타난다. 적어도 그가 불평등 문제에 무관심하지는 않았음을 짐작하게 하는 작은 증거이다.

스포츠 경기는 승자와 패자를 가른다. 이 '불평등'을 일으키는 요인은 경기 전 선수들의 조건, 경기 진행 중 선수들의 기량의 차이, 심판의 개입 방식, 그리고 경기의 규칙 등이라고 할 수 있다. 이 비유를 따르면 경제적 불평등을 일으키는 요인은, 첫째 경제활동의 출발점이 되는 생산 수단 특히 토지의 소유 상태, 둘째 시장 내에 활동하는 여

---

1 Walraevens(2020)에 따르면, 최근까지 스미스 연구자들은 그의 주된 관심사가 절대적 빈곤의 해결이었고, 불평등 자체에 대해서는 별로 관심이 없었다고 이해해 왔다. 그로 인해 스미스의 불평등 자체에 대한 사고는 별로 검토의 대상이 되지 않았다.

러 경제주체들이 발휘할 수 있는 힘, 셋째 정부의 경제정책, 넷째 법령과 제도를 만들어 내고 집행하는 배경이 되는 정치로 나누어 볼 수 있다. 이 네 가지 영역에서 일어나는 불평등에 대한 스미스의 생각을 추적해 보자.

2. 불평등의 사회적 기능과 부작용

스미스는 『국부론』과 『도덕감정론』의 저자이다. 『국부론』은 국가 번영의 열쇠로 개인의 자유로운 사익(私益) 추구를 제시하고 있다. 『도덕감정론』은 인간이 다른 사람의 행복에 관심을 갖는 존재이며, 타인의 행복과 고통에 동감(sympathy)하는 존재라고 말한다. 뿐만 아니라 이 책에서 스미스는 타인에 대한 동감과 사익 추구를 절묘하게 연결시키고 있다.

> 인류 사회의 각계각층 사람들 모두에게서 나타나는 경쟁심은 어디에서 생기는 것인가? 그리고 소위 자신의 지위 개선이라고 하는 인생의 거대한 목적을 추구하는 것은 어떤 이익이 있어서인가? 남들로부터 관찰되고 주의와 주목을 받는다는 것, 그리고 그들로부터 동감과 호의와 시인을 받는다는 것이 바로 그것으로부터 얻을 수 있는 이익이다(스미스, 2009[1759], p. 92).

스미스가 보기에 개인들이 경쟁적으로 사익 추구를 하는 이유는 그것을 통해서 물질적 이익을 더 많이 누리기 위한 것이 아니다. 즉, 더 많이 먹고 마시고 더 편안하게 자기 위한 것이 아니다. 진짜 이유는 권력과 부가 남들의 부러움과 동감의 대상이 되도록 해 주기 때문이다. 남들의 동감을 얻으려는 욕구, 흔히 말하는 '인정욕구'야말로 사람들로 하여금 지위의 개선을 추구하게 만드는 원동력이다.

이러한 경쟁의 결과로 모든 사람들이 부와 권력을 누리게 되는 것은 아니다. 당연히 불평등이 발생한다. 경쟁심의 결과로 초래되는 불평등은 사회에 어떤 영향을 미치는가? 스미스가 보기에 이것은 양날의 검(劍)이다. 우선, 불평등 상태에서 사람들이 상류층에 대해서 갖는 강력한 '공감'은 사회 질서 유지 기능을 가진다.

> 절대다수의 대중들은 부와 권세에 대한 찬미자이고 숭배자들인데, 더욱 기이한 것은 대부분의 경우 이들은 이 부와 권세와는 가장 인연이 먼 찬미자이고 숭배자들이라는 것이다(스미스, 2009[1759], p. 110).

> 부자와 권세가에 대해서는 감탄하고 또 거의 숭배하기까지 하는 성향, 그리고 가난하고 비천한 상태에 있는 사람들을 경멸하거나 아니면 적어도 무시하는 성향은 계급차별과 사회 질서의 확립 유지에 필수적인 것이지만 …(스미스, 2009[1759], p. 109).

그러나 불평등에는 또 다른 칼날이 있다. 불평등, 더 정확히 말하자면 불평등한 사회 속에서 상층부에 도달하기 위한 욕망은 도덕감정을 타락시키는 중대한 원인이다.

> 부러움의 대상인 이런 상태에 도달하기 위하여 재부를 추구하는 사람들은 흔히 도덕적인 사람이 되기를 포기한다. 왜냐하면 불행하게도 한쪽으로 통하는 길과 다른 쪽으로 통하는 길은 때로는 전혀 반대의 방향으로 나 있기 때문이

다(스미스, 2009[1759], p. 115).

이렇게 『도덕감정론』에 나타난 불평등에 대한 스미스의 생각은 『국부론』에서 더욱 현실적이 된다. 『도덕감정론』에서 말한 불평등의 사회 유지 기능은 『국부론』에서도 반복된다. 스미스가 보기에 재산의 격차에는 사회 구성원들이 지배자나 유력자들에게 자발적으로 복종하게 하는 힘이 있다. 그는 '자연스럽게' 복종을 야기하는 요인들로 네 가지, 즉 뛰어난 개인적 자질, 나이가 많음, 좋은 집안 출신임과 더불어 '재산의 많음'을 꼽고 있다. 그는 문명의 진전에 따라서 재산이 복종을 불러일으키는 정도가 변화해 왔음을 설명한다. 그에 따르면 유목 시대에 재산이 권위를 부여하는 정도가 가장 강했다. "그럼에도 불구하고 재산의 권위는 부유한 문명사회에서조차 대단하다"(스미스, 2007[1776], p. 878).

다른 한편, 불평등의 부정적 측면으로 『도덕감정론』에서 남들의 부러움을 사기 위해서 개인이 도덕을 포기하는 상황에 주목했던 스미스는 『국부론』에서는 가난한 사람들의 질시와 공격으로부터 부유한 사람들을 보호하기 위해서 필요한 공권력과 사법제도의 비용에 주목한다.

> 재산의 권위가 연령의 권위 또는 개인적 자질의 권위보다 훨씬 크다는 사실은 상당한 재산의 불평등을 용인하는 모든 시대의 사회에서 끊임없는 불만 요소가 되었다(스미스, 2007[1776], p. 878).

소수의 풍요는 다수의 분노를 자극하고, 이 분노가 초래하는 사회 질서 위협 때문에 국가가 사법을 위한 비용을 지출하지 않을 수 없게 된다. 스미스는 국가 질서를 유지하기 위한 '민간에 대한 통치'(civil government)의 존재 이유에 대해서 어떤 환상도 갖고 있지 않다.

> 한 사람의 큰 부자에 대하여 적어도 500명의 가난한 사람이 있으며, 소수의 풍요로움은 다수의 빈곤을 전제로 한다. 부자의 풍요는 가난한 사람들의 분노를 자극하는데, 빈민들은 빈곤에 내몰리고 질투심에 의한 부추김을 받아 부자의 재산을 침해하려고 한다. … 귀중한 재산의 소유자가 하룻밤이라도 안전하게 잘 수 있는 것은 공권력의 보호 아래서만 가능하다(스미스, 2007[1776], p. 876).

> 통치제도(civil government)가 재산의 안전을 위해 형성되는 한, 실제로는 가난한 사람으로부터 부자를 지키기 위한, 또는 재산을 전혀 갖지 못한 사람으로부터 어느 정도의 재산을 가진 사람을 지키기 위한 것에 다름 아니다(스미스, 2007[1776], p. 881).

스미스가 말한 불평등으로 인한 사회 불안 및 사회비용의 관계는 상식적으로 고개가 끄덕여지지만 과연 데이터로도 확인이 될까? 2020년 OECD 자료를 이용해서 살펴보자. 소득불평등을 나타내는 지표로는 가처분소득 기준으로 최상위 10% 소득이 최하위 10% 소득의 몇 배인지를 사용한다. 상하위 10% 소득 비율은 최저 3.0에서 최고 11.0 사이에 분포하는데, 자의적이긴 하지만 대략 중위값이 되는 4.0을 기준으로 그 이상인 나라를 편의상 '불평등 국가'라고 하고 그 미만인 나라를 '평등 국가'라고 나누어 보자. 사회 불안을 나타내는 첫 번째 지표로 10만 명당 살인 수를 사용해 보자.[2] 불평등 국가는 4.53명인 반면 평등 국가는 0.6명에 불과하다. 불평등 국가 중 살인 발생률이 예외적으로 높은 나라가 멕시코인데, 이 나라를 제외하고 보더라도 살인율은 2.58명으로 평등 국가에 비해서 뚜렷이 높다. 사회 불안을 나타내는 또 다른 지표로 스미스가 위의 인용문에서 직접 언급한 사회 안전의 지표인 '야간에 안전하지 못하다고 느끼는' 비율(15세 인구 중)을 보더라도 이 역시 불평등 국가는 28%, 평등 국가는 19%로 상당한 차이가 난다.

또한 앞에서 본 것처럼 스미스는 경제학자답게 사회 불안을 억제

그림 4-1 사회 안전의 지표 (단위: %)

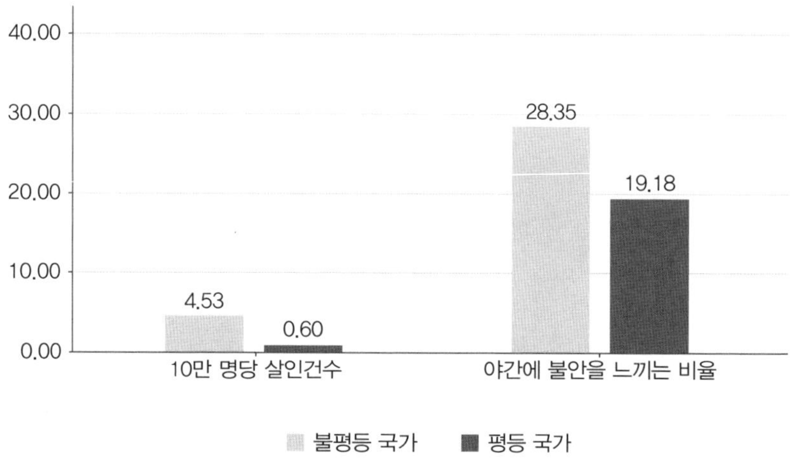

출처: data-explore.oecd.org 자료를 이용하여 저자 계산.

2 불평등 국가는 코스타리카, 칠레, 멕시코, 미국, 튀르키예, 라트비아, 이스라엘, 리투아니아, 스페인, 한국, 이탈리아, 포르투갈, 에스토니아, 호주, 영국, 그리스, 뉴질랜드이다. 평등 국가는 독일, 룩셈부르크, 스위스, 오스트리아, 캐나다, 헝가리, 아일랜드, 프랑스, 네덜란드, 폴란드, 스웨덴, 슬로바키아, 핀란드, 노르웨이, 벨기에, 체코, 슬로베니아 등이다.

그림 4-2 GDP 대비 공공질서 및 치안 지출 비율 (단위: %)

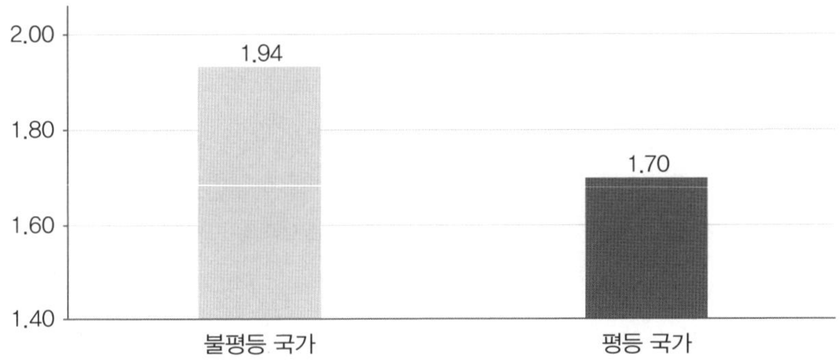

출처: data-explore.oecd.org 자료를 이용하여 저자 계산.

하기 위해서 필요한 공공지출에 주목했다. 이 관계를 확인하기 위해서 GDP 대비 공공질서 및 치안을 위해서 사용되는 정부지출의 비율을 비교해 보면, 불평등 국가는 1.94%, 평등 국가는 1.7%로 매우 크다고 할 수는 없으나 차이를 보여 준다.

이렇게 오늘날의 데이터로도 확인되는 것처럼 불평등이 사회 불안을 낳고 그 때문에 사법비용이 증가한다는 것을 스미스는 직시하고 있다. 그렇다고 해서 그는 불평등을 회복하기 위한 정부의 적극적 개입이나 혁명적 사회구조 변화를 제안하지 않는다. 단, 그는 경제적 불평등의 개선을 가치 있는 것으로 인정했으며, 그리고 사회 전체 부의 증대와 모순되는 것으로 보지 않았다는 것을 기억할 필요가 있다.

이 점을 잘 보여 주는 것이 1편 8장에서 그가 전개한 임금 상승의 원인과 효과에 대한 논의이다. 그는 당시 영국에서 이루어지고 있던 하층계급, 즉 노동자의 실질임금 상승을 '공평성'의 측면에서 지지한다.

> 하층계급의 생활 상태가 이렇게 개선되는 것이 사회에 유익하다고 보아야 하는가, 불리하다고 보아야 하는가? 그 대답은 첫눈에[3] 매우 분명한 것 같다. 어느 사회라도 그 구성원의 대부분이 가난하고 비참하다면 번영하는 행복한 사회일 수 없다. 그뿐만 아니라, 국민 전체의 의식주를 공급하는 노동자들이 자기 자신의 노동생산물 중 자기 자신의 몫으로 그런대로 잘 먹고, 잘 입고, 좋은 집에서 살 수 있어야 또한 공평(equity)하다고 할 수 있다(스미스, 2007[1776], p. 802).

그러나 그는 공평성 측면에서 임금 상승을 지지하는 데 그치지 않는다. 이어지는 논의에서 임금 상승이 "부의 증대의 결과이며 또한 인구 증가의 원인"임을 논증하고 "노동의 후한 보수를 불평하는 것은 그 나라의 최대 번영의 필연적인 인과 관계에 대해 한탄하는 것이다"라고 역설한다. 그에게 번영과 평등의 증진은 서로 모순되는 것이 아니었다. 이 두 가지의 가치가 조화 가능하다는 생각은 불평등 문제에 대한 그의 접근에서 일관되게 나타난다.

---

3 김수행(2007)의 번역에는 '첫눈에는'이라고 되어 있다.

3. 토지소유 및 점유제도

1) 토지소유로 인한 불평등 문제

토지소유의 불평등은 예나 지금이나 경제적 불평등을 초래하는 중요한 원인이고 사람들의 큰 관심사이다. 『도덕감정론』의 스미스는 토지소유의 불평등의 결과에 대해서 매우 낙관적인 생각을 피력한다. 토지소유가 소수에게 집중되어 있더라도 그 부유한 소수의 소비 활동을 통해서 결국 물질적 부가 사회 전체에 균등하게 분배될 것이라는 생각이다. 이런 맥락에서 나중에 『국부론』에서도 사용되면서 가장 유명해진 표현인 '보이지 않는 손'이 등장한다.

> 부자는 단지 큰 덩어리의 생산물 중에서 가장 값나가고 가장 기분 좋은 것을 선택할 뿐이다. 그들의 천성의 이기심과 탐욕에도 불구하고, …, 그들은 자신들의 모든 개량의 성과를 가난한 사람들과 나누어 가진다. 그들은 보이지 않는 손에 이끌려서 토지가 모든 주민들에게 나누어졌을 경우에 있을 수 있는 것과 같은 생활필수품의 분배를 하게 된다. 그리하여 무의식중에 부지불각 중에 사회의 이익을 증진시키고 인류 번식의 수단을 제공하게 된다(스미스, 2009[1759], pp. 345~346).

그러나 이처럼 낙관적 생각은 『국부론』에서는 크게 바뀐 것으로 보인다. 스미스는 3편에 '각국의 상이한 국부 증진 과정'이란 제목을 붙이고 일종의 경제사적 고찰을 하고 있는데, 그중 2장 유럽의 구체제에서 농업이 받았던 억압(discouragement)을 논하는 곳에서 토지가 관습과 법에 의해서 소수에 독점되는 현상을 '큰 해악'(great evil)이라고 하고 있다.

> 미경지의 이러한 최초의 독점(engrossing)은 큰 해악이긴 했지만 일시적인 해악으로 끝날 수도 있었을 것이다. 미경지는 상속이나 양도에 의해 분할되어 작은 부분으로 나누어질 수도 있었다. 장자상속법은 그것이 상속에 의해 분할되는 것을 방해했으며, 한정상속제[4]의 도입은 양도에 의해 그것이 작은 부분으로 나누어지는 것을 방해했다. … 다른 모든 측면에서는 한 사람을 부자로 만들기 위해 나머지 모든 자녀를 거지로 만드는 이 제도보다 더 가족 전체의 진정한 이익에 반대되는 것은 있을 수 없다(스미스, 2007[1776], pp. 469~470).

그런데 주목할 점은 스미스가 토지독점을 해악으로 보는 주된 이유가 불평등한 소유구조 자체, 또는 그로 인한 소득의 불평등이 아니라 토지개량에 미치는 악영향이라는 점이다. 그는 귀족층에 의한 토지독점을 '정의롭지 못한(unjust) 이익 탈취'라고 규정하고 있지만, 그가 실제로 집중하는 문제는 '정의'가 아니다. 그의 관심사는 토지소유가 소수의 지주 손에 집중되어 있고, 반면 실제로 그 땅에서 농사짓는 사람에게는 지속적으로 농사를 지을 수 있다는 보장이 없을 때(즉, 안정적 '토지점유권'이 없을 때) 토지개량을 위한 투자가 원활하게 이루어지겠는가 하는 것이다.

그는 대지주나 그 아래에서 불안정하게 토지를 점유하고 있는 생산자(임의해약차지인, 노예, 분익농(分益農) 등) 모두 토지개량 투자를 하지

---

4 '양도대상제한제도'로 옮기는 것이 더 적합해 보인다.

못한다고 논증한다. 전자는 정치적 지배권 확대나 사치에 관심을 갖고 있으며 토지개량 투자에 필요한 세심한 주의력이 없다. 후자는 투자할 여력이 없거나, 투자하더라도 그 이익을 자신이 향유할 수 있으리라는 보장이 없으므로 역시 투자에 관심이 없다(스미스, 2007[1776], pp. 472~478).

이처럼 스미스는 토지소유의 독점과 불평등을 '정의와 불의(不義)'라는 관점보다는 주로 토지개량 투자에 미치는 악영향이라는 관점에서 비판하고 있다.

2) 문제에 대한 대응

스미스는 불평등한 토지소유가 가진 문제를 꿰뚫어 보았지만 어떤 개혁안을 적극적으로 제출하지는 않는다. 왜 그런 것일까? 우선, 그는 토지소유를 인위적으로 균등화하지 않더라도, 상업과 제조업 발달의 결과로 차지인들의 경제적, 정치적 권한이 강화되어 토지 투자가 이루어지는 경로(徑路)가 있다고 보았다. 이 경로에 대한 스미스의 설명은 매우 흥미롭다. 그는 외국무역과 제조업이 발달하기 전에는 대지주가 자신의 토지에서 나오는 산출물로 수많은 가신과 차지인들을 부양하면서 그들을 정치적·사회적으로 지배하고 있었다고 본다. 이것이 바로 그가 『도덕감정론』에서 말했던 상태, 즉 토지소유가 불균등하더라도 '보이지 않는 손'에 의해서 모든 사람들이 그 산출물을 고르게 나누어 갖는 상태이다. 그러나 외국무역과 제조업이 발달하면 지주들은 그 산업들이 제공해 주는 물품들로 사치를 하기 위해서 토지의 산출물을 지출하게 되고, 이에 따라 그가 지배하던 가신과 생산성 측면에서 기여 정도가 낮은 차지인들을 해고하게 된다. 이로써 지주들의 정치적 권력은 축소된다. 다른 한편, 자신의 소비욕 충족을 위해서 지주들은 차지인들로부터 더 높은 지대를 받고 싶어 하게 되고, 결국 그러한 지대를 감당하기 위해서 필요한 토지 투자를 행하는 대가로 차지인들이 안정적 토지점유권을 요구하여 그것이 관철된다(스미스, 2007[1776], pp. 505~506).

그러나 스미스는 이러한 발전 경로를 '이상적'이라고 보지는 않는다.

> 그러므로 유럽 대부분의 지역에서 도시의 상업·제조업은 시골의 개량·경작의 결과가 아니라 그 원인이었다. 그러나 이러한 순서는 사물의 자연적 진행과정에 반대되므로 필연적으로 느리고 불확실하다. 부를 사업과 제조업에 크게 의존하고 있는 유럽 나라들의 느린 진보와 부가 전적으로 농업에 의거하고 있는 북아메리카 식민지의 빠른 진보를 비교해 보라(스미스, 2007[1776], pp. 508~509).

스미스는 북아메리카 식민지의 고속성장의 비밀을 소유지 분할과 그에 기초한 유능한 토지개량자인 소 소유자(small proprietor)의 증가에서 찾고 있다.

> 유럽에서는 장자상속법과 여러 종류의 영구소유권이 대 소유지의 분할을 저지하고, 따라서 소 소유자의 증가를 방해하고 있다. 소 소유자는 자기의 작은 토지의 모든 부분을 잘 알고 있고, 재산, 특히 적은 재산이 자연적으로 불러일

> 으키는 모든 애착을 가지고 그것을 돌보며, …, 개량가 중에서도 가장 근면하고 가장 현명하며 가장 성공적이다(스미스, 2007[1776], p. 509).

스미스는 이러한 관점을 4편 7장에서 각국의 식민지 정책을 비교하는 곳에서도 일관되게 적용하고 있다. 그는 북아메리카 영국 식민지가 가장 빨리 발전하고 있다고 지적하면서 그 까닭으로 '미경작지의 독점이 완전히 금지되어 있지는 않지만 다른 어느 식민지보다 제한되어 있음', '장자상속권이 없음', 그리고 '가벼운 세금'을 들고 있다(스미스, 2007[1776], p. 702). 여기서 그는 토지소유 구조와 개량투자를 다음과 같이 명확히 연결시키고 있다.

> 토지의 독점은 사실상 토지의 풍부함과 저렴함을 불가능하게 한다. 더욱이 미경작지의 독점은 개량을 방해하는 가장 큰 요인이다. 토지의 개량, 경작에 사용되는 노동은 사회에 대해 가장 크고 가장 가치 있는 생산물을 공급한다(스미스, 2007[1776], p. 703).

이처럼 토지독점이 경제성장에 미치는 부정적 영향을 통찰하고 있었음에도 불구하고 그가 영국이나 다른 유럽 국가들에 대해서 북아메리카와 같은 체제로의 과감한 전환을 제안하지 않은 까닭은 무엇일까?

첫째, 그가 당시 사회체제의 근간인 토지소유 상태를 변화시킬 수 없는 상수(常數)로 받아들였기 때문일 것이다. 둘째, 당시 영국이 유럽 여러 나라 중에서는 차지농의 권리가 가장 안정된 국가이고, 따라서 농업의 발전이 완전히 만족스럽지는 않더라도, 앞서 있는 국가였다는 점도 작용했을 것이다(스미스, 2007[1776], p. 512). 스미스가 보기에 잉글랜드에서는 역사적으로 요먼(yeomanry) 또는 차지농이라고 불리는 사람들이 토지소유자에 대해서 자신의 점유권을 안정적으로 주장할 수 있는 제도와 관행이 정착되었고 이것이 번영의 기초가 되었다.

> 차지인이 차지계약(lease)을 맺지도 않은 토지를 개량하면서 자기의 지주가 이처럼 중요한 개량을 빼앗아가지 않을 것이라고 믿는 예는 유럽에서는 잉글랜드를 제외한 다른 곳에는 없을 것이다. 자영농에게 이렇게 유리한 법률, 관습은 아마도 그들이 자랑하는 모든 무역정책보다도 잉글랜드의 현재의 영광에 기여한 바가 클 것이다(스미스, 2007[1776], p. 479).

요컨대, 현실적이고 경험주의적 사상가였던 스미스는 토지독점 철폐와 소 소유자 창출이라는 최선의 해답을 알고 있었지만, 잉글랜드가 도달한 안정적 자영농 체제를 다행스럽고 만족할 만한 차선(次善)으로 받아들인 것으로 보인다.

4. 시장에서의 불평등

사람들은 토지 등 생산 수단 소유라는 서로 다른 초기 조건을 가지고 시장이라는 운동장에 들어온다. 앞에서 본 것처럼 그 초기 조건은 불평등한 경우가 많다. 이제 시장에서 경주가 시작되면 또 다른 요인들이 작용해서 불평등을 낳는다. 스미스가 주목한 시장 안의 불평등 요인은 현대적 표현으로 빌리자면 '교섭력 격차'와 '보상적 격차'였다.

1) 교섭력 격차

스미스는『국부론』1편 7장 말미에서 임금, 이윤, 지대를 상품 자연가격의 구성 부분으로 지목한 후 8, 9, 11장에서 각각 임금, 이윤, 그리고 지대를 결정하는 요인들을 설명하고 있다. 이 과정에서 소득의 세 범주 '간'(間)의 불평등과 각 범주 '내'(內)에서의 불평등 원인을 설명하고 있다.

소득 범주 간 불평등 중 특히 임금에 대한 스미스의 설명에서 가장 주목할 점은 임금을 오늘날 경제학원론 교과에서처럼 단순히 수요와 공급에 의해서 결정되는 것으로 보지 않는다는 것이다. 임금은 수요곡선과 공급곡선이 만나서 정해지는 것이 아니라, 임금을 두고 대립하는 노동자와 자본가 각각의 단합(combination) 가능성, 사법체계, 그리고 노사 갈등 상황을 버틸 수 있는 경제력의 함수이다. 특히 주목할 것은 그가 노사 각각의 단합과 관련된 법률과 정부 기관의 개입을 중요한 요인으로 보고 있다는 점이다.

> 보통 노동임금이 얼마인가는 이해관계가 전혀 다른 쌍방 사이에서 체결되는 계약에 의거한다. … 고용주들은 수적으로 더 적기 때문에 훨씬 더 쉽게 연합할 수 있으며, 또한 법률과 정부 기관은 고용주들의 연합은 인정해 주거나 적어도 금지하지 않지만, 노동자들의 단합은 금지하고 있다(스미스, 2007[1776], pp. 86~87).

이처럼 스미스는 정치적, 제도적으로 기울어진 운동장으로 인해서 생기는 교섭력의 차이를 직시하고 있었던 것이다. 그렇다면 거기에 영향을 미치는 법적, 제도적 개선을 제안하는 것이 상식적인데, 그는 이에 대해서 개혁안을 제시하지는 않는다.[5] 스미스는 고용주들의 연합에 대항하기 위한 노동자들의 단합을 '방어적'이라고 표현하고 있기는 하지만, 그러한 방어적 단합을 제도화하는 적극적 제안을 하지는 않는다. 그는 "고용주들의 연합은 매우 드물다고 생각하는 사람이 있다면, 그는 진상을 알지 못할 뿐 아니라 세상 물정을 잘 모르는 사람"(스미스, 2007[1776], p. 87)이라는 냉철한 현실 인식을 하고 있다. 또한 노동자들의 쟁의 행위, 폭력행사가 사법적 개입, 고용자들의 침착함, 노동자들의 생존 절박성 때문에 "결국 주동자의 처벌과 파멸 이외에는 아무것도 얻지 못하는"(스미스, 2007[1776], pp. 88~89) 상황을 객관적으로 묘사하고 있다. 그러나 거기서 더 나아가 고용주들의 연합을 적극적으로 단속해야 한다거나, 노동자들의 연합을 지원하고 허용해야 한다는 주장을 하지는 않는다.

이러한 스미스의 입장은 두 가지 측면에서 그 배경을 이해할 수 있다. 그 하나는 오늘날의 용어로는 낙수(落水)효과에 대한 신뢰라고 볼 수 있다.

> 어떤 한 나라에서 임금으로 살아가는 사람들 … 에 대한 수요가 계속 증가할 때, 매년 그 전년에 취업한 사람 수보다 더 많은 사람들에게 취업기회를 제공할 때, 노동자들은 임금을 올리기 위해 단결할 필요가 없다. 노동자의 부족은

5 물론 스미스는 이어지는 단락에서 임금을 노동자와 가족의 생활유지와 부양에 필요한 "어떤 일정한 수준 이하로 상당한 기간 억제하는 것은 불가능함"을 지적하고 있다. 그러나 그가 지적한 임금 결정에서 교섭력, 특히 노사의 단합과 관련된 제도의 중요성은 19세기에 계급 간 불평등 해소를 위한 제도적 개혁을 구상한 사상가들에게 중요한 출발점이 된다.

고용주들 사이에 경쟁을 야기하며, 고용주들은 노동자를 구하기 위해 더 높은 임금을 제시하며, 따라서 임금을 올리지 말자는 고용주들이 자연적인 연합을 스스로 타파한다(스미스, 2007[1776], p. 90).

지적해 두고 싶은 것은, 국민의 절대다수인 노동 빈민의 생활 상태가 가장 행복하고 가장 편안하게 보이는 것은 사회가 진보하고 있을 때, 즉 사회가 이미 최고로 부유해졌을 때가 아니라 사회가 계속 더욱 부유해지고 있을 때이다. 노동자의 생활 상태는 사회가 정체 상태에 있을 때는 어렵고, 쇠퇴 상태에 있을 때는 비참하다(스미스, 2007[1776], p. 106).

그는 노동자에 대한 수요의 증가는 임금기금의 증가에 의해서만 가능하다고 주장하면서, 그 기금은 나라의 수입 및 자본의 증대이므로, 결국 국부(國富)의 증대가 노동자에 대한 수요를 증가시키고 임금을 증가시킨다는 논리를 구성하고 있다.

스미스가 노동자의 교섭력을 강화하자는 제안을 하지 않는 또 다른 이유는 어떤 종류이든 특정 경제주체들의 연합을 정부가 제도화하는 것은 전체 국민경제의 이익에 배치된다는 그의 믿음이라고 볼 수 있다. 이것은 자주 인용되는, 동업조합의 결성에 반대하는 다음의 구절에서 분명히 드러난다.

동업자들은 오락이나 기분전환을 위해 만나는 경우에도, 그들의 대화는 공중에 반대되는 음모나 가격 인상을 위한 모종의 책략으로 끝나지 않을 때가 거의 없다. 이러한 모임을, 실제로 집행 가능하거나 자유와 정의에 모순되지 않는 법률로 저지한다는 것은 불가능하다. 그러나 법률이 동업자들의 이따금의 모임을 저지할 수는 없다고 하더라도, 법률이 그러한 모임을 촉진해서는 안되며, 더구나 그러한 모임이 필요하도록 만들어서도 안된다(스미스, 2007[1776], pp. 167~168).

이어지는 구절에서 그러한 모임을 필요하게 만드는 제도의 예로서 동업자들의 등기(登記)나 상조(相助) 규정을 들고 있고, 동업조합이 조직 내 다수의 의지로 구성원 전체의 행위를 구속하며 영속적으로 경쟁을 제한하게 된다는 점을 지적하고 있다. 이 구절은 언뜻 보면 자본가들의 연합을 정부가 촉진해서는 안된다는 뜻으로 보이지만, 그 구절이 놓인 맥락을 보면 스미스가 말하는 '동업조합'은 자본가에 국한되는 것이 아니라 노동자의 조직도 포괄하는 것으로 보인다. 우선, 10장의 제목 자체가 '노동, 자본의 각종 사용처의 임금, 이윤'(on wages and profit in the different employments of labour and stock)이며, 경쟁을 제한하는 정부 정책을 제시할 때도 다음과 같이 서술하고 있다.

유럽의 정책은 약간의 사업에서 경쟁을 제한하거나 거기에 참여하려고 하는 수보다 적은 수만 허용함으로써 노동, 자본의 각종 사용처의 유리성, 불리성 전체에서 매우 중요한 불균등을 야기하고 있다. 동업조합의 배타적 특권이 위의 목적으로 사용되는 주요 수단이다(스미스, 2007[1776], p. 155).

또한 동업조합에 대한 비판을 마무리하는 단락에서도 그 폐해를 일으키는 주체로 '노동자'(workman)를 들고 있다.

노동자에 대해 실행되는 진실하고 유효한 제재는 동업조합에 의한 것이 아니라 고객들에 의한 것이다. 노동자가 감히 가짜를 만들지 못하게 하고, 감히 게

으름(negligence)을 피우지 못하게 하는 것은 직장(employment)을 잃는 것에 대한 두려움이다. 배타적인 동업조합은 필연적으로 이러한 제재력을 약화시킨다(스미스, 2007[1776], pp. 168~169).

사실 스미스가 비판하는 동업조합은 중세도시적 전통에서 유래하는 소규모 수공업자들의 조합이며 이들은 자본가와 노동자의 속성을 아직 분리되지 않은 상태로 한 몸에 지니고 있던 주체들이라고 할 수 있다. 스미스는 1편 7장에서 이미 이러한 주체들이 만든 동업조합을 '일종의 확대된 독점'으로 규정하고 '거기에 종사하는 노동의 임금과 자본의 이윤을 자연율보다 높게 유지한다'라고 지적한 바 있다(스미스, 2007[1776], p. 81).

그러므로 시장에서 교섭력의 비대칭으로 생기는 불평등 해소를 위한 스미스의 처방은 노동자의 연합을 제도화하는 것이 아니다. 그는 '동업자'들의 연합이나 조합결성을 "자유와 정의에 모순되지 않는 법률로 저지할 수는 없다"고 인정하면서도, "정부가 그것을 의무화하거나 제도화해서는 안된다"는 입장에 머물고 있다.

2) 보상적 격차

다른 한편, 1편 10장에서는 소득 범주 간 또는 계급 간의 불평등이 아니라, 사용처에 따라서 임금 또는 이윤 간, 즉 노동자 간 또는 자본가 간 불평등이 발생하는 원인을 설명하는데, 그것은 '자유'와 '자유의 결여' 두 가지로 볼 수 있다. 이 중 자유에 의한 격차는 오늘날 노동경제학에서 '보상적 격차'(compensating differential)로 불리는 것이다.

> 화폐 임금 및 화폐 이윤은 유럽의 모든 곳에서 노동, 자본의 사용처가 다름에 따라 매우 상이하다. 그런데 이렇게 상이한 이유는 부분적으로는 사용처 그 자체의 어떤 사정들 때문인데, 이 사정들은 실질적으로 또는 관념적으로 어떤 사용처에서는 금전상의 이득이 적은 것을 보상하고 다른 사용처에서는 금전상의 이득이 큰 것을 상쇄시킨다. …(스미스, 2007[1776], pp. 129~130).

이와 같은 보상 또는 상쇄를 초래하는 요인으로 스미스는 직업의 유쾌·불유쾌, 습득 용이성과 비용, 취업의 안정성, 종사자에게 주어지는 신임, 그리고 성공 가능성 등을 들고 있다. 이러한 사정들은, "비록 노동임금과 자본이윤에 불균등을 야기하지만, 상이한 사용처의 유리함과 불리함의 전체에 관해서는 … 아무런 불균등도 야기하지 않는다"(스미스, 2007[1776], pp. 148~149). 즉, 노동과 자본이 자유롭게 경쟁할 수 있는 상황에서 사용처별 임금이나 이윤 간의 금전적 차이가 있다 하더라도 그 차이는 비금전적 요소를 포함한 유·불리를 '균등화'시키는 차이이며, 따라서 이러한 불평등에 대해서는 정부가 개입할 필요가 없다.

5. 조세와 불평등 문제

1) 문제

『국부론』은 전편에 걸쳐서 경제적 비효율을 초래하고 경제성장에

장애가 되는 정책을 비판하고 있지만, 특히 정책 문제를 집중적으로 다루고 있는 것은 바로 앞에서 언급한 임금 간 또는 이윤 간 불평등을 초래하는 정책을 다루고 있는 1편 10장, 중상주의를 비판하는 4편, 그리고 국가의 재정지출과 조세를 다루고 있는 5편이라고 볼 수 있다. 이 중에서 오늘날도 정부 정책 중 많은 사람의 가장 큰 관심사인 조세와 관련된 불평등 문제에 대해서 스미스가 어떤 생각을 했는지 살펴보자.

5편의 2장 2절 조세에 관한 자세한 논의에서 스미스는 불평등의 문제를 자주 언급한다. 그는 2절 도입부에서 오늘날도 조세에 대한 경제학적 논의의 근간이 되는 조세의 네 가지 일반 원칙, 즉 응능(應能) 원칙, 확정성, 납부 편의성, 그리고 효율성을 제시했다. 특히 응능 원칙과 관련해서 그는 '평등함'(equal)의 문제를 각 개인이 가진 능력에 비례하여 조세를 부담하는지, 바꾸어 말하여 국가의 보호 아래에 얻게 되는 '수입에 비례하여' 내는지에 결부시키고 있다. 이 문제와 관련해서 그는 두 가지의 불평등 개념을 구분하고 있다. 하나는 임금, 이윤, 지대라는 서로 다른 수입원 중 하나에만 최종적으로 부과됨에 따른 불평등 문제이고, 다른 하나는 특정 수입원 내에서 불평등하게 부과됨에 따른 문제이다(스미스, 2007[1776], p. 1017). 스미스는 그 이유를 명확히 밝히지는 않은 채,[6] 이 두 문제 중에서 후자에만 집중하겠다고 밝히고 있다.

이렇게 조세의 원칙을 제시한 후 스미스는 과세 대상에 따라서 나눈 조세종류별로 영국와 프랑스를 중심으로 유럽 여러 나라의 조세제도를 평가하고 개혁안을 제시하고 있다. 그 내용을 살펴보면 그가 생

6 왜 서로 다른 수입원 중 하나에만 최종적으로 부과하는 불평등이 문제인지는 아래 소비품에 대한 과세 논의에서 설명할 것이다.

각하는 조세 불평등 문제는 신분에 따른 차별, 과세 대상 가치 산정의 부정확성, 과세 기준(예: 신분) 또는 과세 대상 가치(예: 사치품)와 실제 소득 또는 재산 간의 약한 비례 관계 등의 문제이다.

스미스는 조세 관련 논의에서 '불평등' 문제를 비교적 빈번히 언급하고 있지만 그의 조세론에서 중점이 되는 것은 효율성, 특히 현대 경제학에서 사중손실이라고 불리는 개념과 유사한, 조세로 인한 국민경제 활동 수준의 위축 문제에 있는 것으로 보인다. 이 점은 그가 제안하는 조세개혁 제안에서 분명히 드러난다.

2) 대안[7]

앞에서 언급한 불평등한 조세는 일차적으로 축소의 대상이라고 볼 수 있다. 그러나 필수적 정부의 지출을 위해서는 일정한 규모의 재원이 필요하므로, 왜곡적인 조세를 철폐하거나 축소하려면 세수를 보충할 수 있는 구체적 대안이 있어야 한다. 스미스는 5편 2장에서 자신이 제안한 조세체계 개혁의 핵심을 공채(公債)를 논하는 5편 3장에서 다음과 같이 제시하고 있다.

> 현재의 토지세, 가옥 임대세를 더욱 공평하게 하고, 그리고 관세, 국내 소비세의 현행 제도를 앞 장에서 말한 것과 같이 변경한다면, 대부분의 사람들의 부

7 Kim(2023)에 따르면 이전의 스미스 연구자들은 스미스의 조세론에 이론적 일관성이 부족하다고 보았다. 반면 Kim(2023)은 스미스의 정의(justice)와 형평성(equity) 개념, 그리고 균형 상태에서의 잉여소득(surplus income) 개념을 적용하여 보면 그의 조세론 체계가 일관성이 있다는 점을 논증하고 있다.

담을 증가시키지 않으면서 다만 부담을 국민 전체에게 더 공평하게 분배함으로써 세입을 크게 증가시킬 수도 있을 것이다[8](스미스, 2007[1776], p. 1168).

스미스가 생각하는 이상적인 조세체계의 특징은 다음과 같이 요약할 수 있다.

첫째, '모든 수입원에 평등하게 과세되는 조세'가 바람직하다. 이것은 생산 단계에서 어느 한 생산요소에만 국한하여 부과되지 않는다는 것을 의미하는 것으로 해석 가능하며, 결국 스미스가 말하는 '수입원 간에 평등한 과세'란 오늘날의 개념으로는 생산 단계에서의 왜곡이 적은 소비과세에 근접한 개념으로 이해할 수 있다.

둘째, 생산요소에 대해서 과세한다면 지대에만 부과하는 것이 바람직하다. 스미스는 지대가 독점가격이라는 것, 그리고 지대의 고저는 임금이나 이윤과 달리 가격 고저의 원인이 아니라 결과라는 것을 정확히 파악하고 있었다(스미스, 2007[1776], p. 190). 따라서 임금이나 이윤에 조세를 부과하면 그것은 상품가격으로 전가되고 따라서 수요를 감소시킴으로써 부의 생산을 축소시키는 것과 달리, 지대가 부담하는 조세는 생산을 위축시키지 않는다는 장점을 가진다.

이하에서는 그가 확대를 제안한 토지세, 가옥 임대세, 관세, 국내소비세의 개혁 내용을 살피고, 그것이 불평등 문제와는 어떻게 연결되는지를 좀 더 자세히 검토한다.

8 이어지는 문장에서 스미스는 그러나 그러한 개혁만으로는 영국 정부의 채무 부담 문제를 해결할 수는 없을 것이라고 진단하면서, 영국 조세제도를 정치적 대표권 부여를 반대급부로 하여 식민지 전체에 확대할 것을 제안하고 있다.

(1) 토지지대세

토지는 예나 지금이나 중요한 생산요소이고, 특히 근대 이전에는 가장 중요한 과세 대상이기도 했다. 토지는 가장 중요한 산업이었던 농업의 터전이고 세금을 피해서 이동할 수도 없기 때문이다. 그러나 동시에 사회의 지배세력인 지주들의 주된 소득원이기도 했으므로 그에 대한 과세는 늘 정치적으로 뜨거운 문제이기도 했다. 오늘날도 우리나라와 같이 국토가 좁고 급성장을 했던 나라에서는 토지가 유력한 계층의 재산증식 수단이므로 토지에 대한 과세는 늘 뜨거운 감자가 된다.

스미스가 검토하는 토지세란 지주가 토지 이용자로부터 취득하는 지대에 대한 토지임대료에 부과되는 세금이다. 현재 우리나라의 조세체계로는 토지에 부과되는 재산세나 종합토지세보다는 토지를 임대해 주고 임대료를 받는 경우 납부해야 하는 사업소득에 대한 소득세와 비슷하다.

토지세에 대한 스미스의 개혁 제안은, 첫째로 불확정성 및 징수비용 감소, 둘째로 토지개량 촉진을 목표로 한다.

전자를 위해서는 토지 임대차 계약을 등기하도록 강제(!)하고 계약조건을 은폐하거나 허위 등기할 경우에는 벌금을 부과할 것을 제안하고 있다(스미스, 2007[1776], p. 1024). 강제와 벌금이라는 아이디어는 스미스를 개인의 사익 추구를 위한 '자유' 보장과 '작은 정부'의 수호신(守護神)으로 숭앙하는 사람들에게는 의외일 수도 있다. 그가 이러한 제안을 하는 이유는 토지세에서 공평성과 징세비용 절감이라는 두 가지 목표를 동시에 달성하기 위한 것이다. 당시 영국의 토지세는 오랜 기간 동안 지대의 변동과 무관하게 불변의 금액으로 징수되고 있었고, 이것은 그가 보기에는 '공평'하지 않은 것이었다. 따라서 실제 지대에 비례하는 토지세로의 전환을 위해서는 지주가 실제로 수취하는 임대료에 대한 '과세정보'가 필요했고 그 정보를 얻기 위한 방안을 내놓은 것이다. 그는 심지어 허위 등기에 부과된 벌금을 그것을 고발한 계약 당사자 중 한쪽에게 포상금으로 주자는 오늘날의 '세(稅)파라치'제도와 똑같은 아이디어를 내놓기까지 한다(스미스, 2007[1776], p. 1024).

다른 한편, 토지개량은 더욱 중요한 정책목표라고 할 수 있는데 이를 위해서 스미스는 네 가지 제안을 한다. 첫째, 지주들이 토지 임대차 계약을 갱신할 때 매년의 지대 대신 일시불로 권리금(fine)을 받는 경우 중과세할 것, 둘째 지주가 차지인의 경작 방법을 지정할 경우 중과세할 것, 셋째 지주가 화폐 아닌 현물지대를 수취할 때 중과세할 것, 넷째 지주가 자경할 경우 일정한 면적 내에서 세금을 감면해 줄 것이다.

이 중 앞의 세 가지는 모두 지주가 우월한 경제적 지위를 이용해서 차지인들의 자본과 경작능력을 손상시키고 성과를 위축시키는 행위를 중과세를 통해서 억제하려는 제안이다. 이 제안들의 일차적 정책목표는 국민경제 전체의 생산과 자본축적 활성화이다. 그러나 그것을 달성하는 수단으로서 임대차 계약시 지주에 비해 경제적으로나 정치적으로 열세일 수밖에 없는 차지인들의 지위를 향상시킴으로써 불평등을 완화시키는 효과를 갖게 된다. 결국 이 제안들은 그가 앞에서 '큰 해악'으로 비판했던 토지소유의 불평등 문제를 점유자의 권리 강화를 통해서 해결하는 온건한 개혁책의 의미를 갖기도 한다.

넷째 제안의 아이디어도 흥미롭다. 우선 주목할 점은 지주가 자경을 해서 명시적 지대수취가 없더라도 토지세를 징수해야 한다는 스미스의 생각이다. 즉, 과세의 근거는 회계장부상 임대료의 존재가 아니라 토지라는 생산 수단을 소유하고 있으므로 얻게 되는 소득인 지대의 존재이다. 이렇게 함으로써 농업 생산이 차지인에 의해 이루어지든, 지주에 의해 이루어지든 차별하지 않게 된다. 이것은 공평성 측면에서 보든, 효율성 측면에서 보든 합리적인 정책이다. 다음으로 지주의 자경에 대해서 일정한 감면을 해 주자고 하는 이유는 지주들이 직접 농업 생산을 하는 경우 차지인에 비해서 더 우월한 자본력을 이용해서 여러 가지 새로운 시도를 실험하고 이것이 성공할 경우 전국적 토지개량과 경작 발전에 도움이 되기 때문이다. 현대적 개념으로는 연구개발(R&D) 지원정책과 비슷하다고 할 수 있다. 그러나 스미스는 이러한 혜택은 어디까지나 일정한 면적에 국한해야 한다고 밝히고 있다. 그 이유를 밝히는 다음 문장도 그가 왜 경제학의 아버지인지를 잘 보여 준다.

> 만약 대부분의 지주들이 자기 소유지 전체를 자경하려고 한다면, 농촌은 자신의 이익에 따라 자기의 자본·기술이 허락하는 한 잘 경작하고자 하는 착실하고 근면한 차지인 대신에, 게으르고 낭비적인 토지 관리인들로 가득차게 될 것이다. 그들은 제멋대로 관리함으로써 조만간 경작의 질을 떨어뜨리고, 그리하여 토지의 연간 생산물을 감소시키게 될 것이다. 그리하여 지주의 수입뿐 아니라 사회 전체의 수입 중 가장 중요한 부분을 감소시키게 될 것이다(스미스, 2007[1776], p. 1026).

즉, 지주 경작이 '자기' 경작의 범위를 넘어서는 대규모 경영이 되면 결국 생산 증진에 직접적 관심을 가진 '본인'이 아닌 관리인, 즉 '대리인'의 경영이 될 것이다. 이것은 지주의 손해일 뿐만 아니라 효율적 생산에 가장 큰 관심과 능력을 가진 차지인들을 생산에서 배제함으로써 국민경제적으로도 손실을 발생시키는 것이다. 이러한 스미스의 사고는 공평성과 성장 및 효율성을 조화시키는 조세정책 탐색의 사례라고 할 수 있다.

(2) 가옥 임대세

주택에 대한 세금, 즉 우리나라의 경우 재산세, 종합부동산세, 그리고 주택임대로부터 발생하는 소득에 대한 세금은 아마도 사람들이 가장 많은 관심을 갖는 세금 중의 하나일 것이다. 이것은 주거가 사람들의 가장 필수적인 삶의 조건인 동시에 우리나라와 같이 인구밀도가 높고 도시 집중, 특히 수도권 집중이 심한 상황에서는 주택이 중요한 재산 증식 수단이 되기 때문이다.

스미스 시대에는 앞에서 언급한 토지세와 같이 가옥에 대한 세금이 오랜 기간 동안 고정적 금액으로 징수되고 있었던 것 같다. 그는 이러한 세제로 인해서 토지지대보다 가옥 임대료에 세금이 훨씬 가볍게 부과되고 있었다고 본다.[9] 스미스는 이 상태를 매우 '불공평'하다고 본다. 그는 이런 체제를 우선 가옥 임대료에 비례하는 세금으로 바꾸고, 더 나아가서 임대료 중에서도 택지지대에 집중하여 과세하는 개혁안을 제시한다. 이에 대해 좀 더 자세히 살펴보자.

먼저, 스미스는 가옥 임대료에 비례하는 세금을 제안한다. 그는 가

9 다음 구절 참조. "영국에서는 이른바 연간 토지세에 의해 가옥 임대료와 토지지대가 같은 비율로 과세되고 있는 것으로 추정된다. 각 교구·지구에서 이 세금을 부과하기 위해 적용하는 평가는 항상 동일하다"(스미스, 2007[1776], p. 1043).

옥 임대료가 토지지대와 비슷해 보이지만, 후자가 생산적 물건의 사용에 대해 지불되는 반면, 전자는 비생산적 물건의 사용에 대해서 지불되는 것이므로 가옥 임대세는 본질적으로 소비재에 부과되는 과세와 같은 성질을 갖는다고 본다(스미스, 2007[1776], p. 1040). 따라서 이 세금은 여러 가지 장점을 갖게 된다. 첫째, 스미스가 조세 평등의 조건으로 본 모든 임금, 이윤, 지대 등 모든 수입에 귀착되는 세금이다. 이것은 앞에서 본 바와 같이 스미스가 조세의 원칙으로 제시한 평등성의 중요한 조건이다. 둘째, 개인의 총지출 크기와 긴밀하게 연결되어 있다. 이것 역시 스미스가 말한 응능과세 원칙과 잘 부합한다. 셋째, 지출에 대한 어떤 세금보다도 많은 세수를 확보할 수 있다. 아마도 바로 이러한 장점들 때문에 스미스는 자신이 제시한 '수입에 비례하는 조세부담 원칙'에서 다소 벗어나 보이는 다음과 같은 언급을 한 것으로 보인다.

> 가옥 임대료에 대한 과세는 일반적으로 부자들이 가장 무겁게 부담하게 되는데, 이런 종류의 불평등에 무슨 매우 불합리한 점이 있는 것은 결코 아니다. 부자들이 수입에 비례해서뿐 아니라 그 비례를 약간 초과해서 공공수입에 기여하는 것은 그렇게 불합리한 일은 아닐 것이다(스미스, 2007[1776], p. 1040).

토지지대의 경우와 마찬가지로 스미스는 소유자가 거주하는 경우에도 그 기회비용인 임대료에 따라서 과세해야 한다고 주장한다. 즉, 스미스가 여기서 말하는 임대료에 대한 과세는 택지와 건물을 주거라는 소비적 목적으로 사용하는 것에 대한 과세이고, 타인에 대한 주택 임대의 결과로 발생하는 소득에 대한 과세가 아니다.

또한 가옥 임대료 중 택지지대에 대한 보다 적극적 과세를 제안한다. 이 제안의 이론적 기초는 가옥 임대료가 사실은 '건물 임대료'와 '택지지대'라는 두 부분으로 구성되어 있다는 매우 중요한 통찰이다. 전자는 가옥 건축에 사용된 자본이 수취하는 적절한 수준(proper level)의 이윤이고, 후자는 임대료 중에서 이러한 적절한 이윤을 초과하는 부분, 즉 '잉여지대'(surplus rent)로서 '그 가옥의 거주자가 그 위치로부터 생겨나는 현실적인 또는 상상적인 이익에 대해 지불하는 가격'(스미스, 2007[1776], p. 1038)이다. 앞에서 언급한 바와 같이 스미스는 지대가 상품가격에 영향을 미치지 않는 독점가격이라고 보고 있었다. 따라서 택지지대나 보통의 다른 지대에 조세를 부과하더라도, '어떤 종류의 산업도 저해되지 않을 것'이므로 '어떤 조세라도 가장 잘 부담할 수 있는 수입일 것'(스미스, 2007[1776], p. 1042)이라고 단언한다. 그는 여기서 한 걸음 더 나아가 보통의 지대가 적어도 부분적으로는 지주의 적당한 관리 덕분이므로 이에 대한 과중한 세금은 그러한 관리를 저해하게 되는 반면, 택지지대는 전적으로 '왕의 훌륭한 통치', 즉 오늘날의 개념으로는 정부의 적절한 공공재 공급 덕분에 발생한다는 차이가 있다고 지적한다. 따라서 택지지대는 다른 수입들, 심지어 일반적 토지지대에 비해서도 중과세하는 것이 마땅하다는 결론에 도달한다.

> 이런 점에서 택지지대는 보통의 토지지대보다 특별한[10] 과세를 하기에 적절한 대상이라고 생각된다. … 국가의 훌륭한 통치로 말미암아 발생하는 수입에 대해 그 국가의 유지를 위해 특별하게 과세하는 것, 즉 다른 대부분의 수입보다 더 많이 기여하도록 하는 것은 매우 합리적인 일이다(스미스, 2007[1776], p.

10 김수행(2007)의 번역에는 이 문장의 'peculiar'라는 단어가 빠져 있다.

1043).

이러한 고찰에 입각해서 다음과 같이 참신한 제안을 한다.

> 유럽의 많은 나라들은 가옥 임대료에 대해서 과세했지만 택지지대를 별개의 과세 물건으로 간주했던 나라는 하나도 없었다. 조세제도의 입안자들은 전체 가옥 임대료 중에서 택지지대 부분과 건물 임대료 부분을 확정하기가 매우 어렵다고 생각했던 것 같다. 그러나 가옥 임대료 중에서 이 두 부분을 서로 구별하여 과세하는[11] 것이 매우 어려운 일은 아닐 것으로 보인다(스미스, 2007[1776], p. 1043).

이처럼 가옥 임대료의 두 구성 부분을 구분하자는 제안은 두 부분의 세율을 차별하고, 그중 택지지대에 대해서는 앞에서 본 것처럼 중과세하기 위함일 것이다. 이어지는 단락에서 그는 영국의 당시 연간 토지세(annual land-tax)가 (일반적) 토지지대에 비해서 가옥 임대료에 훨씬 더 가볍게 부과되고 있다는 사실을 지적하고 있는데, 전후 맥락을 보면 택지지대에 대한 구분 중과세를 통해서 결과적으로 가옥 임대료의 조세부담을 높여야 한다는 취지인 것으로 해석할 수 있을 것이다.

이상과 같은 택지지대에 대한 중과세 주장은 기본적으로 그것이 산업을 저해하지 않을 것이라는 고려, 즉 사중손실을 최소화시키려는 효율성 중심 사고의 귀결이지만, 역시 결과적으로는 고소득 지주층과 고급주택 임차인의 세부담을 증가시키는 결과를 가져올 것이므로 경제

11 Cannan판『국부론』에는 '구별하여 과세하는 것'이 아니라 '구별하는 것'으로 되어 있다.

적 불평등 해소에 기여하는 제안이 된다.

(3) 관세를 포함한 소비품 과세

오늘날에도 소비품에 대한 세금은 국가의 수입 중 가장 중요한 부분 중의 하나이다. 보통 모든 소비품에 동일한 세율로 부과되는 세금은 형평성 측면에서 문제가 있다고 이야기된다. 예컨대, 우리나라의 부가가치세는 일부 면세 품목을 빼고 거의 모든 물품에 10% 세율로 부과되고, 이에 대해서 사람들은 '가난한 사람이나 부유한 사람이나 빵 하나를 사 먹으면 모두 똑같은 세금을 내게 되니까 불공평하다'라고 생각하는 경우가 많다. 또 담배에는 담배세, 소주에는 주세가 부과되는데 저소득층일수록 소득액에 비해서 담배나 소주 소비지출이 많기 때문에 이런 세금들은 가난한 사람이 더 많이 내는 불공평한 세금이라는 비판도 있을 수 있다. 이처럼 소비에 대해서 내는 세금에 대해서 보통 사람들의 관심은 세금 부담이 소득에 비례하는가에 집중되는 경향이 있다.

그런데 스미스가 소비품에 대한 세금 문제에 접근하는 방식은 이와 다르다. 그는 소비세가 임금에 영향을 미치고, 다시 임금이 국가 전체의 생산활동에 영향을 미치는 연쇄반응에 주목한다. 그 결과 필수품에 붙는 세금에 대해서 강력한 비판 논리가 만들어진다. 즉, 필수품에 대한 과세는 소득에 비례하지 않기 때문에 문제가 아니라 생산활동을 위축시키기 때문에 문제라는 것이다. 그의 논리를 따라가 보자.

스미스는 소비품을 필수품과 사치품으로 구분하면서 출발한다. 스미스는 필수품을 단순한 생존을 위해서 필요한 것이 아니라 체면 유지(decency)와 관련하여 정의한다. 여기서 우리는 『도덕감정론』에 나타나는 바와 같이 남의 판단을 의식하고 자신의 빈곤을 드러내는 것을 치욕으로 생각하는 '사회 속의 인간'을 중시하는 스미스의 통찰을 다시 한 번 확인하게 된다.

> 필수품이란 생활을 유지하기 위해 필수불가결한 상품뿐만 아니라, 그 나라의 관습상 점잖은(creditable) 사람의 체면 유지를 위해(indecent ... to be without), 심지어 최하층 계급 사람들의 체면 유지를 위해서도, 없어서는 안될 상품들을 가리킨다고 나는 생각한다(스미스, 2007[1776], p. 1080).

다음 단계로 스미스는 필수품에 대한 과세와 사치품에 대한 과세가 전체 국민경제에 미치는 영향을 비교한다. 여기서 우리는 스미스의 경제 전체를 통찰하는 안목(현대 경제학 용어로 '일반 균형적 시각')을 실감하게 된다.

먼저, 필수품에 대한 과세는 임금을 인상시킨다. 왜냐하면 스미스가 1편에서 전개한 이론상 임금은 (노동에 대한 수요와 더불어) 부분적으로는 필수품의 평균가격에 의해 결정되기 때문이다. 이렇게 초래된 임금 인상은 '모든' 공산품의 가격을 상승시킴으로써 결국 '모든' 공산품의 판매량과 소비량, 즉 국민경제 규모를 감소시키고 그 경제적 부담은 결국 지주와 부유한 소비자에게 귀착된다. 여기서 주목할 점은 조세로 인한 필수품의 가격 인상은 이를 보상할 만큼의 임금 인상으로 이어지므로 결과적으로 노동자계급은 이 세금을 부담하지 않게 된다는 스미스의 생각이다. 이와 대조적으로 지주는 생산 측면에서 지대의 감소를 겪게 되고, 다른 한편 부유한 소비자로서 세부담을 지게 되므로 가장 무거운 부담을 지게 된다.

반면, 사치품[12]에 대한 과세는 이와는 다른 효과를 가진다. '사치품의 가격 상승이 필연적으로 하층계급의 가족 부양 능력을 감소시키는 것은 아니'므로(스미스, 2007[1776], p. 1082), 임금 수준을 상승시키지 않는다. 따라서

> 사치품에 대한 과세는 과세되는 상품을 제외한 다른 상품의 가격을 상승시키는 경향은 없다. … 사치품에 대한 과세는 궁극적으로 그 상품의 소비자가 아무런 보상도 받지 못한 채 지불하게 된다. 그 과세는 모든 종류의 수입에 무차별적으로 귀착된다(스미스, 2007[1776], p. 1084).

이상을 종합하면 필수품에 대한 과세는 '불평등'할 뿐 아니라(노동자계급은 실질적으로 부담하지 않으므로), '비효율적'이다(판매량과 소비를 감소시키므로). 따라서 스미스의 결론은 명확하다.

> 과세되어야 하는 것은 하류층의 필수품에 대한 지출이 아니라 사치품에 대한 지출이어야 한다는 점을 항상 기억해야만 한다. 그들의 필수품 지출에 대한 과세의 최종적인 지불은 항상 중, 상류층의 부담으로 될 것이다. 즉, 연간 생산물의 큰 부분이 부담하는 것이 아니라 작은 부분이 부담하게 될 것이다. 모든 경우 이런 과세는 노동자의 임금 인상이나 노동 수요 감소를 가져온다. … 노동 수요가 감소하면 토지, 노동의 연간 생산물이 감소하게 된다(스미스, 2007[1776], pp. 1102~1103).

이런 논리를 펼치는 스미스는 오늘날 '진보적'인 조세정책 주장자

---

12 스미스는 당시 사치품의 예로 담배, 차, 설탕, 초콜릿, 위스키, 흑맥주 등을 열거하고 있다.

들에게는 '뜻하지 않은 우군'이 된다. 그들은 보통 필수품에 대한 과세는 소득에 비례하지 않는 세부담을 초래하므로 불공평하다고 비판한다. 그리고 주로 부자들이 소비하는 사치품에 무거운 세금을 물림으로써 공평한 과세를 달성해야 한다고 주장한다. '공평성'을 중시하는 이들의 주장은 경제성장과 효율성을 내세우는 경제학자들에게 쉽게 비판당할 수 있는 약점이 있다. 비판의 요지는 이것이다. 필수품에 대한 수요는 가격에 크게 영향을 받지 않으므로 세금이 부과되어도 필수품 산업이 크게 위축되지는 않는다. 반면, 사치품에 대한 수요는 가격에 민감하므로 세금이 부과되면 그 산업이 위축되고 그러면 GDP가 줄어들고 거기에 종사하던 사람들도 일자리를 잃게 된다. 그러므로 공평성은 성장 및 효율성과 대립하게 된다.

그러나 스미스는 필수품과 사치품이 임금에 주는 영향이 다르다는 점에 주목함으로써 필수품의 세부담을 낮추고 사치품에 소비세를 중과하는 것이 공평성, 성장, 그리고 국가 재원 마련이라는 세 마리 토끼를 잡는 방법이 될 수 있음을 보여 주는 것이다.[13]

6. 정치 영역에서의 불평등

스포츠 경기에서 누가 승리하는가는 선수의 타고난 조건과 노력,

13 Milanovic(2023) 역시 스미스의 경제학을 소득분배라는 측면에서 조명하면서, 그의 이론에서는 경제적 번영을 가져다주는 조건이 소득의 공정한 분배를 위한 조건과 동일하다고 결론내리고 있다.

그리고 심판의 경기 운용에도 좌우되지만 그에 못지 않게 규칙에 좌우된다. 경제활동의 규칙을 만드는 것은 정치이다. 정치의 장에서 누가 주도권을 쥐는가, 그리고 정책결정자들이 어떤 집단의 이익을 중시하는가는 필연적으로 사회의 불평등 정도에 영향을 미치게 된다.

스미스는 상품의 가치 결정과 자본주의 3대 계급의 수입, 즉 임금, 이윤, 지대의 결정 원리를 다루면서, 3대 계급의 이익과 '사회의 일반적 이익'과의 관계를 논하고 그로부터 정치적인 함의를 이끌어 내고 있다(스미스, 2007[1776], p. 320 이하). 여기서 그의 결론은 충격적일 정도로 '반(反)자본가적'이다.

그가 말하는 사회의 일반적 이익은 문맥상 '사회의 진정한 부'의 증가를 의미하는데, 스미스가 보기에 지주 및 노동자 계급의 이익은 사회의 이익과 기본적으로 높은 상관관계를 가지고 같은 방향으로 움직인다. 반면, 이윤을 추구하는 '고용주로 구성된 제3계급'의 이익과 사회의 이익 사이의 관계는 그렇지 않다.

> 이윤율은 지대, 임금과 같이 사회의 성쇠와 함께 등락하는 것은 아니다. 이와는 반대로, 이윤율은 부유한 나라에서는 자연히 낮고, 빈곤한 나라에서는 높으며, 가장 빠르게 망해 가는 나라에서는 이윤율이 언제나 가장 높다(스미스, 2007[1776], p. 322).

물론, 스미스가 자본가 계층의 이익이 사회의 이익과 '항상' 배치되는 것이라고 보는 것은 아니다. 그러나 그러한 상충 관계는 부정할 수 없게 존재한다.

어떤 특수한 상업, 제조업 분야에서 상인과 제조업자의 이익은 항상 몇몇 측면에서는 공공의 이익과 다르고, 심지어는 상반되기도 한다. 시장을 확대하고 경쟁을 제한하는 것은 항상 상인과 제조업자의 이익이 된다. 시장을 확대하는 것은 종종 공공의 이익에 합당할 수 있지만, 경쟁을 제한하는 것은 항상 공공의 이익과 충돌한다(스미스, 2007[1776], p. 323).

문제는 자신의 이익을 정치의 영역에서 관철할 수 있는 능력은 '제3계급'이 가장 높다는 것이다. 지주는 편안한 삶 때문에 나태하고 국가 정책의 결과를 이해하는 통찰력을 갖고 있지 못하다. 노동자는 여유 없는 생활, 제한된 교육과 관습 때문에 자신의 이익과 사회의 이익 사이의 관계를 인식하지 못하며, 그들의 불평은 고용주의 목적을 위해서 필요할 때만 이용될 뿐이다(스미스, 2007[1776], p. 321). 반면, 제3계급, 특히 그중에서도 상인과 공장주 계급은 그 직업의 속성상 예리한 이해력을 가지고 있어서 자기 자신의 이익에 대해서 밝고, 그 지식을 이용하여 (자신의 이익을 위해서) '지주로 하여금 지주 자신의 이익과 공공의 이익 모두를 포기하도록 설득'할 수 있는 능력을 가지고 있다. 게다가 기만의 대상은 지주뿐만이 아니며 영향력의 차이는 지적 능력과 언변에만 있는 것이 아니라는 점을 스미스는 정확히 알고 있다.

위의 두 가지 방법(고율 관세와 동업조합법)에 의한 가격 인상은, 결국 이런 독점의 결성에 반대한 적이 없는 농촌의 토지소유자, 차지농업자, 노동자에 의해 지불된다. 농촌주민들은 일반적으로 단결할 의향도 없으며, 단결에 적합하지도 않다. 상인, 제조업자들이 시끄럽게 주장하는 소리와 궤변은 쉽사리 사회의 일부 및 그 부차적인 부분의 사적 이익이 사회 전체의 일반 이익이라는 것을 농촌주민에게 설득시킨다(스미스, 2007[1776], p. 166).

즉, 스미스는 정치 영역에서 자신의 이익을 관철할 수 있는 단결력, 지식, 설득력의 총체로서 영향력의 불평등 문제를 지적하고 있는 것이다. 정치적 영향력의 불평등은 그가 지적한 것처럼 사회의 부의 총량을 감소시킬 뿐 아니라, 경제적 불평등도 초래할 수 있는 문제이다. 바로 이 때문에 스미스는 정책결정자들에게 다음과 같은 엄중한 경고를 한다.

> 따라서 이러한 계급이 경제와 관련하여 어떤 새로운 법률이나 규제를 두자고 제안을 하면 그것은 항상 큰 경계심을 갖고 들어야 한다. 그리고 그 제안은 아주 긴 시간을 들여서 주의 깊게 검토하되, 최대한 꼼꼼하게는 물론 최대한 의심하는 눈으로 신경을 써서 상세히 살피지 않고서는 절대로 채택해서는 안 된다.[14] 왜냐하면 그것은 그들의 이익이 결코 정확히 공공의 이익과 일치하지 않는 계급, 그리고 사회를 기만하고 심지어 억압하는 것이 그들의 이익이 되며, 따라서 수많은 기회에 사회를 기만하고 억압한 적이 있는 계급으로부터 나온 제안이기 때문이다(스미스, 2007[1776], p. 323).

7. 맺음말

스미스는 경제적 불평등이 사회 질서 유지의 비용을 증가시킨다는 점에 주목했을 뿐 아니라, 경제적 불평등의 개선을 가치 있는 것으로 인정했으며, 사회 전체 부의 증대와 모순되지 않는 것으로 보았다. 이

14 이 문장은 원문의 강경한 어감을 살리기 위해서 저자가 새로 번역했다.

같은 인식은 최근에 강조되는 포용적 성장이라는 개념의 선구라고 볼 수 있을 것이다.

경제적 불평등을 불러일으키는 원인으로서, 특히 스미스는 역사적으로 형성된 토지소유 불평등을 '큰 해악'으로 지목했지만, 그 문제를 정의와 불의(不義)보다는 토지개량 투자에 미치는 악영향이라는 관점에 초점을 맞추어 비판했다. 또한 그는 그 문제를 토지소유 독과점의 해체를 통해서가 아니라 점유의 안정성 확보만으로도 극복할 수 있다고 보았던 것으로 보인다.

시장에서 발생하는 불평등 중에서, 특히 임금 결정 과정에서 불평등을 불러일으키는 요인으로 스미스가 주목하고 있는 것은 교섭력의 노사 간 비대칭성이다. 그는 고용주가 단합의 가능성, 사법체계, 그리고 노사 갈등 상황을 버틸 수 있는 경제력 등 모든 측면에서 노동자에 비해서 유리하다는 사실을 직시한다. 그럼에도 불구하고 그는 상대적으로 약한 노동자의 교섭력을 강화하는 제도적 변화를 정책대안으로 제시하지는 않는다. 이것은, 첫째 낙수효과에 대한 신뢰와, 둘째 어떤 형태이든 경제주체들의 연합을 정부가 제도화하는 것은 전체 국민경제의 이익에 배치된다는 그의 믿음 때문이었다. 따라서 그는 정부가 동업자들의 만남을 필요하게 만드는 조치를 하지 말라는 '부정명령문' 형태의 권고에 머물게 된다.

스미스가 불평등의 문제를 가장 상세히 다루는 것은 조세 문제에 대해서이다. 그의 조세개혁론의 핵심은 두 가지로 요약된다. 첫째, '모든 수입원에 평등하게 과세되는 조세'가 바람직하다. 이러한 조세는 생산 단계에서 특정한 생산요소에 부담이 되지 않는 것으로 개념적으로는 소비과세에 근접한 것이다. 이를 소비세에 적용하면, 필수품에 대한 과세는 임금으로 전가되어 노동자계급은 실질적으로 부담하지 않게 되므로 '불평등'하고, 또한 모든 공산품의 가격을 상승시켜서 판매량과 소비를 감소시키므로 '비효율적'이다. 반면, 사치품에 대한 과세는 그러한 불평등성과 비효율성이 없으므로 추천할 만하다. 둘째, 생산요소에 대해서 과세한다면 지대에만 부과하는 것이 바람직하다. 이러한 주장은 노동이나 자본에 대한 과세와 달리 지대에 대한 과세는 산업을 저해하지 않을 것이라는 고려의 귀결이지만, 결과적으로는 고소득 지주층의 세부담을 증가시키는 결과를 가져올 것이므로 경제적 불평등 해소에 기여하는 제안이 된다. 이처럼 스미스의 조세론에서는 평등과 성장 및 효율성이 모순되지 않고 조화 가능한 가치이다.

불평등 문제와 관련하여 스미스의 종합적 사회과학자의 면모가 드러나는 것은 그가 각 계급이 자신의 이익을 정치의 영역에서 관철할 수 있는 능력의 차이에 주목할 때이다. 스미스는 자본가계급의 경제적 이익이 사회의 일반적 이익과 배치될 때가 적지 않은데, 이들의 정치적 능력은 다른 계급을 압도한다고 본다. 따라서 그는 정책결정자들이 이 계급의 정책제안에 대해서 항상 의심과 경계를 늦추지 말아야 한다고 역설한다.

이 같은 스미스의 불평등에 대한 논의가 오늘날 한국 경제에 주는 시사점은 무엇일까? 첫째, 그가 토지소유 집중의 폐해에 대해서 가한 날카로운 비판은 생산에 참여할 수 있는 조건의 형평화가 번영의 중요한 조건임을 보여 준다. 토지는 오늘날에도 중요한 생산요소이지만 그의 사상을 오늘날 상황에 투사할 때 고려해야 할 현대적 맥락은 인적자본이 생산과 분배에 참여할 수 있는 결정적인 조건이라는 점이다. 이 '초기 조건'을 모든 사회계층에 동등하게 보장해 주는 노력이 사회의 지속적 번영을 위해 중요하다고 할 수 있을 것이다. 둘째, 스미스는 '동업자의 만남'을 의무화하는 것에 반대하고 있지만, 동시에 그것을 '자유와 정의에 모순되지 않는 법률로 저지할 수는 없다'고 인정하고 있음에 주목할 필요가 있다. 이것은 특히 오늘날 교섭력이 약한 노동자들의 노동조합이나 소사업자들의 협동조합 등의 연대 활동을 공정거래 저해라는 개념으로 가로막아서는 안된다는 명제로 재번역할 수 있을 것이다. 셋째, 그의 조세론 중에서 오늘날의 맥락에서 특히 주목할 만한 것은 앞에서 말한 것처럼 택지지대에 대한 적극적인 과세 주장이다. 그는 독점적 위치를 가진 토지를 사용하게 함으로써 발생하는 '잉여지대'에 과세하는 것이 생산을 위축시키지 않으면서 많은 세수를 확보하고 개인의 지출에 비례하는 세금이 된다고 보았다. 오늘날의 경제학으로도 스미스의 주장에 이의를 제기하기 어려울 것이다. '잉여지대'라는 경제학적 개념을 측정 가능한 과세표준으로 구체화하고 스미스의 시대에나 지금이나 잉여지대를 가장 많이 수취하는 부자들의 반발을 정치적으로 돌파하려는 관심과 능력이 연구자들과 정치가들에게 부족할 뿐이다. 넷째, 스미스는 정책 결정 과정에서 자본가 집단의 사익추구를 통렬하게 비판하고 이들의 정책제안을 항상 경계해야 함을 강조했다. 이 경고를 현대적 맥락에서 본다면 우월한 언론 영향력, 정치적 자원을 가진 집단이 정치 과정을 왜곡하는 것을 막을 수 있는 정치제도가 중요하다는 명제로 연장될 것이다. 그런 면에서 "착취적 경제제도는 … 태생적으로 … 착취적 정치제도에 의존할 수밖에 없다"(애쓰

모글루·로빈슨, 2012, p. 127)는 점을 현대의 수많은 사례를 통해 입증하여 2024년 노벨 경제학상을 받은 아제모을루 등의 학자들은 스미스의 유산을 그대로 물려받은 직계 후손이다.

| 참 | 고 | 문 | 헌 |

스미스, 애덤 저, 김수행 역(2007), 『국부론』 개역판, 상·하, 비봉출판사.

스미스, 애덤 저, 박세일·민경국 역(2009), 『도덕감정론』 개역판, 비봉출판사.

애쓰모글루·로빈슨 저, 최완규 역(2012), 『국가는 왜 실패하는가』, 시공사.

Kim, Kwangsu(2023), "New light on Adam Smith's view of taxation via the concept of equity," *The European Journal of the History of Economic Thought*, pp. 1~24(https://doi.org/10.1080/09672567.2023.2225869).

Milanovic, Branko(2023), *Visions of Inequality*, Cambridge and London: Belknap Press of Harvard University Press.

Walraevens, Benoit(2020), "Adam Smith's view of economic inequality," *Cambridge Journal of Economics*, vol. 45(1), pp. 209~224.

제5장

애덤 스미스가 한국에 온다면: 정부와 재정 이야기*

류덕현

* 본 장의 제목은 저자의 경향신문 칼럼(2024년 6월 11일자)과 유사하다. 하지만 신문칼럼은 본 장 내용의 극히 일부분에 불과하다.

본 장은 애덤 스미스의 『국부론』 5편 3장에서 다룬 공공부채에 대한 논의를 중심으로 18세기 영국과 현대 한국의 재정 상황을 비교하고, 한국 재정정책에 주는 시사점을 분석한다. 당시 영국 재정은 전쟁비용에 대부분 쓰였고, 영란은행 설립 이후 차입 이자율이 낮아지면서 공채가 주요 재정 조달 수단이 되었다. 주요 세원으로는 토지세, 소비세, 창문세, 신문세 등이 있었으며, 재정지출은 국방과 같은 필수 항목에 집중되었다. 『국부론』 5편 3장에서 스미스는 전쟁비용을 충당하기 위해 공채에 의존하던 당시 영국의 재정 상황을 비판하며, 이러한 부채가 장기적으로 국가 재정에 큰 부담을 주고 미래 세대에까지 악영향을 미칠 수 있다고 경고했다. 그는 특히 감채기금(sinking fund)이 새 차입을 쉽게 만들어 정부의 낭비적 재정 운영을 조장할 수 있다고 지적했다.

스미스 시대의 가장 큰 재정지출 요인은 전쟁이었으나, 현대 한국의 재정 소요는 저출산·고령화로 인한 복지 확대, 경제 안정화, 사회안전망 강화 등으로 전환되었다는 점에서 차이가 있다. 이로 인해 우리나라 재정에서는 전쟁과 같은 일시적 소요보다는 지속적이고 구조적인 재정 부담이 더 큰 문제로 대두되고 있다. 따라서 단순히 GDP 대비 국가채무 비율과 같은 지표에 집착하기보다는, 중장기적인 지속가능성을 고려한 접근이 필요하다. 또한 경직적인 재정 준칙보다는 유연한 재정 운용을 통해 복지 수요에 적절히 대응할 수 있도록 재정의 지속가능성 여부를 중심에 두고 재정 운용을 할 필요가 있다. 『국부론』 5편 3장에서 스미스가 경고한 공공부채에 대한 고찰과 재정 원칙을 바탕으로, 현대 한국 재정이 구조적 재정 소요를 어떻게 관리할 것인가에 대한 방향성을 제시한다.

1. 들어가는 말

경제학의 기본원리가 잘 구현된 고전 중의 고전인 스미스(1723~1790)의 『국부론』 5편은 국가 재정의 원리에 대한 것이다. 5편 1장은 정부지출, 2장은 조세, 3장은 공공채권(공채)에 관한 논의이다. 현대 재정학의 관점에서 보자면 정부지출론은 지금의 분야별 재정지출론으로 정립되어 있는 것과 크게 다르다고 볼 수 있다. 국왕 혹은 왕실과 관련된 지출, 국방지출, 사법지출, 교육지출 등 지출 항목이 매우 협소하고 일반 국민들에 대한 복지지출 및 공공인프라에 대한 지출에 대한 논의는 거의 없다고 볼 수 있다. 조세론 역시 이와 유사하다. 그 당시 조세수입의 재원은 토지와 가옥 임대료, 자본에 대한 이윤세, 그리고 소비세 및 관세 등으로 이루어져 현대의 소득세, 법인세, 부가세 등의 세원과는 큰 차이가 있다. 하지만 『국부론』 5편 2장 2절에 설명된 조세 부과의 원칙 네 가지는 현대 재정학에서도 정의한 것과 크게 다르지 않게 전승되어 오고 있다. 첫째, 국민들의 조세 부담은 가능한 한 각자의 지불 능력에 비례하도록 해야 한다(조세 부담의 형평주의). 둘째, 각자가 지불해야 할 세금은 확정적이어야 한다(조세확정주의). 셋째, 조세 부과의 방법이나 시기는 납세자 편의성을 최대한 고려해서 결정되어야 한다(조세편의주의). 넷째, 조세 부과는 주어진 공공지출에 대한 재원을 조달함에 있어서 납세자의 부담이 최소화되는 방법으로 이루어져야 한다(조세 부담 최소화의 원칙)(이지순, 1989, p. 85). 마지막으로, 공채에 관한 3장에서는 공채가 재원 조달의 주요한 수단으로 된 연원과 차환 발행, 감채기금의 등장과 역할, 그리고 세원 확대에 대한 제안 등으로 이루어져 있다.

여기에서는 스미스의 국가 재정에 대한 재원 조달 수단, 조세와 공채 발행, 그리고 공채 발행과 관련된 논의 사항을 정리한다. 18세기 영국의 상황을 묘사한『국부론』의 재정학의 원칙과 정신이 정부지출과 조세에 대한 구조와 규모, 그리고 공공채무(국가채무)의 발행 및 유통 등과 관련한 현재의 제도와 상황이 크게 다르기 때문에 이를 지금 우리나라의 재정 운용에 직접적으로 적용할 수는 없다. 하지만『국부론』5편 3장 공채에 대한 스미스의 견해에 한정하여 현재 한국 재정정책의 관점에서 필요한 시사점을 찾아보는 것은 여러모로 필요한 일이라 생각한다.

본 장은 다음과 같이 구성했다. 제2절에서는『국부론』시대, 즉 스미스가 활동한 18세기 영국의 재정 상황을 살펴본다. 당시 영국 정부의 재정지출과 재정수입, 그리고 공공부채와 재정수지 적자에 대한 역사적 추이를 살펴보면서 스미스의 공채에 관한 이론이 등장할 무렵의 역사적 배경에 대해 고찰한다. 제3절에서는 스미스를 비롯한 고전학과 경제학자들의 공채에 대한 의견을 살펴본 후『국부론』에 기술된 공채에 대한 의견을 정리한다. 제4절은 제3절의 내용을 토대로 한국의 국가채무와 재정의 지속가능성에 대한 정책적 시사점을 도출하고자 한다.

2. 애덤 스미스 시대 영국의 재정 현황

1) 정부의 재정지출

스미스가 활동하던 시기인 18세기 영국 재정의 특징은 GDP 대비 10% 정도의 재정수입 대부분이 전쟁을 치르는 데 사용되었다는 점이다.

18세기는 다른 유럽 강대국들과의 갈등이 잇따랐고 대서양 건너에서 식민지 미국의 도전으로 인한 분쟁이 싹트고 있었던 시기였다. 즉, 지정학적 긴장과 그것들이 야기한 무력 충돌이 당시 영국 재정의 현황을 보여 주는 원동력인 것이었다. 1684년 영란은행(Bank of England)이 설립된 이후 그 당시 영국 정부의 주요한 자금 조달은 차입의 형태였다. 영란은행 설립 이전에 정부와 군주는 최대 30%의 이자율로 개인 금세공업자로부터 차입했으며, 영란은행의 설립으로 차입에 대한 잠재적인 원천을 크게 늘리고 이자율도 대폭 낮출 수 있었다.

〈그림 5-1〉에서 알 수 있듯이 18세기 전쟁을 수행할 때마다 영국 정부의 부채는 지속적으로 증가해 왔다. 18세기 동안 영국이 수행한 전쟁은 총 5개로 스페인 왕위 계승 전쟁(1701~1715), 7년 전쟁(1756~1763), 오스트리아 왕위 계승 전쟁(1740~1748), 미국 독립 전쟁(1775~1783), 그리고 프랑스 혁명과 나폴레옹 전쟁(1792~1815) 등이다. 같은 기간 동안 중앙정부 차입은 GDP의 5%에서 11% 사이에서 정점을 찍었다. 드물지만 평화 시기에 정부는 균형예산을 운영했다. 이에 따라 공공부채 수준은 1700~1801년 GDP 대비 22%에서 나폴레옹 전쟁이 일어나던 해

▮ **표 5-1** 1688~1868년 기간 동안 영국 전쟁의 총비용 (단위: 백만 파운드*)

연도	전쟁 이름	총비용	연간 비용
1688~1697	아일랜드 및 프랑스와의 전쟁	4,855	539
1702~1713	스페인 왕위 계승 전쟁	6,762	564
1718~1721	스페인과의 전쟁	602	151
1739~1748	스페인(수색권) 및 오스트리아 계승 전쟁	6,230	623
1756~1763	7년 전쟁	10,742	1,343
1776~1785	미국 독립 전쟁	11,218	1,122
1793~1815	프랑스와의 전쟁	83,496	3,630
1838~1843	캐나다 반란	191	–
1840~1843	제1차 중국 전쟁	206	–
1848~1853	카피르 전쟁(Kaffir War)	209	–
1854~5, 1855~6	러시아 전쟁	6,698	3,349
1856~7, 1860~1	제2차 중국 전쟁	641	–
1856~1857	페르시아 원정	87	–
1864~1865	뉴질랜드 전쟁	67	–
1866~7, 1867~8	아비시니아 원정(Abyssinian Expedition)	769	–

주: * 2013년 물가 수준으로 조정한 것임.
출처: P. Brien and M. Keep(2018).

인 1792년에는 155%가 될 정도로 꾸준히 증가했다.

18세기 동안 계속된 주요 전쟁은 1815년 워털루에서 마침내 종결되었지만, 영국 정부는 GDP의 180%에 가까운 엄청난 부채 부담을 떠안게 되었다. 전쟁이 시작되고 끝날 때까지 부채에 대한 이자율도 3%에서 5%로 상승하여 부채 상환에 연간 정부 수입의 5분의 2에 가까운 비용이 소모되었다. 물론 18세기 동안 영국 정부지출 대부분이 전쟁비용과 공공부채에 대한 이자 지급이었다.

한편, 〈그림 5-2〉에서 알 수 있듯이 근대적인 의미의 정부지출 분류인 교육, 사회보장, 보건 등에 대한 지출은 20세기와 제2차 세계대전

그림 5-1 1700년대 이후의 영국 정부 부채와 차입금 (단위: GDP 대비 %)

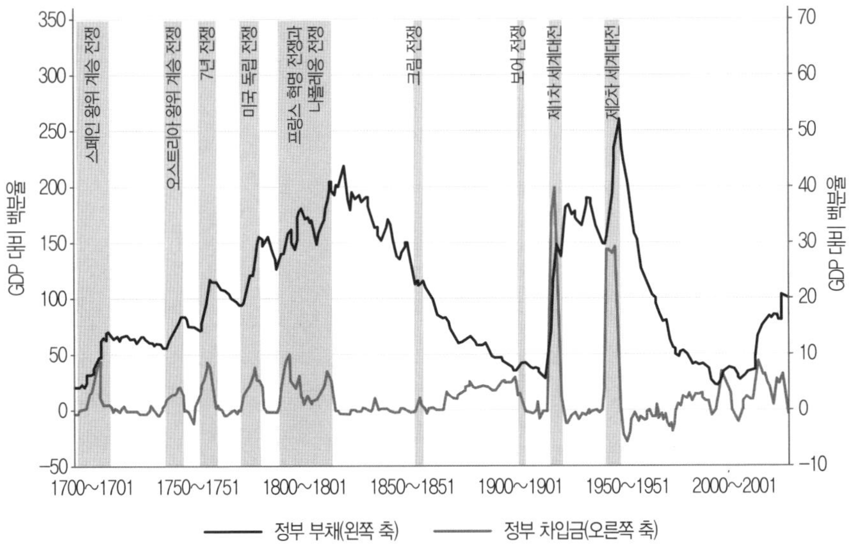

출처: L. Lanskey and C. O'Loughnan(2023)에서 인용.

표 5-2 1700~1815년 기간 동안 영국 정부의 재정지출 추이 (단위: GDP 대비 %)

연도	공공 부문 총지출	국방	국채 이자
1700~1701	3.2	1.7	1.5
1710~1711	13.8	11.4	2.4
1720~1721	5.5	2.3	3.2
1730~1731	5.6	2.9	2.7
1740~1741	7.0	4.7	2.3
1750~1751	8.5	5.2	3.3
1760~1761	15.3	12.3	3.0
1770~1771	6.7	3.0	3.7
1780~1781	13.6	9.7	3.9
1790~1791	8.0	2.9	5.0
1800~1801	13.1	9.1	4.0
1815~1816	18.8	13.0	5.8

출처: OBR(2023).

그림 5-2 1700년대 이후의 영국의 재정지출과 분야별 지출의 추이 (단위: GDP 대비 %)

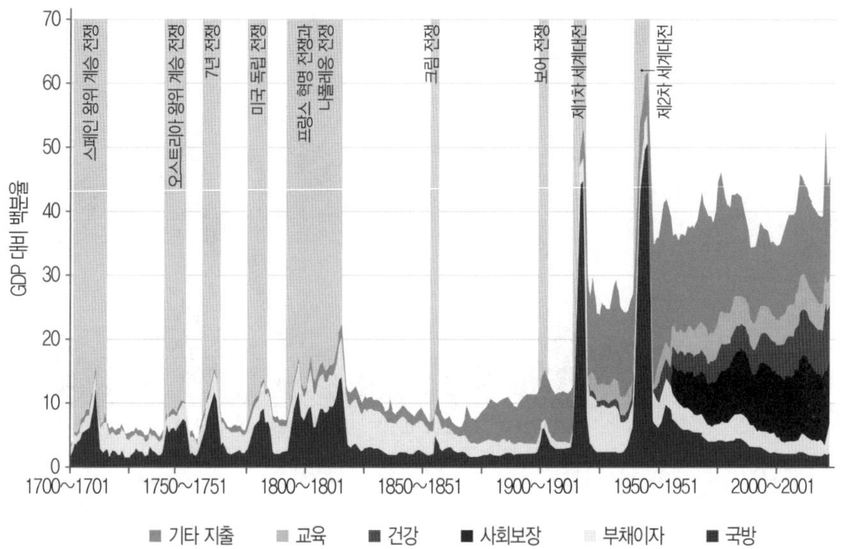

출처: L. Lanskey and C. O'Loughnan(2023)에서 인용.

이후 본격적으로 도입되었다. 즉, 근대적인 의미의 분야별 재정지출이 의미 있는 정부의 기능을 수행하기 위한 지출은 스미스가 활동했던 18세기에는 존재하지 않았던 것으로 판단할 수 있다.

2) 정부의 재정수입

1700년부터 1815년까지 영국 정부의 수입은 비교적 일정하게 낮은 수준으로 GDP 대비 평균 8% 정도에 이르렀다. 18세기 조세 징수에 대한 행정은 매우 도전적이었으므로 항구, 공장, 양조장 게이트 등

▎**그림 5-3** 1700년대 이후 영국의 재정수입과 수입 원천별 추이 (단위: GDP 대비 %)

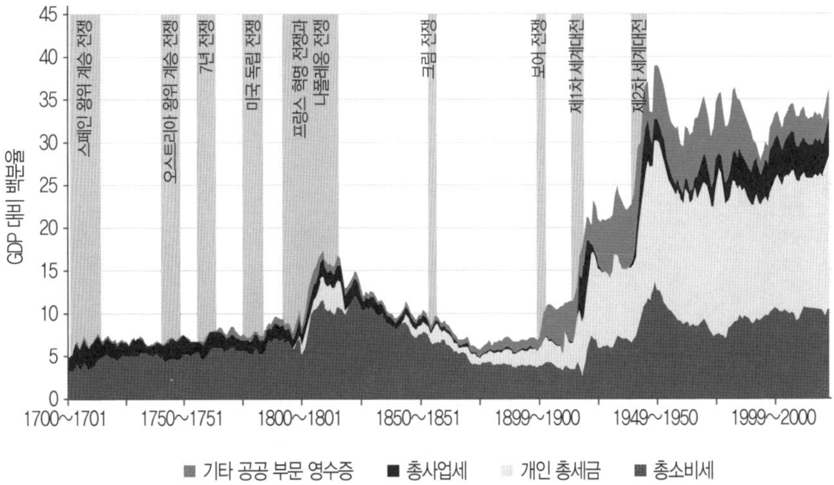

출처: L. Lanskey and C. O'Loughnan(2023)에서 재인용.

에서 쉽게 징수할 수 있는 관세 및 소비세 등이 주요 세목이었다. 이에 대한 중요한 예가 창문세(window tax, 1696년 도입)와 신문세(stamp duties on newspapers, 1712년 도입) 등이다.

창문세는 1696년 영국에서 처음 부과되었는데 처음에는 창문의 수가 더 적은 주택(처음에는 10개)에는 2실링 주택세(house tax)가 부과되지만 창문세는 면제받았다는 점에서 누진세로 의도되었다. 하지만 창문의 수가 10개 이상인 집은 창문의 수에 따라 증가한 추가 세금을 부담했는데, 창문의 수가 더 작은 집에 살 가능성이 높았던 최빈곤층은 이론적으로 세금이 덜 부과되었다. 이 원칙은 일반적으로 시골지역의 빈곤층에게 적용될 때에는 효과가 있었지만 도시 빈곤층의 세금 부담을 완화하지는 못했다. 그 당시 마을과 도시에서 노동자 계층이 개별 주택에 사는 것은 흔하지 않았고 보통 큰 연립 건물에 살았는데, 세금 조건에 따라 하나의 주택으로 간주되어 창문세 중과세 대상이 되었던 역설이 있었다.[1] 한편, 1712년에 제정된 인지세법(The stamp act 1712)은 영국에서 출판인들, 특히 신문에 새로운 세금을 부과하기 위해 통과된 법이다. 이로 인해 신문가격이 상승했으며, 각 신문에 부과된 인지세는 부유한 소비자들보다 싼 신문과 일반 독자들에게 더 큰 타격을 주었다. 이 법은 1855년에 폐지되었다. 최초의 평가 세율은 전체 신문 한 장당 1페니, 반 장당 1페니, 그리고 광고 한 장당 1실링이었다. 이 법은 신문을 포함하여 모든 팸플릿, 법적 문서, 상업 고지서, 광고, 그리고 다른 잡지들에 대해서 세금을 부과하여 발행하도록 요구했다. 동 세금의 제정은 영국 정부에 비판적인 언론이 쇠퇴하도록 하는 데 일조했다.[2]

영국의 재정수입은 18세기와 19세기 대부분 GDP의 10% 미만에 불과했다. 〈그림 5-4〉는 1700년대 영국의 재정수입이 대부분의 전쟁 수행과 관계없이 10%대에 머물고 있었음을 잘 보여 주고 있다. 19세기 초에 잠시 10%를 넘어섰는데, 이는 주로 프랑스와의 전쟁 자금 조달을 위한 것이었다. 즉, 1808년 GDP의 15% 이상으로 정점을 찍었지만 이후 하락하여 19세기의 마지막 65년 동안은 여전히 GDP 10% 미만을 유지했던 것이다.

18세기에는 정부 수입이 증가했는데, 18세기 초에는 GDP의 약 5%

---

1 https://www.parliament.uk/about/living-heritage/transformingsociety/towncountry/towns/tyne-and-wear-case-study/about-the-group/housing/window-tax.

2 https://en.wikipedia.org/wiki/Stamp_Act_1712.

그림 5-4 영국의 재정수입 추이(1700~2016년) (단위: GDP 대비 %)

출처: P. Brien and M. Keep(2018).

였지만 18세기 말에는 10%에 가까워졌다. 18세기와 19세기의 대부분 기간 영국 정부의 주 조세수입은 관세, 소비세, 인지세 및 기타 수입 등이다. 즉, 대부분의 정부 수입이 상품과 생산에 대한 세금이다. 그러나 세입구조는 18세기 동안 많이 변화했다. 1700년대 첫 10년 동안 전체 세입의 40%에 가까운 금액이 토지세 및 평가세에서 나왔지만, 18세기 마지막 10년 동안에는 이들 세금이 20% 미만으로 감소했음을 알 수 있다(〈그림 5-5〉 참조). 토지세는 토지, 지대 및 유산의 가치에 부과되는 세금으로, 토지의 가치는 1692년에 평가되었으며 18세기까지 재평가되지 않았다. 대학, 학교, 병원 및 자선 주택은 가장 낮은 가치의 토지에 해당되어 면세되었다. 마차, 하인, 그리고 창문세 등이 인상되었다. 18세기에 그 중요성이 커진 세목은 소비세로 소금, 벽돌, 인쇄된 천과 같은 기본소비에 주로 부과되었다. 18세기 첫 10년 동안 소비

그림 5-5 18세기 영국의 원천별 재정수입의 변화 추이 (단위: 재정수입 대비 %)

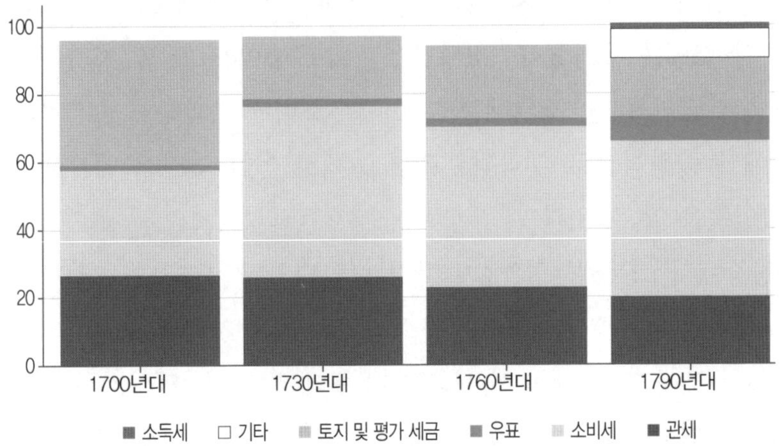

출처: P. Brien and M. Keep(2018).

표 5-3 1700~1815년 기간 동안 영국 정부의 재정수입 추이 (단위: GDP 대비 %)

연도	중앙정부 총수입	개인세금 (소득세)	사업세금 (토지 및 과세평가세)	소비세		기타 정부수입
				관세 및 소비세	인지세	
1700~1701	5.0	–	1.5	3.2	0.1	0.2
1710~1711	6.9	–	2.8	3.8	0.1	0.2
1720~1721	6.7	–	1.7	4.4	0.2	0.4
1730~1731	7.5	–	1.7	5.3	0.2	0.3
1740~1741	6.6	–	1.8	4.6	0.1	0.1
1750~1751	7.5	–	2.1	5.2	0.1	0.1
1760~1761	8.2	–	2.0	5.7	0.3	0.2
1770~1771	8.7	–	1.4	6.0	0.3	1.0
1780~1781	8.1	–	1.6	5.6	0.4	0.5
1790~1791	9.5	–	1.6	6.3	0.7	0.9
1800~1801	9.5	1.4	1.4	5.1	0.8	0.8
1815~1816	14.5	2.6	1.7	8.1	1.3	0.8

출처: OBR(2023).

세는 세입의 약 30%를 차지했으며, 18세기 마지막 10년 동안에는 세입의 약 45%를 차지했다. 18세기에는 부유층이 토지 및 평가세의 대부분을 부담한 반면, 소비세는 주로 기본소비에 부과하여 중산층과 서민층에 불균형적으로 부과됨으로써 조세로 인한 역진적 재분배 효과가 있었음을 알 수 있다.

영국에서 소득세는 18세기 말경 도입되었다. 1798년 12월 예산안에서 윌리엄 피트(William Pitt)는 프랑스와의 전쟁 자금을 조달하기 위해 직접 소득세를 도입했다. 이 세금은 다음 해에 인상되었다가 중단된 후 다시 부과되었지만 결국 1815년에 폐지되었다. 피트가 도입한 소득세는 정점에 이르렀을 때 GDP 대비 3%에 가까운 세수를 올렸었다. 다른 세금의 수입도 19세기 초반에 증가하여 1800년에는 GDP 대비 약 3%였던 소비세가 19세기 마지막 10년에는 약 6%로 증가했다. 1810년대 후반부터 정부 재정수입은 상대적으로 감소하여 1870년대 중반에는 GDP 대비 약 5%에 그쳤다. 이러한 상대적 하락은 1842년에 소득세가 다시 도입되었음에도 불구하고 발생했다. 소득세는 정부의 지출과 수입 사이의 격차, 즉 재정적자를 줄이기 위해 다시 도입되었으며, 그 이후 소득세는 영국의 세금의 일부로 자리 잡았다.

3) 영국의 공공부채와 재정수지 적자 추이

1688~1689년 혁명 이후 영국 정부는 채권자들에게 빌려준 돈을 갚을 수 있을 만큼 재정적으로 건전하다는 것을 점점 더 설득할 수 있어 상대적으로 낮은 이자율로 자금을 차입할 수 있었다. 그 결과 정부 부

▌**표 5-4** 1700~1815년 기간 동안 영국 정부 부채와 재정수지 추이

연도	공공 부문 순차입 (GDP %)	공공 부문 순채무 (GDP %)	경상 GDP (백만 파운드)
1700~1701	−0.9	21.8	80
1710~1711	8.6	43.5	75
1720~1721	−0.2	67.2	91
1730~1731	−0.9	69.1	82
1740~1741	0.9	56.4	91
1750~1751	−0.4	85.9	97
1760~1761	8.6	99.3	115
1770~1771	−0.6	105.2	129
1780~1781	7.1	115.7	159
1790~1791	−0.2	142.9	187
1800~1801	6.0	129.4	355
1815~1816	3.0	178.7	525

출처: OBR(2023).

채는 1688년 약 100만 파운드에서 10년 후에는 1,500만 파운드, 1715년에는 약 5,000만 파운드, 1800년에는 5억 파운드에 육박하는 엄청난 규모로 확대되었다. 〈그림 5-6〉에서 알 수 있듯이, 정부 부채의 GDP 비율은 1700~1701년 21.8%에서 프랑스 혁명과 나폴레옹 전쟁이 끝난 1815년에는 무려 178.7%로 상승했다.

1689년부터 2016년까지 328년 동안 국가 부채가 증가한 해는 재정수지 적자를 기록한 210년으로 비중은 64%이며, 재정수지 흑자 시기는 118년이었다. 그 당시 부채의 주요 원인은 앞서 언급했듯이 전쟁이었다. 전체 기간 동안 전쟁이 있었던 해의 평균 재정수지 적자는 GDP 대비 6.7%였으며, 평화 시기의 재정수지 적자는 1.0%였다. 전쟁 중에는 항상 적자가 발생했지만 1900년경부터는 평화 시기에도 적자가 발

그림 5-6 18세기 이후 영국의 정부 부채 추이

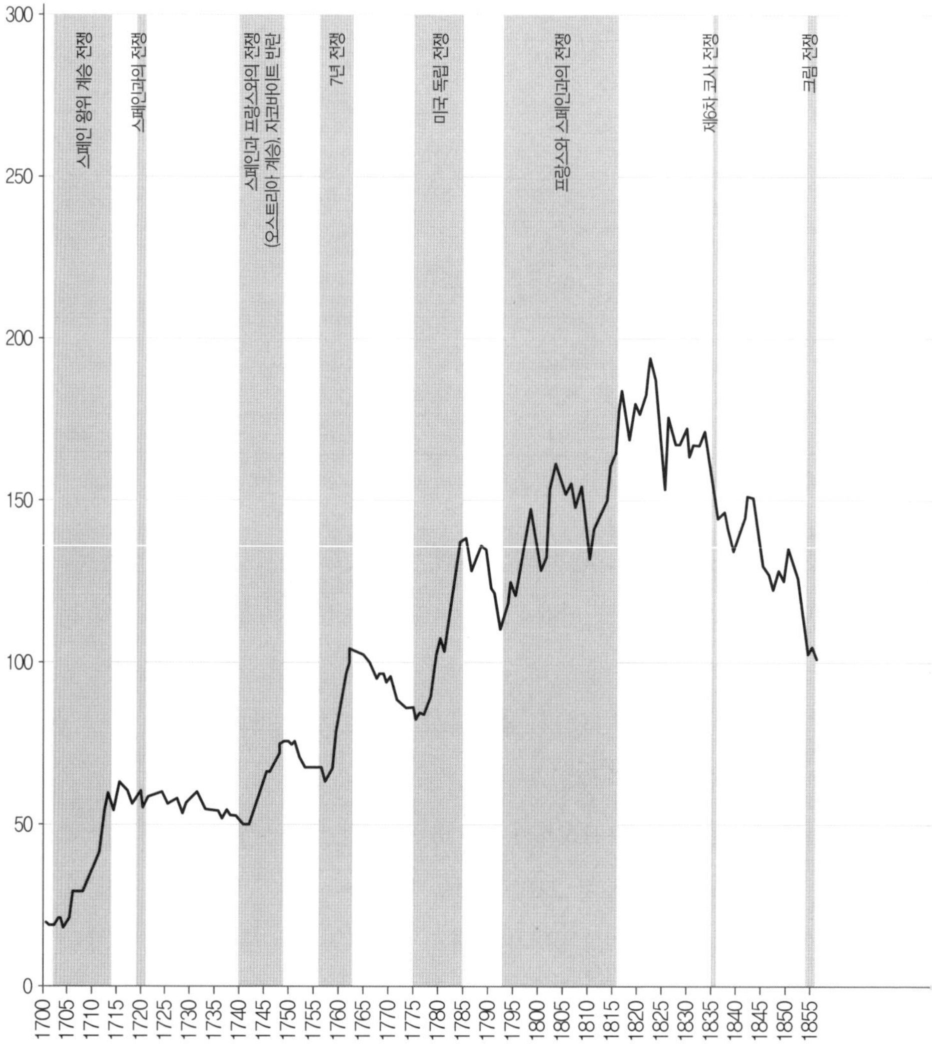

출처: P. Brien and M. Keep(2018).

(단위: GDP 대비 %)

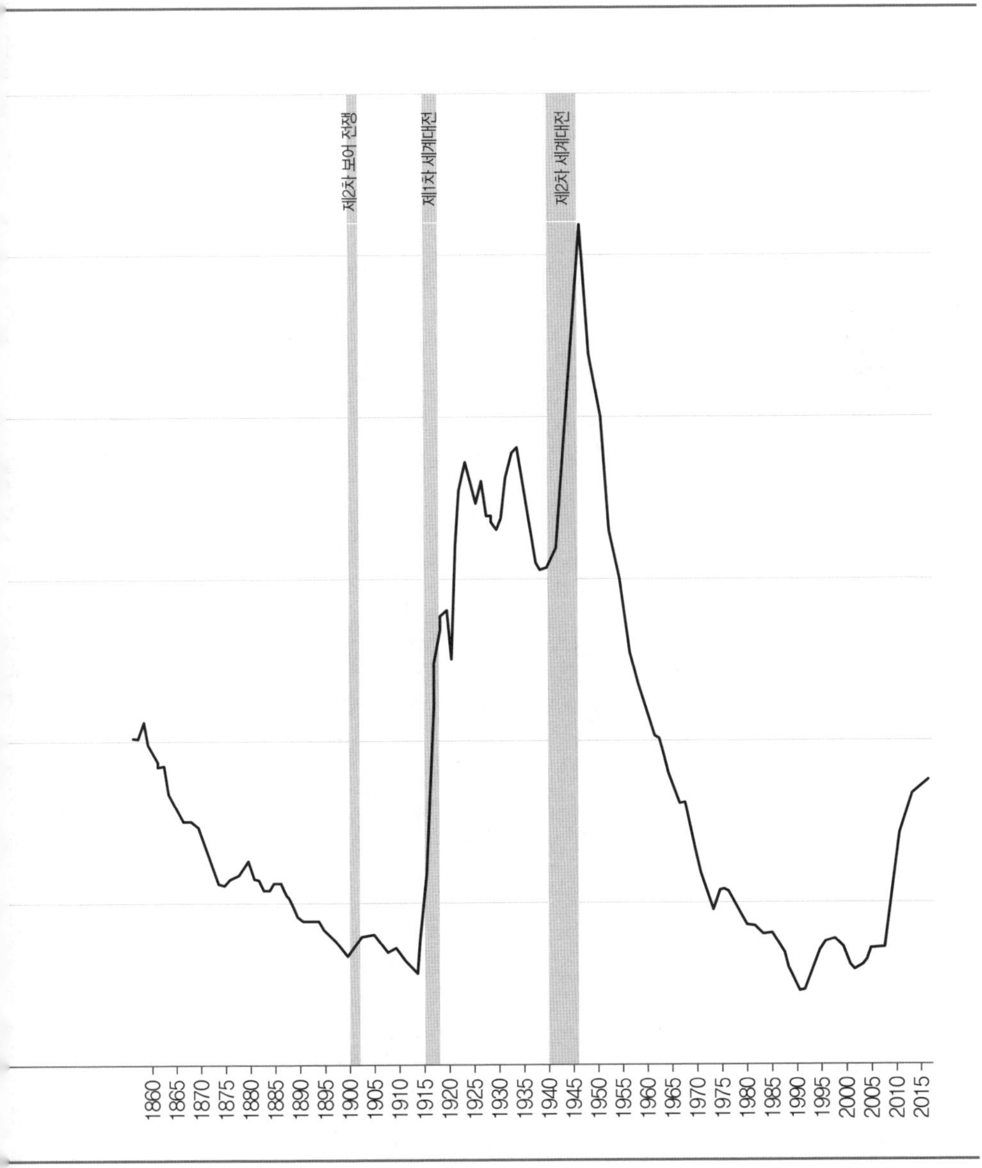
제2차 보어 전쟁
제1차 세계대전
제2차 세계대전
1860
1865
1870
1875
1880
1885
1890
1895
1900
1905
1910
1915
1920
1925
1930
1935
1940
1945
1950
1955
1960
1965
1970
1975
1980
1985
1990
1995
2000
2005
2010
2015

그림 5-7 18세기 이후 영국의 재정수지 추이

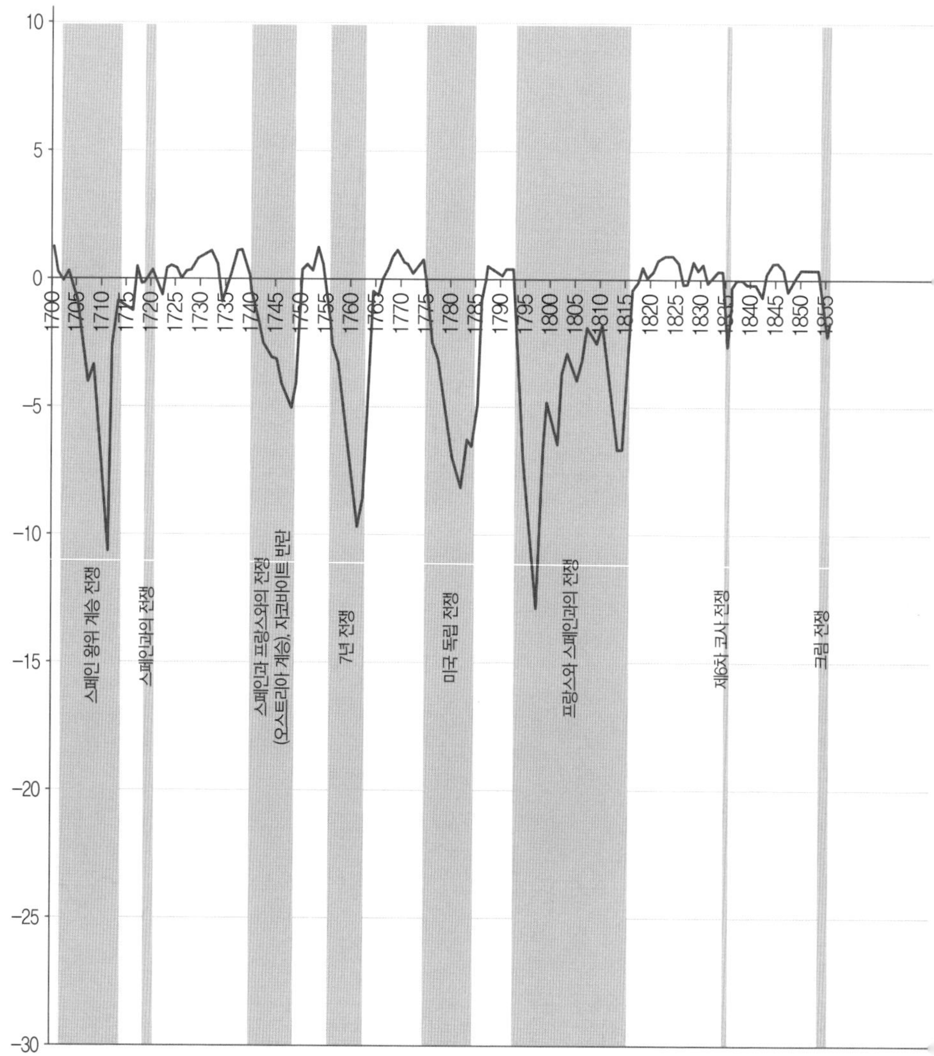

출처: P. Brien and M. Keep(2018).

(단위: GDP 대비 %)

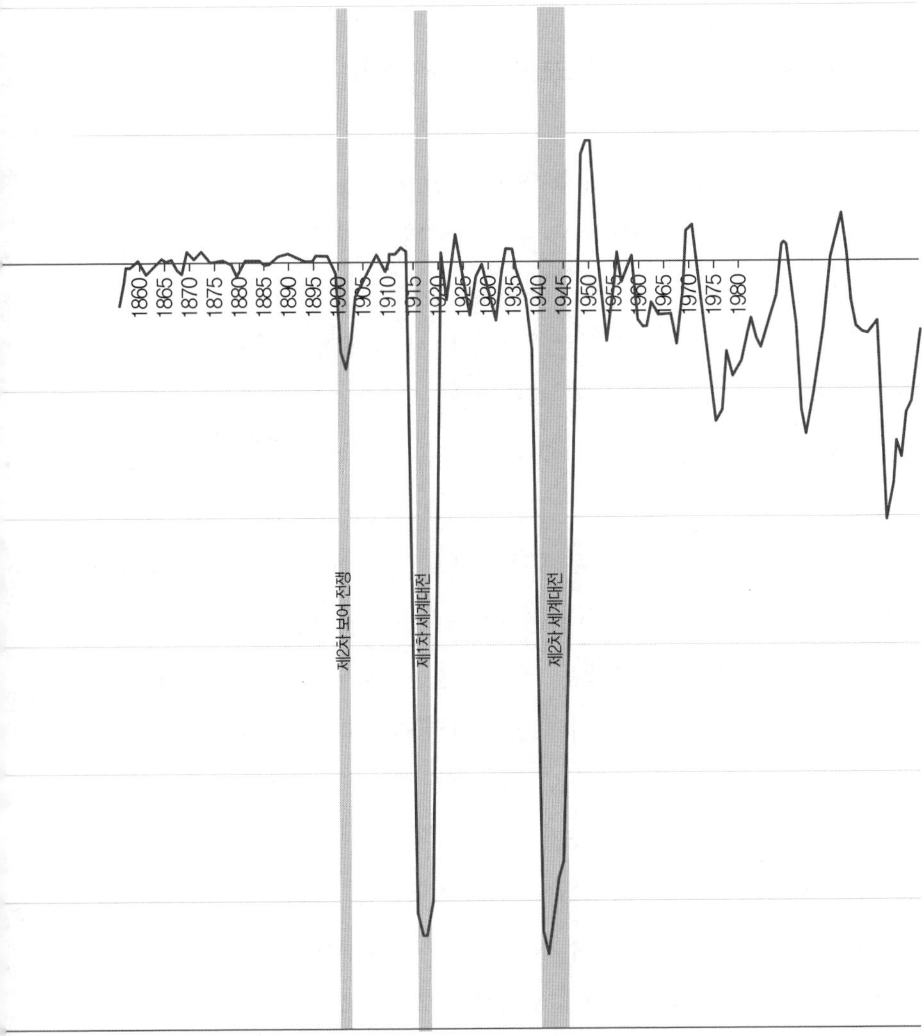
1860
1865
1870
1875
1880
1885
1890
1895
1900
1905
1910
1915
1920
1925
1930
1935
1940
1945
1950
1955
1960
1965
1970
1975
1980
제2차 보어 전쟁
제1차 세계대전
제2차 세계대전

생하는 경우가 많아졌다.

3. 애덤 스미스의 공공부채에 관한 의견

스미스의 『국부론』 발간 이후 영국의 고전학파 정치경제학자들은 공공부채가 경제발전의 장애물이라는 공통된 입장을 가진 것으로 알려졌다(Holtfrerich, 2012). 1688년 명예혁명 이후 영국에서는 의회가 정부의 재정수입과 지출을 효과적으로 통제하면서 현대적 공공재정이 시작되었다고 볼 수 있다. 그 이전 정부 부채는 본질적으로 군주에 대한 사적 신용이었지만 명예혁명 이후 모든 국민을 대표하는 의회의 서약에 따라 공적 신용으로 전환되었기 때문이다. 재정지출을 위한 재원 조달 방식은 조세 부과나 국채 발행을 통할 수밖에 없는데, 국채 발행을 통한 재원 조달의 방식은 공공 차입을 대규모로 더욱 쉽고 저렴하게 할 수 있었다. 더욱이 1694년 설립된 영란은행은 정부의 은행, 그리고 부채 관리자로서의 역할을 하게 되어 산업혁명보다 1세기나 앞선 것으로 Dickson(1993)은 이를 금융혁명으로 부르기도 했다.

그 당시 공공부채가 크게 증가한 것은 앞서도 살펴보았지만 대부분 전쟁에 대한 자금 조달의 긴급성 때문이었다. 1840년대까지 전쟁부채 상환과 군사비 지출은 영국 정부 재정지출의 80% 아래로 떨어진 적이 없었으며, 부채 상환도 19세기 말까지 20~60% 정도였다. 따라서 이러한 부채 상황은 데이비드 흄(David Hume), 애덤 스미스(Adam Smith), 데이비드 리카도(David Ricardo), 토마스 맬서스(Thomas Malthus) 등 영국의 고전학파 경제학자들이 주요하게 활동하던 시기의 상황과 맞물려 이들이 가지게 된 보수적인 재정관(공채관)에 대한 배경 설명이 된다고 할 수 있다. 현대 정부에서는 재정수입의 대부분을 차지하는 조세수입은 소득세와 법인세가 대부분이다. 하지만 이들 세목이 없어 세입 기반이 저조했던 18세기 재정 여건을 고려할 때 공공부채에 대한 보수적인 견해는 일견 이해할 만하다. 상품세와 토지세 이외에 별다른 조세수입원이 없어 전쟁과 같은 대규모 재정 소요가 발생했을 경우, 영란은행 차입금이나 공채 발행 등으로 재원 조달을 할 수밖에 없어 더욱더 보수적인 견해를 갖게 된 것이라고 볼 수 있다. 산업혁명의 발전에 이어 상공업과 개인소득의 폭발적인 증가로 인한 세원의 확대가 있기 전까지 급속도로 늘어나는 공채와 차입금을 갚기에는 정부 재정수입의 증가가 너무나 더디게 진행되었기 때문이다.

이하에서는 『국부론』 5편 3장에 기술된 공채에 관한 논의를 살펴보고자 한다.

먼저, 스미스가 파악하기로 빚(공채)이 필요한 것은, 사치품이 도입된 이후 생산과 소비의 차이인 저축이 줄어들고 수지균형이 이루어진 뒤라도 더 큰 사치품에 대한 지출을 감당하기 위해서라고 한다. 이것은 국가와 정부를 운영하던 왕이나 군주에게도 해당되는 것인데, 조세수입을 넘어선 소비지출을 위해 공공채무가 필요하게 된 것이라고 보는 것이다.

> 비싼 사치품이 알려지지 않았던 시기에는 많은 수입을 얻고 있었던 사람들은 쓰고 남은 돈을 저축했다. … 사치품이 도입된 후 군주의 지출은 평소 그의 수

입과 같아졌다(스미스, 2007[1776], 5편 3장, pp. 1129~1132).

하지만 사치품 소비를 넘어 전쟁 수행이라는 특별한 상황이 발생하면 재정수지가 균형을 이루던 평화 시와는 다르게 재정적자가 발생하여 빚을 질 수밖에 없게 된다는 것이다. 즉,

> 평화 시에 절약이 없으면 전시에는 빚을 낼 수밖에 없다. 전쟁이 일어났을 때, 국고에는 평화 시의 정부기구 운영에 필요한 돈밖에 남아 있지 않다. 전시에는 정부기구는 국가 방위를 위해 평상시 지출의 서너 배를 필요로 하며, 따라서 수입 또한 보통 때의 수입보다 서너 배가 늘어나야 한다. … 이런 위급한 상황에서 정부는 빚을 내는 길밖에 없다(스미스, 2007[1776], 5편 3장, pp. 1132~1133).

이런 상황에서 산업의 발달에 따라 여유 자금이 많은 상인과 제조업자들은 국가에 대해 대여자금을 대부해 줄 수 있으므로 기꺼이 국가에 대부해 주려고 한다. 그 결과 정부는 쉽게 차입할 수 있음을 알고 절약을 하지 않게 된다고 설명하고 있다.

현대의 공공지출 재원 조달에 대한 문제의식을 담아 많은 학자들이 스미스 혹은 『국부론』에서 인용하는 문구는 바로 아래와 같다.

> 현재 유럽의 모든 대국들을 짓누르고 있고 아마도 결국 그들을 파멸시킬 거대한 채무의 누적은 매우 일률적으로 진행되어 왔다. 개인과 마찬가지로 국가도 일반적으로 부채 상환을 위해 어떤 특정 재원을 할당하거나 담보로 제공하지 않은 채 이른바 개인적 신용에 의거해서 차입을 하기 시작했다. 그리고 이런 방식으로 더 이상 차입할 수 없게 되었을 때, 그들은 특정 재원을 담보로 제공

하면서 계속 차입했다(스미스, 2007[1776], 5편 3장, p. 1135).

공공채무의 발생은 초기에는 원리금 상환에 특별한 보증이 없이 무담보 신용으로 발행되었지만, 이후에는 특별한 담보(과세권)를 바탕으로 계속, 국가의 신용을 바탕으로 발행되었다는 것이다. 이에 대한 논거로 스미스는 부채 상환을 위한 차환 발행을 설명하고 있다.

개인과 마찬가지로 국가도 일반적으로 부채 상환을 위해 어떤 특정 재원을 할당하거나 담보로 제공하지 않은 채 이른바 개인적 신용에 의거해서 차입을 하기 시작했다. 그리고 이런 방식으로 더 이상 차입할 수 없게 되었을 때, 그들은 특정 재원을 담보로 제공하면서 계속 차입했다.

이른바 영국의 무담보 공채(unfunded debt)는 위의 두 가지 방식 중 첫 번째에 해당된다. 그것의 일부는 무이자이거나 무이자라고 생각되는 채무로서, 개인이 외상장부에 의해 얻는 부채와 비슷하며, 다른 일부는 이자가 붙는 부채로서 개인이 환어음·약속어음에 의하여 얻는 부채와 비슷하다.

특정 부문의 수입(세금)을 담보로 제공하는 것은 정해진 기간 동안에만 하는 것과 영구적으로 하는 것 두 종류가 있는데, 전자는 예상 수입에 의해 조달된다고 말하고, 후자는 공채 차환에 의해 조달된다고 말한다.

전자는 국가 세입원(특정 세금)이 제한된 기간 안에 차입금의 원금·이자 모두를 상환하기에 충분하다고 생각되는 경우이고, 후자는 담보로 제공된 국가 세입원이 단지 이자(또는 이자와 동등한 영구연금)를 상환하기에만 충분하다고 생각되는 경우이다. … 전자의 방법으로 화폐가 조달되는 것을 예상 수입에 의한 차입(anticipation), 후자의 방법으로 조달되는 것을 영구적인 이자부 공채 차환, 또는 간단히 줄여서 영구 공채 차환(perpetual funding) 방식이라 한다(스미스, 2007[1776], 5편 3장, pp. 1135~1137).

하지만 예상 수입에 의한 차입금으로는 약정된 기간 안에 원리금을 상환하기에는 세수가 항상 부족해서 차입 기간이 지속적으로 연장되었다. 가령, 윌리엄 3세 8년(1697)에 연장된 차입은 연장을 거듭하여 영구적으로 연장되었음을 알리고 있다.

이리하여 예상 수입에 의한 차입금의 담보로 제공된 세금의 대부분은 이자 지불만을 위한 기금으로 변했다(1141). 따라서 정부의 공채 발행을 통한 재원 조달은 … 일단 익숙해진 다음에는 예상 수입에 의한 차입보다는 영구 공채 차환 방식을 선호하게 된다(스미스, 2007[1776], 5편 3장, p. 1141).

국·공채 상환을 위해서는 경상수입 중에서 매년 일정액의 자금을 적립하고 관리 운용하여 상환 시에 대규모 자금이 일시에 필요하지 않도록 하는 기금인 감채기금에 대한 스미스의 설명 역시 리카도와 마찬가지로 정부를 낭비적으로 만드는 데 일조한다는 지적과 유사하다.[3] 앤 여왕 시기 시장이자율이 6%에서 5%로 하락하자 기존에 발행되었던 이자부 공채 차환 방식으로 조달된 부채의 원금이 1% 줄어드는 상

3 리카도는 공채 상환의 재원은 국가의 세출을 초과하는 조세수입밖에 없음에도 불구하고, 감채기금의 존재는 이 사실을 오인시킬 뿐만 아니라 오히려 정부를 낭비적이게 하고 경비 팽창과 공채 발행 과다를 조장시킨다고 하여 반대했다. 네이버 지식백과, 「감채기금」(減債基金, sinking fund)(두산백과 두피디아, 두산백과).

당한 절약이 이루어졌다. 이를 통해 거액의 잉여가 발생하여 감채기금의 기초가 되었다. 1753년과 1757년에는 이자율이 3.5%, 3%로 더 떨어져 감채기금이 더욱더 증가했다. 문제는 감채기금이 신규 기채를 더욱 쉽게 했다는 것이다.

> 감채기금은 비록 처음에는 과거의 채무 상환을 위해 만들어졌지만, 신규 채무의 조달 또한 매우 쉽게 했다. 그것은 국가의 긴급 상황에서 자금을 조달하려는 경우, 그 조달이 의문시되는 기타의 기금(즉, 특정 세금)을 지원하기 위해 담보로 제공될 수 있는(항상 손쉽게 이용할 수 있는) 일종의 보조기금이기 때문이다. 영국의 감채기금이 이 두 가지 목적(과거의 부채 상환과 신규 기채를 용이하게 하는 것) 중 어느 것을 위해 더 자주 이용되었는가는 차차 충분히 드러날 것이다(스미스, 2007[1776], 5편 3장, p. 1143).

영구공채제도로 인해 사람들은 전쟁의 부담을 크게 느끼지 못한다고 스미스는 비판했다. 즉, 전쟁이 발생했을 때 충분한 세금을 걷는 것은 전쟁에 싫증을 낼 사람들을 자극하는 것이 두렵고 또 어느 정도 세금을 걷어야 충분할지도 알 수 없기 때문에 영구공채 발행을 통한 차입의 용이함이 이런 문제를 해소해 준다는 것이다. 하지만 평화가 회복되더라도 세금 부담은 줄어들지 않는데, 이는 평화 시에 잉여가 발생하여 감채기금으로 전환되더라도 전쟁에서 발생한 채무 상환으로는 부족할 뿐만 아니라 항상 전용되기 때문이라고 스미스는 비판한다.

> 새로운 세금의 부과가 새로운 이자를 지불하고 남는 경우는 드물다. 감채기금은 일반적으로 이자가 줄어들기 때문에 조성되는 것이다.

> 감채기금은 언제나 전용된다. 극히 평화로운 시기에도 예외적인 지출을 필요로 하는 각종 사건들이 발생하는데, 정부는 이런 지출에 대해 새로운 세금을 부과하기보다는 감채기금을 전용하는 것이 편리하다고 생각한다. 새로운 세금을 부과하면 국민들이 많건 적건 그것을 직접적으로 느끼기 때문이다. 새로운 세금 부과는 항상 불평불만을 유발하고 또한 반대에 부닥치기도 한다. … 그러나 부채의 상환을 잠시 연기하는 것은 사람들이 곧바로 느끼지 못하며 아무런 불평불만도 야기하지 않는다. 감채기금에서 차입하는 것은 항상 현재의 난국에서 벗어나기 위한 분명하고도 편리한 수단이다(스미스, 2007[1776], 5편 3장, pp. 1149~1150).[4]

스미스는 공공부채가 새로운 자본이 아니라고 주장했다. 즉, 국부의 순증은 아니라고 본 것이다.

> 어느 한 저자는 주장하기를, 부채를 지고 있는 유럽 각 국가들의 공채, 특히 영국의 공채는 그 나라의 기타 자본에 추가된 거대 자본의 축적으로서 … 기능하는 것이 아니라고 보았다. 그는 … 그들이 이런 방식으로 타인으로부터 빌리거나 연금 판매를 통해 조달한 새로운 자본이란 것은 이전에 국내에 존재하고 있었고, 모든 자본과 마찬가지로 생산적 노동을 고용하는 데 사용되고 있었던 것임에 틀림없다. 그 자본이 정부에 돈을 빌려준 사람들의 수중에 들어왔을 때, 비록 그것이 어떤 측면에서는 그들에게는 새로운 자본이지만, 한 나라 전체로 보면 그렇지 않다. 오직 다른 쪽으로 이전되기 위해 특정 용도에서 빠져 나온 자본일 따름이다(스미스, 2007[1776], 5편 3장, p. 1156).

---

4 이는 2023년 한국의 재정 운용 상황에 잘 적용될 수 있다. 2023년 한해 59.1조 원의 막대한 규모의 세입결손에 대해 외국환평형기금→공공자금관리기금→일반 회계 전출 등의 방식으로 구멍난 세입결손분을 돌려막기 하여 재정 운용을 하는 한국의 기획재정부의 행태가 이와 매우 유사하다고 볼 수 있다.

스미스는 현대 재정학에서도 재원 조달의 수단으로 조세를 통한 방법과 공채 발행을 통한 방법 사이의 차이점에 대해 논의하고 있다. 먼저, 조세로서 재원 조달을 할 경우,

> 그것은 다만 비생산적 노동을 하나의 용도에서 다른 용도로 돌리는 데 지나지 않는다(스미스, 2007[1776], 5편 3장, p. 1156).

라고 했다. 하지만 공채 발행을 통한 차입의 경우 이전에 존재해 왔던 자본의 일부를 파괴하고, 이전에는 생산적 노동의 고용에 사용되던 연간 생산물의 일부를 비생산적 공동으로 전용함으로써 조달되는 것이다. 하지만 이런 경우 조세의 부담이 경감되므로 수입의 일부를 절약하여 자본으로 축적하는 능력은 덜 손상된다고 보았다. 그렇지만 이 방식은 전시에서만 유효할 것이라고 주장하기도 했다.

> 그러나 공공지출이 차입금으로 충당될 때에는, 그것은 노동을 생산적 용도에서 비생산적 용도로 전환시킨다. 이런 경우의 유일한 이점은 개인들이 전쟁 중에 계속 더욱 절약할 수 있다는 것이다(스미스, 2007[1776], 5편 3장, p. 1156).

또한 조세와 공채 발행의 해악에 대하여도 설명하고 있다.

> 토지와 자본, 즉 모든 수입의 두 가지 원천은 지주와 자본의 소유자 또는 사용자에 의해 관리된다(스미스, 2007[1776], 5편 3장, p. 1159).

만약, 과세가 될 경우 지주가 자신의 토지를 개량할 능력을 감소시키거나 파괴할 것이며, 또한 자본의 소유자로 하여금 자기의 자본을 그 나라로부터 타국으로 옮기고 싶게 만든다고 했다. 따라서 과세를

통한 해악은 지주와 자본가의 생산활동에 대한 인센티브를 저해하여 궁극적으로 토지의 황폐화와 자본이동(capital flight)을 야기한다고 지적했다.

> 수입의 두 가지 원천(토지와 자본)의 소유자들—즉, 토지의 모든 부분을 양호한 상태로 유지하고, 자본의 모든 부분을 양호한 상태로 관리하는 데 직접적인 관심이 있는 사람들—로부터 다른 종류의 사람들(그런 것에 특별한 관심을 가지지 않는 국가의 채권자들)에게 두 가지 원천에서 나오는 수입의 상당부분을 이전시키는 것은, 장기적으로는 토지의 황폐화와 자본의 낭비·이동을 가져올 것임에 틀림없다(스미스, 2007[1776], 5편 3장, p. 1160).

스미스는 기채를 통한 재원 조달의 관행은 항상 국가를 쇠약하게 만들 뿐만 아니라 그 당시 영국 조세제도가 우월하다고 해서 이것이 영국의 무한정의 채무 부담을 지탱할 수 있게 해 주지는 않는다고 비판했으며 매우 부정적인 파국을 전망했다.

한편, 현대적인 관점으로 인플레이션 조세(inflation tax)의 문제점을 지적하고 명목가치 인상을 통한 공공채무의 부담을 줄이는 것을 사기라 하고 대중의 분노를 야기하고 대부분 실패할 것이라고 비판했다. 화폐의 명목가치를 인상하는 것은 파산을 위장하기 위한 편법이며, 이는 고대 로마를 비롯한 많은 국가들에서 채택한 방법으로 민간의 재산에 대해 보편적으로 가장 해로운 파멸을 초래한다고 비판했다.

스미스가 당시 영국 정부의 국채 상환과 재정수입 확대에 대한 방안을『국부론』5편 3장에 제시했다.

영국의 국채를 완전히 상환하거나 감소시키기 위해서는 수입의 거대한 증가 또는 지출의 거대한 감소가 필요하다(스미스, 2007[1776], 5편 3장, p. 1167).

그런데 조세제도의 개혁으로 수입을 크게 늘리는 것은 한계가 있다고 지적하고, 이에 대한 대안으로 아일랜드와 각 식민지들까지 확대하여 영국 조세제도의 적용을 제안했다.

그러나 그렇게 하기 위해서는 반드시 영국 헌법의 원칙에 따라 영국의 의회 안에, 또는 대영제국의 국회 안에, 각 지역이 공평하고 평등한 대표권을 갖도록 해야 한다. 즉, 각 지역의 대표자 수와 그 지역의 납세액이 비례하도록, 또는 영국 국내의 대표자 수와 기타 지역의 대표자 수의 비율이 영국 국내의 납세액과 기타 지역의 납세액의 비율과 서로 같도록 각 지역에게 대표권을 부여하지 않으면 안될 것이다(스미스, 2007[1776], 5편 3장, p. 1168).

이는 영국과 미국의 독립전쟁 당시의 슬로건 "No representation, No tax"을 상기시키는 것이라고 볼 수 있다. 스미스는 식민지에 부과할 수 있는 조세로 당시 영국의 4대 조세인 토지세, 인지세, 관세, 국내 소비세를 적용해 볼 것을 다음과 같이 제안하고 있다.

토지세는 아일랜드와 아메리카 및 서인도제도까지 확대 시행할 수 있을 것이다. … 인지세는 쉽게 확대 시행할 수 있을 것이다. … 관세법의 확대 시행은 자유무역의 확대를 수반할 것이므로 모든 지역에 크게 유리하다. … 국내 소비세는 약간의 수정이 필요할 것이다(스미스, 2007[1776], 5편 3장, pp. 1169~1171).

만약 이러한 조세수입 확대에 의해 영국의 재정수입이 늘어나 감채기금이 축적되고 공채 상환이 이루어진다면 대영제국의 활력을 회복할 수 있을 것이라고 주장했다. 스미스는 아일랜드와 아메리카가 영국의 공채 상환에 기여하는 것은 정의에 합당한 것이라고 주장했다. 이는 이들 식민지가 영국으로부터 혜택을 받았으므로 세금 납부는 당연한 것으로 간주했다. 스코틀랜드의 중하류층 국민들은 영국과의 합병을 통해 자국 귀족들의 압제로부터 해방을, 아일랜드의 경우 종교적·정치적 편견의 차이에 기인한 차이로부터 해방을 누렸으므로 조세 납부를 정당화했다. 스미스를 비롯한 그 시대 영국 주류 지식인들의 제국주의적인 시각을 그대로 드러내고 있는데, 이는 시대적 한계이기도 하다.

> 아일랜드와 아메리카가 영국의 공채 상환에 기여해야 하는 것은 결코 정의에 어긋나지 않는다. 그 공채는 혁명(1688년 명예혁명)에 의해 설립된 정부를 지지하기 위해 발행된 것으로(스미스, 2007[1776], 5편 3장, p. 1185).

하지만 스미스는 "만일 수입을 증가시킬 수 없다면, 영국은 평화시와 전시의 식민지 유지 부담을 벗어버림으로써 국가의 지출을 줄여야 할 것이다"(스미스, 2007[1776], 5편 3장, p. 1185)라고 주장하여 다가온 1776년의 미국 독립전쟁에 대한 정책적 시사점을 담은 주장도 했다. 즉, 식민지 경영의 엄청난 조세 부담에 대한 나름의 출구 전략을 제시한 것이라고도 볼 수 있다.

4. 한국 재정정책에 대한 시사점

이상으로 『국부론』 5편 3장에서 스미스가 논한 공채에 대한 대부분의 논의를 설명했다. 앞서 언급했듯이 재정지출, 재정수입, 그리고 공공채무의 발행 등과 관련하여 현대와는 여러 측면에서 제도와 상황이 다르기 때문에 18세기 영국의 상황을 묘사한 『국부론』의 재정학을 21세기 국가의 재정학과 직접적으로 비교하는 것은 매우 어렵다. 하지만 5편의 3장 공채에 대한 스미스의 견해에 한정하여 현대 재정 운용의 관점에서 필요한 정책적 시사점을 도출하고자 한다.

1) 한국 재정의 현주소: 신화가 된 재정건전성[5]

재정건전성은 많은 경우 국가 재정의 건강한 상태를 판단하는 데 사용되어 온 개념이다. 이를 표현하기 위해 가장 많이 사용되는 개념이 바로 GDP 대비 재정적자 비율 혹은 국가채무 비율 같은 수치이다. 이들 비율은 비교적 간단하고 직관적이어서 정부 자료나 연구자들에게 널리 사용되고 있는 자료들이다. 하지만 이 개념은 이미 재정은 '건전'해야 한다거나 '건전하게' 운용되어야 한다는 당위론적 가치가 들어간 용어이다. 그런데 이를 도전하거나 반문할 경우 '재정은 건전하지 않아도 괜찮다는 것인가'라는 의구심에 가득찬 도전을 받게 된다.

저자는 국가 재정이 건전해야 한다는 데 동의하지만 건전함만을 추

5 여기의 글은 저자의 한겨레신문 전문가 리포트(2024년 7월 31일)를 참조하여 작성한 것이다.

구해서는 안된다고 생각한다. 정부의 경제정책의 목표는 경제안정, 효율적 자원 배분, 소득분배의 형평성, 경제성장 등이다. 그 어디에도 재정건전성이 정책의 목표는 아닌 것이다. 물론 재정건전성은 이들 정책 목표를 추구하기 위한 최소한의 수단으로 정책 성공의 필요조건일 수는 있다. 하지만 정권의 보수·진보성을 막론하고 재정정책을 운용하는 책임을 가진 재정당국은 지나치리만큼 재정건전성에 집착한다. 더욱이 윤석열 정부 들어와서는 그 집착이 금과옥조의 수준을 넘어 맹목적 이념으로 승화되었다고 생각한다.

그런데 건전재정을 정책의 최우선 순위에 두고 재정을 운용할 경우 민생경제의 회복과 안정화가 뒷전으로 밀려나는 것은 당연하다. 국가재정에 대한 투입을 고민할 때 과거부터 지금까지 중요하지 않은 곳이 어디 있는가? 하지만 재원 배분의 우선순위를 설정하는 순간 앞이 되는 부분이 있고 뒤가 되는 부분이 있다. 과거 경제발전과 성장의 시대에 그 앞이 되었던 부분은 경제 부문이었고 뒤가 되었던 부분은 복지 부문이었다. 그렇게 30여 년이 흘렀다. 그 덕에 한국 경제는 어느새 선진국 경제로 되었고 재정 역시 건전했다. 건전하지 않게 된 것은 복지 부문이다. OECD 국가와 한국의 재정통계를 비교해 보면 극명하게 대조되는 것이, OECD의 경우 복지지출이 전체 총지출의 35.9%이고 한국은 18.4%이다. 대신 경제 부문의 지출은 한국(17.7%)이 OECD 평균(11.0%)보다 훨씬 크다. 이러한 재원 배분의 구조가 된 것은 재정당국의 국가 재정 운용 철학이 반영된 결과라고 볼 수 있다.

저출산과 인구 고령화는 흔히들 성장잠재력을 약화시킨다고 한다. 이는 국세수입을 약화시키는 가장 큰 원인이 된다. 이와 아울러 필연적으로 복지지출에 대한 수요는 지속적으로 늘어나게 되어 있다. 따라서 국가채무 비율이나 재정수지 적자로 표현된 재정건전성은 지속적으로 악화될 가능성이 높은 것이다. 그런데 여기서 중요한 관점은 국가채무 비율이나 재정수지 적자 비율로만 보면 그렇다는 것이다. 사실 이들 지표는 단순하게 재정정책의 결과변수인 누적적 국가채무 수준과 재정수지 적자를 GDP로 나눈 숫자에 불과하다. 경기변동에 대한 대처, 경제위기 극복 과정의 막대한 재정 지원, 또한 경제사회의 구조 전환 지원 등 숫자로 나타나지 않은 정책과 그 성과들을 단순하게 특정 수치의 목표 혹은 제약으로 평가할 수 없다.

따라서 특정 수치의 국가채무 비율을 지키기 위해 어떠한 희생도 마다하지 않겠다는 것은 그리스 신화 '프로크루스테스의 침대'(Procrustean bed)에 나오는 도끼를 든 거인을 연상시킨다. 이러한 맥락에서 IMF의 수석이코노미스트를 역임한 거시경제학의 석학인 올리비에 블랑샤(Olivier Blanchard) 교수는 "무엇이 안전한 국가채무 수준인가를 논의할 때 마술 같은 숫자는 없다. 또한 국가채무 비율과 재정수지 적자 비율의 황금조합 역시 없다"(*Finance and Development*, 2022)고 일갈했다.

그렇다면 대안은 무엇인가? 성장, 복지, 경제안정 등 전반적인 정책 목표를 고려한 재정의 지속가능성이라는 개념이 중장기적인 재정 운용의 시각이 되어야 한다. 이는 지속 가능한 경제와 국민의 행복한 삶을 영위하기 위해 재정이 수단이 되어야 한다는 이야기이다. 지속 가능한 재정이란 지출 소요가 반영된 재정지출 규모를 정부가 통제할 수 있는지 여부를 일컫는다. 정부는 한 해 벌어 한 해 사는 재정 운용을 하는 것이 아니라 당해연도 재정수입을 벗어난 재정지출을 할 수 있다. 당연히 이 차액은 빚을 내어 메우게 되는데 이렇게 늘어나는 국가채무가 상환 가능한 범위에 있다면 그 채무는 지속 가능한 채무이고 이때 재정은 지속 가능하게 된다. 이를 다르게 이야기하면, 만약 세입을 통해 국가채무에 대한 이자를 갚을 수 있어 이자를 또 다른 빚으로 메우지 않고 채무비율을 일정 수준으로 유지할 수 있다면 재정의 지속가능성이 성립한다고 할 수 있다. 여기서 중요한 것은 채무 규모 자체보다는 세입이 장기적으로 재정지출 소요를 감당할 정도로 충분한지 여부를 확인하는 것이다. 즉, 재정건전성만으로는 재정 운용의 과거, 현재, 그리고 미래까지 보기에는 충분하지 않다고 생각한다. 더욱이 이를 도그마해서 특정 수치를 앞세워 재정 운용의 틀을 짜고 제약을 가하는 것은 더욱 적절하지 않다고도 볼 수 있다.

그렇다면 지속 가능한 재정이라는 측면에서 향후 재정정책을 운용한다고 할 때 중요하게 고민해 보아야 할 질문과 과제들은 무엇일까?

우선, 재정의 지속가능성을 평가하는 지표에 대한 대체 지표를 개발하여 재정 운용의 모습을 평가해 보는 것이다. 대표적인 재정건전성 지표인 GDP 대비 국가채무 비율(%)의 분자인 국가채무 규모는 과거로부터 현재까지 발행된 국가채무의 누적 총합인데, 분모인 GDP는 1년 동안 국내에서 창출된 최종 부가가치의 총합이다. 경제학에서는 분자인 국가채무 수준을 저량(stock), 분모인 GDP는 유량(flow)으로 취급한다. 즉, 1년 동안 발생한 국민경제의 소득창출 역량을 통해 과거부터 지금까지 정부의 재정정책 수행의 결과 발생한 국가채무 수준을 평가하는 것이다. 이것이 과연 적절한 지표인가에 대한 의문이 있다.

국가의 재정 여력을 포함하여 재정이 지속 가능한지 여부를 제대로 평가하려면 미래에도 국가가 정상적으로 재정수입을 통해 이자 지급을 포함한 채무 부담을 질 수 있는지를 판단해야 한다. 이를 위해서는 미래에도 발생할 국민경제의 소득창출 능력을 현재가치로 평가하여 측정할 필요가 있는 것이다. 즉, 분모를 당해연도 GDP가 아니라 현재부터 미래의 특정 시점(보통 국채 평균 만기)까지의 GDP의 현재가치를 합산한 저량으로 계산하여 저량-저량 비율로 평가하는 것이다. 또 다른 대안은 1년 동안의 국가채무 이자 지급 규모를 분자로 하고 분모는 1년 동안의 GDP로 하여 계산한 유량-유량 비율로 평가하는 것이다.

전통적인 국가채무 GDP 비율로 평가해도 한국의 재정은 매우 건전하다고 볼 수 있지만, 대안적인 지표로 평가할 때는 더욱더 건전하고 튼튼하다고 볼 수 있다. 2023년 GDP 대비 국가채무 비율이 가장 높은 나라는 단연코 일본으로 무려 217.2%이다. 그다음이 이탈리아로 137.3%이다. 하지만 이들 나라의 운명이 백척간두에 서 있지는 않다. 한국은 50.4% 정도밖에 되지 않는다. 반면 저량-저량으로 평가해 볼 경우 미국의 경우는 1% 미만(Furman and Summers, 2020)이고 한국의 경우 저자가 추정한 수치로는 5% 미만이다. 또한 2023년 국가채무 이자 비용은 24.7조 원으로 2023년 경상 GDP 2,400조 원 대비 1%를 약간 넘어 유량-유량으로 평가해도 매우 건전하다고 평가할 수 있다. 물론 그렇다고 해서 재정을 펑펑 쓰자는 것은 아니다. 다만 시급한 재정지출의 필요성이 있음에도 불구하고 특정 국가채무 대비 GDP 비율에 묶여 소극적으로 재정을 운용해서는 안된다는 것이다.

재정보수주의는 재정관료의 DNA ○○○

한국 재정관료들의 보수적인 재정 운용의 연원을 살펴보자. 우리나라 기획재정부의 재정관료(그 이전 경제기획원 시절 예산청의 관료)들은 스스로를 나라 살림의 금고지기라고 생각한다. 이런 금고지기가 있다는 것은 건전한 국가 재정 운용을 위해 필수적이다. 그런데 이것이 지나치면 불안정성과 위험의 버팀목이 되고 미래 성장을 위해 투자하는 재정의 역할을 방기하는 결과로 이어질 수 있다. 우리나라에서 재정건전성이 마치 신화와 같이 된 이면에는 재정관료들의 금고지기에 대한 사명감이 지나친 것이 아닐까 생각해 본다. 이는 우리나라의 재정관료만 그런 것은 아닌 것 같다.

재정관료들의 지출통제에 대한 보수적인 관념은 어디에서 시작된 것일까? 이를 유추하기 위해 근대적인 국가 재정의 기틀이 마련될 무렵인 18세기 후반 영국의 보수주의 정치인이자 사상가인 에드먼드 버크(Edmund Burke, 1729~1797)의 경제개혁 법안을 눈여겨보자. 그는 1780년 2월 11일 영국 하원에서 경제개혁 법안(the Civil List and Secret Service Money Act 1782)을 제출했는데, 여기에는 왕실 운영을 위한 보조금지출(the Civil List)과 관련한 것도 있었다. 이 법은 Civil List 지출 목록을 8개 등급으로 나누고 등급에 따라 지출의 우선순위를 정해 이 분류를 벗어난 지출을 할 수 없도록 했다. 이 중 '왕실에 대한 연금 및 수당'이 1등급이고 '재무부 장관(the Commissioners of the Treasury and Chancellor of the Exchequer)의 급여 및 연금'은 가장 낮은 8등급으로 분류되었다. 버크의 원래 아이디어는 만약 정부지출이 Civil List에서 규정한 금액보다 더 많이 지출될 경우 부채로 부족한 자금을 조달하는 대신 최하위 등급부터 상향해서 취소하게 하는 것이었다. 최하위 등급인 8등급에 지출 관리를 담당하는 사람들의 급여가 포함된 것은 매우 정교하게 설계된 것이었다. 즉, 버크는 재무부 관리들이 자신의 급여를 잃기보다는 지출을 매우 엄격하게 통제할 것이라고 추론했다. 이것이 재정보수의 원조가 아닐까 생각해 본다.

2) 재정 운용의 틀을 바꾸자[6]

재정건전성을 재정 운용의 지순한 목표로 주장하는 측에서 전가의 보도처럼 쓰고 있는 재정 준칙(fiscal rules)이 한국에 시급하게 도입되어야 하는지 여부를 검증해야 한다. 재정건전화를 위한 수단으로서 재정 준칙이 효과적인지, 또 효과적이더라도 다른 부작용을 낳지 않을지를 곱씹어 보아야 한다는 뜻이다. 가령, 2024년 기획재정부는 국가채무 비율이 60%를 상회할 경우 관리재정수지 적자 비율을 강제적으로 3% 미만으로 축소하여 이 기준을 충족시키도록 하는 '한국형 재정 준칙'을 제안했다. 하지만 왜 국가채무 비율 한도가 60%가 되어야 하는지에 대한 논거가 없다는 것이 문제로 지적되고 있다. 또한 관리대상수지 적자 비율을 3%를 한도로 정할 경우 GDP가 대략 2,500조 원 정도 된다고 하면 한 해 75조 원 정도를 수입보다 지출을 더 한다는 것인데, 이에 대한 타당성이나 합리성 등도 없이 그냥 3%이다. 물론 경제위기와 같은 불가피한 대규모 재정지출이 소요되는 경우 준칙의 발동은 당연히 유예될 것이다.

단일통화인 유로의 시행을 앞두고 유럽연합이 시행한 마스트리히트 조약(1992년)의 재정 준칙 경험을 보면, 소득재분배 정책이 위축되어 불평등이 증가했다는 실증 분석 결과가 있다(Agnello and Sousa, 2012). 또한 현대 공공재정관리론 분야의 석학이고 재정 준칙 도입의 지지자이기도 한 쉬크(Allen Schick) 교수조차도 재정 준칙이 도입된 상황에서 재

---

6 여기의 글은 저자의 한겨레신문 전문가 리포트(2024년 8월 12일)를 참조하여 작성한 것이다.

정 운용의 틀을 제약할 경우 재정정책이 경직적으로 운용되어 경기상황에 대응하기보다는 경기변동의 진폭을 더욱 크게 할 수도 있다고 주장했다. 또한 그는 재정건전화에 대한 지나친 추구로 2008년 글로벌 금융위기 후 2011년에 남부유럽발 재정위기를 한 차례 더 겪었다고 반성적으로 회고하기도 했다(Schick, 2020).

따라서 이러한 경직적인 재정 준칙을 제정해서 재정 운용을 하는 것보다는 단기적으로 채무 증가의 속도를 완화시킬 수 있는 실효적인 조치를 도입하여 이를 '암묵적 재정 준칙'으로 운용하는 것이 우리나라 상황에 더 적절하다고 생각한다.

우리나라 재정의 지속가능성을 논할 때 재정 트릴레마(Fiscal Trilemma)를 빠뜨릴 수 없다. 이는 '높은 복지 수준'과 '낮은 국가채무 비율', 그리고 '낮은 조세부담률'을 동시에 충족시키는 것이 불가능하다는 것을 지칭하는 말이다. '높은 복지 수준'은 현재 우리 사회 인구구조의 고령화와 현대 복지국가의 완성을 위해 반드시 필요한 것이고, '낮은 국가채무 비율'과 '낮은 조세부담률'은 재정건전성을 반영하는 지표이다. 즉, 높은 복지 수준을 위해서는 국가채무 비율이든 조세부담률이든 둘 중 하나는 희생할 수밖에 없는 불가피함을 나타내는 것이다. 선진국 대부분의 국가 중 이러한 재정 트릴레마에서 자유로운 국가는 없다. 국가채무 비율도 높이기 싫고 조세부담률을 높이는 것은 더욱 더 싫어하면서 복지국가를 지향한다는 것은 정책 환상(policy illusion)이나 다름없다. 재정건전성을 중시하는 재정정책을 운용하면서 복지 향상을 논한다는 것은 그야말로 어느 날 갑자기 로또가 당첨되기만을 바라는 모습인 것이다.

이렇게 주장하면 당장 소규모 개방경제인 한국 경제는 기축통화국가가 아니기 때문에 국가 신용도를 생각해서 국가채무 비율을 높여서는 안된다고 비판한다. 하지만 기축통화국가들은 국가채무 비율이 높아도 상관없는가? 아니다. 복지 수준이 높은 선진국들은 기축통화국가이든 아니든 국가채무 비율이나 조세부담률 중 하나는 높다. 만약 우리처럼 비기축통화국가인데 복지지출 수준이 높고 국가채무 비율인 낮은 나라들은 반드시 높은 조세부담률을 보인다는 것을 알 수 있다. 또한 기축통화국이든 비기축통화국이든 모두 재정건전화가 필요할 때에는 이를 적극 추진한다. 1990년대 후반의 미국과 2008년 글로벌 금융위기 이후 독일이 그렇게 했다. 따라서 재정 트릴레마를 논할 때 기축통화국과 비기축통화국을 구분할 필요가 없는 것이다.

2023년 말에 한국은 전체 인구에서 65세 이상이 차지하는 비율이 19%로 초고령사회 기준인 20%가 되기까지는 이제 겨우 1%만 남았다. OECD 국가의 재정 규모가 많게는 GDP의 50% 수준에 이르게 된 국가들이 많이 있는데(스웨덴, 프랑스 등), 이들 국가는 복지지출에 대한 지출 비중을 지속적으로 증가시켜 오면서 재정 규모가 커진 것이다. 또한 복지지출에 대한 재원 조달을 상당 부문 조세수입으로 해 오는 과정에서 조세부담률(국민부담률)이 증가해 온 것이다. 이런 경우를 보면 우리는 이제 국가채무 비율을 늘릴 것이냐, 조세부담률을 늘릴 것이냐의 선택 시점이 다가온다는 것을 알아야 한다. 만약 복지지출을 늘리지 않고 고령화를 대비할 경우 과연 우리 사회가 지속 가능할지 의문이다.

1990년대 말의 외환위기, 2008년 글로벌 금융위기, 그리고 코로나19 위기 등을 겪을 때마다 소득격차는 물론이고 자산격차 또한 큰 폭으로 벌어져 왔다. 이에 따른 불평등 해소와 사회안전망 확충을 위한 정책에 필요한 재원 조달 방법을 제시하는 것은 당연하다.

정부가 예산안과 국가 재정 운용계획안을 제출할 때 단골로 등장하는 메뉴가 바로 재정지출 구조조정 및 비과세 감면을 포함한 조세지출 재정비이지만 이를 통해 과연 어느 정도 필요 재원을 조달할 수 있을지 의문이 드는 것도 사실이다.

지출 쪽에서는 재정지출의 제로베이스 검토, 유사·중복 사업의 통폐합, 성과평가 기반 지출조정 등을 제시한다. 그런데 해마다 지출구조 조정을 한다는 것은 예산편성 과정의 문제점이 있다는 것을 자인하는 것이나 다름 아니다. 유사·중복 사업이 이름과 형식을 조금 달리하여 해마다 예산사업에 들어왔다가 나왔다가 하는 것을 재정관료들은 누구든지 다 안다. 또한 우리나라는 참여정부에서 도입한 성과평가제도를 공공 부문 모든 영역에서 성과평가를 위해 정성을 쏟아붓는 가히 '성과평가 공화국'이라고도 할 수 있다. 그런데 결과는 매년 형식적인 성과평가로 그친다거나, 작정해서 성과평가를 할 경우에도 온갖 정치적 과정을 통해 평가 결과를 온전히 반영하기 힘들다. 따라서 일시적이거나 한정적인 지출구조 조정은 있을 수 있지만 매년 지출구조 조정을 한다는 것은 현실적으로 불가능한 방안이라고 볼 수 있다.

조세지출은 어떠한가? 2024 조세지출 예산 규모는 77조 원인데 예산 기준별로는 사회복지 분야가, 세목으로는 소득세가, 그리고 수혜자별 귀착은 중소득자나 중소기업(자영업 포함) 등이 가장 높은 비중을 차지하고 있다. 즉, 조세지출을 대폭으로 줄인다고 할 경우 중저소득 계층 및 소상공인들에게 역진적인 소득재분배가 일어날 가능성이 높고 사회복지 분야에 대한 부의 소득이전 규모가 축소될 가능성이 높아지게 된다. 이런 점을 고려할 때 재정지출 구조조정과 조세지출 축소 등은 듣기는 좋은 말이지만 실천하기에는 매우 어려운 주제이다. 그렇다면 어떻게 할 것인가?

2000년부터 한국의 조세부담률은 18~22% 사이에서 변함이 없다. 진보정부가 집권하면 1~2%p 올라가고, 보수정부가 집권하면 다시 올라간 수준만큼 내려가서 결국 20% 안팎에서 등락한 지가 거의 20년이 넘었다. 경제는 이미 선진국 수준이지만 경제 규모에 걸맞는 사회보호와 복지에 대한 수준은 그에 미치지 못한다고 볼 수 있다. 선진국 중에서 가장 낮은 조세부담률을 기록할 정도로 조세를 통한 재원 조달에 거부감을 가진 우리의 정치사회적 여건을 고려할 때, 복지 관련 재원 조달은 당분간 채무 발행을 통한 방법이 불가피하다. 따라서 향후 재정 운용은 국채 발행을 통한 규모가 얼마인지, 사회보험 및 조세를 통한 재원 조달 규모가 얼마인지를 명시적으로 제시할 필요가 있다. 하지만 장기적으로는 복지재정 소요에 대해서는 목적세가 신설이 되었든, 기존의 조세체계를 통해서든 증세를 통한 세입 확충을 주요한 수단으로 하는 것을 원칙으로 삼아야 한다.

그러나 현실은 너무나도 이런 원칙과 당위론이 설 자리를 잃게 한다. 2022, 2023, 2024년 세 번의 대규모 감세정책으로 인해 그렇지 않아도 약화된 세입 기반이 더욱더 좁아지게 되었다. '넓은 세원, 낮은 세율'이라는 조세 기반 강화의 대략적인 원칙도 허물어지고 2020년에 기껏 힘들게 만들어 놓았던 새로운 국세인 금융투자소득세조차도 폐지 혹은 유예의 길로 가고 있는 현실은 '게도 구럭도 다 잃게 되는 상황'

이라 매우 아쉽다.

3) 우리는 『국부론』으로부터 무엇을 배울 것인가?[7]

18세기 영국 정부의 공채 급증을 가져온 것은 다름 아닌 전쟁이라는 특수한 재정 소요였다. 그 당시 영국은 100여 년 동안 5개의 큰 전쟁(스페인 왕위 계승 전쟁(1701~1715), 7년 전쟁(1756~1763), 오스트리아 왕위 계승 전쟁(1740~1748), 미국 독립 전쟁(1775~1783), 그리고 프랑스 혁명과 나폴레옹 전쟁(1792~1815))을 치렀다. 개인소득세와 법인세가 없었던 그 당시에 토지세, 소비세 그리고 관세 등으로 이루어진 GDP 대비 10% 미만의 재정수입으로는 전쟁을 수행하기 어려워 공채 발행을 통한 재원 조달이 불가피했다. 18세기 동안 계속된 전쟁은 1815년 워털루에서 마침내 종결되었지만, 영국 정부는 GDP의 180%에 가까운 엄청난 부채 부담을 떠안게 되었다.

하지만 현대에 와서는 고령화로 인한 사회적 리스크, 각종 불평등으로 인한 격차가 주는 사회적 고통, 저개발과 더딘 의료발전으로 인한 질병과 보건위험 등을 대처하기 위한 정책들이 현대 정부의 재정 소요 대부분을 차지한다. 또한 현대는 18세기 영국과는 달리 부양하거나 지탱해야 할 국왕과 왕실은 없지만, 이와 비교가 불가능할 정도로 훨씬 큰 규모의 정부기구의 존재, 경제안정을 위한 경기 대응 재정지출, 그리고 위기 대응 재정 소요 등이 전쟁을 대체하고도 남을 재정 소요 대

7 여기의 글은 저자의 경향신문 칼럼(2024년 6월 11일)을 참조하여 작성한 것이다.

부분을 차지한다. 그렇다면 스미스를 포함한 고전학파 경제학자들이 전쟁 수행 비용을 충당하기 위해 불가피하다고 여겼던 공채 발행처럼, 앞서 언급한 여러 현대적 재정 소요에 대해서 조세수입을 상회하는 부분을 국공채 발행을 통해 충당하는 것은 스미스가 추구했던 자연적 자유와 정의, 그리고 평등한 세상을 고려할 때 당연하게 고려할 수 있는 상수적(常數的) 정책 대안이라고 생각한다.

한편, 스미스는 재원 조달을 조세수입으로 할 것인가, 공채 발행으로 할 것인가에 대해 분명하게 구분하여 평가를 하고 있다. 그가 판단한 기준은 조세 부과의 경우에는 비생산적 노동에서 비생산적 노동으로 가치를 이전하는 것이지만, 공채 발행의 경우에는 생산적 노동의 고용으로 사용될 수 있는 것이 비생산적 노동의 용도로 가치 파괴가 일어나는 것으로 보아 더 부정적인 것으로 판단하고 있다. 현대 재정학의 맥락에서는 조세수입이나 국채 발행에 의한 재원 조달이 어떤 지출 용도로 사용되는지, 그리고 조세에 의한 재원 조달도 그 세원이 어떤 것인지에 따라 그 효과가 다르게 나타날 수 있다고 보고 있다.

또한 감채기금에 대한 무용성과 무책임성에 대한 의견이다. 스미스 시절에는 정부 회계가 비교적 단순하게 운용되고 있었던 반면, 현대에는 일반 회계와 다수의 특별회계 그리고 여러 종류의 사업성·금융성 기금들이 운용되고 있다. 물론 감채기금의 경우 공채 상환과 관련하여 운용되는 목적을 지니고 있지만 정부 재량적으로 운용하여 공채 상환을 연기하거나 다른 감채기금을 전용하는 경우가 많다고 스미스는 비판했다. 이는 현대의 재정 운용에도 비슷한 논리로 적용되는 측면이 있다.

마지막으로 살펴볼 것은 재정의 지속가능성 측면에서의 논의이다. 『국부론』에서는 공채 발행을 통한 재원 조달 그 자체도 부정적이지만, 공채 발행과 이에 대한 상환 역시 매우 부정적인 시각으로 논의되고 있다. 그 이유는 앞서 살펴보았지만 공채가 국가의 과세권을 담보로 발행하기가 쉬웠으며, 원리금 상환도 세수 부족으로 차입 기간이 지속적으로 연장되어 영구화되는 경향을 비판했다. 또한 공채 상환을 위한 감채기금 역시 본래적인 역할을 수행하지 못하고 전용되거나 정부 재정이 낭비적으로 되는 것에 일조하였다고 비판했다. 정부 재정수입이 어느 정도 충분한 현대 정부의 재정 운용 관점에서는 국가채무의 원리금 상환은 여러 가지 미시적 관점에서 논의할 필요가 있다. 국채 수준 그 자체도 중요한 변수이지만(가령 GDP 대비 국가채무 수준) 국가채무의 평균 만기 및 국가채무 만기 도래 연도별 비중, 국가채무 이자 현황, 장단기 채무 비중, 외국인 소유의 비중 등 고려해야 할 조건들이 많다. 그래서 단순하게 국가채무의 규모가 많다고 하더라도 이들 미시적 조건들이 양호하다거나 조세수입으로 충분히 국가채무의 상환과 차환이 가능하다면 지속가능성 측면에서 특별한 문제가 되지는 않는 것이다. 반면, 국가채무의 규모가 작더라고 채무의 질적인 측면이 좋지 않거나 국가 조세수입으로 이자 상환이 여의치 않으면 이는 재정의 지속가능성 측면에서 심각한 문제가 되는 것이다.

스미스의 관점에서 한국의 재정 상황은 어떠한가? 『국부론』에 기술되어 있는 관점으로만 판단한다면 한국의 재정은 매우 건전하다고 판단할 수 있다. 본격적인 경제발전이 시작된 1970년대 이후 지속적인 경제성장의 결과 GDP 규모는 과거에 비해 매우 커졌다. 그리고 재정

보수주의에 입각한 재정 운용의 결과 국가의 부채는 경제 규모에 비해 비교적 작은 수준이다. 정부 재정의 큰 방향이 선성장–후분배 혹은 경제중시–복지경시의 관점이었기 때문에 정부 재정의 재원 배분이 경제지출에 비해 사회복지 지출에 불리하도록 이루어져 왔다. 자연스럽게 정부의 재정 규모와 더불어 국가 부채의 규모는 비교적 작은 수준으로 평가할 수 있다.

하지만 한국 경제가 선진국으로 진입한 이후 과거와 같은 재정 운용은 어렵게 되었다. 무엇보다도 인구고령화, 저출생으로 인해 과거와 같은 경제성장은 불가능해졌을 뿐만 아니라 복지지출의 증가는 불가피한 것이 되었다. 따라서 과거 발전 단계에서의 소극적 재정 운용으로는 경제사회적 문제를 해결하기가 쉽지 않게 된 것이다. 스미스의 『국부론』의 주장은 재정의 지속가능성 측면을 고려하여 재정 운용을 할 필요가 있으며, 앞서 언급한 국가채무의 미시적 구조에 천착할 필요가 있다는 것이다.

| 참 | 고 | 문 | 헌 |

류덕현(2023), 『재정지속가능성 지표와 국가신용도의 관계』, 한국조세연구원.

______(2024), 「애덤 스미스가 한국에 온다면」, 경향신문 경향직필, 2024년 6월 11일.

______(2024), 「류덕현의 건전 재정 신화를 벗긴다 1: 건전 재정보다 지속가능 재정 … 국가채무 비율부터 바꿔라」, 한겨레신문 전문가 리포트, 2024년 7월 31일.

______(2024), 「류덕현의 건전 재정 신화를 벗긴다 2: '재정 준칙' 도입이 능사 아냐 … '재정 운용' 제 손발 묶을 수도」, 한겨레신문, 2024년 8월 12일.

스미스, 애덤 저, 김수행 역(2007), 『국부론』 개역판, 상·하, 비봉출판사.

이지순(1989), 「정부의 경제적 역할에 관한 애덤 스미스의 이론」, 『애덤 스미스 연구』, 대우학술총서, pp. 63~104.

Agnello, L. and R. Sousa(2014), "How Does Fiscal Consolidation Impact on Income Distribution," *Review of Income and Wealth*, vol. 60(4), pp.702~726.

Blanchard, Olivier(2022), "Perspectives on Debt: Deciding When Debt Becomes Unsafe," *Finance and Development*, March, IMF.

Brien, P. and M. Keep(2018), "The Public Finances: A Historical Overview," Briefing Paper, No. 8265, 22 March, House of Commons Library.

Furman, J. and L. H. Summers(2020), "A Reconsideration of Fiscal Policy in the Era of Low Interest Rates," Harvard Kennedy School.

Gootzeit, M.(1987), "Adam Smith on Balanced Budget Government Spending,"

Journal of the History of Economic Thought, Winter, pp. 27~32.

Holtfrerich, Carl-Ludwig(2013), "Government Debt in Economic thought of the Long 19th Century," Discussion Paper, No. 2013/4, Free University Berlin, School of Business & Economics.

Lanskey, L. and C. O'Loughnan(2023), "300 Years of UK Public Finance Data," Office for Budget Responsbility, UK.

Nicholson, J.(1920), "Adam Smith on Public Debts," *Economic Journal*, vol. 30(117), March, pp. 1~12.

Office of Budget and Responsibility(OBR)(2023), *Historical Public Finances Database*, https://obr.uk/data/.

Schick, A.(2020), *A Contemporary Approach to Public Expenditure Management*, *the Preface*, World Bank.

제6장

애덤 스미스의 교육관과 21세기 한국 대학

김진영

1. 들어가는 말
2. 애덤 스미스의 교육 경험
3. 『국부론』에서 보이는 교육의 필요성과 재원 조달 문제
4. 교육제도와 교육 행정
5. 『국부론』과 현재 한국의 대학 교육
6. 맺음말

애덤 스미스는 생애 상당 부분을 학생과 교수로서 교육 현장에 있었기 때문에 교육 분야에 대한 사고는 다른 어떤 분야보다 그의 경험과 밀접한 관련을 지닌다. 『국부론』에서 스미스의 교육에 대한 논의는 주로 대학 교육을 중심으로 이루어졌는데, 스미스는 그 필요성 자체를 부인하지는 않았지만, 당시의 대학 교육에 대해 일관되게 매우 비판적인 견해를 보여 준다. 『국부론』은 독점과 제도적 보호의 틀 안에서 대학 당국과 교수가 나태해지는 것을 경계하는 문장으로 가득 차 있다. 또한 『국부론』에서는 학생들의 선택권을 보장해야 한다는 사실을 여러 차례 강조하고 있다. 스미스는 오늘날의 인적자본(human capital)에 해당하는 개념을 거의 완벽하게 이해하고 있었으며, 교육이 당장 눈에 보이는 금전적 이득이 없더라도 대중의 사고 수준을 높임으로써 사회 안정에도 기여한다는 양(+)의 외부성에 대해서도 잘 이해하고 있었다. 그러나 대학 교육에 대한 그의 시각은 대학 교육을 투자라기보다는 귀족과 부유층을 대상으로 한 일종의 고급 소비로 보는 인상을 준다. 하지만 스미스는 당시 귀족과 젠트리 등 상위 계층의 전유물과 같았던 교육을 더 낮은 계층으로 확대하기 위해 대학 이전 단계의 교육에 국가가 개입해야 한다고 생각했으며, 서민을 위한 교육에서는 당시의 대학에서 주로 가르쳤던 고대 언어와 철학 같은 과목보다는 쓰기, 읽기, 셈하기 등 일상과 직업 세계에 도움이 되는 내용을 가르쳐야 한다고 주장했다. 스미스의 교육에 대한 논의는 시대를 뛰어넘어 교육제도의 개편은 공급자의 이해관계에 휘둘리는 것을 극복하고 철저히 학생들의 편에서 교육의 질을 높이는 방안을 고민한다는 원칙을 지키면서 이루어져야 한다는 사실을 설득력 있게 보여 준다.

1. 들어가는 말

경제학 분류체계에서 재정학으로 분류될 수 있는 5편은 『국부론』에서도 가장 많은 분량을 차지하고 있다. 『국부론』에서는 국가의 재정지출이 필요한 분야로 국방, 사법, 각종 공공사업, 그리고 국왕의 존엄을 유지하기 위한 비용 등을 들고 있다. 각종 공공사업은 다시 '사회의 상업을 촉진하기 위한 공공사업과 공공기구', '청년을 위한 교육기관의 비용', '모든 연령의 국민을 교육할 기관의 비용' 등 세 분야로 나누어진다. '모든 연령의 국민을 교육할 기관의 비용' 부분이 주로 종교에 대한 논의이기 때문에 스미스의 교육에 대한 견해는 주로 '청년을 위한 교육기관의 비용' 부분에서 펼쳐져 있다. 이 부분에서 스미스는 교육을 위한 비용이 어떻게 조달되어야 하는지만 논의하는 것이 아니라 교육의 내용이나 교육제도에 대한 다양한 내용도 깊이 있게 다루고 있다.

특히 대학 교육과 관련한 그의 언급은 21세기라는 현시점에도 시사하는 바가 크다. 이 글에서는 『국부론』 5편을 중심으로 스미스가 교육에 대해 어떤 의견을 제시했으며, 그의 논의가 이후 경제학에서 행해진 교육 관련 연구와 어떤 연관이 있는지, 그리고 21세기 현재 시점에서 한국의 대학 교육에는 어떤 시사점을 주는지 등을 생각해 보고자 한다.

스미스 역시 당대의 교육을 받으면서 자신의 사고를 쌓아 왔다. 생애의 상당 부분을 학생과 교수로서 교육 현장에 있었던 스미스이기 때문에 다른 어떤 분야보다 교육 분야에 대한 사고는 그의 경험과 밀접한 관련을 맺는다. 이런 점을 고려해 이 장은 다음과 같이 구성될 것이다.

이어지는 제2절에서는 스미스의 교육 경험에 관해 간단히 소개한다. 이 교육 경험에는 스코틀랜드에서의 초중등교육과 대학 교육, 옥스퍼드 대학의 경험, 그리고 에든버러와 글래스고 대학의 교수로서의 경험과 가정교사로서의 경험을 모두 포괄한다. 제3절에서는 『국부론』에서 논한 교육의 사회적 필요성과 재원 조달 문제에 대해서 살펴본다. 제4절은 대학 교육에서 경쟁과 유인이라는 요인을 중심으로 스미스가 『국부론』에서 제시했던 교육제도에 대한 논의를 살펴본다. 제5절에서는 제3절과 제4절에서 보았던 스미스의 논의를 한국 대학 교육 현안에 적용해 본다. 제6절은 맺음말이다.

2. 애덤 스미스의 교육 경험

『국부론』에서 교육을 논한 5편의 1장 2절에서 보이는 많은 구절은 그가 학생으로서 그리고 교수로서 직접 체험한 바를 반영하고 있다. 따라서 당대의 인문학과 사회과학을 두루 섭렵한 그가 『국부론』에서 전개한 교육 관련 논의를 이해하기 위해 그의 교육 체험을 더듬어 보는 것이 큰 도움이 될 것이다.

1) 학생으로서 경험

1723년생인 스미스는 1731년 혹은 1732년부터 1737년까지 고향인 스코틀랜드 커콜디(Kirkcaldy)에서 지역 자치 도시 학교에 다녔다. 이 학교는 현재의 초중등교육 연합 과정으로 번역과 해설을 바탕으로 하는 전통적인 교육을 시행했는데, 당시 교장은 훌륭한 고전학자였던 데이비드 밀러(David Miller)였다. 여기서 스미스도 고전 교육을 충실히 받았던 것으로 보인다. 이런 사실은 스미스가 고전을 중시하는 글래스고(Glasgow) 대학 입학 첫해에 그리스어와 라틴어 수업을 면제받았다는 데서 알 수 있다.

스미스는 14살이던 1737년에 글래스고 대학에 입학하는데, 이 나이는 특별한 것이 아니라 당시의 총명한 남성 학생들의 일반적인 대학 입학 연령이었다. 그는 3년 동안 글래스고에서 가장 인기 있던 교수인 허치슨(Francis Hutcheson) 교수의 지도하에 도덕철학을 공부한다. 글래스고 대학에서는 뉴턴의 물리학, 유클리드 기하학, 도덕철학 등 다양한 과목을 공부했다. 대학에서 수강한 과목은 훗날 그가 보여 준 폭넓은 관심과 저술의 주제와도 관련이 깊다.

한 가지 주목해야 할 점은 스미스가 학생과 교수로서 대학에 몸담고 있었던 18세기 스코틀랜드 지역의 대학에서 이루어진 여러 개혁이다.[1] 스코틀랜드 대학 가운데 가장 유명한 대학은 교황의 칙서에 의해 1413년에 설립된 세인트앤드루스(St. Andrews) 대학, 1451년에 설립된 글래스고 대학, 1495년에 설립된 애버딘(Aberdeen) 대학과 시의회의 주도 아래 1583년에 세워진 에든버러(Edinburgh) 대학이다. 18세기 이전의 대학 교육은 장로교의 강한 영향 아래 세밀한 규정을 두고 교수와 학생이 도덕적이고 기독교적인 삶을 살 것을 요구했다. 하지만 18세기 초에

1 스코틀랜드의 대학과 스코틀랜드 계몽주의와 관련된 논의는 이영석(2014), pp. 81~93을 참조했다.

에든버러 대학을 선도로 스코틀랜드 대학은 조직과 교과 과정, 그리고 교수 방법 등에서 큰 변화를 겪는다. 에든버러 대학을 시작으로 전공과 관계없는 비전문가가 학생들의 생활과 수업을 통제하는 학감(學監) 제도가 폐지되었다. 에든버러 대학에서는 오늘날의 전공 교수에 해당하는 전임교수직을 6개 분야에 대해 신설하고 모든 학생이 인문 교과 과정을 의무적으로 이수하도록 했는데, 이런 변화는 곧 스코틀랜드의 다른 대학들도 따르게 된다. 인문 교과 과정은 오늘날 교양 과정과 비슷하다고도 할 수 있는데, 학생들은 보통 10대에 입학하여 1~2년 인문 과목을 주로 수강한 후 학교를 떠났다가 다시 복학하여 신학, 의학, 법학 등의 전공을 공부하는 것이 일반적이었다고 한다.

한편, 에든버러 대학은 강의 수강료 제도도 도입했는데, 이는 뒤에서 보듯이 스미스도 적극적으로 찬성하는 제도 개편이었다. 교수의 수입은 대학이 지급하는 급여와 함께 수강료의 일부로 구성되는데, 당시 영국 의회의 조사에서는 교수의 총소득 중 수강료 소득은 약 30.7%로 추정했다.[2]

잉글랜드와 비교되는 스코틀랜드 대학의 특징은 스코틀랜드의 대학 교육이 중산층에 널리 개방되어 있었다는 점이다. 1711년 옥스퍼드와 케임브리지 대학생 가운데 73%는 부모가 귀족이나 젠트리 계층이었던 것과는 달리 스코틀랜드의 대학에서는 이 계층의 비중이 1740년대에는 32%였고 1760년대는 24%였다고 한다. 스코틀랜드에서는 중간계급이나 하층계급 출신의 젊은이가 대학 교육을 수료한 후 목사, 교

2 "Report on the Royal Commission on the State of the Universities of Scotland," Parliamenttary Papers, 1831. 이영석(2014)에서 옮김.

사, 법률가로 진출하는 사례가 흔했는데, 이는 부분적으로는 등록금과 기숙사비가 저렴했기 때문에 가능했다.

이렇게 당시로서는 여러모로 선진적인 개혁을 하고 있었던 스코틀랜드의 대학에서 배우던 스미스는 17살이 되었을 때 글래스고 대학을 졸업하지 않은 채로 스넬 장학금(Snell Exhibition)을 받고 옥스퍼드 대학의 베일리얼 칼리지(Balliol College)로 옮기게 된다. 스넬 장학금은 연간 40파운드를 9년 동안 지불했는데, 스미스는 허치슨 교수의 도움으로 경쟁률이 높은 이 장학금을 받을 수 있었다. 스넬 장학제도는 매년 12명의 스코틀랜드 대학생들이 최대 11년 동안 베일리얼 칼리지에서 공부할 수 있도록 존 스넬(John Snell)이 기증한 유산으로 1677년에 시작되었다. 이 장학금에는 잉글랜드 성공회에서 신품 성사를 읽을 준비가 되었으며 스코틀랜드 성공회에 다녀야 한다는 조건이 붙어있었다.

빡빡한 강의 일정으로 짜여 있던 글래스고 대학과는 달리 당시 옥스퍼드 대학의 강의는 충실하지 않았던 것으로 보인다. 옥스퍼드에서는 하루 두 차례의 기도 시간 외에는 교수로부터의 지도를 거의 받지 않았고 주로 자습을 많이 했다고 한다. 스미스는 이 점에 대해 크게 불만을 가졌던 것이 틀림없다. 『국부론』에는 아래와 같이 옥스퍼드 대학의 허술한 강의를 날카롭게 비판하는 구절이 있다.

> 교수를 감독하는 당국이 대학이거나 대학교이고 교수 자신이 이것의 구성원의 한 사람이고 다른 구성원의 대부분도 자기처럼 교수라면, 그들은 일종의 이익공동체를 형성할 가능성이 있다. 교수들은 모두 서로에게 매우 관대해서 자신이 자기 의무를 소홀히 해도 된다는 조건하에서 동료의 의무 불이행에 동의하기가 쉽다. 옥스퍼드 대학교에서는 대학(college)이 아닌 대학교(university) 교

수들의 대부분이 지난 수년 동안 강의 흉내조차 내지 않을 정도로 자신들의 의무를 완전히 방기하고 있다(스미스, 2007[1776], 5편 1장, p. 935).

옥스퍼드 대학에서 그가 어떻게 지냈는지는 잘 알려지지 않았다. 거의 친구가 없었다는 것과 여섯 번의 여름방학 동안 고향에 돌아가지 않았다는 사실은 알려져 있다. 지도교수조차 알려지지 않은 것으로 비추어 보면 옥스퍼드 시기의 스미스는 요즘 일컫는 '자기 주도 학습'을 통해 폭넓은 학습을 했으리라 추측할 수 있다. 교수와 함께 공부하지는 않았지만 실제로 옥스퍼드 시기 스미스는 주로 혼자 마련한 장서를 통해 상당히 많은 공부를 했던 것으로 알려져 있다.

옥스퍼드에서 그가 학업을 그만두게 되는 모종의 다른 사건도 있었던 것으로 보인다. 스미스는 그 사건에 관해 이야기하지 않았고, 그에 대한 초기 전기에서도 그 사건에 대해서는 침묵하고 있다. 그 사건의 자세한 내막은 모르나 스미스와 그 후의 스넬 장학생들이 반(反)스코틀랜드 괴롭힘(anti-Scotch harassment)의 대상이 되었던 것은 알려진 사실이다. 베일리얼 칼리지는 장학생을 선발하지 않고 재단 재산을 학교 자체의 목적으로 사용한다는 비판을 받아 왔으며, 부당한 대우를 받고 있다는 장학생들의 불평도 끊이지 않았다고 한다.[3]

이렇게 그의 대학 생활은 만족했던 것으로 보이는 글래스고 대학 시절(1737~1740) 3년과 그에 이어진 불만스러운 옥스퍼드 대학 시절(1740~1746)로 나누어진다. 학위를 받지 않았음에도 불구하고 스미스는

3 니콜라스 필립슨 지음, 배지혜 옮김(2023), p. 99.

옥스퍼드를 떠난 지 얼마 안 되어 1748년에는 에든버러로 옮겨 강의를 시작할 수 있었다. 1746년 데이비드 흄(David Hume)의 사촌 헨리 흄(Henry Hume)은 에든버러에서 수사학과 법학 강의를 맡아달라고 그를 초청했다. 그는 이 초청을 받아들여 1747년 초부터 수사학 강의를 시작했고, 1748년 이후로 그의 강의는 안정되게 자리 잡는다.

2) 교육자로서 경험

이렇게 1748년 이후로 그의 교수 경력이 시작되었다. 니콜라스 필립슨(Nicholas Phillipson)의 스미스 전기에 따르면, 에든버러 시절에 그는 사무원에게 자료를 받아쓰게 하고 그 자료를 읽으면서 설명을 곁들이는 방식으로 강의한 것으로 보인다. 당시 강의 내용 자체는 자료가 남아 있지 않아 잘 알려지지 않았지만, 그의 강의는 많은 학생이 수강했다고 한다. 이 강의로부터 스미스의 명성이 높아지기 시작했으며, 강의를 통해 획득한 지식인으로서 신뢰는 머지않아 글래스고 대학의 교수로 옮기는 계기가 된다.

스미스는 1751년 1월에 글래스고 대학의 논리학 교수가 되고 이듬해에는 도덕철학 교수가 된다. 그는 17세의 나이로 옥스퍼드 대학에 들어간 지 12년 만에 28세라는 어린 나이로 글래스고 대학의 도덕철학 교수라는 명예로운 자리에 오른 것이다. 1751년 이른 봄, 에든버러 대학에서 마지막 강의를 마친 후, 스미스는 글래스고 대학의 논리학 및 형이상학 교수로 자리를 옮긴다. 이듬해에는 전임자의 사망으로 인해 도덕철학 강좌 교수로 선출되었다. 도덕철학 강의는 교수로서 스미스가 가장 중요하게 생각했던 업무였다. 스미스의 강의 시간표는 학교의 전통에 따라 주중 오전 7시 30분부터 한 시간 동안 도덕철학 공개 강의, 11시부터 정오까지 한 시간은 오전 강의에 관한 토론과 시험, 그리고 정오부터 한 시간 동안은 수사학에 대한 비공개 강의로 구성되었다. 오후에는 개인적으로 학생들을 가르쳤다. 개인 강의는 대화 형식으로 이루어졌다. 그의 강의 능력은 당대에 널리 인정받았다. 당대의 증언을 모은 논문은 다음과 같은 이야기를 전한다.[4]

> … 교수로서 스미스의 능력은 흠잡을 데 없다. 강의할 때 그는 거의 전적으로 즉흥적인 연설 능력에 의존했다. 태도는 우아하기보다 평범하고 꾸밈이 없었다. 또한 그 자신이 항상 주제에 관해 관심이 있는 것처럼 보였기 때문에 학생들의 흥미를 돋우는 데 실패한 적이 없었다. … 풍부한 설명과 다양성 덕분에 주제는 점점 더 발전했고, 같은 관점에서 지루하게 반복되는 내용이 없어 학생들의 관심이 높았다.

스미스의 강의를 듣기 위해 글래스고 대학에 입학한 제임스 보즈웰(James Boswell, 1740~1795)[5]은 다음과 같은 말을 남기고 있다.

> … 이곳에 온 가장 큰 이유는 애덤 스미스 교수의 (매우 훌륭한) 강의를 듣기 위해서다. 그의 감성은 놀라우리만치 깊고 아름다우며, 감성을 정리하는 방식은 명확하고 정확하고 질서정연하다. 말씨 역시 적절하고 명쾌하며 우아하다.

---

4 D. Stewart(1980), pp. 275~276, 니콜라스 필립슨 지음, 배지혜 옮김(2023), pp. 212~213에서 재인용.

5 에든버러에서 태어난 전기작가이자 변호사로 사무엘 존슨(Samuel Johnson)에 대한 전기로 유명하다.

개인적인 성품은 매우 상냥하다. 그는 대부분 교수처럼 딱딱하거나 형식적이거나 점잔을 빼지 않는다. 그런 성품과는 거리가 먼, 예의 바르게 교육을 잘 받은 인물이며 학생들과 함께 하는 자리를 즐기고 그들을 더없이 소탈하고 친절하게 대한다.

훗날 스미스는 다음과 같이 회상했다.[6]

… 강의를 하는 동안 평범한 얼굴이면서 표정이 풍부한 학생을 보면 성패를 판단할 수 있었다. 그는 기둥 앞 눈에 잘 띄는 자리에 앉았다. 나는 계속 그 학생을 주시했다. 그가 몸을 앞으로 기울이면 수업이 잘 되고 있으며 학생들이 집중하고 있다는 뜻이었다. 하지만 그가 무기력하게 등을 뒤로 기대면 나는 즉시 무언가가 잘못되고 있다는 것을 알 수 있었고 화법이나 주제, 강의 스타일을 바꾸어야 했다.

이렇게 강의에 대해 열정을 보이던 중 스미스는 1759년 여름 유명 인사의 아들을 가르치는 경험을 한다. 당시 유럽에서는 거물 인사가 대학교수 중에 아들의 가정교사를 찾는 것이 관행이었다. 보통은 교수가 그 자리를 사임하고 후원자의 집에 들어가는 방식이었지만, 스미스와 학생인 토머스 피츠모리스(Thomas Fizmaurice) 사이에서 이루어진 방식은 학생이 글래스고 대학에 입학하는 것이었다. 학생의 아버지인 셸번(Shelburne) 백작은 아들의 교육에 대해 스미스에게 전적인 권한을 주었다고 한다.

6 니콜라스 필립슨 지음, 배지혜 옮김(2023), p. 214.

다른 한편으로 스미스는 1760년 이후 대학의 행정에도 깊이 관여한다. 특히 교수의 변덕과 이익보다는 원칙을 기반으로 관리체계를 개발하려 한 것으로 알려져 있는데,[7] 뒤에서도 보겠지만 이러한 그의 관점은『국부론』에서도 설득력 있게 표현되고 있다.

글래스고 대학은 스미스의 공헌을 인정하면서 "문인들 사이에서 보편적으로 인정되는 명성과 특히 이 대학에서 법학을 가르치는 수년 동안 학회에 찬사와 함께 큰 이점을 가져다 준 공로"[8]로 1762년 10월에 박사학위를 수여한다. 하지만 이러한 교수로서의 명성은 한편으로는 교수 경력을 끝내는 계기가 되었다.

박사학위를 받기 이전인 1759년에 당시 13살이던 버클루(Buccleuch) 공작의 계부이자 후견인 찰스 타운젠트(Charles Townsent)는 아내인 백작부인과 스코틀랜드를 방문했을 때 스미스를 만나고 의붓아들의 교육을 맡아달라고 제안했다. 스미스는 이때 이미 버클루 공작이 더 나이가 든 후에 가르치기로 원칙적으로 동의했던 것으로 보인다. 강의와 행정으로 바쁜 교수 생활을 3년 정도 더 이어간 후, 교육과 관련된 스미스의 경력은 18세 청년의 가정교사로 마무리된다.

이튼 학교를 마친 버클루 공작이라는 학생의 그랜드 투어(Grand Tour)[9]에 동행하는 형식이었다. 교수에서 가정교사로 옮기는 변화는 강의와 행정업무로 지친 그에게 여러모로 이득이었다. 스코틀랜드의 유

7 니콜라스 필립슨 지음, 배지혜 옮김(2023), p. 265.
8 니콜라스 필립슨 지음, 배지혜 옮김(2023), p. 277.
9 그랜드 투어는 17세기 중반부터 영국을 중심으로 유럽 상류층 귀족 자제들이 사회에 나가기 전에 프랑스나 이탈리아를 돌아보며 문물을 익히는 여행을 일컫는 말이다.

력 정치인이기도 한 타운젠트가 제안한 연봉은 가정교사로 있는 기간 동안 500파운드였다. 가정교사를 마친 이후에도 연금 300파운드를 지급하기로 했다. 스미스가 교수로서 받았던 연봉은 150파운드에서 300파운드였다. 금전적으로도 거절하기 어려운 이 제안을 스미스는 받아들였고, 1763년에서 1766년까지 3년간 제자와 함께 프랑스, 스위스, 독일 등 대륙의 국가들을 다니게 된다. 『국부론』 저술에 큰 도움을 주었던 프랑스 중농주의자와의 교류가 이 여행을 통해 가능했다는 것은 잘 알려진 이야기이다.

1763년 11월 교수직을 사임하면서 강의를 마치지 못하게 되자 스미스는 수강료를 학생들에게 환불해 주기로 한다. 다음과 같은 일화가 전해진다.[10]

> … 젊은 친구들이 보여 준 존경심에 깊은 인상을 받았다면서 학생들에게 이것이 자신과 자신의 정신 사이의 문제이고 옳고 적절하다고 생각한 일을 완수하지 않고는 편히 있을 수가 없다고 이야기했다. "제가 만족스럽게 떠날 수 있도록 거절하지 말아 주십시오. 신사 여러분 부디 그러지 마십시오." 그러고는 옆에 서 있던 청년의 코트를 잡아당겨 주머니에 화폐를 찔러 넣은 다음 청년을 밀쳐냈다. 나머지 사람들은 아무리 설득해도 소용이 없다는 것을 깨닫고 그가 하는 대로 놔둘 수밖에 없었다.

이러한 일화는 훗날 『국부론』에서도 언급되는 교육비 조달과 관련한 논의와 일관성을 가진다. 자신이 하지 않은 강의에 대해서는 보수

10 니콜라스 필립슨 지음, 배지혜 옮김(2023), p. 284.

를 받지 않겠다는 강한 의지는 자신의 믿는 바를 철저히 실천하는 모습이라 할 수 있다. 그렇게 글래스고를 떠난 이후 1784년까지는 다시 그곳으로 돌아가지 않았다고 한다.

버클루 공작과의 그랜드 투어는 선생과 학생 모두에게 유익했으며 두 사람 사이의 관계도 매우 좋았다고 알려져 있다. 이렇게 유익한 체험을 했으면서도, 스미스는 어린 나이에 여행하는 것에 대해 긍정적으로만 생각하지는 않았다. 물론『국부론』에서 인용한 아래의 구절은 대학에 대한 불신 때문에 해외여행이라는 대안이 발생했음을 이야기하고 있지만, 스미스가 청소년기의 외유에 대해 긍정적으로 생각하지 않았음을 보여 주는『도덕감정론』의 구절도 있다.[11]

> … 그렇게 어린 나이에 여행을 함으로써 그의 양친, 친척의 감사, 통제로부터 멀리 떨어져서 가장 경박한 방탕으로 그의 인생의 가장 귀중한 시기를 보냄으로써, 그의 초기 교육으로 형성될 수 있었을 모든 유용한 습관이 강화, 확립되지 못하고 거의 필연적으로 약화, 말살된다. 대학이 스스로 초래한 불신 때문에 인생의 초기에 여행을 보내는 것과 같은 아주 불합리한 행위가 좋은 평판을 얻을 수 있게 된 것이다(스미스, 2007[1776], 5편 1장, p. 949).

---

11 "소년들을 멀리 떨어진 유명한 학교에서 교육하는 것, 청년들을 멀리 떨어진 대학에서 교육하는 것, 젊은 숙녀들을 멀리 떨어진 수녀원과 기숙사제 학교에서 교육하는 것은 프랑스와 영국의 상류층에서 아주 근본적으로는 가족 내의 행실, 결과적으로 가정의 행복을 손상시킨 듯하다. 여러분은 자녀들이 부모에게 본분을 준수하며, 형제자매에게 친절하고 다정해지도록 교육받기를 원하는가? 그렇다면 그들로 하여금 본분에 충실한 자식이 되고, 친절하고 다정다감한 형제자매가 되지 않을 수 없도록 하며, 여러분의 집에서 교육시켜라. 아이들은 부모의 집에서 학교에 매일 통학하는 것이 적절하고 유리하지만, 그들의 주거는 언제나 집이 되도록 하라. … 가정교육은 자연의 제도이며, 공공교육은 인간의 인위적 산물이다. 어떤 것이 가장 현명한 제도인가를 판단하는 것은 확실히 불필요하다"(스미스, 2016[1759], p. 494).

이렇게 1731년 지역 자치 도시 학교에 다니면서 시작된 스미스의 교육 경력은 대학교 학생과 교수 경력을 거쳐 가정교사를 끝으로 1766년에 막을 내리게 된다. 여행을 마치고 런던에 체류하던 스미스는 1767년 5월에 왕립학회 회원으로 선출된다.

3. 『국부론』에서 보이는 교육의 필요성과 재원 조달 문제

앞서 살펴본 바와 같은 스미스의 교육 관련 경험은 『국부론』 5편에 녹아들어 있다. 이 절에서는 『국부론』에서 전개되는 교육 관련 논의를 교육의 필요성이라는 부분과 교육을 위한 재원 조달 문제라는 부분으로 나누어서 정리해 본다.

1) 교육의 필요성

스미스는 『국부론』에서 교육의 필요성에 대해 여러 방식으로 언급하고 있다. 그의 교육에 대한 논의는 주로 당시 매우 제한된 사람들만 받을 수 있었던 대학 교육을 중심으로 이루어지지만, 보다 보편적으로 더 많은 서민을 대상으로 한 교육의 필요성도 곳곳에서 언급한다. 이하에서는 『국부론』에서 스미스가 제시했던 교육의 필요성을 서민 교육, 즉 요즘의 초중등에 해당하는 교육과 대학 교육으로 나누어 살펴본다.

(1) 서민 교육

스미스는 다음과 같이 국가가 지위와 재산을 가진 사람들이 아닌 서민의 교육에 큰 가치를 두고 적극적으로 일반 국민을 위한 교육을 장려해야 한다는 견해를 명시적으로 밝히고 있다. 아래의 인용문을 보면, 다수의 국민이 정부의 장려가 없더라도 필요한 능력과 덕행을 자연히 스스로 형성하는 상태라면 교육이 필요가 없겠으나, 스미스는 그런 경우는 드물다고 여긴 것이 분명하다.

> …. 국가는 국민들의 교육에 아무런 주의를 기울일 필요가 없는가? 만약 국가가 그런 주의를 기울여야 한다면, 상이한 계층의 사람들에게 어떤 상이한 교육을 제공해야 하며, 그리고 어떤 방식으로 제공해야 하는가?
> 어떤 경우에는 사회의 상태가 대다수의 개인들로 하여금 필연적으로 (정부가 주의를 기울이지 않더라도 국가가 요구하거나 인도할 수 있는) 일체의 능력과 덕행을 자연히 스스로 형성할 수 있는 경지에 놓여 있도록 한다. 다른 경우에는 사회의 상태가 대다수의 개인들로 하여금 그런 경지에 놓여 있도록 하지 않는데, 이런 때에는 대다수의 사람들이 완전히 타락하고 퇴보하는 것을 방지하기 위해 어느 정도 주의할 필요가 있다(스미스, 2007[1776], 5편 1장, p. 957).

이 문단 이후에 1편에서 찬사를 보냈던 분업에 대한 비판이 나온다.[12] 비판이라기보다는 분업의 폐해 또는 비용이라고 해석할 수도

12 아래의 인용문은 『국부론』 1편을 처음 여는 문장인 "노동생산력을 최대로 개선, 증진시키는 것은, 그리고 노동을 할 때 대부분의 기능, 숙련, 판단은 분업의 결과인 거 같다"나 "분업은, 그것이 도입될 수 있는 한, 모든 업종에서 노동생산성을 증대시킨다"라는 문장과는 대비된다고 볼 수 있다.

있겠다. 다른 모든 인간의 행태나 제도와 마찬가지로 분업에도 혜택(benefit)이 있지만, 비용(cost)도 있는 것이다. 스미스는 분업의 비용을 인정하고 그 비용 혹은 폐해를 덜기 위해서도 교육이 필요하다는 견해를 피력하고 있다. 그가 명시적으로 밝히지는 않았지만, 아래의 인용문을 보면 그가 대부분의 국민을 위해 대학 이전 단계 교육이 필요하다는 사실을 깊이 인식하고 있다고 추론할 수 있다.

> 분업의 진전에 따라 노동으로 생활하는 사람들의 거의 대부분(즉, 국민들의 대부분)의 직업은 몇 가지의 극히 단순한 작업(흔히 하나 또는 두 가지 작업)으로 한정된다. 그런데 대다수 사람들의 이해력은 필연적으로 그들의 일상적인 작업에 의해 형성된다. 자신의 일생을 몇 가지 단순한 작업에 바치는 사람들은, 그리고 그것의 결과물도 항상 같거나 거의 같은 경우에는, 예기치 못한 어려움을 제거할 방법을 발견하기 위해 그의 이해력을 발휘하거나 그의 창조력을 행사할 기회를 가질 수 없다. 따라서 그는 자연히 그런 노력을 하는 습관을 상실하게 되고 일반적으로 인간으로서 가장 둔해지고 무지해진다. … 진보하고 문명화된 모든 사회에서는 노동빈민, 즉 대다수의 인민들은 정부에서 이를 방지하기 위해서 노력하지 않는 한, 필연적으로 이런 상황에 빠지게 된다(스미스, 2007[1776], 5편 1장, pp. 957~958).

실제로 그는 이 구절 이후 서민을 위한 교육이 필요한 이유, 방법 등을 비교적 자세히 논하고 있다. 국가가 서민 교육에 관여해야 하는 이유는 그들이 교육을 받을 재정적 여유나 시간의 여유가 없기 때문이다. 발달한 상업 사회에서 재산과 지위가 있는 사람에게라면 굳이 국가가 나서 그들을 교육시킬 필요가 없겠지만 그런 재산과 지위를 갖지 못한 서민을 위해서는 국가가 나설 필요가 있다고 주장하는 것이다.

이는 현대 경제학에서 사용하는 재화평등주의(commodity egalitarianism)라는 용어로 해석할 수 있다. 재화평등주의란 국가나 중요한 재화와 관련해서는 사회가 개인의 최소한 필요는 충족시켜야 한다는 주장을 의미한다. 특히 재화평등주의에서는 국가가 어떤 형태로든 교육과 의료 서비스는 모든 국민에게 일정 수준 이상을 보장해 주어야 한다는 주장이다. 실제로 현대의 선진국들은 대부분 무상교육이나 보편적 의료, 그리고 노후연금 등을 제공하고 있는데, 무상교육이라는 사고 자체가 일반화되지 않던 18세기에 스미스의 주장은 미래 세계의 모습에 대한 예언으로도 볼 수 있다.

> 발달한 상업 사회에서는 어느 정도의 지위 재산을 가진 사람을 교육하기보다도 서민 교육에 더 많은 사회적 관심이 필요할 것이다. … 서민들의 경우는 사정이 다르다. 그들은 교육을 받을 여가가 거의 없다. 그들의 부모는 유년기에도 그들을 양육할 능력이 거의 없다. 그들이 일할 수 있는 나이가 되자마자, 그들은 자기 생활비를 벌 수 있는 직업에 종사해야 한다. 또한 이런 직업은 대개 간단하고 단조로운 것이어서 이해력을 발휘할 필요가 없다. 동시에 그들의 노동은 끊임없이 되풀이되고 힘든 것이기 때문에 다른 일을 하고 싶어하거나 심지어는 다른 것들을 생각할 여가조차 없다(스미스, 2007[1776], 5편 1장, pp. 957~958).

한편, 교육의 내용이라는 면에서는 그들에게 읽기, 쓰기, 셈하기 등 '교육의 가장 필수적인 부분'을 어린 나이에 가르쳐야 한다고 주장한다. 스미스는 이러한 교육이 저렴한 비용으로 가능하다고 보았으며, 나아가 모든 국민에게 이런 교육을 의무화할 수도 있다고 주장했다. 또한 이러한 보편 교육이 사회적인 혜택도 크다는 점도 잉글랜드와 스코틀랜드를 비교하면서 지적하고 있다.

> … 교육의 가장 필수적인 부분, 즉 읽기, 쓰기, 셈하기는 매우 어린 나이에도 배울 수 있기 때문에 최하급의 직업에 종사하게 될 사람들의 대부분도 그런 직업에 종사하기 전에 그것을 습득할 시간이 있다. 매우 적은 비용으로 국가는 거의 모든 국민에게 교육의 가장 필수적인 부분을 습득하는 것을 쉽게 하고 장려할 수 있으며 또한 의무로 강제할 수 있다[13](스미스, 2007[1776], 5편 1장, p. 961).

> 국가는 각 교구, 지역에 작은 학교를 설립하여 이런 교육을 쉽게 습득하게 할 수 있다. 그 학교에서는 아이들이 보통의 노동자라도 지불할 수 있을 정도로 적은 수업료를 내고 교육을 받으며 교사들은 국가로부터 보수의 일부만을 지급받고 전부를 지급받지 않는다. … 스코틀랜드에서는 이런 교구학교를 설립하여 거의 모든 서민들에게 읽기를 가르쳤고, 대부분의 서민에게 쓰기와 셈하기를 가르쳤다. 잉글랜드에서는 자선학교의 설립이 스코틀랜드와 동일한 효과를 거두었지만, 이런 학교의 설립이 보편적이지 않았기 때문에 효과 역시 보편적이지 않았다. … 만일 서민의 아이들이 거기서 때때로 배우지만 그들에게는 거의 아무 소용도 없는 라틴어의 피상적 지식 대신에 그들이 기하학, 기계학의 초보적 지식을 배우게 된다면, 이런 계층에 대한 문화적 교육은 아마 최고도로 완전할 것이다. 보통의 직업에서도 기하학, 기계학의 원리를 적용할 기회는 조금이라도 있으며, 따라서 서민들은 가장 유용할 뿐 아니라 가장 탁월한 학문

13 의무교육이 국가에 의하여 보장되어야 한다는 주장은 16세기에 독일의 루터(Martin Luther)에 의하여 처음 제기되었다. 이후 1800년대 초에 나폴레옹이 유럽 전역으로 진군하면서 프러시아에 도달했는데, 농민 지원자로 이루어진 그의 군대가 프러시아 왕의 직업군인들을 패퇴시키자 프러시아 왕은 1819년에 세계 최초의 전국적 의무교육제도를 명령했다.

에 대한 필수 입문인 그런 원리들을 점차 연습하고 그것에 익숙하게 될 것이다(스미스, 2007[1776], 5편 1장, p. 962).

한편, 스미스는 국민이 기본적인 교육을 받는 것을 의무화하기 위해 국가가 읽기, 쓰기, 셈하기에 관한 시험이나 검사라는 방식을 쓸 수 있다고 언급하는데, 이는 교육에 대한 투입이 아닌 교육의 결과 또는 산출을 점검하는 방식으로 의무교육을 유도한다는 점에서 주목해야 한다. 이는 21세기 미국에서 도입된 「아동낙오방지법」(No Child Left Behind: NCLB) 제정과 일맥상통하는 논리이기도 하다.[14]

『국부론』에서 진술된 내용은 서민 혹은 하층민의 교육에 당시의 고착된 계급 상황을 타파하고 형평성과 이동성을 높이는 역할을 기대하기보다는, 계층 분리라는 현상을 받아들인 채 상류층의 교육과 분리된 내용의 교육으로 서민들의 삶의 작은 개선을 도모하기 위한 수단 정도로 간주하는 보수적인 사고라고 비판받을 여지도 있다. 그러나 시대의 한계를 생각한다면 스미스가 서민 교육의 필요성과 함께 내용의 실용성을 주장한 것은 매우 선구적인 제안이라고 할 수 있다.

한편, 스미스는 교육이 개인에게 실용적인 도움을 주는 것 외에도 사회의 질서와 안정이라는 추가적인 혜택을 주리라는 점을 지적하고

14 「아동낙오방지법」은 일반 교육 과정에서 낙오하는 학생이 없도록 미국의 각 주가 성취도 평가의 기준을 정하고, 이를 충족하지 못한 학교나 교사가 제재를 받도록 하는 내용을 골자로 하는 것으로 21세기 초에 도입되었다. 이 법의 주요 목적은 모든 학생이 주에서 지정한 성취 기준을 만족시키도록 학교와 교수의 노력을 유도하는 데 있다. 이 법이 탄생하게 된 배경은 1990년대 중퇴자가 증가하고 학생들의 학업 성취도가 떨어진 데 있다. 20세기와 21세기에 걸친 논의를 보더라도 수준 높은 보편 교육의 제공이라는 목표가 달성하기 쉽지 않음을 알 수 있다.

있다. 당장 눈에 보이는 금전적 이득이 없더라도 교육은 대중의 사고 수준을 높임으로써 사회 안정에도 기여한다는 것인데, 이를 현대의 경제학 용어로 옮기면 교육에는 개인에게 귀속되는 인적자본 축적을 통해 임금 상승효과 외에도 민주 시민의 양성이라는 외부효과도 있음을 지적한 것이라 정리할 수 있겠다.

> 비록 국가가 하층민의 교육으로부터 어떤 이득도 얻지 못한다고 하더라도 그들이 조금이라도 교육을 받게끔 주의를 기울일 필요가 있다. 그런데 국가는 그들을 교육시킴으로써 적지 않은 이득을 얻고 있다. 그들이 교육을 받으면 받을수록 무식한 국민들 사이에는 가장 종종 가장 무거운 무질서를 낳는 광신, 미신에 덜 빠지게 된다. 게다가 교육받고 지식을 갖춘 사람들은 무지몽매한 사람들보다 항상 더욱 예절 바르고 질서를 잘 지킨다. … 그들은 당파, 선동의 이기적 불평을 자세히 검토하려고 하며, 또한 그렇게 할 능력을 더욱 크게 가진다. 그리고 이런 이유로 그들은 정부 정책에 대해 방자하거나 불필요한 반항을 더 적게 하게 된다. 정부의 안전이 정부의 행동에 대한 국민들의 호의적인 판단에 매우 크게 의존하는 자유국가에서는 국민들이 정부의 행동을 성급하거나 변덕스럽게 판단하지 않도록 하는 것이 확실히 가장 중요한 문제임에 틀림없다(스미스, 2007[1776], 5편 1장, pp. 965~966).

이렇게 스미스는 전 국민을 대상으로 하는 보편 교육의 필요성을 여러 측면에서 인정하고 있으며, 그 '여러 측면'은 현대 경제학에서 지적하는 교육의 혜택인 생산성 향상과 긍정적 외부성 등을 두루 포함하고 있다. 그렇다면 대학 교육은 어떨까?

(2) 대학 교육

표면적으로 보면, 스미스는『국부론』에서 당시의 대학 교육에 대해 일관되게 매우 비판적인 견해를 보여 준다. 하지만 교육의 필요성 자체는 부인하지 않았다. 대학 교육의 필요성을 인지하고 있었으나 현실보다는 개선될 수 있다고 생각했을 뿐이다. 대학 교육의 사회적 필요성에 대한 스미스의 생각은 다음의 문장으로 요약할 수 있다. 즉, 충분히 훌륭한 교육이 이루어지지 않더라도 사회적으로 필요하다는 것이다.

> 일반적으로 대학에서 보통 가르쳐지고 있는 교육 부분은 매우 잘 가르치고 있다고는 말할 수 없을 것이다. 그러나 만일 대학이 없었다면 그런 부분은 전혀 가르쳐지지 않았을 것이며, 개인도 사회도 그런 교육 부분의 결여로 말미암아 상당한 손해를 입었을 것이다(스미스, 2007[1776], 5편 1장, p. 940).

하지만 스미스가 모든 대학 교육에 대해서 생산성을 높이는 투자라는 생각을 하지 않았던 것으로 보인다. 2편에서 그는 생산적 노동과 비생산적 노동을 구분하면서 "가장 근엄하고 중요한 약간의 직업, 예컨대 성직자, 변호사, 의사, 모든 종류의 문필가, 연극배우, 광대, 음악인, 오페라 가수, 오페라 댄서 등"을 비생산적인 노동으로 분류하고 있다.[15] 그런데 위에 나열된 직업은 예체능 계열의 직업을 제외한다면 대체로 당시의 대학을 나온 인재들이 선택하는 직업이었다. 또한『국부론』에서는 다음과 같이 스미스가 대학 교육을 부유층을 대상으로 한 일종의 고급 소비로 보았다는 인상을 주는 구절도 찾을 수 있다.

---

15 스미스(2007[1776]), 2편 3장.

비록 유럽의 사립학교들과 대학들이 원래는 오로지 특수한 직업 교육(즉, 성직자의 교육)을 목적으로 설립되었지만, 또한 그런 작업에 필요하다고 여겨지는 학문조차도 학생들에게 가르치는 데 그다지 열심이지 않았지만, 그들은 점차 기타 거의 모든 사람들(특히, 거의 모든 신사와 부자들)의 교육을 담당하게 되었다. 유년 시기와 (죽을 때까지 진지하게 세상의 실무에 종사하게 되는) 연령 사이의 오랜 기간을 더욱 유익하게 소비하는 방법은 학교에 다니는 것보다 더 좋은 방법은 없는 것 같다(스미스, 2007[1776], 5편 1장, p. 948).

하지만 마지막 구절에 주목해 보자. 스미스는 유년 시기와 직업 세계에서 활동하는 시기 사이의 기간을 유익하게 소비하는 가장 좋은 방법으로 교육을 언급하고 있다. 또한 스미스는 대학 교육을 통해 축적된 전문지식이 생산성의 향상에 기여할 수 있다는 사실도 정확히 인식하고 있었다. 즉, 대학 교육을 통한 인적자본의 축적이 개인과 사회에 주는 이득에 대해 잘 알고 있었을 뿐 아니라 이를 명시적으로 언급하기도 했다.

교육에 대해 집중적인 논의를 펼치는 5편이 아닌, 임금의 격차를 설명하는 1편에서[16] 스미스는 자신이 오늘날의 인적자본에 해당하는 개념을 거의 완벽하게 이해하고 있었음을 보여 준다. 아래는 임금 차이가 생기는 원인, 혹은 숙련노동과 비숙련노동 간에 임금 차이가 나는 원인에 대해 설명하면서 높은 임금을 값비싼 기계 설비와 비유하는

16 『국부론』에서는 임금 차이가 생기는 원인으로, ① 직업 자체의 유쾌함 또는 불쾌함, ② 직업 습득을 위한 비용, ③ 직업의 안정성 여부, ④ 직업에 종사하는 사람에게 주어진 신임 정도, ⑤ 직업에서의 성공 가능성 등을 들고 있다. 인용한 문장은 두 번째의 이유로 발생하는 임금 격차를 설명하는 과정에서 나왔다.

유명한 구절이다. 그는 교육이 숙련을 획득하기 위한 중요한 수단이라는 점을 확실히 이해하고 있다.

> 값비싼 기계를 설치할 때, 우리는 그 기계가 마멸되기까지 수행하는 특별한 작업이 그 기계에 투하된 자본과 그것에 대한 통상적인 이윤을 보상하리라고 기대하기 마련이다. 특별한 기교와 숙련을 요하는 직업을 배우기 위해 많은 노동과 시간을 투입한 사람은 위에서 말한 비싼 기계의 하나에 비유될 수 있다. 그가 습득한 직업은 보통 노동의 보통임금을 초과하여 그에게 교육비 전체를 보상할 뿐만 아니라 적어도 교육비에 상당하는 자본의 통상이윤도 보상하리라고 기대하기 마련이다. 그리고 이러한 보상은 적당한 기간 안에 이루어져야 하는데, 그 이유는 기계의 경우 인간보다 더 확실한 내구 연수를 보상 기간으로 생각하는 것과 마찬가지 방식으로, 인간의 매우 불확실한 수명을 고려해야 하기 때문이다. 숙련노동의 임금과 보통 노동의 임금 사이의 차이는 위의 원리에 의거하고 있다(스미스, 2007[1776], 1편 10장, p. 132).

숙련노동과 비숙련노동 간의 임금 차이가 교육이나 훈련을 통한 투자의 수익으로 이해하는 위의 문장은, 현대 경제학에서 교육이라는 투자를 통해 더 높은 생산성을 올릴 수 있게 되고 그로 인해 더 높은 임금을 받게 된다는 인적자본의 개념과 다르지 않다. 현대 경제학에서 숙련노동과 비숙련노동의 구분을 보통 대학 교육 경험 여부로 하고 있다는 점에 비추어 본다면, 스미스의 인적자본 관련 논의는 대학 교육의 필요성에 관한 현대적인 견해와 일치한다고 해석할 수 있다.

이렇게 스미스는 근본적으로 대학 교육의 필요성에 대해서는 긍정적인 견해를 가지고 있었으며, 다만 대학 교육이 충실히 이루어지지 않음을 우려했다고 보아야 할 것이다. 이제 이렇게 필요한 교육을 위한 비용을 어떻게 조달하는 것이 바람직할지에 대한 스미스의 논의를 따라가 보자.

2) 교육을 위한 비용의 조달

교육을 위한 비용 조달 방식에 대해 스미스는 매우 명확하고 확고한 의견을 가지고 있었다. 사실『국부론』5편 1장의 교육에 관한 절은 교육기관이 수업료로부터 충분한 수입을 올릴 수 있다는 문장으로 시작한다. 이어지는 문장에서는 수업료를 통해 교사의 보수를 전부 해결할 수 없는 경우라도 국가의 일반 수입에서 지불할 필요는 없다고 했다. 이는 당위성을 언급한 것이라기보다는 당시 유럽의 관행을 이야기한 것으로 보인다. 실제 당시 유럽의 학교는 공공의 기부재산으로 운영되는 경우가 많았다고 한다. 하지만 스미스는 기부금이 교사들이 노력할 유인을 약화하는 효과가 있기 때문에, 교육기관이 기부금에만 의존하기보다는 수입의 일정 부분은 수업료에 의존해야 한다는 입장을 고수하고 있다. 이에 대한 근거로 수업료에 크게 의존하는 사립학교들이 공공기관에 비해 더 잘 운영되고 있다는 주장을『국부론』의 몇 군데에서 제시하고 있다. 아래는 그중 한 구절이다.

> 공립기관이 아닌 곳에서 실시되고 있는 교육 부분은 일반적으로 매우 잘 가르쳐지고 있다는 사실이다. 젊은이가 펜싱학교나 댄스학교에 들어갈 때, 그는 언제나 펜싱과 댄스를 매우 잘하게 된다고는 할 수 없지만, 일단 그것을 배우게는 된다. 그러나 승마학교는 이에 비하면 그 효과가 그다지 크다고 할 수는 없다. 왜냐하면 승마학교는 돈이 매우 많이 들기 때문에 보통의 경우 공립기관으

로 되어 있다. 문과 교육 가운데 가장 중요한 세 가지 부분, 즉 읽기, 쓰기, 셈하기는 지금도 공립학교에서보다 사립학교에서 배우는 것이 보통인데, 누구든지 배워야 할 정도만큼은 배우고 있다. 영국에서 사립학교는 대학만큼 부패하지는 않았다(스미스, 2007[1776], 5편 1장, p. 939).

또한 교육 분야에서도 경쟁이라는 기제가 교육의 질을 보장할 수 있는 배경으로 작용한다는 사실을 다음과 같이 고대의 교육과 당시의 교육을 비교하면서 설명한다. 정부의 재정 지원이 최소화되고 거의 전적으로 학생들의 자발적인 수업료에 의존할 수밖에 없었던 그리스-로마 시대의 교육이 훌륭할 수 있었던 이유는, 교사들이 오직 자신의 덕행과 능력으로만 학생들에게 권위를 부여받을 수 있었기 때문이라는 지적이다. 또한 학교 졸업 자체가 특권적인 지위를 보장하지 않았던 고대의 상황도 교육의 질을 높이는 데 긍정적으로 작용했다고 지적한다. 아래의 인용문에서는 교육의 성과를 좌우하는 중요한 요인으로 교사의 질을 지목하고 있다는 점도 중요하다. 스미스는 일관되게 경쟁이라는 유인이 없을 경우의 폐해를 언급하면서, 교사의 노력과 관계없이 안정적으로 주어지는 봉급이 교육의 질을 하락시킬 수 있음을 우려한다. 또한 일부 기관에만 기부금과 함께 졸업자에게 특권이 주어지는 상황으로 인해 교육 분야에서 불공정 경쟁이 발생하고 훌륭한 개인 교사들의 존립이 불가능해졌음도 지적한다.

사회적 수요가 증가함에 따라 철학과 수사학을 가르치는 학교들은 처음에는 아테네에, 이후에는 다른 여러 도시에 정착하게 되었다. 그러나 국가는 몇몇 학교에 특정 장소를 학교 부지로 제공하는 것(이것 역시 때때로 개인 기증자에 의해 행해졌다) 이상의 장려는 해 주지 않았던 것 같다. 플라톤의 학원인 아카데미, 아리스토텔레스의 학부인 리케움(Lyceum), 그리고 스토아학파의 창시자인 시타(Citta)의 제논(Zenon)의 학부인 포르티코(Portico) 등은 모두 국가에서 하사한 것 같다. 그러나 에피쿠루스(Epicurus)는 자기 정원을 자신의 학교에 기증했다. 그러나 대략 마르쿠스 안토니우스 시대까지는 어떤 교사도 국가로부터 봉급을 받지 않았으며 학생들의 사례금과 수업료 이외에 다른 어떤 보수도 받지 않았던 것 같다. … 당시에는 이런 학교를 졸업했다고 해서 어떤 특권도 주어지지 않았으며 어떤 특정 직업이나 사업에 종사하는 것을 허가받기 위해 이런 학교를 다닐 필요도 없었다. … 교사들은 자신의 학생들에 대해 어떤 관할권도 없었다. 자신의 뛰어난 덕행과 능력을 통해 학생들로부터 얻을 수 있는 자연적인 권위 이외에는 기타 어떤 권위도 없었다(스미스, 2007[1776], 5편 1장, pp. 952~953).

(그리스인과 로마인) 상류층에서는 사회적 상황으로 보아 그들이 배울 필요가 있고 또 배우는 것이 유리한 모든 예술과 과학을 가르쳐 줄 교사를 찾을 수 있었던 것 같다. 이런 교육에 대한 수요는 이런 교육을 할 수 있는 능력을 만들어 낸다. 그리고 자유경쟁이 자극할 수밖에 없는 경쟁의식은 이런 능력을 고도로 발달시켰던 것 같다. 청강자들의 주의를 집중시키고 청강자들의 의견과 사상에 큰 영향을 주고 청강자들의 행동과 대화에 일정한 격조와 특성을 부여할 수 있는 능력이란 측면에서 고대의 철학자들은 근대의 어떤 교사들보다 훨씬 우월했던 것 같다. 근대에는 공공교사들의 근면성이 많건 적건 환경에 의해 부식되었는데, 그 환경이란 공공교사들의 봉급이 자기 직업에서의 성공 여부나 명망 여부로부터 아무런 영향도 받지 않을 수 있게 되었다는 것이다. 공공교사들과 경쟁 관계에 있는 개인교사들은, 예컨대 국가로부터 아무런 장려금도 받지 못하는 상인이 동일한 사업 부문에서 상당한 액수의 장려금을 받

> 고 있는 다른 상인과 경쟁하는 것과 마찬가지의 처지에 놓이게 된다. …
>
> … 이 밖에 졸업생의 특권은 많은 나라에서 지적인 직업에 종사하는 대부분의 사람들에게, 즉 더 높은 교육을 받은 대부분의 사람들에게, 필수적이거나 적어도 매우 유리하다.
>
> … 그런데 그런 특권은 공공교사들의 강의(즉, 학교)에 출석함으로써만 획득될 수 있다. … 이런 여러 가지 이유 때문에 대학에서 통상 강의되고 있는 어떤 학문을 가르치고 있는 개인교사는 현대에는 일반적으로 최하급의 학자로 간주되고 있다. 진정으로 실력이 있는 사람이 자신의 재능을 펼 수 있는 직업으로서는 개인교사보다 더 굴욕적이고 더 불리한 직업은 없을 것이다. 이와 같이 학교와 대학의 기부금은 공공교사들의 근면성을 부식시켰을 뿐 아니라 훌륭한 개인교사의 존립을 거의 불가능하게 만들었다(스미스, 2007[1776], 5편 1장, p. 955).

이상에서 스미스가 전개하는 논의는 완전한 경쟁이 제도적으로 막혀 있는 교육 분야에서 높은 교육의 질을 기대하기 어렵다는 지적으로 요약할 수도 있다. 결과적으로 가격과 경쟁이라는 '보이지 않는 손'이 작동하지 않는 교육 분야의 재원 조달과 관련한 스미스의 제안은 모호할 수밖에 없었다. 5편의 1장, 즉 정부의 일반 지출에 대한 결론 부분에서 교육 재원의 조달에 관한 그의 견해를 다음과 같이 요약하고 있다.

> 교육과 종교적 교화를 위한 기관의 지출은 틀림없이 사회 전체에 유익하므로 사회 전체의 일반 수입으로 지불하더라도 그것은 부당하지 않다. 그러나 이런 지출이 그런 교육과 종교적 교화로부터 직접적인 이익을 얻는 사람들에 의해,

또는 교육이나 교화를 받을 필요가 있다고 생각하는 사람들의 자발적인 기여에 의해 조달되는 것은 마찬가지로 부당하지 않으며 심지어 일정한 이점까지 있다(스미스, 2007[1776], 5편 1장, p. 1004).

이상과 같은 스미스의 재원 조달 논의는 현재 한국의 대학 교육과 관련해서도 중요한 질문을 하고 있다. 대학 교육을 위한 재원은 어디서 마련되어야 하는가? 학생과 학부모인가, 아니면 세금을 기반으로 하는 정부의 지원인가? 스미스의 주장에 의하면, 대학 교육을 위한 재원은 국가로부터 마련되는 것도 큰 문제가 없겠지만, 적어도 일부는 교육의 직접 혜택을 받는 사람들로부터 마련되는 것이 바람직할 것이다. 스미스가 주장한 대학 교육비 조달 방안이 현재 한국의 고등교육비 조달 방안에 주는 시사점에 대한 논의는 제5절에서 진행하기로 한다.

4. 교육제도와 교육 행정

앞서 살펴본 바와 같이 스미스의 시대나 지금이나 교육에서는 완전시장에서 경쟁이라는 기제가 잘 작동하지 않는다. 그 결과 대학이라는 기관과 교수라는 공급자가 나태해질 우려가 크다. 이런 상황 속에서도 교육은 수요자인 학생에게 질 높은 교육을 제공할 수 있어야 한다. 『국부론』에는 교육 분야의 유인구조에 무슨 문제가 있는지를 중심으로 현실을 비판하면서 독점과 제도적 보호의 틀 안에서 대학과 교수가 나태해지는 것을 경계하는 문장으로 가득 차 있다.

스미스는 기본적으로 교육기관의 혁신 가능성에 대해서는 매우 낮게 평가하고 있다. 학문의 개혁이 대학에서 이루어지지 않았음을, 그리고 대학이 진부한 학설의 피난처가 되어 왔음을 지적한다. 그리고 특히 부유한 대학이 개혁에 가장 느렸으며, 가난한 대학의 교수들에게 자신의 명성을 쌓을 유인이 가장 컸으므로 새로운 사고에 열린 자세를 취할 가능성도 높았다고 주장하면서 경쟁과 유인의 중요성을 강조하고 있다.

> 철학의 여러 부분에서 이룩된 근대의 개혁은, 물론 일부 예외는 있지만, 그 대부분이 대학에서 이루어지지 않았다. 이러한 개혁이 이룩된 뒤에도 대부분의 대학은 그것을 채택하는 데 적극적이지 않았다. 몇몇 대학은 타파된 학설과 진부한 편견이 세계의 모든 구석에서 쫓겨난 뒤에도 그것들의 피난처, 보호막이 되는 성역으로 오랫동안 남아 있으려고 했다. 일반적으로 가장 부유하고 기부재산이 많은 대학들이 그런 개혁을 채택하는 데 가장 느렸으며 기존의 교육방침에 상당한 변화를 주는 것을 가장 싫어했다. 그런 개혁들은 보다 가난한 대학 몇몇에서 보다 쉽게 도입되었다. 왜냐하면 이런 대학의 교수들은 생활비의 대부분을 그들의 명성에 의존하고 있었으므로 세계의 시대사조에 더욱 많은 주의를 기울여야 했기 때문이다(스미스, 2007[1776], 5편 1장, p. 948).

대학의 나태함과 함께 지적하고 있는 문제는 교수의 나태함이다. 아마도 교수가 아닌 학생으로서 자신의 경험에서 나왔을 교수의 나태함에 대한 고발은 대략 20세기 말이나 21세기 초까지 한국에서도 어렵지 않게 발견되는 모습이었다. 그리고 안타깝게도 현재에도 한국의 학칙은 대학생들에게 수업 출석을 강요하고 출석을 성적에 반영하라고 강요한다.

> 만약 교수가 상식이 있는 사람이라면, 자신이 학생에게 강의하면서 말도 안되는 것 또는 그와 비슷한 것을 이야기하거나 읽어 주고 있다는 것을 스스로 깨닫는 것은 유쾌하지 못한 일일 것이다. 또 학생의 대부분이 그의 강의를 수강하지 않거나 무시하고 경멸하고 조롱하는 표정으로 그가 일정 횟수의 강의를 해야 한다면, 다른 이익이 없더라도, 이런 이유만으로도 좋은 강의를 하기 위해 애써 준비하고 노력할 것이다.
>
> 그러나 몇 가지 편법들이 교수들을 근면하게 하는 자극을 무디게 하는 데 사용된다. 예를 들면, 교수가 학생들에게 가르치려고 하는 학문을 교수 자신이 설명하지 않고 그에 관한 어떤 책을 강독하는 경우가 있다. 만약 그 책이 외국어나 지금은 사용하지 않는 고대 언어로 쓰였다면, 학생에게 그것을 읽고 해석해 주거나, 더욱 편해지려면, 학생들로 하여금 해석하게 하고 자신은 가끔 가다가 한 마디씩 비평함으로써 자신이 강의를 하고 있다고 뽐낼 수도 있다. 이런 방법은 매우 미미한 지식이나 노력만으로도 경멸당하거나 조소를 받지 않고, 또 바보 같거나 불합리한 것을 일체 말할 필요도 없이, 강의를 할 수 있게 해 줄 것이다. 동시에, 대학의 학칙 때문에 학생들은 이런 엉터리 강의에 매우 규칙적으로 출석해야 하며, 강의 중에는 매우 예의 바른 태도로 수업에 임해야만 한다(스미스, 2007[1776], 5편 1장, pp. 937~938).

스미스가 이러한 엉터리 강의의 문제를 개인 도덕의 문제로만 보지 않는다는 데에서 사회과학자로서 그의 통찰력을 찾을 수 있다. 그는 기본적으로 학칙이 학생이 아닌 교수를 위해 만들어진 것이 교수를 나태하게 만드는 원인이 된다고 지적하고 있다. 이는『국부론』이 쓰인 당시와 현재라는 시점의 차이를 넘어 타당성을 갖는 관찰이다. 또한 아래의 인용문에서 보이는 교수에 대한 학생들의 관대함 또한 시간의 간

극을 넘어 타당성을 갖는다.[17]

대학이나 대학교의 학칙은 일반적으로 학생을 위해서가 아니라 교수를 위해, 더 적절하게 말하면, 교수의 안일(安逸)을 위해 만들어진 것이다. 그것의 목적은, 대부분의 경우 교수의 권위를 유지시키고 교수가 자신의 의무 수행을 태만히 하든 성실히 하든, 학생으로 하여금 (교수가 최대의 능력과 성실로 강의하고 있는 것처럼) 교수에게 공손한 태도를 취하도록 강요하는 것이다. 학칙은, 한편으로 교수의 완전한 지식과 덕성을 전제로 하고 있고, 다른 한편으로 학생의 완전한 무능과 우매함을 전제하고 있는 것 같다. 그러나 교수가 참으로 자신의 의무를 다하는 경우, 그런 예는 없다고 나는 믿지만, 대부분의 학생들은 자신의 본분을 게을리하는 법이 없다. 진실로 수강할 가치가 있는 강의라면 출석을 강요하기 위해 그런 학칙을 마련할 필요는 없을 것이다. 이것은 훌륭한 강의가 행해지고 있는 곳에서는 어디에서나 익히 증명되고 있는 사실이다.

물론 아동이나 어린 청소년들의 경우 인생의 어린 시절에 습득할 필요가 있다고 생각되는 교육에 출석시키기 위해 어느 정도의 강제와 속박은 필요할 것이다. 그러나 12~13세 뒤에는 교사가 자신의 직책을 충실히 이행하는 한, 강제와 속박은 어떤 교육에서도 필요하지 않다. 대부분의 청년들은 매우 관대해서,

---

17 이 인용문에서 다음 부분은 교수들이 최선을 다하는 사례가 거의 없다는 오해의 여지가 있어 수정이 필요한 것으로 보인다. "그러나 교수가 참으로 자신의 의무를 다하는 경우, 그런 예는 없다고 나는 믿지만, 대부분의 학생들은 자신의 본분을 게을리하는 법이 없다." 원문을 참조한다면 다음과 같은 번역이 더 나을 것이다. "그러나 교수가 참으로 자신의 의무를 다하는 곳에서는 학생 대다수가 자신의 본분을 게을리하는 사례는 결코 없다고 나는 믿는다"(Where the masters, however, really perform their duty, there are no examples, I believe, that the greater part of the students ever neglect theirs).

> 교사가 자신들에게 유용한 것을 가르치기 위해 최선을 다하는 모습만 보여 준다면 교사의 가르침을 무시하거나 경멸하는 일은 결코 없으며, 오히려 일반적으로 교사가 자신의 책무를 이행하는 과정에서 범하는 여러 가지 실수를 용서해 주려고 하고, 때로는 중대한 실수라도 세상에 공개되지 않도록 숨겨 주기까지 하는 경향이 있다(스미스, 2007[1776], 5편 1장, pp. 938~939).

결국 교수를 규제해야 할 여러 규칙 혹은 제도를 만드는 것이 교수이기 때문에 대학 교육이 충실하게 이루어지지 않는다는 지적은 타당하다. 그렇다면 교수를 어떻게 규율할 것인가? 이 문제는 결코 쉬운 것이 아니다. 스미스는 교수가 아닌 제3자가 규율을 강제하는 경우에도 문제가 있음을 지적한다. 이는 현재에도 의사나 변호사를 포함하여 전문 직업군이 공급자가 되는 시장에서 공통으로 발생하는 정보의 비대칭 문제를 지적한 것으로 해석할 수 있다. 강의와 강의 내용에 대한 전문성을 전혀 갖추지 못한 감독관이 만드는 자의적인 규제가 교수를 비롯한 전문가를 타락시킬 수 있다는 지적은 현재도 그대로 적용된다. 스미스의 비판은 결코 수백년 전 유럽의 상황일 뿐 현재와는 관계가 없다고 생각할지도 모르나, 크게 보면 현재의 한국 상황도 다르지 않다. 심지어 한국의 「고등교육법」 5조 1항에는 "학교는 교육부 장관의 지도(指導)·감독을 받는다"라고 명시되어 있기까지 하다.

> 그러나 교수를 감독하는 당국이 교수 자신이 속한 단체가 아니라 외부의 제3자(예컨대, 교구의 주교, 지방장관, 중앙정부의 장관)라면 교수는 자기 의무를 완전히 무시하지는 못할 것이다. 그러나 이런 상급자가 할 수 있는 것이라고는 그에게 일정한 시간을 학생들을 지도하는 데 사용하라는 것, 즉 매주 또는 매년 몇 번의 강의를 하라는 것뿐이다. 강의 내용과 질 여하는 여전히 교수의

> 근면에 달려 있는데, 그 근면의 정도는 또한 그가 그러한 노력을 해야 할 동기에 비례할 것이다. … 외부 감독권을 행사하는 사람은 교수의 강의에 출석하지도 않으며 교수가 강의하는 학문을 아마 이해하지도 못하기 때문에 감독을 하면서 정당한 판단을 내릴 수가 없다. … 강력한 보호가 없다면 교수는 자신이 항상 직면하고 있는 감독권의 악용으로부터 자신을 효과적으로 방어할 수 없다. 그런데 이런 보호를 가장 잘 획득할 수 있는 방법은 자기 작업상의 능력이나 근면에 의해서가 아니라 상관의 뜻에 아첨하는 것에 의해서이며, 그리고 언제든지 상관의 뜻에 따라 자신도 그 구성원의 하나인 단체의 권리와 이익과 명예를 희생할 준비가 되어 있는 것에 의해서이다. 프랑스 대학의 행정을 오랫동안 담당했던 사람이라면 누구나 이런 종류의 독단적인 외부 감독으로부터 자연히 발생하는 결과들을 관찰할 수 있을 것이다(스미스, 2007[1776], 5편 1장, pp. 935~936).

결과적으로 스미스도 교수에 대한 적절한 규율이 어떤 것인지는 명쾌한 답변을 내놓지 못했다. 그러나 『국부론』 이후 대학의 제도는 많은 변화를 겪어 왔으며 대학 간의 경쟁이라는 기제가 나름의 규율로 작용했다는 점은 지적할 수 있겠다.

유인을 강조한다는 사실과 함께 『국부론』의 교육 부분에서 인상적인 점 중 하나는 학생들의 선택권을 보장해야 한다는 사실을 여러 차례 강조한다는 점이다. 특히 자신의 스넬 장학생 경험을 반영한 것으로 보이는 아래의 구절은 학생들을 특정 학교에 예속시키는 제도에 대해 비판하고 있다. 학생의 선택권을 보장함으로써 대학의 경쟁을 유도해야 한다는 그의 사고는 훗날 프리드먼(Milton Friedman)이 미국의 초중등교육의 개선책으로 제안한 교육 바우처(Voucher) 제도의 원형이라고 할 수 있다.

> 각종 명목의 장학금을 주는 자선기금들은 필연적으로 일정한 수의 학생들을 어떤 대학에, 그 특정 대학의 평판과는 무관하게 입학시킨다. 이런 자선기금의 지원을 받는 학생들에게 자기가 가장 좋아하는 학교를 자유롭게 선택하게 한다면, 그런 자유가 대학들 사이에 일종의 경쟁을 유발하게 될 것이다. 이와는 반대로, 어떤 대학에 자비로 등록한 학생에 대해서까지 자유로운 전학을 금지한다면, 즉 먼저 자신이 떠나려는 그 대학에다 다른 대학으로 전학가겠다는 취지의 신청을 한 뒤 허락을 받아야만 다른 대학으로 갈 수 있게 한다면 그런 경쟁은 소멸되고 말 것이다(스미스, 2007[1776], 5편 1장, p. 937).

스미스는 학생들이 대학을 자유롭게 선택할 수 있어야 하는 것과 마찬가지로 학교 내에서 교수를 선택하는 것도 자유로울 수 있어야 한다고 말한다. 이 역시 학생들의 선택을 통해 교수들 사이의 경쟁을 유도할 수 있음을, 그리고 그런 경쟁의 결여가 교육의 질을 낮출 수 있음을 지적하는 혜안이라고 할 수 있다. 학생을 존중하고 학생의 선택권을 최대한 보장하는 것이 교육에서 공급자의 경쟁을 유도하고 질을 높인다는 주장은 현대 경제학에서 자연스럽게 받아들여지고 있다. 그러나 현실 제도에서 반영되고 있는지는 의문이다.

> 각 대학에서 모든 문학이나 과학을 가르치는 지도교수를 학생 각자로 하여금 스스로 선택할 수 있도록 하지 않고 학장이 지정한다면, 그리고 게으르고 무능하며 나쁜 습관이 있는 지도교수를 만난 경우 학생이 먼저 허가를 받지 않고서는 지도교수를 다른 사람으로 바꾸는 것이 허용되지 않는다면, 그런 규정들은 동일 대학 안의 여러 지도교수들 간에 경쟁을 크게 감소시킬 뿐 아니라

지도교수들이 근면할 필요성과 각자 맡은 학생을 배려할 필요성을 크게 감소시킬 것이다. 이런 지도교수는 가르치는 학생들로부터 충분한 보수를 받더라도 학생으로부터 전혀 보수를 받지 않거나 자신의 봉급 이외에 어떤 보수도 받지 않는 교수와 마찬가지로 학생을 무시할 것이다(스미스, 2007[1776], 5편 1장, p. 937).

스미스의 주장을 요약해 보자면, 대학 교육은 교수의 나태함으로 인해 그 질이 떨어질 수도 있는데, 이를 규율하는 비전문적 제3자의 개입은 상태를 더 나쁘게 만들 수도 있다. 대학 교육은 학생에게 혜택이 가야 하므로 대학 내에서도 학생의 선택권을 확대함으로써, 교수 간의 경쟁을 유도하고 이를 통해 교육의 질을 높일 수 있어야 할 것이다. 스미스의 논의가 현재의 한국 교육에 주는 시사점은 이어지는 절에서 논의한다.

5. 『국부론』과 현재 한국의 대학 교육

이상에서 『국부론』 5편을 중심으로 스미스가 논의했던 교육의 여러 측면에 대해 고등교육을 중심으로 살펴보았다. 스미스 역시 시대의 한계를 넘어서지는 못하고 자신이 경험하고 관찰한 바를 바탕으로 사회적으로 더 나은 교육이 이루어지기 위한 방안들에 대해 제안했다. 스미스는 우선 기본적으로 귀족과 젠트리 등 상위 계층의 전유물과 같았던 교육을 더 낮은 계층으로 확대하는 데 국가가 개입해야 한다고 생각했으며, 서민을 위한 교육에서는 당시의 대학에서 주로 가르쳤던 고대 언어와 철학 같은 과목보다는 쓰기, 읽기, 셈하기 등 일상과 직업 세계에 도움이 되는 내용을 가르쳐야 한다고 주장했다. 반면 상위층의 교육에는 기본적으로 국가가 개입할 필요가 없다고 주장했다. 이미 그들을 위한 시장이 형성되어 있다고 보았기 때문이다. 이러한 주장은 현대 국가에서 초중등 의무교육으로부터 고등교육의 보편화로 이어지는 역사적 흐름과도 상응한다고 볼 수 있다. 이 절에서는 스미스가 『국부론』에서 전개한 고등교육 관련 논의가 현재 한국 대학 교육의 현안에 어떤 시사점을 주는지 재정과 제도로 나누어 생각해 본다.

1) 대학 재정

앞에서 언급한 바와 같이 대학 교육을 위한 비용을 어떻게 조달해야 하느냐는 문제에 대해 스미스는 다소 애매한 답을 남겼다. 교육을 위한 지출은 '사회 전체의 일반 수입'으로 지불하더라도 부당하지 않지만, '교육을 받는 사람들의 자발적인 기여'에 의해 조달되는 것 역시 마찬가지로 부당하지 않음은 물론 일정한 이점까지 있다고 한 것이다. 이러한 스미스 진술의 모호함을 반영하는 듯, 현실 세계에서 대학 교육의 재원 조달 방식은 매우 다양하다. 이런 다양함을 좀 더 자세히 살펴보자.

국가 단위에서 보자면 대학 교육을 위한 재정 마련 방식은 크게 미국으로 대표되는 시장지향형 방식과 유럽으로 대표되는 정부 책임형으로 나누어 볼 수 있다. 물론 여기에는 절대적 기준이 있는 것은 아니지만, OECD 국가를 기준으로 대학 교육 비용에서 정부가 차지하는 비중을 기준으로 나누어 보면, 정부의 비중이 70%가 넘을 경우 정부 책임형으로, 정부 비중이 50% 미만이면 시장지향형으로 구분해 볼 수 있다. 〈표 6-1〉은 2010년대 말을 기준으로 OECD 국가의 고등교육 재원 조달 방식을 1인당 GDP와 GDP 대비 정부지출, 1인당 고등교육비, GDP 대비 고등교육비 등과 함께 제시하고 있다. 공공지출 비중이 50% 이상 70% 미만인 경우는 혼합형으로 분류했다. 표에서 나타나듯이 상당수의 유럽 국가들은 정부 책임형이나 혼합형에 속하고 있다. 시장지향형 국가에는 한국, 미국, 영국, 일본, 호주, 칠레 등 6개 국가만 속하고 있다. 36개 OECD 국가 중 시장지향형 고등교육 재원구조를 가진 나라는 6개 나라에 불과한 것이다.

이 중 한국은 몇 가지 면에서 독특한 모습을 보인다. 우선 1인당 교육비 수준이라는 측면에서 다른 시장지향형 국가에 비해 월등히 낮다. 이는 학생 1인당 교육비라는 절대적 수준에서 보아도 그렇고, 1인당 GDP 대비 1인당 교육비라는 상대적 수준에서 보더라도 그렇다. 한국의 또 다른 특징은 과거 20여 년 동안 정부 부담 비중이 가장 빠른 속도로 증가해 왔다는 것이다. 한국은 2000년대 초반까지만 하더라도 고등교육의 재원은 주로 민간에서 마련되어 왔다. 2000년대 초반 한국 대학 교육에서 정부 재원이 차지하는 비중은 20%를 넘지 않았다. 물론 이는 사립대학의 비중이 80% 가까이 되는 현실과 사립학교의 재정이 주로 등록금에 의존해 온 현실을 반영한 것이었다. 그러나 이 비중은 점점 높아져서 2020년대에 이르면 40%에 이르고 있다.

이런 변화를 종합해 보면 현시점의 한국은 시장지향형에서 정부 책임형으로 변화하는 과정에 있다고 평가할 수 있으며, 이제 선택의 갈

표 6-1 OECD 국가의 고등교육비 공공-민간 부담 유형

(단위: %, US PPP $)

	국가명	공공 비중	GDP 대비 정부지출	GDP 대비 고등교육비	1인당 고등교육비 (A)	1인당 GDP (B)	A/B
정부 책임	노르웨이	92	65.5	2	24,374	57,143	42.7
	핀란드	90	57.2	1.6	19,583	53,796	36.4
	오스트리아	90	56.7	1.8	21,753	61,046	35.6
	아이슬란드	90	50.8	1.4	16,128	54,569	29.6
	룩셈부르크	90	46.7	0.5	53,421	114,071	46.8
	벨기에	84	58.9	1.6	22,555	56,904	39.6
	스웨덴	84	52.1	1.6	26,215	55,940	46.9
	덴마크	83	53.5	1.9	23,432	60,396	38.8
	독일	83	50.4	1.3	20,760	58,500	35.5
	슬로베니아	81	51.2	1.2	17,795	44,718	39.8
	폴란드	80	48.2	1.3	14,488	35,853	40.4
	그리스	75	59.7	0.9	4,300	30,920	13.9
	체코	75	47.2	1.1	16,237	42,685	38.0
	슬로바키아	74	44.8	1.1	14,637	34,211	42.8
	프랑스	73	61.5	1.6	18,880	48,536	38.9
	헝가리	73	51.1	0.9	12,098	34,149	35.4
	에스토니아	72	44.9	1.5	17,930	41,332	43.4
	리투아니아	70	42.7	1.2	13,629	44,517	30.6
	아일랜드	70	27.3	0.8	17,400	93,583	18.6
	평균	80.5	51.1	1.3	19,769.2	53,835.2	36.5
혼합	튀르키예	69	34.0	1.5	9,288	27,519	33.8
	네덜란드	68	47.8	1.8	21,642	57,084	37.9
	멕시코	67	29.6	1.2	5,887	18,539	31.8
	스페인	66	51.9	1.5	14,361	39,347	36.5
	이태리	61	56.8	1	12,663	46,575	27.2
	포르투갈	61	49.2	1.3	12,104	32,456	37.3
	뉴질랜드	58	47.0	1.6	19,567	45,515	43.0
	라트비아	58	42.2	1.4	13,043	31,872	40.9
	이스라엘	57	45.4	1.4	12,314	40,631	30.3

표 6-1 계속

	국가명	공공 비중	GDP 대비 정부지출	GDP 대비 고등교육비	1인당 고등교육비 (A)	1인당 GDP (B)	A/B
혼합	캐나다	51	51.8	2.4	24,363	50,157	48.6
	평균	61.6	45.6	1.5	14,523.2	38,969.5	36.7
시장 지향	대한민국	43	38.1	1.6	12,225	44,693	27.4
	칠레	40	29.2	2.7	10,458	24,609	42.5
	미국	38	46.9	2.5	36,172	63,964	56.6
	오스트리아	36	45.3	1.9	22,204	52,672	42.2
	일본	36	44.9	1.4	19,676	42,976	45.8
	콜롬비아	32	49.9	1.5	4,981	15,630	31.9
	영국	25	49.9	2.1	29,534	46,983	62.9
	평균	35.7	43.5	2.0	19,321.4	41,646.6	44.2

출처: OECD, *Education at a Glance*(2021).

림길에 있다고 볼 수도 있다. 그러나 정부 재원의 비중을 과거와 같은 속도로 높여 가는 것이 가능할지는 의문이다. 한국의 낮은 조세부담률과 GDP 대비 정부 재정지출을 생각한다면 정부 책임형 국가로 전환하는 데는 무리가 있을 것이다. 특히 고령화로 인해 정부 재정 수요의 증가가 교육 이외의 부문에서 증가하는 것이 확실한 상황에서 대학 교육에 정부 재원의 비중을 늘리는 것은 현실적으로 가능할지는 의문이다.

따라서 스미스가 이야기한 바와 같이, 대학 교육을 위한 재원은 정부와 민간이 적절히 분담하는 것이 바람직할 것이다. 정부의 재정 지원을 받는 것이 적절한 분야라면 당연히 정부의 지원을 늘릴 수 있어야 할 것이다. 기초학문 연구에 대한 지원이 대표적인 예이다. 또한 역동적인 사회를 위해서는 고등교육을 받을 의사와 능력이 있는 학생이라면 재정제약 때문에 대학 교육을 포기하는 일이 없어야 할 것이고,

이를 위해서는 국가장학금제도의 지속적인 운영이 필요하다. 스미스가 다시 살아오더라도 이런 정부 재정 지원에 대해서는 이의를 달지 않을 것이다.

그렇지만 정부의 재원만으로는 고등교육 재정의 확대가 불가능하다. 교육의 직접적인 혜택을 받는 학생과 학부모도 일정한 부분은 담당하는 것이 바람직할 것이다. 특히 대학진학률이 높아질 경우, 공공재원만으로 대학을 운영하는 것은 현실적으로도 어렵지만 형평성 측면에서도 문제가 있다. 한국의 경우를 생각해 보면 고등학교 졸업자의 약 70%가 대학에 진학한다. 그리고 이 학생들은 대학에 진학하지 못한 약 30%의 학생들에 비해 대학 졸업 후 높은 임금을 받게 된다. 이런 상황에서 대학을 개인적 비용 없이 다니게 한다는 것은 공공재원을 고졸자보다는 대졸자에게 투입함을 의미한다. 따라서 대학에 진학하는 학생들이 그렇지 않은 학생들에 비해 가정환경이 더 좋을 가능성이 크다는 점까지 고려한다면, 공공재원만으로 고등교육 비용을 조달하는 것은 상대적으로 부유한 집단에게 보조금을 제공한다는 함의를 갖는다. 물론 이는 형평성이라는 측면에서 바람직하지 못하다.

결론적으로 스미스가 주장한 바와 같이 대학 교육의 비용은 기본적으로 학생과 학부모들이 부담하되, 대학 교육이 수혜자에게 주는 혜택보다 사회에 주는 혜택이 더 큰 부분을 중심으로 정부가 재정 지원을 하는 한편, 형평성을 증진시키는 방향의 고등교육 재정 운영이 필요할 것이다.

2) 대학의 운영

앞서 살펴본 바와 같이 교수와 학생으로 그가 겪었던 체험을 바탕으로 한 스미스의 주장은 현대에도 큰 울림을 준다. 특히 대학의 운영이 교수 중심으로 교수의 이해관계를 주로 반영하면서 나타나는 폐해에 대한 그의 설득력 있는 비판은 21세기에도 여전히 유효하다. 하지만 그는 대학 운영에 대해 전문성을 갖추지 못한 관료가 간여하는 것이 바람직하지 않다는 사실도 분명히 밝혔다. 한국의 많은 사학에서 보이는 미숙한 운영을 본다면 공립이 아닌 사립의 운영이 더 바람직하다고 볼 근거가 희박하기는 하지만, 획일적인 관료의 개입 역시 바람직하다고 볼 수 없다. 크게 보자면 교육을 통해 혜택을 받아야 할 학생에게 선택권을 더 많이 주고 학생의 목소리가 반영되는 제도적 개편이 필요할 텐데, 이는 상당 부분 교수나 대학 당국의 이해와는 상충할 수 있다. 이런 상황에서 대학 교육의 개편은 여전히 복잡한 정치적 과정을 동반하는 어려운 과제이며, 어쩌면 항구적인 난제로 남게 될 것이다.

현재 한국 대학 교육의 큰 문제 중 하나는 유연성의 부족이라 할 수 있다. 변화하는 경제-사회 변화에 잘 대응하지 못하는 것이다. 변화에 대응하지 못하는 가장 중요한 요인 중 하나는 스미스가 갈파한 바와 같이 상당 부분 대학 교육의 질을 결정하는 교수들이 변화에 적응하지 않기 때문이다. 그리고 역시 스미스가 갈파한 바와 같이 교수들을 변화시킬 수 있는 중요한 방법은 학생들을 더 존중하고 학생들의 선택을 중심으로 대학이 운영될 수 있도록 하는 것이다.

2024년 초 한국의 대학 교육에서 큰 논란의 대상이었던 전공자율

선택제 도입은 이런 변화가 어떻게 이루어지는 것이 바람직한지를 보여 주는 좋은 사례라 할 수 있다. 스미스라면 학생들의 선택권을 넓혀 주는 이 제도의 취지에는 기본적으로 찬성했을 것이다. 하지만 최근 한국에서 진행되는 전공자율선택제 도입의 모습은 스미스가 우려한 비전문적인 제3자의 개입이 가져오는 폐해를 보여 주는 사례이기도 하다.

2024년 초 한국의 많은 대학은 전공자율선택제의 도입으로 진통을 겪었다. 교육부가 제시한 전공자율선택제는 기본적으로 무전공, 자유전공 등의 명칭으로 학과를 선택하지 않은 채 입학하여 1년 동안 전공을 탐색 후 2학년부터 대학 내 모든 전공 중 하나 이상을 자율적으로 선택하거나, 계열 또는 단과대 내에서 전공을 자율적으로 선택한다는 내용을 담고 있다. 그런데 2025년부터 신입생의 25% 이상을 소속 학과 없이 받아들이라는 교육부의 요구를 충족하지 못하면 교육부의 재정지원금이 삭감된다는 조건 때문에, 많은 대학은 2024년 초에 급하게 이 제도를 도입했다. 그 과정이 순조로웠을 리가 없다. 교수단체의 공개적인 반대 의견도 제기된 바 있으며, 여러 대학의 학내 갈등도 적지 않았고, 학교 단위에서 이 제도를 어떻게 운영할 것인지 구체적으로 정해지지 않고 제도 시행이 바로 앞에 다가온 시점에서도 많은 대학이 혼란을 겪고 있다.

물론 전공자율선택제는 학생의 선택권을 넓히고 빠르게 변화하는 사회–경제 환경에 적응하는 데 도움이 되는 긍정적인 측면이 있어, 이미 많은 대학에서 명칭이 전공자율선택제는 아니라도 유사한 여러 제도를 운영하고 있다. 학생이 대학에서 다양한 학문을 접해 본 후 가능하면 둘 이상의 다양한 전공을 선택하여 졸업할 수 있다면, 융복합 시대에 적합한 제도로 볼 수 있다. 그리고 전공자율선택제는 교수들의 이해관계를 극복하고 학사 운영에 유연성을 줄 수 있는 하나의 수단이 될 수도 있다.

이러한 긍정적인 측면에도 불구하고 이번 교육부의 조치는 여러 측면에서 전문성을 결여한 제3자의 거친 개입으로 대학의 자율성을 훼손했다는 문제가 있다. 대학의 자율을 존중한다는 원칙은 대학마다 처한 사정이 다르며, 대학의 발전 방향을 해당 학교가 가장 잘 안다는 단순하고도 명백한 사실에 기반하고 있다. 그런데 교육부는 25% 이상이라는 획일적인 기준을 모든 학교에 강요했다. 또한 이 제도를 정착시키려는 사전적 노력을 위한 충분한 시간도 주지 않았다. 한마디로 교육부의 조치에서는 조급함이 읽히는데, 이러한 조급증은 백년지대계라고 하는 교육 분야에서 나타나서는 안되는 현상이다. 제도를 운영해야 할 대학과 대학 입학을 준비하는 학생들에게 충분히 준비할 시간을 주지 않았다는 사실은 과연 이런 제도의 도입이 심사숙고의 결과였는지를 의심하게 만드는 대목이다. 대학 현장에 대한 지식을 충분히 갖추지 못한 행정 관료들이 근거를 알 수 없는 숫자만 제시하는 모습은, 교육을 직접 담당하지 않는 비전문인의 개입이 갖는 문제점을 뚜렷이 보여 준다.

교육부의 성급하고 거친 조치에 대한 아쉬움과는 별개로 전공자율선택제는 학교 차원에서 적지 않은 변화를 요구하기 때문에 그 취지를 살리기 위해서는 많은 준비가 필요하다. 도입 자체가 취소되지 않는 이상 학교에서는 과거의 운영 방식과 다른 새로운 시스템을 정착시켜야 하는 과제를 안게 되었다. 우선 학생을 학과에 소속시켜야 한다는 생각으로부터 자유로워져야 한다. 전공자율선택제 도입의 취지 중 하나는 지나치게 학과 중심으로 운영되는 학사운영 체제의 전환도 포함된다. 전공자율선택제에서는 학생이 굳이 한 학과에 소속될 필요가 없다. 자신에게 가장 적합한 과목을 수강하고 일정한 기준 이상을 충족한 후 해당 전공을 자신의 전공이라 선언하면 된다. 따라서 현재와 같이 학사 행정과 관련된 업무를 학과사무실이 담당하는 것과는 매우 다른 행정체제가 요구된다. 특히 학생들에게 전공과 관련한 정보와 상담을 제공함으로써 학생의 선택을 돕는 서비스를 지금보다 강화해야 한다.

다음으로 전공자율선택제의 운용을 위해서는 교양과 전공과목의 구분은 사라지는 것이 바람직할 것이다. 이는 전통적인 교양교육을 무시하자는 말이 아니라, 대학의 모든 강의는 전공 수준으로 이루어져야 한다는 말이다. 자신이 선택한 전공이 아니라면 자동으로 교양과목이 되며, 그 교양과목의 수준은 최소한 전공 기초 수준은 되어야 한다는 의미이다. 융복합 시대에 학생들에게 복수전공을 수월하게 하기 위해서도 낡은 유물인 교양과 전공과목 구분은 사라지는 것이 바람직하다. 물론 대학에서 문·사·철을 중심으로 한 기본 교양교육을 무시할 수 없으며 21세의 교양이라고 할 수 있는 통계와 컴퓨터 관련 교육도 무시할 수 없다. 대학을 대학답게 만드는 기본 강의가 사라지지 않도록 보완 조치들이 취해져야 할 것이다. 단지 그런 강의가 꼭 교양이라는 이름으로 불릴 필요는 없을 것이다.

이상 최근 있었던 전공자율선택제 도입 사례에서 보듯이 대학의 변화가 더디다고 생각하는 정책 당국의 개입은 개별 대학의 상황을 무시하고 획일적인 변화를 강요하는 형태로 이루어지고 있다. 사실 전공자율선택제는 많은 사례 중 하나일 뿐으로, 안타깝게도 대학이 학생의 반응보다 규제 당국의 반응에 더 민감하게 반응하는 상황은 한국에서 자주 반복되고 있다. 물론 대학의 필요에 의한 자율적인 변화가 아닌 강요된 변화, 그리고 재정 지원을 받기 위한 표면적인 변화가 대학 교육의 질을 바꿀 수 있을지는 지극히 의문스럽다. 당연히 대학은 교육부가 제시한 숫자 맞추기에만 연연할 것이 아니라, 교육의 근본으로 돌아가 학생을 가장 우선시하는 제도와 운영 방식을 확립해야 할 것이다.

6. 맺음말

시대의 한계를 완전히 극복하지 못하고 신분제라는 틀을 극복하려는 의지를 확고히 보여 주지는 못했지만, 다음의 잘 알려진 『국부론』의 구절에서 보듯이 스미스는 근본적으로 인간의 능력에는 큰 차이가 없다고 생각했다. 귀족이 아닌 서민들의 교육에 국가가 적극적으로 개입해야 할 필요성을 주장한 것도, 창의적인 사고가 가능하도록 신분을 떠나 모든 국민에게 기본적인 교육이 제공되어야 한다고 주장한 것도 이러한 인간 능력의 평등함을 전제로 했다고 해석할 수 있다. 시대의 한계를 생각한다면 스미스는 상대적으로 진보적인 교육관을 가졌다고 볼 수 있다.

> 각 사람의 천부적 재능의 차이는 사실상 우리가 생각하는 것보다 훨씬 작다. 상이한 직업에 종사하는 상인들이 발휘하는 매우 상이한 재능은, 많은 경우 분업의 원인이라기보다는 분업의 결과이다. 그 성격이 극히 상이한 두 사람의

차이도, 예컨대 한 사람은 철학자이고 다른 한 사람은 거리의 평범한 짐꾼인 경우 천성으로부터 유래하기보다는 후천적인 습관, 풍습, 교육으로부터 유래하는 것으로 보인다. 그 두 사람이 출생해서 6~8세가 되기 전에는 그들의 천성이 너무나 똑같아서 부모나 친구들조차 어떤 현저한 차이를 발견하지 못할 것이다. 대략 그 나이 때 쯤이나 또는 얼마 지나지 않아서 그들은 매우 상이한 직업에 종사하기 시작한다. 그러면 재능의 차이가 눈에 띄게 되고 그 차이가 점점 커져서, 드디어 철학자가 허영심 때문에 자신과 짐꾼 사이에 그 어떤 유사성도 인정하지 않으려는 단계에까지 도달한다(스미스, 2007[1776], 1편 2장, p. 20).

스미스 이후 여러 선진국이 초중등 수준에서는 무상교육을 실시하는 변화를 이루어냈다. 더 많은 아동과 청소년이 무상교육을 통해 교육받을 기회를 제공받았다는 점에서 이는 명확히 역사의 진보라고 할 수 있다. 그렇지만 무상교육의 문제점을 지적한 스미스의 주장 역시 숙고할 필요가 있다. 그는 재원 조달 측면에서 교사의 근면을 유도하고 학교라는 기관과 교수·교사의 경쟁을 유도하기 위해 그들에게 고정적인 수입이 보장되어서는 안되며, 어떤 교육이라도 수업료가 필요하다고 주장했다. 스미스는 교육 재원을 위한 논의를 통해 교육에서 유인의 중요성을 강조한 것이다.

교육에서 유인이라는 문제를 생각하면 한국의 대학 교육에 대해서도 더 깊이 있는 논의가 이루어질 수 있을 것이다. 교육의 당사자인 학생과 교수와 정책 당국은 각기 어떤 유인을 갖는가? 정책 당국은 대학에 대한 영향력을 확대하려는 유인을 가지며, 교수는 자신이 소속한 학과와 자신의 강의에 학생을 확보하려는 유인을 가지며, 학생은 최대한

편하게 졸업하려는 유인을 갖는다면 대학 교육으로부터 많은 것을 기대하기 어려울 것이다. 교수나 정책 당국에는 교육의 질을 높이는 것으로 보상받을 수 있는 유인이 제공되어야 하며, 학생은 높은 수준의 수업에 도전할 때 보상받을 수 있는 유인이 제공되어야 한다. 한마디로 교육에 참여하는 모든 당사자에게는 교육의 수혜자인 학생에게 실질적인 혜택이 가는 행동을 할 유인이 제공되어야 한다. 말만큼 쉬운 일은 아니지만 끊임없이 추구해야 할 대원칙이라 할 수 있다.

앞서 살펴보았지만, 스미스는 학생들의 지적 성숙함과 관대함에 대한 믿음을 바탕으로 훌륭한 강의는 학생들이 찾아서 들을 것이라고 주장한 바 있다. 결국 교육제도의 개편은 공급자의 이해관계에 휘둘리는 것을 극복하고 철저히 학생들의 편에서 교육의 질을 높이는 방안을 고민한다는 원칙을 지키면서 이루어져야 할 것이다. 우리의 미래 세대는 적절한 유인이 주어진다면 결국 현명한 선택을 할 것이다. 학생들의 지적 성숙함과 관대함에 대한 믿음, 곧 미래 세대에 대한 믿음이야말로 크게 주목받지 못했던 스미스의 교육관 중 가장 중요한 요소라 할 수 있다. 경제학자이든 교육학자이든 교육 문제에 대해 고민하는 후학들이 이어 가야 할 가장 중요한 스미스의 유산은 미래 세대에 대한 믿음을 바탕으로, 그들이 현명한 선택을 하도록 학교와 교원과 정책 당국이 돕는 시스템을 마련해야 한다는 기본 인식이라 할 수 있다.

| 참 | 고 | 문 | 헌 |

스미스, 애덤 저, 김수행 역(2007), 『국부론』 개역판, 상·하, 비봉출판사.

스미스, 애덤 지음, 김광수 옮김(2016), 『도덕감정론』, 한길사.

이영석(2014), 『지식인과 사회—스코틀랜드 계몽운동의 역사』, 아카넷.

Fry, Michael (ed.)(1992), *Adam Smith's Legacy*, Routledge.

Haakonssen, Knud (ed.)(2006), *The Cambridge Companion to Adam Smith*, Cambridge University Press.

Kennedy, Gavin(2005), *Adam Smith's Lost Legacy*, Palgrave.

OECD(2023), *Education at a Glance 2023*.

Phillipson, Nicolas(2010), *Adam Smith: An Enlightened Life*, The Lewis Walpole Series in Eighteenth-Century Culture and History, 2012(배지혜 옮김, 『애덤 스미스: 경제학의 아버지, 신화가 된 사상가』, 한국경제신문, 2023).

Stewart, D.(1980), "Account of the Life and Writings of Adam Smith, L. L. D.," in I. S. Ross, W. P. D. Wightman, and J. C. Bryce (eds.), *Essays on Philosophical Subjects*, Oxford University Press.

제7장

애덤 스미스의 법경제학: 이기심과 도덕감정의 균형

김자봉

1. 들어가는 말
2. 도덕감정의 실패, 시장의 실패와 법적 책임
3. 스미스: 도덕감정에 기초한 외부성의 내재화
4. 벤담: 효용의 원칙과 공리주의에 의한 외부성의 내재화
5. 스미스와 벤담의 도덕감정과 공공정책에 대한 태도
6. 도덕감정의 제도화와 ESG를 위한 노력
7. 맺음말

본 장의 목적은 이기심과 도덕감정의 균형이 철학－경제학－법학의 학문적인 전통 속에서 어떻게 이해되고 정당화될 수 있는지, 또한 균형을 지속적으로 유지하기 위해서는 어떤 제도적 노력이 필요한지 검토하는 데 있다. 이기심과 도덕감정의 균형은 왜 중요한가? 이기심은 두 가지로 나뉜다. 하나는 현려(prudence)처럼 긍정적인 이기심이고, 다른 하나는 사기, 횡령, 독점처럼 부정적인 이기심이다. 이 가운데 부정적인 이기심이 도덕감정을 지배하면 즉 도덕감정의 실패가 발생하면 시장에서 효율적인 경쟁과 공정을 기대하는 것은 불가능하게 된다. 도덕감정의 실패는 도덕감정 자체의 실패가 아니다. 부정적인 이기심에 의해 도덕감정이 훼손되는 것을 말한다. 도덕감정의 실패 속에서는 어느 누구도 자신의 경제적 선택이 낳는 비용을 제대로 지불하지 않으려 할 것이고, 환경 문제는 심각한 수준으로 방치되어 전 지구적 차원의 지속가능성 위기가 발생할 수 있다. 어떤 의미에서 지구환경과 사회는 지속가능성 위기의 초입 혹은 본격적인 단계에 이미 들어와 있다. ESG(environmental, social, governance)가 해결하고자 하는 외부성에 의한 지속가능성 위기의 본질은 바로 도덕감정의 실패라고 할 수 있다.

애덤 스미스(Adam Smith, 1723~1790)는 철학－경제학－법학을 융합했고, 법경제학의 역사에서 보면 최초의 법경제학자이다. 그는 이기심과 도덕감정의 균형을 강조하고 이를 안정적으로 유지하기 위한 법 시스템을 제안했다. 스미스에 의하면, 인간 내면에서 도덕감정의 주체인 공평한 관찰자의 역할을 통해 이기심과 도덕감정의 균형이 가능하다. 하지만 도덕감정의 실패로 외부성이 초래되는 경우에는 법적인 책임을 부과함으로써 균형을 회복할 수 있다. 제러미 벤담(Jeremy Bentham,

1748~1832) 역시 인간 내면의 주권적 감정(sovereign masters)인 효용을 통해 이기심과 도덕감정의 균형을 실현할 수 있다고 보았다. 신고전학파 경제학이 이론적으로 시장과 도덕을 이분법적으로 분리하는 것과는 달리, 스미스와 벤담은 시장과 도덕을 분리하지 않았고 균형을 추구했다. 스미스에게는 공평한 관찰자와 정부가 사회 통솔자(social planner)이고, 벤담에게는 주권적 감정과 정부가 최대행복의 원리를 집행하는 사회 통솔자이다. 스미스의 법경제학은 어떤 시사점을 갖는가? 첫째, 케네스 애로(Kenneth Joseph Arrow, 1921~2017)가 지적한 것처럼, 경제학은 시장과 도덕이 조화를 이루는 균형 잡힌 중립지역(middle realm)을 만들기 위해 노력해야 한다. 둘째, 도덕감정을 저버리고 타인의 권리와 효용을 해치는 이기심은 법과 제도로써 억제되어야 한다. ESG의 성공을 위해서는 도덕감정의 실패를 치유할 수 있는 법적 및 제도적인 개입이 보다 적극적으로 이루어질 필요가 있다.

1. 들어가는 말

이 글의 목적은 이기심과 도덕감정의 균형이 철학-경제학-법학의 학문적인 전통 속에서 어떻게 논의되어 정당화될 수 있는지, 또한 균형을 유지하기 위해서는 어떤 제도적 노력이 필요한지 검토하는 데 있다.

이기심과 도덕감정의 균형은 왜 중요한가? 현실을 살아가는 사람의 마음속에는 이기심과 도덕감정이 공존한다. 이기심은 자신을 향한 감정이고 도덕감정은 타인을 향한 감정이다. 만일 도덕감정의 실패, 즉 부정적인 이기심이 도덕감정을 지배한다면 시장에서 이루어지는 경제 활동에서 효율적인 경쟁과 공정을 기대하는 것은 불가능해질 수 있다. 도덕감정의 실패는 도덕감정 자체의 실패가 아니다. 사기, 횡령, 독점 등 바람직하지 못한 유형의 부정적인 이기심에 의해 도덕감정이 훼손되는 것을 말한다. 부정적인 이기심이 지배할 경우 시장에서는 정보공시가 제대로 이루어지지 않아 정보비대칭성이 심각한 수준에 이르고 시장가격은 믿을 수 없는 제멋대로가 될 수 있다. 도덕감정의 실패 속에서는 어느 누구도 자신의 경제적 선택이 낳는 비용을 제대로 지불하지 않으려 할 것이고, 환경 문제는 심각한 수준으로 방치되어 궁극적으로 전 지구적 차원의 지속가능성 위기가 발생할 수 있다.

어떤 의미에서 지구환경과 사회는 이미 지속가능성 위기의 초입 혹은 본격적인 단계에 들어와 있다고 할 수 있다. 그래서 최근 ESG(environmental, social, governance) 경영에 대한 관심이 커지고 있다. 기후위기로 표현되는 외부성에 의한 지속가능성 위기의 본질은 바로 부정적 이기심에 의한 도덕감정의 지배가 초래한 문제라고 할 수 있다. 도덕감정의 실패가 이대로 심화된다면 기후위기는 되돌릴 수 없는 사태로 접어들 수 있다. 한시바삐 이기심과 도덕감정의 균형 회복을 통해 지구환경과 사회의 지속가능성을 확보해야 한다. 부정적인 이기심은 단기적으로는 이익일지 모르지만 장기적으로는 그 대가가 자신에게 돌아온다. 인간관계는 한두 번 만나고 끝나는 것이 아니고, 자연환경과의 관계는 어느 한순간도 외면할 수 없다. 신뢰와 깨끗한 공기와 맑은 물이 없다면 살 수 있는 날은 불과 며칠을 넘기지 못한다.

이기심과 도덕감정의 균형은 한 사람의 내면 속에서 혹은 사회적으로 어떻게 유지할 수 있을까? 스미스는 『도덕감정론』에서 한 개인이 내적으로 어떤 메커니즘을 통해 이기심과 도덕감정의 균형을 이루는지 밝히고 있다. 『도덕감정론』의 첫 문장은 이기심과 도덕감정의 균형을 시사한다. 인간 내면에는 이기심과 함께 타인을 향한 도덕감정이 공존한다. 사회적인 제도를 통해 균형을 억제하기 이전에 이미 인간 내면에 균형의 단초가 존재한다는 것이 스미스의 판단이다. 주의할 점은, 스미스가 이기심을 덕의 일부로 포섭하더라도 모든 유형의 이기심을 덕으로 포섭하는 것은 아니다. 『도덕감정론』의 본문을 보면, 스미스가 덕의 한 요소로 포섭하는 이기심은 '절제를 전제로 추구하는 건강과 부를 향한 마음', 즉 현려이다. 사기, 횡령, 독점 등 부정적인 이기심은 도덕감정에 포섭되지 않으며(다음 그림 참조), 오히려 도덕감정을 위협한다. '이기심과 도덕감정의 균형'은 부정적인 이기심을 억제하고 정의 및 인혜의 덕과 조화를 이루는 이기심, 즉 현려·신중의 덕을 강조하고자 하는 문제의식을 반영한 것이다. 부정적인 이기심을 어떻게 통제할 것인지에 대한 사항은 『국부론』, 『법학강의』 등에서 핵심 쟁점이 된다.[1]

---

1 『도덕감정론』이 도덕감정으로 인정하는 이기심은 타인의 행복에 기뻐할 줄 알뿐더러 자기 절제를 기초로 하는 것이며, 탐욕적 이기심과는 구분된다("사람의 이기심이 아무리 특징적인 것으로 상정된다고 해도, 인간의 본성 가운데는 타인의 운명에 관심을 가지며, 설령 타인의 행복을 지켜보는 즐거움을 제외하고는 아무것도 얻지 못할지라도 그들의 행복을 자신에게 필요불가결한 것으로 만드는 일부 원리들이 분명히 존재한다"(스미스, 2016[1759], p. 87). "절제라고 적절히 지칭되는 미덕은 신체에 기원을 둔 그러한 욕구들을 통제하는 점에 있다. 건강과 재산에 대한 고려에 의거해 규정되는 범위 내에서 이 욕구들을 억제하는

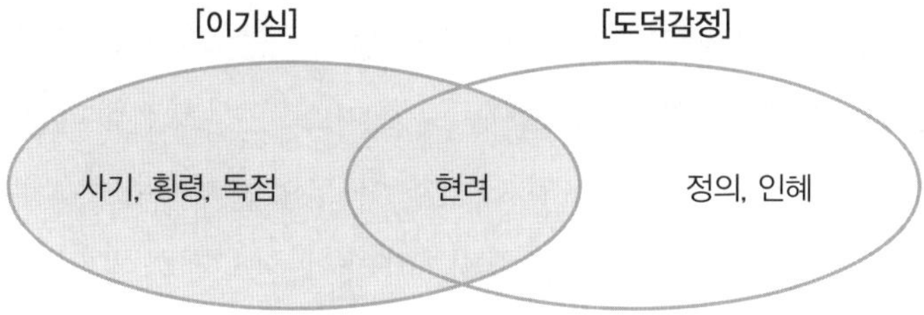

이마누엘 칸트(Immanuel Kant, 1724~1804)의 이론에 의하면, 스미스의 도덕감정 역시 도덕의 일반율을 수용한다는 점에서 어느 정도 형이상학의 범주에 포함될 수 있다. 스미스의 공정한 관찰자는 칸트의 자유의지에 상응할 수 있다. 다만 스미스의 도덕률은 공동체의 역사에 기반한 것인 반면, 칸트의 도덕감정은 시공간으로부터 독립된 자유의지에 따르며 보편법칙에 합치된다. 칸트에 의하면, 사람은 자신의 인격 속에 존재하는 순수이성을 통해 진리를 인식하고 실천이성의 도덕적 명령에 따라 실천한다. 이때 실천이성의 명령이 자유의지이고, 이에 따른 행동은 보편법칙과 합치한다. 칸트에게 자유(자율)는 방임이 아니라 당위적 명령을 준행하는 시공간으로부터 독립된 힘이다(Kant, 2004).

『국부론』과 『법학강의』를 통해서 어떻게 사회적으로 이기심과 도덕감정의 균형이 달성되는지에 대해 밝힌 스미스의 이론은 제레미 벤담의 이기심과 도덕감정의 원리와 비교될 수 있다. 벤담은 『도덕과 입법의 원리』에서 사회적 관점에서 이기심과 도덕감정의 균형을 통해 외부성을 억제하기 위한 법적 책임의 원리를 상세히 밝히고 있다.

왜 스미스의 법경제학에 대한 논의에서 벤담을 함께 보아야 하는

것이 신중의 역할이다. 그러나 우아함, 적정성, 섬세함, 겸허함이 요구하는 한도 내에서 이들 욕구들을 제안하는 것이 절제의 임무다”(스미스, 2016[1759], p. 126).

가? 스미스의 이기심과 도덕감정의 균형에 대한 태도는 신고전학파에게 오롯이 계승되지 않았다. 벤담은 스미스와 신고전학파를 이어주는 고리이다. 벤담은 누구보다 앞서 효용이 무엇인지 묻고 효용의 개인적 및 사회적 의미에 대하여 논의했다. 따라서 신고전파에 앞서 효용함수가 도덕감정을 수용할 수 있는지를 판단하기 위해서는 벤담의 생각을 살펴볼 필요가 있다.

벤담의 효용 개념이 신고전학파로 하여금 스미스의 도덕철학을 배제하는 원인이 되었는가? 결론부터 말하면, 벤담의 효용 개념은 이기심과 도덕감정의 균형을 수용한다. 벤담의 공리주의는 스미스의 보이지 않는 손을 효용 개념에 기반하여 공리주의의 측정 가능한 보이는 손으로 발전시켰다. 스미스가 시장가격의 기능을 정의했다면, 벤담은 효용에 기반한 그림자가격(shadow price)을 정의했다. 벤담에게 효용은 측정 가능한 것이었다. 측정 가능하므로 허용 가능한 개인의 행동과 정부의 역할을 명확히 할 수 있었고, 이에 기반하여 각 개인의 책임을 묻는 법적 체계를 세웠다. 공리주의는 인간 행위의 윤리적 기초를 개인의 이익과 행복에 두었는데, 이는 개인주의 혹은 자유방임이 아니라 측정 가능한 사회의 최대행복의 가장 기본적인 단위로서의 개인, 그리고 법적 책임을 이행하는 주체를 그 개인으로 명확히 한다는 의미를 갖는 것이었다.[2]

2 비용-편익 분석에 의한 순편익의 총합이 주관적 효용의 공리주의적 총합과 반드시 일치하는 것은 아니다. 벤담에 의하면 같은 양의 재화를 얻는 기쁨의 한계효용보다 동일한 양을 잃었을 때 고통의 한계효용이 더 크므로 1인의 거인이 부를 독점한 경우의 사회 총효용보다 1/n으로 분배된 경우의 총효용이 더 크다. 이러한 벤담의 생각에 따르면 공리주의적 총합을 극대화하기 위해서는 공평한 분배, 즉 더욱 많은 수의 개인의 행복을 극대화하는

하지만 바인스와 모리스(David Vines and Nicholas Morris)[3]에 의하면, 이후 스미스의 보이지 않는 손과 벤담의 공리주의는 윌리엄 제번스(William S. Jevons),[4] 프랜시스 에지워스(Francis Edgeworth)[5] 등 한계효용학파에 의해 개인주의적 혹은 이기주의적 관점의 수정을 거쳐 신고전학파 경제학의 기반이 되었다. 따라서 스미스와 벤담이 세운 철학–경제학–법학의 기본원칙을 다시 제대로 되돌리기 위해서는 스미스와 벤담을 함께 살펴보아야 한다.

본 장에서 검토하는 스미스의 저작은 『도덕감정론』(Smith, 1976), 『국부론』(Smith, 1776), 『법학강의』(Smith, 1982) 등이다. 벤담의 경우에는 『도덕과 입법의 원칙』(Bentham, 2019)을 중심으로 『헌법제정을 위한 제1원칙』(Bentham, 1822), 『공리주의에 관한 논문』(Bentham, 1829), 『헌법의 주요 원칙』(Bentham, 2015), 『정치경제학』(Bentham, 1843)의 내용을 일부 살펴본다.[6]

이하 본 장의 구성은 다음과 같다. 제2절은 도덕감정의 실패와 시장의 실패의 관계를 살펴본 후 법적 책임에 대하여 논의하고, 제3절은 스미스의 경우 공평한 관찰자가 어떻게 이기심과 도덕감정의 균형을

것이 바람직하다.

3 Vines and Morris(2015).

4 Jevons(1871).

5 Edgeworth(1881).

6 『고리대금업 변명: 스미스에게 보내는 서신』(*Defence of Usury: A Letter to Adam Smith*)은 직접적인 논의의 대상으로 하지 않는다. 고리대금업에 대한 두 사람의 입장은 다르다. 스미스는 규제해야 한다는 의견인 반면, 벤담은 자유롭게 허용해야 한다는 의견을 보였다. 이를 근거로 스미스는 규제론자, 벤담은 자유방임론자라는 경우가 있으나 이 저작을 제외하고는 두 사람의 견해가 극명하게 나뉘는 경우는 거의 없다.

실현하고 외부성을 내재화하는지를 살펴본다. 제4절은 벤담의 공리주의와 효용의 원칙이 외부성을 내재화하는 방식에 대해 살펴본다. 제5절은 스미스와 벤담을 비교하고, 제6절은 도덕감정의 제도화에 대해 논의한다. 제7절은 맺음말이다.

2. 도덕감정의 실패, 시장의 실패와 법적 책임

스미스와 벤담에 의하면 각 개인은 자신의 주관, 즉 스미스의 표현에 의하면 덕에 기초한 동감(sympathy), 그리고 벤담에 의하면 주권적 감정인 효용(utility)에 의해 이기심과 도덕감정의 균형을 추구한다.[7] 균형을 잃을 때도 있지만 궁극적으로는 균형을 회복한다. 사회적으로는 어떠한가? 스미스와 벤담에 의하면, 한 개인은 이기심과 도덕감정의 균

7 스미스와 벤담의 도덕철학은 칸트 도덕철학의 행위준칙과 유사성을 갖는다. 스미스와 벤담의 도덕철학은 경험적이고 역사적인 것이다. 칸트의 행위준칙은 시공간의 제약을 받는 각 개인의 행위 기준으로 시공간의 제약으로부터 독립된 선험적인 자유의지가 결정하는 보편법칙으로서의 도덕성을 지향한다. 스미스와 벤담은 행복론을 윤리론과 일치시키는 반면, 칸트는 각 개인의 행복추구는 가장 높은 이성이 명령하는 도덕성과 다를 수 있다는 점에서 분리시킨다. 하지만 이러한 차이는 현실적으로 큰 의미를 갖지 않는다. 칸트가 궁극적으로 관심을 기울인 것도 행위준칙이 보편법칙으로 발전할 가능성이었다. 이를 위해서는 구체적 행위의 동기에서 이기적인 감정을 제한하고 보편법칙, 즉 도덕감정에 따르는 것이 필요하다. 또한 칸트가 강조한 '조건으로부터 독립하여 마땅히 있어야 하는 것으로서 보편법칙' 역시 경험과 역사를 통한 재평가를 완전히 피할 수는 없다. 칸트의 순수이성은 선험적 감성(시공간 객체 현상에 대한 인식)과 선험적 오성(객체에 대한 보편적 인식)을 요소로 하고 실천이성은 상대적 실천이성(쾌감, 행복추구를 명령)과 절대적 실천이성(순수실천이성으로 도덕적 의무를 명령하는 주체)으로 구분된다. 칸트는 오성과 순수실천이성을 중시한 반면, 스미스와 벤담은 감성과 오성의 결합, 상대적 및 절대적 실천이성의 결합을 추구했다고 볼 수 있다.

형을 상실하는 오류를 범할 수 있다. 기업도 마찬가지로 균형을 상실할 수 있다. 만약 균형 상실이 외부성을 초래하여 타인의 인권 및 재산권 등 권리를 침해하거나 독점으로 사회 후생을 저해하는 경우에는, 정부의 개입이 정당화되고[8] 정부의 개입을 통해 이기심과 도덕감정의 균형이 회복된다. 경제학이 시장실패에 대해 정부개입을 정당화하듯이, 부정적 이기심이 도덕감정을 지배하는 도덕감정의 실패에 의한 외부성에 대해서도 정부개입이 정당화될 수 있다. 시장실패에 대해서는 경제정책 차원의 개입이 이루어지는 반면, 도덕감정의 실패로 인한 외부성에 대해서는 법적 책임을 묻는 개입이 이루어질 수 있다. 어떤 의미에서는 도덕감정의 실패가 시장실패의 원인이 될 수 있는데, 이 경우에는 시장실패에 대해서도 법적 책임을 묻는 개입이 가능할 수 있다.

스미스와 벤담과는 달리 신고전학파 경제학은 도덕 판단을 배제해 왔다. 스미스의 '보이지 않는 손'을 수학적 공리로 발전시킨 신고전학파의 선구자는 레옹 왈라스(Leon Walras, 1834~1910), 프랜시스 에지워스(Francis Edgeworth, 1845~1926), 빌프레도 파레토(Vilfredo Pareto, 1848~1923) 등이다. 이들에 의해 시작된 신고전학파 경제학에서 개인은 자신만의 효용극대화를 추구하고, 기업은 자신만의 이윤을 극대화한다. 이들의 극대화 행위는 자신의 경제적 선택이 타인에게 미치는 외부성을 적어도 사전적으로는 고려하지 않는다. 이들에 의하면 개인과 기업에 의한 사적 이익의 추구는 사회적 선을 위한 충분조건이다. 도덕적 판단 없이 오직 이기심만으로 경제적 선택을 하더라도 사익이 공익과 일치할

8 칸트의 행위준칙이 보편법칙에 합치했는지 여부가 정부개입을 가져오는 원인이 되지는 않는다.

것이라는 믿음을 전제로 한다. 이러한 사고의 극단이 밀턴 프리드먼(Milton Friedman)이다.[9] 프리드먼은 기업에게 근로자, 환경 등 이해관계자에 대한 사회적 책임, 즉 외부성을 내재화하라고 요구하는 것은 정치적이고 사회주의적인 것이라면서 비판하고, 기업이 가져야 하는 유일한 사회적 책임은 이윤극대화라고 했다.

신고전학파의 이러한 논리체계에 대해서는 신고전학파 내부에서조차 오랜 기간 이의와 비판이 제기되어 왔다. 스미스가 정부 주도의 중상주의 대신에 시장의 역할을 강조했다는 점에서 보이지 않는 손이 자유방임으로 오해되는 경향이 없지 않았다. 하지만 스미스의 보이지 않는 손[10]은 결코 자유방임의 대명사가 아니다.[11] 케네스 애로[12]는 시장 가격기능이 외부성을 제대로 수용하지 못하는 상황에서는 시장에 의한 경제적 선택이 사회적으로 바람직할 수 없다고 했다. 또한 애로[13]는 외부성이 발생하는 이유는 양심(conscience)이 시장가격에 반영되지 못하기 때문이라고 했다. 시장가격 메커니즘은 자신의 이익을 추구

---

9 Friedman(1970).

10 Smith(1776), pp. 363~364.

11 영란은행 총재였던 Mark Carney(2021)에 의하면, 『도덕감정론』이 상호 동감을 기초로 하는 공동체의 삶을 대상으로 한 반면, 『국부론』은 사회적 신뢰를 갖춘 공동체에서 시장이 번영의 엔진이라는 점을 증명했다. 자유방임이 끼어들 자리가 없다. 김수행(2007)은 『국부론』이 일부 상인과 제조업자의 이익이 아니라 국민 대중의 이익을 옹호하는 시대정신의 산물이라고 한다. 김광수(2023)에 의하면, 스미스의 보이지 않는 손은 이기심을 그냥 내버려 두는 자유방임이 아니라 사회적 동감의 원리다. 또한 김광수(2016)에 의하면, 스미스가 『도덕감정론』에서는 도덕적 인간을 상정하는 반면 『국부론』에서는 이기적 인간을 상정하는 모순을 보인다는 소위 '애덤 스미스 문제'는 19세기 독일에서 처음 제기된 것으로 이는 오해에서 비롯된 것이라고 한다.

12 Arrow(1963).

13 Arrow(1974).

하는 개인의 선호에 의해 결정되며 개인의 선택이 사회 및 환경에 미치는 영향은 고려하지 않는다.[14] 이 문제점을 해결하기 위해서는 시장가격 메커니즘이 도덕 원칙(principles of ethics and morality)과 조화를 이룰 수 있어야 한다. 그린월드와 스티글리츠(Bruce C. Greenwald and Joseph E. Stiglitz)[15]는 불완전한 정보와 시장으로 인한 외부성에서는 제1 후생경제학 정리가 작동하지 않는다고 했고, 개리 베커(Gary S. Becker)는 이기적 편향을 극복하고 이타주의를 반영할 수 있는 효용함수에 대한 논의를 시도했다.[16]

법경제학은 경제학과 법학의 융합의 결과이다. 흔히 법경제학은 20세기 중후반에 새롭게 발전한 분야로 이야기되지만 사실은 스미스와 벤담에 의해 이미 초석이 마련되었다. 스미스는 앞에서 소개한 바와 같이 철학－경제학－법학 세 분야의 대표적인 저술을 남겼다. 벤담은 각 개인의 경제적 선택에 따른 결과를 효용 개념에 기반해 법적인 책임을 묻는 법경제학의 기초를 다졌다. 20세기 들어 법경제학이 더욱 발전함에 따라 경제학은 도덕적 판단에 보다 적극적으로 개입하게 되었다. 경제적 동기가 법적 판단의 근거가 됨으로써 법적 책임을 묻는

---

14 Sandel(2012)에 의하면, 양심은 가격에 의해 거래되지 않는다. 이로 인해 가격 메커니즘에서는 개인의 욕망과 사회적 가치가 필연적으로 충돌한다.

15 Greenwald and Stiglitz(1986).

16 Becker(1976), p. 817. "We are not ready to suspect any person of being defective in selfishness"(Smith, 1776), "it is not from the benevolence of the butcher, the brewer, or the baker, that we expect our dinner, but from their regard to their own interest"(Smith, 1759). 스미스는 인간의 이기심을 부정하지 않는다. 다만 뒤에서 논하지만 스미스의 이기심은 양심을 저버리고 외부성을 야기하는 유형의 이기심은 아니다. 보다 자세한 사항은 제5절에서 다룬다.

행위로서의 경제적 동기가 갖는 불법성 및 비도덕성에 대한 평가 여부가 쟁점이 된다. 로널드 코즈(Ronald Coase)[17]의 이론은 그 대표적인 예다. 코즈는 경제학이 법적 판단의 필요를 대체할 수 있다는 것을 주장한 것이 아니라 시장실패가 불가피한 경제적 조건하에서는 경제적 갈등에 대해 법적 개입이 정당화될 수 있음을 보여 주었다.[18] 물론 법적 개입이 단순히 법적 처벌을 의미하는 것은 아니다. 판사는 자신의 결정이 사회적 비용의 배분에 어떤 영향을 미치는지를 이해하고 가장 효율적인 방향으로 결정을 내려야 한다. 칸트(1785)의 도덕철학은 행위 동기가 보편법칙에 합치되었는지 여부를 기준으로 도덕적 정당성을 판단한다. 법경제학은 행위의 동기와 결과가 타인에게 비용을 전가하는 어떤 경제적 이익의 발생 혹은 손실의 회피에 있었는지를 묻는다. 당사자 간 권리 관계에 대한 정보비대칭성이 없는 경우에는 갈등은 당사자 간 계약에 의해 해결될 수 있다. 하지만 정보비대칭성이 지배적인 상황에서는 법의 개입을 통해 책임을 입증하고 사회적 비용의 배분을 결정한다.

---

17 Coase(1960).

18 시카고대학 로스쿨 웹사이트에 따르면, 코즈는 많은 학자들이 자신의 이론을 오해한 점을 아쉬워했다고 한다. 코즈는 많은 학자들이 거래비용이 없는 조건에서는 법의 조정 역할이 없이 합리적인 거래가 이루어진다고 가정하는 코즈 세계(Coasean World)를 상정하는데 여기에서 떠나라고 권고했다. 오히려 정보비대칭성과 거래비용과 제도의 제약이 현실 세계에서 이루어지는 거래에 어떤 영향을 미치는지에 대해 주목해야 한다고 강조했다(http://law.uchicago.eud/lawecon/coaseinmemoriam/problemofsocialcost).

3. 스미스: 도덕감정에 기초한 외부성의 내재화

1) 도덕감정에 의한 이기심 제어와 도덕의 일반율에 따르는 공정한 관찰자

『도덕감정론』은 이기심과 도덕감정이 윤리의 차원에서 어떻게 균형을 이루어야 하는지 밝히고 있다. 『도덕감정론』은 총 7부로 이루어진다. 1부는 동감이 도덕감정의 출발점이라는 점에 대해, 2부는 보상과 처벌의 대상에 대해 논한다. 3부는 이기적 편향을 극복하는 양심의 본질에 대하여, 4부는 효용에 대하여, 6부는 도덕감정의 세 가지 덕을 논의한다. 도덕감정은 현려, 정의, 인혜의 세 가지 덕을 통해 이기심을 합리적으로 수용하고 통제한다.

『도덕감정론』에 의하면, 인간의 감정에는 이기심과 타인에 대한 동감이 공존한다. 스미스는 1부에서 설명하는 바와 같이, 인간은 아무리 이기적일지라도 본성에는 타인의 행복에 관심을 기울이는 원칙이 있다고 설명한다. 그 이유는 인간의 본성에는 동감이 존재하기 때문이다. 동감은 상호적이며 도덕감정의 출발선이다. 동감은 동감의 대상이 되는 행위가 행위를 촉발하는 상황에 대해 적정한 경우(propriety of action)에 일어난다.[19] 동감은 사회적 열정(social passions), 비사회적 열정(unsocial passions), 이기적 열정(selfish passions)에 다르게 반응하며, 반응의 크기에 차이가 있다. 사회적 열정에 대한 동감이 가장 크고, 그다음으로 이기

19 Smith(1976), Chap. 1. Of Sympathy, p. 4.

적 열정, 비사회적 열정의 순서이다. 사회적 열정인 관용, 인간성, 친절, 동정, 상호 우정의 정서는 모든 사람을 기쁘게 하며 동감을 배가시킨다. 이기적인 열정인 환희와 비애는 사회적 열정과 반사회적 열정의 중간에 존재하는 것으로 사회적 열정만큼 우아하지 않고 비사회적 열정만큼 미움받지도 않으며 배가된 동감이나 분할된 동감도 없다. 다만 시기심이 작동하지 않는 경우에는 환희에 동감하는 성향이 비애에 동감하는 성향보다 더 크므로 세속적 및 물질적 경쟁에서 더 부유하고자 한다. 비사회적인 열정인 증오와 분노의 당사자들은 이해관계가 상반되므로 동감이 분할될 수 있고 행위 당사자들이 감정을 절제하지 않으면 적정성을 유지하지 못해 동감을 얻지 못할 수 있다.[20]

도덕감정은 이기심의 위협을 이겨낸다. 3부에서 설명하듯이, 현실에서는 이기심에 의해 공평한 관찰자의 판단이 흐려질 수도 있다. 하지만 이기적인 편향을 극복하고 공평한 관찰자의 관점을 회복하려는 마음의 작용이 이기심을 제어한다. 이러한 마음의 작용이 양심의 본질이고 그 속에 도덕의 일반율이 존재한다. 인간 본성의 지배적 원리로서 도덕적 능력은 이기심을 제어할 수 있지만, 반대로 이기심이 도덕적 능력을 제어하지는 않는다. 도덕률은 역사와 관습을 통해 사회공동체에서 배태되고 뿌리를 내렸다. 도덕률은 인간의 정서와 감정 속에 공평한 관찰자로서 존재하며 어떤 행위의 도덕적 승인은 공평한 관찰자의 동감에 의해 이루어진다. 공평한 관찰자는 타인과 행위자 모두의 내면에 존재하는 것으로 일반적 도덕률의 집행자이다. 공평한 관찰자

20 스미스(2016[1759]), pp. 37~38.

에 의한 도덕적 승인이 동감이며, 이 동감은 관찰자와 행위자 각각의 내면에 존재하는 공평한 관찰자 간의 소통이라고 할 수 있다. 이에 따라 행위 당사자는 양심에 따라 자신의 내면에 존재하는 관찰자의 판단과 일치하려고 노력한다.

도덕감정은 감정이지만 이성적이기도 하다. 동감에 의한 승인이 행위 자체의 효용보다는 행위의 상황적 적정성을 기준으로 한다는 것은 동감이 이성적 판단도 필요로 한다는 사실을 의미한다. 『도덕감정론』 4부에서 보듯이, 승인의 감정에 영향을 주는 최초의 원천은 행위의 동기, 즉 행위의 상황적 적정성이다.[21] 적정성은 주관적 효용과 무관하고 목적과 관련된다. 현려는 개인과 정부 모두에게 적용된다. 정부의 목적은 그 체제 아래서 생활하는 사람들의 행복을 촉진하는 것이다. 통치 수단의 고안은 시스템을 보다 질서 있는 것으로 개선하려는 현려의 덕에 의해 이루어진다. 현려는 두 가지 자질을 결합함으로써 즉각적인 효용보다는 이성적 행동을 추구한다. 하나는 미래 결과의 이익과 손해를 예측하는 이성적 능력이고, 다른 하나는 미래의 더 큰 즐거움을 위해 현재 즐거움을 억제하고 고통을 감내하는 자기 통제 능력이다. 합리적 추론과 이해력으로 구성된 이성적 능력은 정의롭고 타당하고 정확함을 추구하며 단순히 유용하고 이익이 될 뿐인 것이 아니다.[22]

도덕감정은 세 가지 범주의 덕으로 구성된다. 『도덕감정론』 6부에서 논하듯이, 덕 윤리는 공평한 관찰자의 현려, 정의, 인혜 등 세 가지 요소로 이루어지고 자신의 행복뿐 아니라 타인의 행복에도 관심을 갖

21 Smith(1976), p. 169.
22 Smith(1976), p. 169.

는다. 현려의 덕은 자신을 위한 윤리의 기초를 이루고 건강, 재산, 지위, 평판 등을 관장하며 세 가지 덕 가운데 경제행위와 관련하여 가장 큰 중요성을 갖는다. 현려의 덕을 가진 사람은 진실하고 거짓말을 싫어하고 언어는 조심스럽다. 자신의 의견을 다른 사람에게 강요하려고 하지 않으며 항상적인 우정을 갖고 있으나 사교를 즐기지는 않는다. 일에 헌신하고 항상 검소하며, 현재 순간의 편안함과 즐거움보다는 미래의 더 큰 편안함과 즐거움을 더 중시한다. 정의의 덕과 인혜의 덕은 타인을 위한 윤리의 기초를 이루며 다른 사람들의 행복에 동감한다. 인혜의 덕은 어떠한 경계에도 제한되지 않으며 모두를 포용하는 덕이다. 한편, 악의를 가진 존재에 대한 적의도 보편적인 인혜의 덕에 따른 것이다.

효용은 승인의 감정에 영향을 주지만 부차적이다. 효용은 어떤 대상과 행위가 주는 고통과 즐거움의 감정이며, 이 감정은 대상과 행위가 의도한 목적을 실현하는 데 어울리는 적합성에서 비롯된다. 하지만 효용에 대한 동감은 도덕적 판단 이후에 발생하며, 효용은 승인과 부인의 최초의 원천도 아니고 주요한 원천도 아니다.

세 가지 덕을 기준으로 공로와 과오, 보상과 처벌의 기준도 정할 수 있다. 스미스가 2부에서 설명하듯이, 인혜의 덕은 감사와 보상의 대상이지만 인혜를 베풀지 않았다고 해서 처벌의 대상이 되지는 않는다. 인혜의 덕은 보상이 필요한 유일한 행동이다. 인혜의 덕은 강요될 수 없으며, 인혜의 덕을 갖지 않았다는 이유로 어떤 형벌의 대상이 되어서는 안된다. 인혜의 단순한 부재가 악을 생산하지는 않기 때문이다. 반면 정의의 덕은 타인에게 피해를 초래하지 않는 것으로 그 자체가 감사와 보상의 대상은 아니지만 부정의한 행위는 처벌의 대상이 된다. 처벌의 대상이 되는 유일한 행동은 타인에게 해를 끼치는 부적절한 동기에서 비롯된 부정의한 행위이다.

2) 경제 현실에서 이기심과 도덕감정의 균형

『국부론』은 이기심과 도덕감정이 경제 현실에서 어떻게 균형을 이루어야 하는지에 대한 생각을 밝히고 있다. 『도덕감정론』에서는 보이지 않는 손이 자기애와 타자애의 균형을 위한 역할을 했다면, 『국부론』에서 보이지 않는 손은 개인의 경제활동과 사회 전체의 경제활동이 균형을 이루도록 하는 역할을 한다. 『국부론』은 현려와 정의의 역할을 설명하고 있다. 현려와 정의의 원리는 개인과 기업의 경제활동뿐 아니라 정부의 역할과도 관련된다. 특히 현려의 덕이 중요한 의미를 갖는다는 점에서 『국부론』은 현려에 대한 경제학적 서사라고 할 수 있다.

『국부론』이 이기심과 도덕감정의 균형을 전제로 하고 있다는 증거는 두 가지이다. 첫째, 『국부론』에서 분업은 자유방임이 아니라 현려에 따른 행동이다.[23] 나의 분업은 타인의 분업과 교환을 전제로 한다. 스미스에 따르면, 분업은 인류의 지혜가 의도한 결과가 아니라 인간만이 가진 교환하고자 하는 성향(propensity to exchange)에서 비롯된 것이다. 내 것과 네 것을 구분하여 소유권을 확립하고 교환에 이르는 계약은 인간만이 하는 행위로 상호 간 자애심(self-love)을 누리는 원천이 된다. 이때

23 노동의 분업은 숙련도, 시간 절약, 기술을 통해 높은 생산성을 실현하고 큰 수익을 얻는 것을 목적으로 하며, 이는 미래의 높은 수익을 위해 현재의 고통을 감내하고 스스로를 통제하는 현려와 일치한다.

자애심은 이타심과 동전의 양면이다. 나의 이익이 타인의 이익이기도 하기 때문이다. 자애심은 나만의 이익을 추구하는 부정적 이기심과는 다르다. 분업이 발전할수록 시장을 통한 교환으로 이익은 더욱 커지고 계약의 편리를 위해 화폐도 도입되었다. 그런데 교환하고자 하는 성향은 『도덕감정론』이 말하는 동감하고자 하는 성향(propensity to sympathize)과 상응한다.[24] 시장에서 동감은 제품과 서비스에 대한 상호 신뢰를 말한다. 동감에 의한 상호 신뢰의 승인이 없이 교환을 예상하는 것은 불가능하다. 직접 동감이든 제3자에 의해 강제된 동감이든 동감이 있어야 한다. 자신의 건강을 의사에게 맡기고, 재산과 삶과 평판을 변호사에게 맡기는 것은 그들의 전문성을 신뢰하기 때문이다. 다만 현려는 모든 계층 대다수 사람들의 행동에 항상 영향을 주지만, 모든 사람의 행동을 항상 지배하는 것은 아니다. 또한 현려의 정도는 사람마다 차이가 있다. 이에 따라 현려를 가진 자와 갖지 못한 자, 현려가 높은 자와 낮은 자 사이에는 수익에 차이가 있다. 높은 현려를 가진 자는 높은 전문성에 비례해 높은 보상을 받는다.[25]

둘째, 스미스의 보이지 않는 손[26]은 도덕감정이 부정적 이기심을 통제하는 경우를 전제로 한다. 각 개인은 공공 이익을 촉진하려고 하는 것도 아니고, 얼마나 촉진하는지도 알지 못하나, 개인의 이익 추구는 사회 전체의 이익에 합치되고, 그 결과 한 사회의 연간 수입(revenue)은 그 사회의 노동의 연간 총생산물의 교환 가치와 정확히 같다.[27] 그런데

---

24 Smith(1976), p. 28.
25 Smith(1776), pp. 10~21, 25~26, 91, 239, 569.
26 Smith(1776), p. 364.

이러한 정확한 일치는 도덕감정에 의해 부정적 이기심이 통제되는 경우에 성립한다. 만일 도덕감정이 부정적 이기심을 통제하지 못해 외부성이 발생하면 각 개인의 생산물의 교환 가치의 합은 사회 전체의 교환 가치의 합과 같을 수 없게 된다. 외부성을 반영하지 않은 개인적 비용과 외부성을 반영한 사회적 비용에 차이가 있기 때문이다. 스미스는 『국부론』에서 외부성을 명시적으로 언급하지는 않으나 외부성에 따르는 문제점을 여러 부분에서 언급하고 있다.[28]

스미스는 『국부론』에서 각 경제활동 주체의 신뢰와 정직을 강조한다. 신뢰와 정직성을 가진 자는 외부성을 초래하지 않을 뿐 아니라 구태여 공익을 위해 인위적으로 노력하지 않아도 공익에 기여한다. 스미스는 공익을 위한다면서 오히려 공익을 해치는 행위를 경계한다. 『국부론』에서 가장 큰 공익은 국부이고, 국부의 원천은 분업을 통해 전문성을 갖춘 노동과 자본의 투입량이고, 자본축적은 각 개인의 순저축(net saving)으로부터 가능하다. 공익에 가장 크게 기여하는 자는 신뢰와 정직성을 갖춘 각 개인이다.

스미스에 의하면, 정부는 각자의 경제활동이 진실되고 신뢰할 수 있도록 관리하는 역할을 담당한다. 정부 관리는 지혜와 덕, 현려, 정의, 인내, 중용 등 눈에 보이지 않는 자격을 갖추어야 한다.[29] 정부는 시

27 3면 등가법칙에 따라 모든 개개 사회 구성원의 부가가치 합은 사회 전체의 부가가치 합과 같게 된다.

28 Smith(1776), pp. 27, 106, 112, 404, 414, 725. 사기와 강요 등의 비도덕적 행위는 그 자체는 외부성이 아닐 수 있지만 구매자, 구매자 가족 및 그가 속한 공동체의 건강과 행복을 훼손하고 환경을 파괴하는 원인이 된다.

29 Smith(1776), p. 580.

장의 경쟁을 해치는 이기심을 허용해서는 안된다. 독점은 공익을 해치는 부정적 이기심의 하나로 국부의 증가를 해치는 적이다(Monopoly is a great enemy to good management).[30] 독점은 생산요소를 지배함으로써 각 개인의 현려에 따른 요소생산성의 극대화를 억제하고 국부의 증가를 방해한다. 국가는 경제 시스템이 세 가지 덕(현려, 정의, 인혜)에 부응하도록 보장하는 역할을 해야 한다. 『국부론』에 의하면, 정부는 크게 네 가지 역할을 담당한다. ① 국방, ② 사법, ③ 교육 및 교량 건설 등 공적 서비스 제공, ④ 분배 개선이다. 분배 개선을 위해 정부는 조세를 부과함에 있어서 조세가 납부 능력에 비례하도록 해야 한다. 부자는 많이 내고 빈자는 적게 내게 함으로써 최저생계를 보장하고 소득불균형을 완화해야 한다. 『법학강의』 역시 정부의 역할을 네 가지로 나눈다. 이를 위해 가장 중요하게 강조하는 것은 경제활동의 정의를 유지하기 위해 각자의 재산권을 확립하고 타인의 재산을 침탈하지 못하도록 해야 한다. 두 번째는 무역, 상업활동, 제조, 농업 등 경제활동의 안전을 유지하는 것이다. 안전이 보장되지 못하면 재산권이 침탈되고 어느 누구도 적극적으로 경제활동을 하려고 하지 않는다. 세 번째는 외국의 침략으로부터 국가를 지키는 것이다. 외국의 침략은 나라 전체의 재산을 침탈당하는 결과를 낳는다. 네 번째는 조세를 통해 정의의 덕을 구현하는 정부 활동의 비용을 조달해야 한다.

30 Smith(1776), p. 127.

4. 벤담: 효용의 원칙과 공리주의에 의한 외부성의 내재화

1) 공리주의에 기반한 이기심과 도덕감정의 균형

벤담은 어떻게 이기심과 도덕감정의 균형을 시도하는가? 벤담은 공리주의의 기본 개념인 효용과 공리주의에 기반하여 이기심과 도덕감정의 균형을 위한 체계를 도출하고 있다. 『도덕과 입법의 원리』는 관측 가능한 효용 개념에 기반하여 사회효용에 부정적 영향을 미친 행위에 대해 법적 책임을 묻는 일종의 형사법 및 민사법 저술이다. 『도덕과 입법의 원리』는 총 17개 장으로 구성된다. 1장에서 6장에 이르기까지는 효용의 의미와 중요성을 논의한다. 7장부터 마지막 장에 이르기까지는 효용의 측정 가능성을 전제로 행동의 동기에 따른 처벌 대상의 행위와 처벌의 기준을 논한다. 즉, 효용 원칙에 기반하여 이기심과 도덕감정의 균형을 실현하는 법 시스템을 제안한다. 『도덕과 입법의 원리』의 차례는 구체적으로 다음과 같다.

1장: 효용 원칙에 대하여
2장: 효용 원칙과 대립하는 원칙에 대하여
3장: 고통과 기쁨의 네 가지 원천에 대하여
4장: 기쁨 또는 고통의 가치, 어떻게 측정되어야 하는가?
5장: 기쁨과 고통, 그 종류

6장: 감성에 영향을 미치는 환경에 대하여

7장: 일반적인 인간 행동에 대하여

8장: 의도성에 대하여

9장: 의식에 대하여

10장: 동기에 대하여

11장: 일반적인 인간 성향에 대하여

12장: 해로운 행위의 결과에 대하여

13장: 처벌에 부적합한 사례들

14장: 처벌과 범죄 간의 비율에 대하여

15장: 처벌에 부여해야 하는 특성에 대하여

16장: 범죄의 분류

17장: 법률학의 처벌 분야의 한계에 대하여

차례에서 보는 바와 같이 『도덕과 입법의 원리』는 효용의 개념에 대한 논의에서 시작하여 타인의 효용에 대한 침해의 동기와 정도에 따라 범죄행위의 성립요건과 처벌에 대한 논의를 담고 있다.

벤담에게 효용은 도덕감정의 주체이다. 효용은 주관적 감정에 의해 결정된다. 자연(nature)에 의해 인간은 두 가지 주권적 감정(two sovereign masters), 즉 고통과 즐거움(pain and pleasure)을 부여받았다. 이 감정은 무엇을 해야 하는지를 알려 주고(to point out what we ought to do), 또한 무엇을 할 것인지를 결정한다(to determine what we shall do). 옳고 그름의 기준, 원인과 결과의 연쇄가 이들 감정에 결속되어 있다. 그들은 우리가 하는 모든 일, 모든 말, 생각하는 모든 것을 지배한다.[31] 효용의 원리는 어떤 행위를 승인하거나 비난하는 원리이다. 행위 대상은 개인의 행위뿐만 아니라 정부의 조치도 포함한다. 개인의 이익을 이해하지 않고 사회의 이익을 언급하는 것은 헛된 것이다. 정부의 조치가 효용의 원리에 들어맞는 것은 사회적 행복의 증가가 감소보다 큰 경우이다.

벤담에게 외부성은 사회의 행복을 해치는 행위이다. 따라서 외부성을 억제하는 것이 정부의 역할이고 정부는 외부성을 초래하는 행위에 대하여 처벌을 해야 한다. 다만 정부의 처벌 자체도 처벌받는 자의 행복을 감소시키므로 처벌의 크기는 사회의 행복을 해친 크기에 합리적으로 비례해야 한다.

사회의 행복은 개인의 행복으로 구성된다. 개인의 행복을 단위로 사회의 행복을 측정할 수 있다. 개인의 행복을 촉진하고 지키는 것이 유일한 입법 목적이어야 한다. 입법자가 고려해야 하는 네 가지 효용의 원천은 물리적, 정치적, 도덕적 및 종교적 원천이다. 효용의 측정은 일곱 가지 요소를 기준으로 한다. 강도(intensity), 지속 기간(duration), 확실성 또는 불확실성(certainty or uncertainty), 가깝거나 먼 거리(propinquity or remoteness), 다산성(fecundity), 순수성(purity), 범위(extent; 적용되는 사람들의 수 또는 영향을 받는 사람들의 수) 등이다.[32] 이러한 요소를 기준으로 어떤

---

31 "Nature has placed mankind under the governance of two sovereign masters, pain and pleasure. It is for them alone to point out what we ought to do, as well as to determine what we shall do. On the one hand the standard of right and wrong, on the other the chain of causes and effects, are fastened to their throne. They govern us in all we do, in all we say, in all we think. ..."(Bentham, 2019).

32 강도: 기쁨은 얼마나 강한가? 지속 시간: 기쁨은 얼마나 오래 지속할까? 확실성 또는 불확실성: 기쁨이 발생할 가능성은 얼마나 크거나 낮을까? 가깝거나 멀음: 기쁨이 얼마나 빨리 발생할까? 다산성: 행동이 같은 종류의 감각에 이어질 확률. 순수성: 반대 종류의

행위가 본인 및 사회에 대하여 초래하는 기쁨과 고통의 크기를 합산하여 효용을 측정한다.

기쁨을 구성하는 요소들은 감각, 부, 기술, 우정, 명예, 권력, 경건, 자애, 안도 등이고, 고통의 요소들은 결핍, 감각, 서투름, 적의, 악 등이다. 감각의 기쁨은 맛의 기쁨, 배고픔과 목마름을 충족시키면서 경험하는 모든 기쁨, 술 취하는 기쁨, 성적 감각, 건강도 포함한다. 자애의 기쁨은 선의, 동정심을 포함한다.

정부의 역할은 사회의 행복을 촉진하는 것이며, 이를 위해 형벌과 보상을 행한다. 어떤 행위의 동기가 행복을 방해하는 경향이 있을수록, 그 경향이 해로울수록 형벌도 높아진다. 행위의 동기는 사회 구성원들의 이익에 미치는 영향에 따라 사회적(social), 반사회적(dissocial), 이기적(self-regarding) 동기로 구분할 수 있다. 사회적 동기는 친애심(good-will), 명예 사랑(love of reputation), 우애의 욕망(desire of amity), 종교(religion)를 포함하고, 반사회적 동기는 불쾌감(displeasure)을 포함한다. 이기적 동기는 육체적 욕망(physical desire), 재산(pecuniary interest), 권력(love of power), 자기 보전(self-preservation)을 포함한다. 동기에 대한 선악은 예언할 수 없다. 하지만 인간의 성향(disposition)은 영구적인 것으로, 자신의 행복을 추구하는가 아니면 주변의 다른 사람들의 행복에 미치는 영향도 고려하는가에 따라 성향이 달라진다.

어떤 사람이 공공세금에 대한 자신의 분담을 지불하지 않는다면, 사회의 행복에 어떤 영향을 미치는가? 세금 회피는 세 가지 행위 동기

감각이 뒤따르지 않을 확률. 범위: 영향을 받을 사람 수는 얼마나 될까?

중 이기적 동기에 해당하고 본인의 행복을 높일 수 있다. 하지만 공동체를 외부 및 내부 적대 세력으로부터 방어하는 데 필요한 비용을 구하는 유일한 방법인 세금을 회피함으로써 공동체를 곤경에 처하게 할 수 있다. 이는 세금 회피가 초래하는 외부성이다. 따라서 타인에 대해서는 행복의 감소를 가져온다. 특히 공동체에서 본인을 제외한 나머지 모든 다른 사람들의 행복을 감소시키므로 기쁨과 고통의 합산을 하면 고통이 훨씬 더 크다. 따라서 세금 회피는 부정한 행위이고 강력한 처벌의 대상이 되어야 한다.

타인과 사회의 효용을 해치는 부당한 행위는 처벌되어야 한다. 하지만 모든 부당해 보이는 행위가 곧 처벌의 대상이 되는 것은 아니다. 모든 법이 공통으로 가져야 하는 목적은 공동체의 총행복을 증대시키는 것이다. 그런데 모든 처벌은 그 자체가 해로운 것이다. 모든 처벌 자체가 악이다. 따라서 효용 원칙에 따르면 처벌의 악은 더 큰 악을 제거하기 위한 경우에만 허용되어야 한다. 책임을 묻는 이상으로 행복을 감소시키는 처벌은 부적합하다.

처벌한다고 모든 처벌이 반드시 의미가 있거나 효과적인 것은 아니다. 각각의 경우를 살펴 처벌을 결정해야 한다. 첫째, 처벌을 하지 말아야 하는 경우가 있다. 예를 들면, 처벌이 해로운 것을 방지할 수 없는 비효율적인 경우, 처벌이 초래하는 해가 방지하는 해보다 커서 비용이 너무 들 때, 해로움이 처벌 없이 방지되거나 자체적으로 종료되어 처벌이 불필요하게 된 때 등이다. 둘째, 처벌이 아예 불필요한 경우도 있다. 예를 들어, 해가 절대로 발생하지 않은 경우, 해가 더 큰 혜택으로 상쇄된 경우, 충분한 보상이 확실한 경우, 교육을 통해서도 예방이 가능한 경우에도 처벌은 불필요하다. 셋째, 처벌의 효과가 없는 경우도 있다. 예를 들어, 처벌 조항이 설정되지 않은 경우, 처벌 조항이 수용해야 할 사람에게 전달되지 않은 경우, 처벌 조항이 개인이 고려하는 행위를 막는 데 관련이 없는 경우 등이다. 처벌이 초래하는 악이 범죄의 악보다 더 큰 경우에 처벌은 무익하다.

모든 법의 일반적인 목적은 범죄를 예방하는 것이다. 법이 특정한 범죄를 저질러야 한다면 처벌의 해가 이득보다 작아야 한다. 처벌과 범죄 사이의 비례를 유지하기 위해서는 처벌의 가치는 어떤 경우에도 범죄의 이익보다 작지 않아야 하고, 처벌의 양은 가능한 싼 비용으로 해를 방지하는 효과를 가져야 한다. 처벌의 양은 관련 법률 및 사회 정치적 효과를 고려하여 조절해야 한다.

범죄 유형은 다섯 가지로 나뉜다. 1급 범죄(first class of offenses)는 개인의 행복을 방해하는 행위(offenses against individuals)이다. 2급 범죄는 사회에 대한 범죄(offenses against neighborhood and community-semi public)이고, 3급 범죄는 자기 자신에 대한 범죄(offenses against self-regarding)이다. 4급 범죄는 국가에 대한 범죄(offenses against state)이고, 5급 범죄는 거짓과 신뢰에 대한 범죄(offenses by falsehood and against trust)이다. 타인의 재산에 손해를 입힌 행위는 신뢰에 대한 범죄이다. 재산에 대한 부정한 투자, 부정한 가로채기, 부정한 소각, 재산의 불법적인 차지가 해당한다. 불법한 서비스 제공, 불법적인 파괴 또는 손상, 불법적인 점유, 불법적인 억류, 횡령, 절도, 사기, 강요도 신뢰에 대한 범죄다.

2) 최대행복의 원칙: 비대칭적 불행감과 한계효용의 체감[33]

'공리주의'[34]는 효용 원칙에 대한 두 가지 원칙을 담고 있다. 하나는 최대행복 원칙(greatest happiness principle)이고, 다른 하나는 실망 방지 원칙(disappointment-prevention principle)이다. 최대행복 원칙은 벤담 자신이 애초 제시했던 최대다수 최대행복의 공식(greatest happiness of the greatest number formula)에서 최대다수를 삭제한 새로운 주장이다. 흔히 최대다수 최대행복을 벤담의 주장으로 알고 있지만 이는 잘못된 것이다. 벤담은 자신의 효용 원칙을 '최대다수의 최대행복'으로 표현하는 것은 심각한 결함을 갖는다고 보았다. 이 표현은 다수의 행복을 위해 소수의 무리한 희생(inordinate sacrifices)을 정당화할 수 있다는 것을 깨달았다. 그는 이것을 잘못된 것으로 보았다. 공동체를 두 불균등한 집단으로 나누어 하나는 다수, 다른 하나를 소수라고 나누어 소수의 감정은 배제하고 다수의 감정만을 계산에 포함한다면, 결과적으로 다수와 소수를 포함한 공동체 전체의 행복 총합은 마이너스가 될 수 있다. 논리적으로 보면, 공동체의 모든 구성원의 행복이 서로 근사하게 될 때 행복의 총합이 더 크게 된다.[35]

실망 방지 원칙은 불행감과 행복감이 비대칭적으로 효용에 영향을 준다고 전제한다. 즉, 불행감이 행복감보다 더 큰 효용의 감소를 초래

---

33 본 절은 Crimmins(2021)에 소개된 내용을 바탕으로 작성하였다는 것을 밝혀 둔다.

34 Bentham(1829).

35 원문은 "the closer we approximate the happiness of all the members of the community, the greater the aggregate of happiness"이다.

한다는 것이다. 어떤 것을 잃어버린 결과로 인한 불행감은 동일한 것을 얻는 행복감보다 더 크다.[36] 모든 조건이 동일한 경우, 도난에 의한 한 사람의 효용의 감소는 동일한 금전적 가치를 가진 복권 당첨으로 인한 다른 사람의 효용의 증가보다 더 큰 영향을 미친다. 물론 잃은 자는 부자이고 얻은 자는 가난한 사람인 경우에는 다를 수 있다. 일반적인 경우를 고려하여 벤담은 상실로 인한 불행감을 막기 위해 재산을 법으로 보호하는 데 높은 우선순위를 부여했고, 부의 생산보다 갖지 못한 것에서 비롯되는 고통의 완화를 더 중시했다. 벤담은 이를 실망 방지 원칙이라고 불렀다. 이 원칙에 의해 상실을 억제하는 정당한 안전성에 대한 기대는 다른 목표보다 우선되어야 하며, 이를 위한 정부의 개입이 정당화된다. 이에 따라 전쟁 또는 기근 시기에 개인 재산의 긴급한 몰수(emergency expropriation of property)가 정당화되고 긴급 상황이 종료된 후 재산 소유자에게 보상이 지급되면 된다. 벤담은 실망 방지 원칙을 모든 재산권제도가 기반해야 하는 유일한 포괄적인 규칙으로 여겼고, 최대행복 원칙이 첫 번째로 지켜야 할 기준으로 중시했다.

벤담은 한계효용의 체감을 가정했다. 고통과 쾌락은 소득 또는 재산과 관련된다. 예를 들어, 두 사람 중 부자는 상대적으로 행복할 것으로 여길 수 있다. 그런데 그 사람의 부를 현재의 두 배로 증가시킨다고 같은 비율로 더 행복하게 되지는 않는다. 행복은 부의 증가만큼 커지지 않는다(the amount of increase in happiness will not be as great as the increase in wealth). 같은 금액을 추가하여 발생하는 행복의 증분은 총액이 클수록

36 벤담의 이러한 견해는 Kahneman and Tversky(1979)의 기본 전제와 유사하다. "가치함수는 보통 수익에 대해서는 오목하지만 통상적으로 손실에 대해서는 볼록하다."

체감한다. 이러한 인식에 의하면, 동일 금액의 부를 부자와 빈자에게 줄 때 더 큰 행복은 빈자에게서 나온다. 이처럼 돈이 주는 효용은 상대적인 부의 크기에 따라 영향을 받으므로 금전(money) 자체는 효용의 직접적 척도(direct measure of utility)가 될 수 없다고 했다.

3) 효용 원칙에 기반한 법 시스템과 소득재분배의 정치경제학[37]

벤담의 효용 원칙은 사회 총행복의 극대화 관점에서 외부성 해결에 적극적이다. 『헌법제정을 위한 제1원칙』, 『헌법의 주요 원칙』, 『정치경제학』은 벤담의 시민법과 소득재분배에 대한 생각을 담고 있다.

시민법의 목표는 안전, 생존, 풍족, 평등이고, 그 중요성은 이 순서에 따른다. 안전은 재산과 재산 소유에서 파생된 기대를 보호하고 상품 및 서비스의 거래를 쉽게 하는 계약을 유지하는 역할을 한다. 생존과 풍족함을 위해 실망 방지 원칙에 따라 국가는 상속자가 없는 재산을 소유할 수 있고, 소득이나 재산에 세금을 부과하여 필요한 사람들에게 음식과 기본적인 서비스를 제공하는 데 사용할 수 있다. 이 재분배는 일정한 평등을 실현하는 데에도 기여한다.[38]

효용 원칙은 재분배를 지지한다. 벤담은 『헌법의 주요 원칙』에서 평등이 멀어질수록 행복의 총합은 줄어든다고 했다. 이에 따라 한계효용 체감에 따른 행복의 감소를 막기 위해 부의 재분배를 지지했다(Bentham, 1822). 다만 실망 방지 원칙에 위배되는 안전성의 희생이 따

37 본 절은 Crimmins(2021)에 소개된 내용을 바탕으로 작성하였다는 것을 밝혀 둔다.
38 Kelly(1990), pp. 191~197.

르는 평등을 위한 재분배는 찬성하지 않았다. 효용 원칙에 기반한 법 시스템은 점차적이고 간접적으로 보다 평등한 분배로 나아갈 것이라고 믿었고, 중세 이후 유럽의 역사적 증거를 언급했다. 중세기 긴 역사에서 농업, 제조업, 상업의 발전은 평등을 향한 지속적인 진보를 낳았다는 것이다. 다만 벤담에 의하면, 이러한 역사적 낙관주의가 실현되기 위해서는 정부가 독점을 허용하거나 무역과 산업에 속박을 가하거나 상속재산의 분배를 가로막는 장애물을 설치함으로써 이 낙관주의를 방해해서는 안된다.

벤담은『정치경제학』에서 자유 시장에서 개인들이 자신의 이익을 추구하도록 하는 것이 정부가 해야 할 일이라고 믿었다. 이것이 공공의 이익을 극대화하는 입증된 방법이라고 보았다. 그러나 자유 시장이 최상의 결과를 내지 못하는 경우에는 입법자는 직접적이고 간접적인 방법을 통해 최적의 결과를 얻기 위해 조치해야 하며, 정부는 무엇을 해야 하고 무엇을 하지 말아야 하는지 알아야 한다.

5. 스미스와 벤담의 도덕감정과 공공정책에 대한 태도

스미스와 벤담의 견해는 서로 충돌하는가? 이를 알아보기 위해 몇 가지 질문을 던져 보자.

첫째, 스미스의 동감과 벤담의 효용은 상반되는가?

스미스와 벤담이 인식하는 효용 개념에는 다소 차이가 있다. 스미스의 경우, 효용은 도덕 판단의 과정에 부분적으로 개입할 수 있지만 도덕적 판단의 주요 원천이 되지 못한다. 스미스에게서 도덕적 판단의 주요 원천은 동감이다. 동감은 타인을 향하는 감정으로 이성적 판단이 개입한 적정성을 기준으로 한다. 하지만 대상의 유용성 혹은 즉흥적 감정은 적정성을 갖추지 못한다. 동감은 사회적, 비사회적, 이기적 열정에 의해 영향을 받을 수 있으나 사회적 열정이 가장 큰 동감의 대상이 된다. 도덕감정 역시 감정의 한 요소이나 도덕률이라는 합리적 이성과 소통하는 감정이다.

반면 벤담에게서 도덕적 판단의 원천은 효용이다. 무엇을 해야 하고 할 것인지 아닌지를 결정하는 것은 고통과 즐거움을 느끼는 주관적 감정이다. 옳고 그름을 판단하는 기준도 효용이고, 승인 혹은 부인의 기준도 효용이다. 이에 따라 사회의 이익을 논함에 있어서 그 출발은 효용의 주체인 개인의 이익이다. 개인의 이익을 전제하지 않는 사회의 이익은 정의되지 않는다. 효용을 추구하는 행위에는 세 가지 동기가 있는데, 사회적, 반사회적, 이기적 동기이다. 효용이 이기적 동기에 의해서만 지배되는 것은 아니다. 효용을 추구하는 행위는 타인의 효용에 미치는 영향을 고려한 사회적 총효용의 평가가 최대행복의 원리에 의해 평가되고 처벌의 대상이 될 수 있다. 효용을 낳는 원천은 소비 혹은 재산만이 아니라 내외부 적대 세력으로부터 공동체를 방어하는 국방도 포함한다. 따라서 국방비용을 충당하기 위한 세금은 모든 개인이 부담해야 하며, 납세 거부는 궁극적으로 사회 총효용을 훼손하는 결과를 초래하므로 처벌의 대상이 된다. 다만 처벌을 하는 경우라도 처벌에 따른 행복의 증가와 비용의 증가를 고려하여 처벌 여부 및 그 정도를 결정해야 한다.

요약하면, 스미스의 효용은 도덕 판단 이후에 발생하는 것으로 도덕 판단의 최초 혹은 주요한 원천이 아니다. 반면, 벤담의 효용은 도덕 판단의 주요한 원천이다. 윤리적 기초로서 효용의 개념이 하는 역할은 스미스와 벤담에게 다르다. 하지만 윤리적 기초의 필요성을 인식하고 이성 혹은 감정에 기반한 인간적 노력으로써 도덕적 실천을 강조했다는 점에서 이 둘은 서로 같다. 특히 벤담의 효용은 스미스의 동감을 수용하는 개념이다. 효용에 영향을 주는 세 가지 동기는 동감에 영향을 주는 세 가지 열정과 사실상 같다.

합리주의 전통은 도덕 판단에서 이성의 역할을 중시하고, 경험주의 전통은 감성의 역할을 중시한다. 이 두 관점에 비추어 볼 때, 스미스는 상대적으로 합리주의에 가깝고, 벤담은 경험주의에 더 가깝다.[39] 합리주의는 르네 데카르트(René Descartes, 1596~1650)에서 바뤼흐 스피노자(Baruch Spinoza, 1632~1677)에 이르는 계보이고, 경험주의는 프랜시스 베이컨(Francis Bacon, 1561~1626)에서 데이비드 흄(David Hume, 1711~1776)을 거쳐 벤담에 이르는 계보를 갖는다. 데카르트에 의하면 지식은 수학과 같은 이성적 방법론을 활용하여 더 이상 의심의 여지가 없는 회의론적 사고의 결과로써 얻어진다. 이와 달리, 흄에 의하면 지식은 감정적 인상에 불과하며 경험적 개연성에서 얻어지는 것이지 이성적 추론에서 얻어지는 것이 아니다. 합리주의와 경험주의는 철학의 주체를 신에서 인간으로 전환했다는 점에서 공통점을 갖는다. 합리주의는 신보다 인

39 Crimmins(2021).

간의 이성을 우선시했고, 경험주의는 신보다 인간의 감성을 우선시했다. 이 두 사조는 계몽주의 시대의 대표적인 철학이다. 스미스의 도덕감정에서 내면의 공평한 관찰자와 자연적 감정은 오랜 역사와 관습을 통해 사회공동체에서 배태된 감성적이면서도 동시에 이성적인 결과물이다. 스미스의 공평한 관찰자는 칸트 윤리학의 의지(the will)와 유사한 개념이다. 칸트는 이성의 판단력과 감성의 실천력을 가진 도덕의 주체로서 의지를 정의하여 이성과 감성을 융합했다. 어떤 의미에서 스미스는 합리주의 전통과 경험주의 전통의 도덕 인식론을 통합한 것이라고도 할 수 있다. 따라서 스미스는 도덕철학의 학파 구분에서도 윤리적 정서주의와 윤리적 합리주의의 요소를 모두 가지고 있다고 할 수 있다.

둘째, 정부는 개인과 사회 양자 가운데 택일해야 하는가?

스미스의 도덕감정은 세 가지 덕으로 구성된다. 현려, 정의, 인혜의 덕이다. 이 가운데 현려의 덕을 실천하는 주체는 개인이고, 인혜의 덕을 실천하는 주체는 개인과 사회공동체이고, 정의의 덕을 실천하는 주체는 개인, 사회공동체, 정부이다. 이 중 정부는 전적으로 사회의 이익을 위한 존재이다. 『도덕감정론』에서 보이지 않는 손이 세 가지 덕이라면, 『국부론』에서 보이지 않는 손은 개인의 경우 현려의 덕, 정부의 경우 정의와 인혜의 덕을 구현하는 경제 시스템이다. 이 경제 시스템에 의해 각 개인의 생산 및 소비 등의 경제활동은 국부의 원천이 된다.

벤담에게 정부는 개인의 효용과 행복을 지키는 것을 최우선으로 한다. 개인 행복의 사회적 총합이 사회의 행복을 결정한다. 정부는 효용을 훼손하는 행위를 다섯 가지 등급으로 나누어 범죄로 정의하고 처벌한다. 타인의 행복을 방해하는 행위가 가장 높은 등급의 범죄이다. 법은 재산과 재산의 소유에서 파생된 계약을 보호하는 역할을 하고, 소득분배가 평등에서 멀어질수록 행복의 총합이 작아지므로 평등분배를 향한 소득재분배를 추구해야 한다. 다만 역사적으로 분배는 점차 개선되는 경향을 보이므로 정부는 급격한 재분배보다는 독점을 금지하는 등의 역할을 함으로써 자연스럽게 분배가 개선되도록 해야 한다.

정리하면, 스미스와 벤담에게 개인과 사회는 양자택일의 대상이 아니다. 스미스에게서 개인은 타인, 즉 사회를 향한 동감을 가진 자이고, 벤담에게서 개인은 그 자신이 사회의 가장 중요한 구성요소이다. 따라서 스미스에게 사회는 역사와 관습을 통해 개인 행위의 적정성을 결정하고, 벤담에게 사회는 개인의 효용을 수용하는 공동체이다.

셋째, 스미스와 벤담은 자유방임을 지지하는가?

스미스와 벤담 둘 다 자유방임을 지지하지 않는다. 스미스는 도덕감정을 가진 공평한 관찰자에 의한 절제를 바람직한 사회적 선으로 여긴다. 정부는 독점을 억제하고 정의를 지키는 역할을 해야 한다. 벤담은 기쁨이 고통보다 더 큰 사회를 행복한 사회로 정의하고 정부는 행복한 사회를 유지하고 더 크게 하는 데 역할을 해야 한다. 특히 어떤 행위가 초래하는 기쁨과 고통의 크기를 합산하여 효용을 측정하고 효용을 훼손하는 행위를 억제하고 법으로써 처벌해야 한다. 정부는 최대행복의 원칙이 모든 사회 구성원의 행복을 최대화함으로써 이루어지도록 해야 하며, 일부 다수자의 행복을 최대화하는 당파적 역할을 하여서는 안된다. 공리주의는 정부의 공정한 개입주의 철학이다.

이상의 논의에 비추어 보면, 스미스와 벤담은 세 가지 공통점을 갖는다. 첫째, 도덕철학의 출발점이 인간의 주관적 감정이다. 윤리적 기초를 효용으로 보느냐 감정(sentiments)로 보느냐 하는 것은 둘 다 각 개인의 주관을 대상으로 한다는 점에서 차이가 없거나 크지 않다. 둘째, 둘 다 이기적 개인을 가정하면서도 타인의 처지를 고려하는 도덕적 개인을 중시했다. 스미스는 이기심을 현려의 덕으로서 승화시킬 뿐 아니라 정의와 인혜의 덕을 실천하는 동감 능력이 있는 개인을 전제했고, 벤담은 타인의 고통과 행복으로부터 영향을 받는 개인을 전제로 했다. 셋째, 둘 다 정부 개입주의자이다. 스미스는 독점을 억제하고 재산권을 확립하고 조세제도 개선을 위한 정부의 역할을 강조했고, 벤담도 재산권의 확립, 소득재분배 개선을 통한 최대행복 원칙의 실현과 사회적 후생 증가를 위해 정부의 역할을 강조했다.

6. 도덕감정의 제도화와 ESG를 위한 노력

1) 법경제학자로서 스미스와 벤담

스미스와 벤담 모두에게 도덕감정은 자유방임이 아니다. 도덕감정은 강제의 대상이 아니지만 도덕감정의 사회적 유지를 위해서는 법적 책임을 묻는 제도적 장치가 필요하다. 다만 도덕감정을 갖지 않았다는 사실 자체가 법적 책임의 대상은 아니다. 도덕감정에 반하는 행위를 통해 타인의 권리를 침해하거나 효용을 저해하는 행위가 법적 책임의 대상이 된다. 도덕철학은 행위의 내적 동기가 도덕성을 갖추었는지를 도덕적 책임의 대상으로 하지만, 법은 내적 동기가 외적으로 발현되어 행위로 이어지고 그 행위가 타인의 권리를 침해한 결과를 법적 책임의 대상으로 한다.

스미스의 도덕감정은 자기애와 타자애를 모두 주관하며 외부성을 수용하는 주체이다. 모든 인간의 마음에 존재하는 공평한 관찰자의 도덕률은 현려, 정의, 인혜의 세 가지 덕으로 범주화된다. 공평한 관찰자는 제1차적 사회 통솔자로서 타인의 행위에 동감하고 외부성을 내재화한다. 이기심은 현려의 덕에 의해 자신을 위한 윤리적 행위로 승화되고, 정의의 덕에 의해 타인의 권리를 존중하고, 인혜의 덕에 의해 자신의 것을 타인과 나눈다. 이로써 이기심과 도덕감정은 균형을 이룬다. 다만『도덕감정론』은 개인윤리의 차원이며 법적 책임의 근거가 되지는 않는다.『국부론』과『법학강의』는 현실 경제를 배경으로 한 사회윤리의 차원에서 이기심과 도덕감정의 균형을 유지하는 제도적 체계를 밝히고 있다. 각 개인의 자기 이익을 위한 경제활동은 현려의 덕에 따르고, 정부에 의한 독점의 억제는 정의의 덕에, 소득분배는 인혜의 덕에 따른다. 세 가지 덕 가운데 법적 책임의 대상은 정의의 덕이다. 스미스에게서 정부는 이기심과 도덕감정의 균형을 지키는 제2차적 사회 통솔자이다.

스미스는『법학강의』에서 도덕감정의 제도화를 위한 정부의 역할과 법에 대하여 구체적으로 밝히고 있다. 공평한 관찰자가 제1차적 사회 통솔자로서 작동하지 못할 경우 제2차적 사회 통솔자인 정부의 개입이 이루어진다.『법학강의』에 의하면, 법학은 정부가 따라야 하는 규칙에 대한 이론이고 법은 그 구체적인 규칙이다. 정의는 각 개인이 타인의 권리를 침해하지 않는 것이며, 정부의 역할은 타인의 권리를 보호하는 것이다. 스미스에게 정의는 권리를 보호하고 침해된 권리에 대해서는 적정한 보상을 해 주는 것이다.

〈표 7-1〉에서 보는 바와 같이, 권리의 침해는 크게 한 개인으로서, 가족 구성원으로서, 사회 구성원으로서 권리침해 등 세 가지 범주로 나뉜다. 한 개인으로서 권리침해는[40] ① 살인, 상해, 자유의 제한 등 인적 및 신체적 권리침해, ② 교환적 정의(commutative justice) 및 분배적 정의(distributive justice)와 관련한 권리침해,[41] ③ 재산에 대한 권리침해 등이다. 권리는 완전한 권리(perfect right)와 불완전한 권리(imperfect right)로 나뉘는데, 신체와 재산은 완전한 권리의 대상이고 교환적 및 분배적 정의는 불완전한 권리의 대상이다. 완전한 권리는 배타적인 권리이고, 불완전한 권리는 배타적이지는 않다. 완전한 권리는 법의 보호 대상이고, 불완전한 권리는 도덕 시스템에 의한 보호 대상이다. 재산권은 물건의 즉각적인 점유 혹은 계약에 의해 형성된다. 물건에 대한 점유로부터 생성되는 권리는 물권(real right or a right to a particular thing)이고, 계약에 의한 권리는 사람에 대한 권리, 즉 채권(personal right or a right against a particular person)이다. 물권은 네 가지로 분류되는데, 소유권(dominium), 용익물권(servitude), 담보물권(pignus), 상속물권(haereditas) 등이다. 소유권

40 가족 구성원으로서 권리침해는 부인 혹은 자식을 빼앗김으로써 남편 혹은 아버지로서의 권리가 침해되는 것이고, 사회 구성원으로서 권리침해는 사회에서 제3자에 의해 적정한 존중(due honour)을 받지 못하는 것을 의미한다.

41 분배적 정의는 자원 배분의 공정성에 대한 것이고, 교환적 정의는 교환 혹은 계약의 공정성뿐만 아니라 배상의 공정성과 같은 교정적 정의를 포괄한다. 스미스의 교환적 정의도 이처럼 교정적 정의를 포괄한다. 관련하여 Miller(2025) 참고.

▌**표 7-1** 애덤 스미스의 권리 유형과 내용

	권리의 유형		
	개인으로서 권리	**가족 구성원으로서 권리**	**사회 구성원으로서 권리**
권리의 내용	인적·신체적	부인·자식을 지키는 것	사회에서 적정한 존중을 받는 것
	교환적·분배적 정의		
	재산권		

출처: Posner(2014).

과 상속물권은 배타적으로 완전한 지배(the full right of property)를 갖는 것이고, 용익물권은 배타적 권리는 완화되어 물건의 사용가치에 대한 권리를 갖는 것이다. 담보물권은 채권담보를 위해 교환 가치만을 지배하는 권리이다. 채권의 형성 배경은 계약(contract), 준계약(quasi-contract), 불법행위(ex delicto) 등 세 가지이다. 계약은 말 그대로 당사자 간 약속에 따른 기대로부터 권리가 생성되고, 준계약은 약속의 위반에 따른 배상으로부터 발생하는 권리이다. 불법행위는 타인의 물건을 불법적으로(wilfull transgression) 획득하는 것이다. 이상의 논의로부터 재산이 형성되는 다섯 가지 경로를 정리할 수 있는데, 점유(occupation), 이전(tradition), 취득(accession), 시효취득(prescription), 상속(succession) 등이다.

리처드 포스너(Richard Posner)[42]가 강조한 바와 같이, 법경제학자로서 벤담 이론의 특징은 관측 가능한 효용을 기준으로 법적 책임을 묻는 법 시스템을 담고 있다는 점이다. 포스너에 의하면, 벤담은 법경제학의 선구자이다. 벤담의 공리주의는 효용을 척도로 한 정부의 개입으로 외부성을 해소한다. 어떤 행위가 각 개인의 효용에 미치는 영향은 정

42 Posner(2014).

부에 의해 관측되고 측정 가능하다. 사회에 미치는 영향도 측정 가능하다. 행위 당사자는 기쁨을 누릴지라도 타인에 대하여 고통을 초래해 사회의 총행복을 해치는 행위는 처벌의 대상이 된다. 심각한 소득불평등은 공동체의 행복을 마이너스로 한다는 점에서 이 역시 해결해야 할 외부성이다. 소득의 증감이 주는 한계효용의 비대칭성으로 인해 심각한 소득분배의 불평등은 사회의 총행복을 감소시키므로 가급적 공평하게 개선되어야 한다. 이때 작동하는 최대행복의 원리는 정부가 사회 통솔자로서 추구하는 최상위 목적이다.

벤담에게 효용은 도덕감정의 주체이다. 효용은 각 개인의 주관적 감정으로 자연에 의해 부여된 두 가지 주권적 감정인 고통과 즐거움에 따라 무엇을 해야 하고 할 것인지를 결정한다. 외부성은 주권적 감정이 선택한 행위가 사회의 행복에 미치는 영향이고 사회 총효용의 크기로 관측이 가능하다. 정부의 역할은 사회의 행복을 촉진하는 것이다. 사회의 행복을 해치는 범죄는 형벌로 처벌의 대상이 되어야 한다. 벤담은 사회의 행복을 해치는 범죄 유형을 다섯 가지로 나누고, 그 가운데 1급 범죄는 개인의 행복을 방해하는 행위이다. 개인의 행복을 위해 법으로 보호해야 하는 가장 중요한 것은 재산권이다. 사회의 행복을 촉진하기 위해 벤담이 제안한 두 번째 정부의 역할은 소득분배의 개선이다. 다만 정부가 직접 소득재분배를 하기보다는 독점의 억제 등을 통해 간접적으로 소득분배가 개선되는 방안을 제안했다.

2) 이타적 효용극대화

도덕적 행동이 유전적·경제적 이점이 될 수 있음을 분석하면서 베커[43]는 이타주의자(altruist)의 효용함수를 제안한다. 이 효용함수에서는 기부하는 높은 소득의 이타주의자와 기부를 받는 낮은 소득 보유자 간 한계효용이 같은 수준에 이를 때까지 이타주의자의 소득 이전이 발생할 수 있다. 이 경우 주는 자와 받는 자 간의 상호 신뢰가 형성되어 속이거나 해치는 일이 발생하지 않는다. 받는 자가 주는 자를 해치면 결국 자신에게 오는 소득 이전이 감소하거나 아예 없어질 수 있기 때문이다. 베커의 효용함수가 시사하는 바는 이타주의자의 효용은 스미스가 말한 현려의 덕뿐 아니라 인혜의 덕으로부터 발생하며, 그것의 합이 이타주의자의 총효용이 된다. 벤담의 관점에서는 한계효용의 체감으로 인해 소득이 높은 자가 혼자 소비하는 것보다는 소득재분배로 낮은 자에게 소득을 이전하여 소비를 하도록 함으로써 사회 전체적으로 총효용은 더욱 커진다.

3) ESG와 깨어 있는 주주의 후생극대화

이기심과 도덕감정의 균형을 가능하게 하는 예의 하나는 하트와 징갈레스(Oliver Hart and Luigi Zingales)[44]가 주창한 소위 깨어 있는 주주(enlightened shareholder) 이론이다. 지배주주를 제외한 주주는 보통의 사람

43 Becker(1976), pp. 817~826.
44 Hart and Zingales(2017).

들이다. 이들이 걱정하는 것은 돈만이 아니다. 윤리 및 사회적 가치도 중시한다. 오염과 지구온난화를 걱정하여 매연을 야기하는 가솔린차 대신에 전기차를 구매한다. 이와 같이 보통의 사람들인 주주들은 사회적 문제를 고민하고 외부성을 내재화하고자 한다. 이러한 주주를 하트와 징갈레스는 깨어 있는 주주라고 부르고, 이들이 존재하는 조건하에서 회사는 이윤만을 추구하지 않고 외부성을 내재화하는 행동을 나설 가능성이 있다.

프리드먼[45]은 돈과 윤리적 행동은 서로 분리되어야 한다고 했지만, 금전적 수익을 위해 윤리적 행동을 저버려 사회의 해악이 되는 경우가 많다. 나쁜 외부성이 과다 발생하거나, 좋은 외부성은 과소 발생하여 사회적 이익에 반하는 결과가 발생한다.

깨어 있는 주주의 역할이 활성화되면 기업은 주주뿐 아니라 근로자, 생산자, 채권자 등 이해관계자와의 관계도 중시하게 된다. 이는 기업의 목적이 이윤극대화에서 후생극대화로 전환됨을 의미한다. 불완전 계약의 세계에서 주주와 이해관계자는 모두 기업의 기회주의적 행동위험에 노출될 수 있는데, 깨어 있는 주주의 역할로 기회주의적 행동위험이 억제되고 ESG에 부합하는 투자가 이루어질 수 있다. 이때 기업은 외부성을 이전시키는 것이 아니라 내재화함으로써 사회적 책임을 이행한다. 깨어 있는 주주를 중심으로 주주가 사회적 가치를 중시하는 경우에 기업은 이윤극대화라는 협소한 목적으로부터 벗어날 수 있다.[46]

---

45 Friedman(1970).

46 ESG와 지속 가능한 경제발전 그리고 동반성장에 대한 이슈는 동반성장연구회(2024), 주병기(2022) 참고.

7. 맺음말

스미스와 벤담은 철학-경제학-법학을 융합했다. 법경제학의 역사에서 보면 최초의 법경제학자이다. 이들은 이기심과 도덕감정의 균형을 강조하고 이를 안정적으로 유지하기 위한 법 시스템을 제안했다. 스미스는 도덕감정의 주체인 공평한 관찰자의 역할을 통해 이기심과 도덕감정의 균형이 가능하다고 보았다. 벤담은 주권적 감정(sovereign masters)인 효용을 통해 이기심과 도덕감정의 균형을 실현한다. 신고전학파 경제학이 이론적으로 시장과 도덕을 이분법적으로 분리하는 것과는 달리, 스미스와 벤담은 시장과 도덕을 분리하지 않았고 균형을 추구했다. 스미스에 의하면, 합리적 이성의 일부인 동감의 원리가 보이지 않는 손이 되어 이기심에 따른 경제활동을 사회적 이익에 합치하도록 이끈다. 벤담의 경우에도 한 개인의 효용을 추구하는 행위는 최대행복의 원리에 의해 사회에 투영되고 평가될 수 있다. 스미스에게는 공평한 관찰자와 정부가 사회 통솔자이고 벤담에게는 주권적 감정과 정부가 최대행복의 원리를 집행하는 사회 통솔자이다. 스미스와 벤담은 공평한 관찰자와 주권적 감정이 제어하지 못하는 일탈로부터 초래되는 타인의 권리침해는 법으로 제어되어야 한다는 입장이다.

스미스와 벤담의 이론은 어떤 의미를 갖는가? 첫째, 경제학은 시장과 도덕이 조화를 이루는 균형 잡힌 중립지역(middle realm)을 만들기 위해 노력해야 한다. 중립지역은 가격 메커니즘(price mechanism)과 도덕 원칙을 2개의 기관으로 한다.[47] 만일 두 기관이 조화를 이루지 못하면 마이클 샌델(Michael Sandel)이 지적한 것처럼,[48] 개인의 욕망과 사회적 가치가 필연적으로 충돌한다. 스미스와 벤담의 이론에 비추어 경제학에서 효용극대화와 이윤극대화 모형은 외부성을 내재화하는 방향으로 적극 수정되어야 한다. 베커[49]의 예에서 보는 바와 같이 도덕감정을 수용하는 효용함수는 타인의 고통과 기쁨을 수용함으로써 신고전학파 전제의 한계를 극복할 수 있다.

둘째, 도덕감정을 저버리고 타인의 권리와 효용을 해치는 이기심은 법과 제도로써 억제되어야 한다. 스미스와 벤담이 인정하듯이 부정적 이기심은 도덕 원칙에 충돌하여 애로가 지적한 바와 같이 시장의 실패인 외부성을 초래할 수 있다. 이기심이 인혜와 정의의 도덕 본성과 조화를 이루는 사회 속에서 이기심은 도덕감정과 균형을 찾을 수 있고 외부성은 내재화될 수 있다. 기후위기는 절제되지 못한 무분별한 이기심의 결과라는 것을 자각하고 이러한 이기심을 제한하는 규제와 국제협약 등을 통해 해결방안이 모색될 수 있다. 양극화의 경우에도 인혜와 정의의 도덕감정에 기초한 정부의 재분배 혹은 시장규제가 도입되는 방식으로 해결될 수 있다.

---

47 Arrow(1974).
48 Sandel(2012).
49 Becker(1976).

김광수(2016), 「도덕철학 체계와 그 역사적 맥락」, 『도덕감정론』, pp. 37~38.

______(2023), 「애덤 스미스의 '보이지 않는 손', 이기심보다 사회적 공감을 더 중시했다」, 조선일보, 2023.6.27(https://www.chosun.com/economy/economy_general/2023/06/27/VYLE3LC74NDS7LQAVXLMV56DRQ/).

김광수·김영식·김자봉·김진영·류덕현·이명헌·주병기(2024), 『애덤 스미스 경제학의 현대적 재조명』, KIF Working Paper 2024-02.

김자봉(2024), 「이기심과 도덕 감정의 균형 – 애덤 스미스와 제러미 벤담의 사상적 근원을 중심으로」, 『애덤 스미스 경제학의 현대적 재조명』, KIF Working Paper 2024-02, pp. 93~125.

동반성장연구회(2024), 『동반성장의 정책과 전략』, 율곡출판사.

박설안·최정규(2014), 「경제학 전공자들의 무임승차: 이기적 선호와 기대」, 『사회경제평론』 제44호, pp. 45~69.

스미스, 애덤 지음, 김광수 옮김(2016), 『도덕감정론』, 한길사.

스미스, 애덤 저, 김수행 역(2007), 『국부론』 개역판, 상·하, 비봉출판사.

이준구(2018.6.15), 「경제학 교육이 사람을 이기적으로 만든다?」, 서울대 경제학부(https://www.jkl123.com/develop/board.php?table=board1&st=view&page=32&id=18327&limit=&keykind=&keyword=&bo_class=(2023.12.6 검색)).

주병기(2022), 「ESG와 지속가능한 자본주의」, 『ESG 정치경제학』 제3부, 서울대 국제문제연구소·서울대 경제연구소 엮음, 르몽드코리아, pp. 81~91.

차칙, 라이너 저, 손미숙 역(2024), 『법철학자로서의 칸트』, 박영사.

Arrow, Kenneth(1963), *Social Choice and Individual Values*, 2nd ed., Yale Press.

______(1974), *The limits of organization*, Norton.

Becker, Gary S.(1976), "Altruism, Egoism, and Genetic Fitness: Economics and Sociobiology," *Journal of Economic Literature*, vol. 14(3), pp. 817~826.

Bentham, Jeremy(1822), *First Principles of Preparatory to Constitutional Code*, Oxford: Clarendon Press.

______(1829), "Article on Utilitarianism".

______(1843), *A Manual of Political Economy*, McMaster University.

______(2015), *Leading Principles of a Constitutional Code*, www.WealthOfNation.com.

______(2019), *An Introduction to the Principles of Morals and Legislation*, Ando Books.

Carney, Mark(2021), *Values(s)-Building a Better World for All*, Hatchett Book Group.

Coase, Ronald(1960), "The Problems of Social Costs," *Journal of Law and Economics*, vol. 3, pp. 1~44.

Cochrane, John(2001), *Asset Pricing*, Princeton Press.

Crimmins, James E.(2021), "Jeremy Bentham," The Stanford Encyclopedia of Philosophy(https://plato.stanford.edu/entries/bentham/#LaterImprovements#CivLawPolEco(2023.12.3 검색)).

Edgeworth, Francis(1881), *Mathematical Psychics: An Essay on the Application of Mathematics to the Moral Sciences*, London: C. Kegan Paul & Co.

Friedman, Milton(1970), "The Social Responsibility of Business is to Increase Its Profits," *New York Times*, Sep. 13.

Greenwald, Bruce C. and Joseph E. Stiglitz(1986), "Externalities in Economies with Imperfect Information and Incomplete Markets," *The Quarterly Journal of Economics*, vol. 101(2), pp. 229~264.

Hart, Oliver and Luigi Zingales(2017), "Companies Should Maximize Shareholder Welfare Not Market Value," *Journal of Law, Finance, and Accounting*, 2, pp. 247~274.

Jevons, William S.(1871), *The Theory of Political Economy*, fifth edition, Cosimo Classics.

Kahneman, Daniel and Amos Tversky(1979), "Prospect theory: An analysis of decision under risk," *Econometrica*, vol. 47(2), pp. 263~291.

Kant, Immanuel(2004), *Fundamental Principles of the Metaphysics of Morals*, The GutenbergeBook.

Kelly, P. J.(1990), *Utilitarianism and Distributive Justice: Jeremy Bentham and the Civil Law*, Oxford University Press.

Kim, Kwangsu(2023), "New Light on Adam Smith's View of Taxation Via the Concept of Equity," *The European Journal of the History of Economic Thought*, pp. 1~21.

Marwell, Gerald and Ruth E. Ames(1981), "Economists Free Ride, Does Anyone Else?: Experiments on the Provision of Public Goods," *Journal of Public Economics*, vol. 15(3), pp. 295~310.

Miller, David(2021), "Justice," The Stanford Encyclopedia of Philosophy(Spring 2025 Edition), Edward N. Zalta and Uri Nodelman (eds.), forthcoming URL=〈http://plato.stanford.edu/archives/spr2025/entries/justicel/〉.

Posner, Richard A.(2014), *Economic Analysis of Law*, 9th ed., Wolters Kluwer Law & Business.

Sandel, Michael(2012), *What Money Can't Buy: The Moral Limits of Markets*, Farrar, Straus and Giroux.

Smith, Adam(1776), *An Inquiry into the Nature and Causes of the Wealth of Nations*, edited by R. H. Campbell and A. S. Skinner, Oxford: Clarendon Press.

______(1976), *The Theory of Moral Sentiments*, edited by A. L. Macfie and D. D. Rafael, Oxford: Clarendon Press.

______(1982), *Lectures on Jurisprudence*, edited by R. L. Meek, D. D. Raphael, and P. G. Stein, Liberty Fund.

Vines, David and Nicholas Morris(2015), "Fixing the Financial System: Adam Smith vs. Jeremy Bentham," Institute for New Economic Thinking, June 9.

제8장

애덤 스미스 정리: 정의가 번영을 이끈다*

주병기

1. 도덕적 인간의 재발견: 사회과학의 출발점으로서의 도덕철학
2. 애덤 스미스의 도덕철학: 동감하는 본능과 공평한 관찰자
3. 애덤 스미스의 사상과 『중용』의 기본정리
4. 『도덕감정론』에서 『국부론』으로 이어지는 애덤 스미스의 사상
5. 공평한 관찰자의 윤리학과 도덕적 행동의 기본원리
6. 자연적 자유의 체계와 보존의 원리
7. 애덤 스미스 정리: 정의가 번영을 이끈다
8. 21세기 자본주의에 주는 시사점

* 본 장은 저자의 2024년 연구논문, "Adam Smith Theorem: Justice Leads Prosperity"(서울대학교 경제연구소 분배정의연구센터의 연구논문 DP2024-09)의 내용을 기초로 작성하였음을 밝혀 둔다.

인간의 행동을 탐구하는 모든 학문의 자연스러운 출발점은 선을 추구하는 도덕적 본성에 대한 탐구라는 것이 고대 철학의 전통이다. 본 장은 애덤 스미스의 '사적 이익을 추구하는 경제활동'을 도덕적 인간관에 기초하여 재조명한다. 그리고 스미스의 도덕철학과 경제학에 대한 통합적 이해를 바탕으로 도덕적 본성의 발전이 물질적 번영, 경제적 풍요를 낳는다는 스미스 사상의 요체를 소개한다. 이를 통해 스미스 사상이 동아시아의 유학, 특히 『중용』의 기본정리와 일치한다는 점을 주목한다. 도덕적 진보가 경제적 번영을 이끈다는 스미스 사상의 요체를 합리적 의사결정론에 기초하여 현대적으로 재구성하는 것이 본 장의 가장 중요한 과제이다. 『국부론』의 자연적 자유의 체계란, 그 속에서 작동하는 시장 시스템과 사익을 추구하는 경제활동이 신중, 인혜와 정의의 조화에 가장 부합하는 경제적 성과로 이어지는 사회의 기본구조를 의미한다. 스미스의 보존의 원리는 자연적 자유의 체계가 존재하고, 개개인이 불완전한 사회의 기본구조를 개선하려는 노력을 지속할 때 실현된다고 말한다. 도덕적 본성을 가진 합리적 의사결정자들이 사회 기본구조의 개선과 그 속에서 작동하는 시장 시스템의 경제활동을 순차적으로 결정하는 가설적 상황, 이른바 원초적 협상에서 도덕적으로 합리적인 의사결정의 균형이 존재하고, 그 균형에서 자연적 자유의 체계가 실현되고, 개개인의 사적 이익을 추구하는 상행위에 대한 도덕적 승인이 이루어지며, 그런 상행위로 작동하는 시장 시스템에서 경제적 번영이 이루어진다는 애덤 스미스 정리가 성립한다.

1. 도덕적 인간의 재발견: 사회과학의 출발점으로서의 도덕철학

> 모든 숙련과 모든 탐구, 그리고 마찬가지로 모든 행동과 합리적 선택은 어떤 선(good)을 추구한다고 생각된다; 그래서 선(the good)은 모든 것이 지향하는 것이라 기술함이 타당하다(Aristotle, *Nicomachean Ethics*, Book I. Chapter I; Roger Crisp, 2004, p. 3; 국문 번역 저자).

인간의 행동에 대한 탐구가 도덕철학에서 출발해야 한다는 것을 아마도 가장 먼저 명확하게 기술한 것은 아리스토텔레스『니코마코스 윤리학』의 첫 구절일 것이다. 인간의 행동은 기본적으로 선, 좋은 것을 목적으로 하는 개개인의 타고난 본성에서 비롯된다. 아리스토텔레스의 합리적 선택은 그 선택 주체에게 좋은 것, 선을 지향하는 행동이다. 따라서 인간의 행동과 그것이 초래하는 사회적 결과를 탐구하는 사회과학의 출발점 역시 도덕철학이 되어야 한다고 볼 수 있다.

경제학은 일반적으로 도덕적 행동과 상반된 행동을 다루는 것으로 알려져 있다. 왜냐하면 소비자, 투자자, 기업 등 경제적 의사결정의 기본단위인 모든 경제주체가 '오직' 사익(self-interest)을 추구한다고 가정하기 때문이다. 그런데 사익을 추구하는 행동은 도덕적 행동에 반하는가? 아리스토텔레스가 말하는 선은 사익에 반하는가? 그렇지 않다는 것을 아리스토텔레스의 윤리학은 분명히 하고 있다. 나에게 이로운 것은 선의 일부이다. 그러나 모든 선이 사적 이익뿐이라고 말할 수는 없다. 바로 이 점이 경제학이 가정하는 경제주체의 행동이 도덕적 행동과 상반된다는 일반적인 인식을 만드는 주된 이유이다. 경제학은 다른 도덕적 동기를 고려하지 않고 그 동기의 일부인 사적 이익에만 집중하여 경제주체의 행동을 탐구하기 때문이다.

이런 차이점을 제외하면 현대 주류경제학의 합리적 선택은 아리스토텔레스가 말했던 것에서 크게 벗어나지 않는다. 개별 경제주체의 합리적 선택에서 출발하여 국가 경제, 무역 그리고 세계 경제의 작동 원리를 탐구한다. 이처럼 모든 경제 현상의 본질은 경제를 구성하는 가장 기본적인 의사결정 단위의 합리적 선택과 행동에 대한 이해를 토대로 설명할 수 있다는 신념이 현대 주류경제학이란 거대한 건물을 지탱하고 있다. 그리고 그 의사결정의 기본단위는 '오직' 사적 이익을 추구하는 호모 이코노미쿠스(Homo Economicus)이다.

호모 이코노미쿠스가 경제학에서 강조되었던 것은 스미스의 『국부론』과 밀접한 관계가 있다. 그래서 인간은 오직 사적 이익을 추구한다는 것이 스미스의 인간관이라고 잘못 이해하는 사람들도 흔히 볼 수 있다. 실제로 『국부론』에서 스미스는 사적 이익을 추구하는 경제활동이 그 사람이 의도하지 않았던 사회적 목적을 달성하게 한다는 점을 강조한다. 다음의 인용문을 보면, 스미스는 더 나아가 개개인이 자애롭고 정의로운 행위와 같이 사회적 이익을 추구하는 것보다 사적 이익만 추구하는 것이 오히려 사회적으로 더 이롭다고까지 말하고, 상인들이 사회적 이익을 추구하지 말아야 한다고 말하기까지 한다.

> 생산물이 최대의 가치를 인정받도록 생산하면서, 그[생산자]는 오직 그 자신의 이익을 추구하는 것뿐이고, 이 경우에도 다른 많은 경우와 같이, 보이지 않는 손에 의해 그가 의도하지 않았던 [사회적 이익의] 목적 달성을 위해 기여하게 된다. … 자신의 이익을 추구하는 것만으로도, 그가 사회의 이익을 증진

하는 효과는 오히려 그가 사회의 이익을 추구할 때보다 더 크다. 나는 지금까지 공공선을 추구하는 사람들에 의해 [사회적으로] 좋은 결과가 얻어지는 경우를 별로 본 적이 없다. 그런 동기는 실로 상인들 사이에서 보기 드물다. 따라서 그런 동기를 갖지 말라고 설득하는 것은 별로 어려운 일도 아니다(Smith, 1776, p. 456; [ ] 저자 삽입).

개인의 이익과 근면을 위한 노력을 국가나 통치자가 대신한다면 잘못된 망상이나 착각에 휘둘릴 수밖에 없다.[1] 따라서 개인이 이익과 근면에 대한 의사결정을 가장 효과적으로 내리도록 하려면 국가나 권위에 의존할 것이 아니라 신중의 덕에 따라 스스로 하게 내버려 두어야 한다. 이런 스미스의 생각은 정보 획득을 위한 비용의 문제, 정보 조작의 문제 등을 고려할 때 매우 자연스런 결론이라 할 수 있다. 사적 정보의 활용에서 시장 시스템과 같은 분권화된 의사결정 체계의 우월성은 현대 경제학자들에게 더욱 강조되고 있다.

그러나 이렇게 스미스가 사회적 이익보다 사적 이익을 우선하는 경제활동을 장려할 수 있는 것은, 이 인용문에서 말하는 바와 같이 보이지 않는 손(invisible hand)이라는 시장 시스템의 기본원리 때문이다. 스미스는 이 원리가 사적 이익을 추구하는 개개인의 경제활동을 조정하고, 결과적으로 개개인이 의도하지 않았지만, 사회적으로 이로운 결과가 만들어지도록 한다고 본 것이다. 따라서 인간의 본성이 호모 이코노미쿠스라고 보았기 때문이 아니라 보이지 않는 손의 원리가 작동하는 이상적인 시장 시스템 안에서는 오히려 사적 이익만 추구해도 괜찮고 그

1 이런 국가의 의무가 부여될 때 "그[국가]는 언제나 셀 수 없는 망상에 노출될 수밖에 없다"(Smith, 1776, p. 687)고 스미스는 주장한다.

것이 사회적 이익이나 도덕적으로 좋은 결과를 얻는 데 더 효과적이라는 의미로 스미스의 주장을 이해할 필요가 있다.

이처럼 보이지 않는 손의 원리가 작동하기 위해 소비자, 노동자 등 개개인의 경제주체는 "정의를 지키는 법[과 공공질서](the laws of justice)를 준수하는 것 이외의 다른 어떤 구속에도 얽매이지 않고 모두가 자신의 이익을, 자기 방식대로, 완전히 자유롭게 추구하고, 자신의 근면 그리고 자본을 투입하여 다른 사람과 경쟁"(Smith, 1776, p. 687)하는 자연적 자유(natural liberty)의 체계가 전제되어야 한다. 신중의 덕에 따라 사적 이익을 추구하는 개개인의 경제활동이 무제한적인 사익추구가 아니라, 자연적 자유의 체계가 부여하는 법과 공공의 규제를 준수한다는 전제하에서 이루어지는 것이다. 즉, 개개인이 자발적으로 법과 공공질서를 준수함으로써, 사적 이익을 추구하는 개별적인 경제활동의 사회적 조정이 자연적 자유의 체계 속에서 이루어지고 궁극적으로 사회적 이익이 실현된다는 것이다.[2] 이러한 법과 공공질서의 자발적 준수를 호모 이코노미쿠스란 가정만으로 설명하기는 어렵다. 그러나 자연적 자유의 체계가 장려하는 사회적 목적이 개개인의 도덕적 본성이 추구하는 것과 일치한다면 그렇지 않다. 바로 그런 도덕적 본성이 스미스 사상의 출발점이다. 좋은 사회를 위해 필요한 인간 본성에 대한 스미스의 생각은 호모 이코노미쿠스와는 전혀 다른 것이다. 이에 대해 아마르티아 센(Amartya Sen)은 이렇게 말한다.

---

2 스미스의 자연적 자유의 체계와 사회적 이익 혹은 경제성장과 발전의 관계에 대한 보다 자세한 설명은 Campbell(1977)을 참조.

그러나 상호 이익이 되는 거래가 [시장에서] 매우 통상적으로 일어난다는 점을 주목했다고 해서 그가 오직 자기애(self-love), 더 넓게는 실로 신중(prudence)만이 선한 사회가 되기 위해 필요하다고 생각했다고 추론할 수는 없다. 실제로, 그는 정반대의 입장을 견지했다. 그는 경제적 구원이 이처럼 유일한 동기에 의존한다고 보지 않았다(Sen, 1987, pp. 23~24; [ ] 저자 삽입).

스미스는 아리스토텔레스 혹은 당대의 도덕철학자들과 같이 인간은 본성적으로 사적 이익만이 아니라 인혜, 정의와 같은 덕성을 조화롭게 추구한다고 생각했다. 『국부론』과 같은 경제 시스템에 대한 탐구도 그에게는 도덕철학적 과제의 중요한 일부였다. 아리스토텔레스의 도덕철학이 인간의 합리적 선택을 다루었던 것처럼 스미스의 도덕철학은 경제주체의 합리적 선택을 다루는 경제활동과 시장 시스템의 탐구라는 스미스 경제학의 자연스러운 출발점이었다.

스미스의 도덕적 인간은 호모 이코노미쿠스처럼 사적 이익을 추구하기도 하지만 타인을 배려하는 인혜와 정의의 덕을 추구하기도 한다. 자연적 자유의 체계 속에서 신중, 인혜와 정의의 덕이 조화를 이루고 사회적 이익이 실현될 수 있다. 그러나 자연적 자유가 제한된 시장 시스템으로 사회적 이익이 실현될 수 없다. 이처럼 불완전한 자유의 체계를 개혁하는 것 역시 도덕적 인간 본성의 역할이다. 가령, 오염되지 않은 자연환경과 같은 공공재는 사적 이익만을 추구하는 호모 이코노미쿠스에 의해 적절히 공급되기 어렵다. 일반적으로 이러한 공공재의 공급과 관리에서 자율적 규약, 유무형의 사회적 규범, 법률, 혹은 국가의 의무가 중요한 역할을 하게 된다. 이처럼 공공의 영역이 존재하는 것은 현실의 인간이 호모 이코노미쿠스가 아니라 도덕적 본성을 가지고 있음을 방증한다고 볼 수 있다.

1990년대부터 많은 행동경제학자들이 현대 경제학의 호모 이코노미쿠스 가정의 문제점과 도덕적 혹은 사회적 동기의 중요성 쪽으로 관심을 돌리기 시작했다. 공공재의 공급과 죄수 딜레마와 같이 호모 이코노미쿠스의 가정이 역설적인 결과를 초래하는 상황에서 실제 사람들은 사적 이익만을 추구하는 것이 아니라 다른 사회적 동기를 반영하여 행동한다는 것이 일반적으로 관찰되는 사실이다. 사적 이익에만 지나치게 집중하고 다른 도덕적 동기 혹은 사회적 동기를 간과하면 현실에서 일어나는 경제주체의 행동, 경제활동과 그 결과를 이해하기 어렵다는 것을 다양한 실험 결과들이 보여 주고 있다. 따라서 아리스토텔레스가 인용문에서 말했던 것처럼 인간의 행동을 설명하기 위해 인간이 추구하는 목적, 선에 대한 탐구가 선행되어야 한다는 점을 행동경제학 연구에서 발견된 사실들이 재확인해 준다고 볼 수 있다. 스미스 사상은 이처럼 도덕철학의 정초 위에 사회과학적 탐구를 진행하는 것이다. 행동경제학을 중심으로 일어나는 이런 경제학계의 변화는 스미스 사상의 원형을 재확립하는 것으로 평가할 수 있다.

2. 스미스의 도덕철학: 동감하는 본능과 공평한 관찰자

도덕적 품성을 키우는 교육은 대체로 모든 행동에 앞서 그 당위성에 대한 가치판단을 내린 후 신중히 행하라고 가르친다. 의식적으로

나 혹은 무의식적으로 그 행동이 마땅히 이루어져야 한다는 내면의 승인, 양심의 검증이 이루어지면 행하라는 것이다. 이런 도덕적 행동은 사람의 타고난 본성에서 비롯되었다고 보는 것이 스미스 도덕철학의 출발점이다.

> [훌륭한 성품을] 우리에게 추천하는 마음 내부의 힘이나 기능은 무엇인가? 어떻게 그리고 어떤 수단으로 마음이 … 한편의 행위는 옳고 다른 … 행위는 그르다고 지칭하며 … 비난, 책망 및 처벌의 대상으로 간주하는가?(스미스, 2016[1759], p. 582).

사람은 어떻게 무엇이 옳은지 자각하게 되는가? 훌륭한 성품에 대한 자각이 어떻게 이루어지는가? 이런 질문에 답하는 체계적인 사고실험과 심리 분석을 통하여,[3] 스미스는 훌륭한 성품을 구성하는 덕성의 내용과 구조, 도덕적 지식, 도덕적 사회의 형성과 발전에 대하여 탐구한다.

사람은 가족, 친구, 동료뿐만 아니라 자신과 관계없는 사람이나 다른 동물에 대해서도 동감한다. 생명과학자들은 대상이 느끼는 감정에 대한 지각과 반응으로 동감을 정의한다. 사람만이 아니라 쥐, 개, 조류 등 포유류와 조류의 다양한 종에서 이런 동감하는 능력이 관찰된다. 동감을 느끼는 대상이 폭넓고 다양하여 매우 높은 동감유연성(empathic flexibility)을 갖고 있는 것이 인간의 장점이다. 최근 연구에 따르면 침팬지 같은 유인원의 행동에서도 인간과 유사한 동감유연성이 관찰된다

3 스미스의 이런 경험적 방법론에 대하여 Raphael(2007) 참조.

(Campbell and de Waal, 2014).

스미스의 동감은 상상을 통하여 타인의 입장에서 타인과 같은 감정을 느끼고 타인 역시 자신과 같은 감정을 느끼기를 바라는 인간의 타고난 본능이다.

> 상상력을 통해 우리는 스스로를 그의 처지로 바꿔놓고, 스스로 모든 동일한 고통을 겪는 것처럼 상상한다. 말하자면, 타인의 신체에 들어가서 어느 정도 그와 동일한 인물이 된다.
>
> 이것으로부터 우리는 그가 느끼는 감각이 무엇인가에 관한 일부 관념을 형성하며, 비록 강도는 약하지만 그가 느낀 감각과 거의 다르지 않은 어떤 기분을 느끼기조차 한다. 그러므로 우리가 그의 고통을 절실히 느끼고 이를 채택하여 우리 자신의 것으로 삼을 때 그 고통은 마침내 우리에게 영향을 미치기 시작하며, 이때 우리는 그가 느끼고 있는 것을 생각하고는 전율하며 몸서리친다(스미스, 2016[1759], p. 88).

이처럼 동감하는 본능에 따라 인간은 자신의 감정과 행동을 타인의 동감을 얻을 수 있는 방식으로 조율한다. 사회적 상호 관계 속에서 타인과의 동감을 교환하고 상호 간에 적응하는 경험을 지속하면서 자신의 행동을 '객관적인 관점'에서 바라볼 수 있게 된다. 어느 쪽에도 치우치지 않은 공평한 관점에서 사태를 평가하는 공평한 관찰자와 같은 양심이 마음에 자리 잡는다. 이처럼 공평한 관찰자의 양심이 훌륭한 품성이 형성되기 위해 중요한 역할을 한다. 도덕적으로 훌륭한 품성을 위해 스미스는 공평한 관찰자의 불편부당성(impartiality)을 강조한다. 공평한 관찰자는 편파적인 입장과 상황이 야기하는 편견으로부터 자유로워야 하고, 문화적·관습적·민족적 파당성으로부터도 자유로워야 한다.

스미스의 도덕철학은 도덕과학이라 할 수 있을 정도로 과학적 탐구를 닮았다. 도덕적 본성은 사람의 생물학적 본능으로부터 형성된 자연스런 결과이다. 타인으로부터 인정받는 것을 욕망하고, 타인과의 동감을 추구하는 인간이란 종의 본능이 인간의 도덕적 본성의 기원이다. 인정의 욕망과 동감하는 본능이 어떻게 인간 내면의 도덕적 판단을 유발하고 인간의 감정과 도덕적 행동으로 이어지는가에 대한 관찰, 사고실험과 귀납적 추론이, 그의 도덕철학을 집대성한 『도덕감정론』에서 일관된 과학적 방법론이다(Haakonssen, 2006; Konow, 2012). 동감하는 본능을 가진 사람들이 모여 사회를 구성하고 관계를 맺는 과정에서 서로의 행동을 관찰하고 상호 간에 적응하게 된다. 이런 경험이 축적되면서 조화로운 관계가 형성되고 사회가 지속될 수 있게 된다. 이처럼 조화로운 관계는 도덕적 성품, 덕성의 발전으로 이루어진다. 이렇게 덕성의 발전이 이루어지는 과정에서 사람의 내면에 있는 공평한 관찰자의 심판과 승인(approbation)이 중요한 역할을 한다.

스미스는 『도덕감정론』에서 공평한 관찰자를 '양심'(conscience), '가슴에 있는 사람'(the man within the breast) 등 다양한 의미로 서술한다. 분명한 것은 공평한 관찰자를 무관심한 방관자(indifferent bystander)로 볼 수는 없다는 점이다. 공평한 관찰자에 대하여 '공평한 심판자이어야 할 사람'(supposed impartial judge), '공평하고 충분한 정보를 가진 관찰자'(supposed impartial and well-informed spectator)와 같은 표현은 공평한 관찰자가 완전하지 않은 보통 사람의 양심과 유사한 의미로 이해될 수 있다. 그러나 이러한 양심이 완전한 지성과 완전한 정보를 통해 발휘될 것을 요구하기도 한다. 그래서 스미스의 공평한 관찰자를 신과 같이 완전한 지성과 정보를 가지고 판단하는 완전한 심판자로 이해해야 한다고 주장할 수도 있다.[4]

> 관찰자와 당사자 사이에 어떤 감정의 일치가 있을 수 있는 그러한 모든 경우에서, 관찰자는 무엇보다도 가능한 한 당사자의 상황에 서서 곤란에 처한 사람에게 발생할 수 있는 모든 사소한 고통의 사정마저도 진지하게 자신의 일처럼 느끼고자 노력해야만 한다. 관찰자는 아주 사소한 사건들마저 염두에 두면서 그의 동료가 처한 모든 경우를 진지하게 고려해야 하며, 그의 동감의 기초가 되는 상상을 통한 상황의 교환을 가능한 한 완벽하게 수행하려고 노력해야 한다.

> 자신이 실제로 곤란을 겪는 사람이 아니라는 생각이 계속해서 마음에 밀려들어온다. … 이러한 관념이… 수난을 겪는 사람이 느끼는 것과 동일한 수준의 격렬함에 접근하는 것을 방해한다. 당사자는 이 점을 알고 있으며, 동시에 더욱 완전한 동감을 열렬히 희구한다(스미스, 2016[1759], p. 112).

스미스의 공평한 관찰자에 대하여, Klein *et al.*(2018)은 지성과 정보의 완전함[5]과 인식의 외연,[6] 이 두 가지 기준을 이용하여 가장 낮은 수준의 무관심한 방관자, 가장 높은 수준의 전지전능한 심판자, 둘 사이에 있는 보통 사람의 양심 등 질적으로 차별화된 다양한 공평한 관찰

---

4 공평한 관찰자에 대한 다양한 해석에 대하여 Campbell(1971), Evensky(1987), Rawls(2000) 참조.

5 인용한 논문은 이를 'intelligence'라 했다.

6 인용한 논문은 이를 'beneficialness toward larger wholes'라 했다.

자를 구분한다. 낮은 단계의 공평한 관찰자에서 높은 단계로 발전하는 과정에서 관찰자는 그가 상대하는 타인과의 감정의 일치(correspondence of sentiments)에 도달하게 된다. 이러한 감정의 일치에 이르기 위해 타인이 겪는 상황과 타인의 감정에 대한 완전한 정보의 중요성이 위 인용문에 잘 나타난다.

이처럼 동감을 추구하는 본성과 공평한 관찰자의 조절을 통해 인간의 내면에 덕성이 발전하게 된다. 자신의 혹은 타인의 안녕과 쾌락을 추구하도록 하는 덕성을 스미스는 세 가지로 구분한다. 첫째는 자신의 안녕과 쾌락을 추구하도록 하는 신중(prudence)의 덕이다. 신중의 덕은 무절제한 쾌락이 아니라 현명하게 절제된 쾌락이라 할 수 있다. 신중을 스미스는 이성(reason)과 이해(understanding) 그리고 자율(self-command)의 결합이라고 설명한다(Smith, 1976). 둘째는 타인의 안녕과 쾌락을 추구하도록 하는 인혜(benevolence, beneficence)의 덕이다. 셋째는 개개인의 혹은 타인의 안녕과 쾌락을 해치는 것을 혐오하는 정의(justice)의 덕이다(Smith, 1976).

스미스의 도덕철학에서 개개인의 도덕적 진보는 신중, 인혜와 정의의 덕성이 조화롭게 발전하는 과정에서 이루어진다. 여러 덕성이 조화를 이룰 때 개별적인 덕성도 수월성을 갖게 된다. 스미스는 '수월성을 지닌' 신중(superior prudence)을 저급한 신중과 구분한다. 개인적인 기쁨을 추구하는 것만이 아니라, 인혜, 정의, 용기, 자율 등 다른 덕과 조화를 이루고 또한 이성의 지혜가 결합되어야 최고의 신중으로 발전할 수 있다고 말한다.

스미스의 도덕철학에서 사회와 경제의 번영은 도덕적 발전과 독립된 것이 아니라 밀접하게 관련된 것이다. 경제적 번영에 대한 탐구, 『국부론』이 그의 도덕철학의 일부라 볼 수 있는 것이다. 그래서 『국부론』에서 그가 논증하게 될 핵심적인 결론이 『도덕감정론』에서 다음과 같이 소개되고 있다.

> 그[거만하고 몰인정한 지주]의 위의 용량은 그의 욕망의 무한성에 전혀 비례하지 않으며, 단지 가장 비천한 농부의 위의 용량 정도만을 수용할 것이다. 그 나머지를 그는 가장 고상한 방법으로 자신이 소비할 약간의 식량을 마련하는 사람들에게, 이 약간의 식량이 소비되는 장소인 대저택을 갖추어 주는 사람들에게, 권세가의 경제활동에 사용되는 모든 다양한 자질구레한 물품들을 공급하고 정리하는 사람들에게 분배하지 않을 수 없다.
>
> 이런 식으로 이들 모두 생활필수품의 자신의 몫을 지주의 사치와 변덕에서 얻어내며, 지주의 인간애나 정의감에서 기대하는 것은 헛된 일이다. ….
>
> 그들은 보이지 않는 손에 인도되어 **대지가 모든 주민에게 똑같은 몫으로 분할되었을 경우에 이루어졌을 것과 거의 동일한** 정도의 생활필수품의 분배를 하게 된다. 그리하여 이를 의도하거나 인식하는 일 없이 **사회의 이익**을 촉진시키고 **종족 번식**의 수단을 제공한다(Smith, 1976, pp. 417~418; [ ] 및 굵은 글씨체 저자 삽입).

결론적으로 도덕철학자로서 그의 궁극적인 문제의식은 바로 도덕적 발전과 경제적 번영 사이에 존재하는 정의 관계를 규명하는 것이라 할 수 있다. 이런 관계는 동아시아의 정치철학과 윤리학의 전통에서도 잘 나타난다.

3. 애덤 스미스의 사상과 『중용』의 기본정리

인간의 도덕적 본성이 타고난 마음에 내재한다는 스미스의 생각은 고대 동아시아의 유학에서 이어져 왔던 도덕철학의 전통과 일치한다. 『중용』은 천지만물 혹은 우주의 기본원리에 따라 타고난 본성이 인간의 마음에 내재해 있다는 공리로부터 시작한다.

> 천(天)이 명하는 것, 그것을 일컬어 성(性)이라 하고, 성을 따르는 것, 그것을 일컬어 도(道)라 하고, 도를 닦는 것, 그것을 일컬어 교(敎)라고 한다. … 희노애락이 아직 발현되지 않은 상태를 중(中)이라 일컫고, 그것이 발현되어 상황의 절도(節度)에 들어맞는 것을 화(和)라고 일컫는다. 중이라는 것은 천하의 큰 근본이요, 화라는 것은 천하 사람들이 달성해야만 할 [그 근본을 따르는] 길[도]이다. 중과 화를 지극한 경지에까지 밀고 나가면, 천과 지가 바르게 자리를 잡을 수 있고, 그 사이에 있는 만물이 잘 자라나[번영하]게 된다[7](『중용』, 김용옥, 2019, p. 45; Ames and Hall, 2001; [ ] 저자 삽입).

『중용』에서 희노애락의 감정이 발현하여 절도에 맞는 감정으로 나타나는 것을 '화'(和)라 한다. 스미스의 공평한 관찰자가 사람과 사람 사이의 감정의 일치와 조화를 찾아가는 것은 이런 화에 접근하는 것이라 할 수 있다. 화의 경지에 도달하는 과정은 성을 따라 도를 닦는 지난한 수행의 연속이다. 그 경지에 도달하여 사회의 도덕이 바로 설 때, 천지

7 Ames and Hall(2001)의 번역 참조. "When equilibrium and focus are sustained and harmony is fully realized, the heavens and earth maintain their proper places and all things flourish in the world."

만물의 질서도 바로 잡히고, 물질적 번영이 이어진다는 것이 『중용』이 표방하는 도덕철학의 기본정리이다.

『중용』은 도덕적 진보가 물질적 번영으로 이어진다는 명제를 담고 있는 아마도 인류 최초의 저술일 것이다. 스미스 사상의 요체도 바로 이 『중용』의 기본정리와 일치한다는 것이 여기서 살펴보게 될 주요 결론이다.

스미스의 도덕철학에서 인간의 마음속에 있는 양심 혹은 공평한 관찰자가 있는 것처럼 동아시아의 도덕철학에서도 인간의 마음속에 있는 도심(道心)을 강조한다. 주자학에서 인심(人心)이란 인간의 신체적 기운에서 나타나고 도심은 선천적인 본성에서 나온다. 도심은 도덕적 본성이 있는 마음이고 덕성을 발전시키는 마음이다. 도심은 인간의 내면에서 스미스의 공평한 관찰자, 양심과 같은 역할을 한다.

> 누구나 … 개인의 사사로운 기운이나 감정에서 생기는 사람의 마음[인심(人心)]이 없을 수 없다. 또한 사람은 누구나 … 본래 타고난 천성 그대로에 기인하는 우주 자연의 마음[도심(道心)]을 지니고 있다. 인심과 도심이 … 한 치 크기의 조그마한 마음 가운데 섞여 있다. 그러나 마음 다스리는 법을 모르면, 위태로운 인심은 더욱 위태롭게 되고, 은밀하게 드러나는 도심은 더욱 은밀하게 되어 우주 자연의 공평한 이치가 끝내 사람의 사사로운 욕망을 이겨내지 못하는 상황이 발생할 수 있다.
>
> … 변함없이 한결같이 하는 것[정일(精一)]은 그 본래 마음의 공정함, 즉 도심의 바란 것을 지켜서 떠나지 않는 작업이다. … 그 가르침에 따라 잠시도 중단하지 않고 실천하여 반드시 도심이 항상 우리 인간의 몸의 주체가 되게 하고 인심이 매사에 도심에 순종하게 할 필요가 있다(『중용』, 신창호, 2015, p. 167).

따라서 순수하게 양심에 따라 행동하는 것이 무절제해지기 쉬운 인심을 도심에 따라 절제하고 선으로 향하게 하는 것이다. 주희의 '정일'(精一)이란 위태로운 인심을 도심으로 바로 잡아 '화'를 이루도록 하는 수양이다. 따라서 스미스에게 사람과 사람 사이의 감정의 일치를 이루고 감정의 적정성을 유지하는 완전한 공평한 관찰자의 양심에 가까워지는 것이 곧 『중용』에서 강조하는 도덕적 진보의 과정이자 사회의 질서가 바로 잡히고 『국부론』에서 말하는 물질적 번영이 이루어지는 길이다.

이처럼 도덕적 본성이 발전하고 정일의 경지에 도달하기 위한 수도의 과정에서 중요한 역할을 하는 것이 인정을 추구하는 인간의 욕망 그리고 동감하는 본능이다. 타인의 입장을 미루어 짐작함으로써 마음의 중심을 잡는 충서(忠恕)는 『중용』이 강조하는 수양의 기본지침이다.

> 충서는 도로부터 멀리 있지 아니하다. 자기에게 베풀어 보아 원하지 아니하는 것은 또한 남에게도 베풀지 말지어다. … 자식에게 바라는 것으로써 아버지를 잘 섬겼는가? … 신하에게 바라는 것으로써 임금을 잘 섬겼는가? … 아우에게 바라는 것으로써 형님을 잘 섬겼는가? … 붕우에게 바라는 것을 내가 먼저 베풀었는가? …(『중용』, 김용옥, 2011, pp. 353, 364).

스미스의 도덕철학이 강조하는 인간의 동감 본능은 『중용』에서도 도덕적 본성과 훌륭한 성품의 형성을 위해 중요한 역할을 한다.

이러한 동감 본능을 통해 발전하게 되는 도덕적 본성을 동아시아의 도덕철학은 오상(五常) 인(仁), 의(義), 예(禮), 지(智), 신(信)으로 구분한다. 인과 의는 스미스의 인혜와 정의와 같은 개념으로 볼 수 있다.

인, 예, 그리고 지가 스미스의 신중을 포괄한다고 볼 수 있다. 자신의 안녕과 쾌락을 추구할 수 없는 사람이 타인의 안녕과 쾌락을 추구할 수 없다. 타인의 안녕과 쾌락에 대한 지각은 자신의 안녕과 쾌락의 경험을 활용한 동감으로부터 발생할 수 있기 때문이다. 따라서 인은 자신의 안녕과 쾌락을 추구하는 신중과 관련된다. 그러나 쾌락은 적정함을 자율적으로 통제하는 예를 벗어날 수 없고, 안녕과 쾌락에 대한 현명한 통찰, 지(혜)에 따라야 한다. 지는 사물의 작동 원리에 대한 바른 통찰이 이루어지도록 하고 이런 통찰 없이 자신의 안녕과 쾌락을 추구할 수 없다. 이처럼 스미스는 신중을 자율과 이성의 결합이라고 말한다(Smith, 1976).

예와 지는 또한 스미스의 자율의 덕을 내포한다. 예의 적정함을 추구하기 때문에 인간은 스스로 덕성을 발전시키고 실행하도록 노력한다. 이런 예의 적정함을 추구하는 덕성이 관혼상제의 의례, 일상의 예절, 공동체의 규약, 상도덕 등 유무형의 규범과 제도를 탄생시킨다.

이제 스미스가 어떻게 『중용』의 기본정리와 같은 결론을 도출하는가에 초점을 맞추어 논의를 전개하도록 하자. 이를 위해 앞서 말했듯이 스미스의 두 저작, 『도덕감정론』과 『국부론』을 통합적으로 이해할 수 있어야 한다.

4. 『도덕감정론』에서 『국부론』으로 이어지는 애덤 스미스의 사상

스미스는 현세의 행복과 물질적 만족에 반하고 내세의 행복 혹은 신학적 의무에 봉사하도록 가르치는 중세철학과 동시대의 도덕철학에 대하여 위선적이고 부패하다고 신랄하게 비판한다.[8] 반대로 도덕적 완결성과 현세의 행복을 하나로 보는 고대 그리스 철학의 전통을 도덕철학의 출발점으로 삼는다. 그래서 현세의 행복과 국가의 번영이 지속될 수 있는 경제 질서에 대한 탐구는 그의 도덕철학의 과제와 밀접히 관련될 수밖에 없다. 개인이 누리는 현세의 행복 그리고 국가 발전과 번영을 이끄는 훌륭한 성품과 도덕적 진보에 대하여 탐구하는 것이 스미스 도덕철학의 과제이다.

『도덕감정론』에서 사적 이익을 추구하는 신중은 훌륭한 성품에서 빠질 수 없는 매우 중요한 덕이다. 물론 이뿐만 아니라 타인의 기쁨과 고통을 추구하는 인혜와 정의의 덕이 조화롭게 발전해야 한다. 타인과의 동감을 교류하는 사회적 관계 속에서, 개개인의 마음속 양심, 공평한 관찰자(impartial spectator)가 조화로운 덕성의 발전을 이루고 평범한 사회인이 훌륭한 성품의 신사(gentleman) 혹은 군자에 가까워진다. 이처럼 신중, 인혜, 그리고 정의의 덕이 조화롭게 발전하는 과정은 공평한 관찰자가 그 사람의 감정과 행동을 자율적으로 조절하고 타인에게 인정받을 수 있는 적정성을 유지하는 지극한 노력, 수행의 연속이

8 이와 관련하여 Smith(1776), p.1028을 참조.

다. 타인과의 사회적 관계 속에서 공평한 관찰자의 (도덕적) 승인(moral approbation)이 이루어지도록 감정을 표출하고 행동할 때 훌륭한 성품이 만들어진다. 이렇게 훌륭한 성품을 만드는 노력을 하게 되는 동기는 인정의 욕구와 동감하는 본능에서 만들어지고 지속된다. 이와 같은 도덕적 발전은 개인의 행복으로 이어질 뿐만 아니라 경제발전과 물질적 번영을 이끈다는 것이 『도덕감정론』과 『국부론』을 통해 스미스가 논증하고 있는, 스미스 사상의 요체라 할 수 있다.[9] 따라서 스미스는

> 완전한 정의, 완전한 자유 그리고 완전한 평등을 확립하는 것이야말로 모든 계급에 가장 높은 번영을 보장하는 매우 간단한 비결이다(Smith, 1776, p. 669).

라고 말한다.

지금부터는 이런 스미스 사상의 요체를 현대 주류경제학, 특히 '합리적 의사결정론'과 '균형이론'에 입각하여 재조명할 것이다. 스미스의 도덕철학과 경제학의 통합적 이해를 통해 『도덕감정론』과 『국부론』의 결론이 '애덤 스미스 정리'의 형태로 결합될 것이다. 바로 이것이 『중용』의 기본정리와 비교할 수 있는 스미스 사상의 요체이다.

지금까지 알려진 통념에 반하여, 현대 경제학은 호모 이코노미쿠스의 합리성을 위한 도구만이 아니라, 스미스의 도덕철학과 경제학을 통합적으로 이해할 수 있게 하는 매우 유용한 도구라는 점도 알 수 있을 것이다.

---

9 이와 관련하여 스미스 사상의 통합적 이해를 심도 있게 다룬 김광수(2015)를 참고할 것.

1) 원초적 협상

스미스는 『도덕감정론』과 『국부론』에서 개개인과 사회의 도덕적 발전, 자원 배분을 통한 물질적 필요의 충족, 자원 배분과 삶의 질에 영향을 미치는 사회 기본구조의 개선, 그리고 그 기본구조 속에서 이루어지는 개개인의 경제활동과 시장 시스템의 작동 원리에 대하여 순차적으로 탐구한다. 이 모든 문제에서 개개인이 '합리적 의사결정의 원리'에 따라 내리는 선택과 행동을 탐구한다. 모든 선택과 행동을 지배하는 최종의 심판자는 그 사람의 마음속에 있는 양심, 공평한 관찰자이다. 공평한 관찰자의 합리적 선택이란 그의 양심이 가르치는 선의 지침에 가장 부합하는 선택이다.

도덕적 발전은 사회적 관계 속에서 개개인이 최대한 완전에 가까운 동감을 형성할 수 있도록 양심을 키운다. 그 양심은 모든 사람이 동감하는 공통의 선의 지침이라 할 수 있다. 이것을 구성원 개개인의 사적 이익을 공평하게 집계하는, 경제학에서 사회 후생(social welfare)의 척도라고 부르는 지표로 나타낼 수 있는데, 이에 대해서는 뒤에 더 자세히 설명할 것이다.

이렇게 모든 사람의 완전한 동감을 이끄는 양심, 공평한 관찰자의 합리적 의사결정에 따라 사회의 기본구조를 개선하는 노력이 이루어진다. 그리고 그렇게 개선된 사회의 기본구조 속에서 시장 시스템이 작동한다. 그 양심은 사회의 기본구조를 개선함과 동시에 그 양심의 소유자가 시장 시스템 안에서 결정하는 선택과 행동, 경제활동의 지침까지도 결정한다. 개개인의 양심이 추구하는 선을 시장 시스템에서까지 개개인이 추구해야 한다고 스미스는 말하지 않는다. 앞서 보았듯이, 정반대로 사적 이익을 추구하는 것이, 인혜, 정의, 혹은 사회적 이익을 추구하는 것보다 오히려 좋은 결과를 만들어 낸다고 말한다. 설사 이런 행동의 지침을 내리는 양심, 공평한 관찰자가 사적 이익과 상충하는 사회적 이익을 추구하더라도 말이다. 시장에서 사적 이익을 추구하는 전략이 그 공평한 관찰자의 목적에 더 부합하는 결과를 가져온다는 뜻이다. 이렇게 모든 사람이 시장에서 사적 이익을 추구한 결과, 자연적 자유의 체계란 이상적인 사회의 기본구조 때문에, "마치 세상의 모든 토지가 균등하게 만인에게 배분되었을 때와 마찬가지의 공평한 배분이" 이루어져서 가장 선한 결과가 발생한다. 바로 이것이 그의 양심, 공평한 관찰자가 사적 이익을 추구하는 경제활동을 승인하는 합리적 이유가 된다.

스포츠 경기에 비유하면, 비록 선수의 양심이 자신의 이익만을 추구하는 것이 아니라, 같은 팀 동료와 상대 팀 선수의 이익 그리고 관중의 이익을 포괄하는 사회적 이익을 추구하는 것이라 하더라도, 경기에 임해서 선수 개개인은 마치 자신의 이익만 추구하는 것처럼 치열하게 경쟁하고 승리하기 위해 모든 노력을 기울인다. 이렇게 경기에 임할 때, 오히려 경기의 사회적 효용, 많은 관중이 감동할 수 있는 수월한 기량의 실현, 공정한 경합과 같은 결과가 효율적으로 만들어진다. 물론 이처럼 효율적인 결과가 나오도록 경기의 규칙과 단체의 규정이 잘 설계되었다는 전제가 필요하다. 자연적 자유의 체계와 같이 잘 설계된 규칙과 규정 속에서, 궁극적으로 각 선수의 양심이 추구하는 사회적 이익에도 부합하는 결과를 얻을 수 있다면, 이를 사전에 (합리적으로) 예상하여 선수 각자의 양심은, 경기에 임해서는 기꺼이 사적 이익을 추구하라는 지침을 자신에게 내릴 것이다.

위에서 말한 공평한 관찰자의 원리는 인간의 도덕적 본성과 합리적 선택에 따라 개개인이 내리는 판단과 행동에 대한 스미스의 과학적 탐구를 통해 얻어진다. 『도덕감정론』은 지속적인 사회적 상호 관계 속에서 공평한 관찰자의 원리에 의해 개개인의 마음에서 이루어지는 도덕적 본성의 발전에 대하여 체계적으로 설명한다. 그리고 공평한 관찰자가 추구하는 선이 개개인의 도덕적 발전에만 그치지 않고 사회적 발전과 경제적 번영으로 이어진다는 것이 『국부론』이 논증하는 결론이다. 공평한 관찰자의 합리적 선택과 도덕적 본성의 발전은 사회의 기본구조의 개선 그리고 경제적 상호 관계와 독립된 것이 아니라, 순차적으로 연결된 하나의 거대한 협상으로 볼 수 있다. 스미스 사상의 통합적 이해는 바로 이 거대한 순차적 협상, **원초적 협상**을 이해하는 것이다.

존 롤스(John Rawls)는 다양한 사회적 혹은 경제적 상호 관계의 문제 이전에 이런 개별적인 상호 관계를 둘러싼 사회의 기본구조에 대한 협상을 분석한다(Rawls, 1958). 사회의 기본구조에 대한 공정하고 합리적 협상을 통해 (그 사회의 기본구조의 정초가 될) 정의의 원칙이 결정된다. 이렇게 정의의 원칙에 대한 합의가 이루어지는 협상을 롤스는 최상위 게임(the highest order game)이라 부르고, 그 협상으로 형성된 사회의 기본구조 속에서 벌어지는 다양한 개별적인 상호 관계의 문제, 계약, 협상, 거래 혹은 경쟁의 상황을 특수 게임(particular games)이라 한다. 원초적 협상은 바로 롤스의 최상위 게임과 특수 게임이 순차적으로 이루어지는 협상과 유사하다. 그리고 원초적 협상의 마지막 단계, 시장 시스템은 롤스의 특수 게임과 같다. 롤스의 최상위 게임에서 인간은 사적 이익만을 추구하는 합리적 의사결정자이다. 그러나 스미스의 원초적 협상에서 인간은 도덕적 본성에 기초하여 공평한 관찰자의 원리에 따라 양심을 발전시키고 그 양심이 나타내는 선의 가치를 추구하는 합리적 의사결정자이다. 그 양심이 시장 시스템에서 그가 따를 행동의 지침을 내리고 그 지침에 따라 행동하는 유연하고 자율적 역량도 인간의 도덕적 본성에 내재해 있다.

롤스는 특수 게임이 어떻게 작동하는가에 대한 문제, 특히 시장 시스템과 같은 중대한 특수 게임을 탐구하지는 않는다. 최상위 게임에서 합의된 원칙, 사회의 기본구조가 어떻게 특수 게임을 통해 실현 가능한가의 문제가 롤스의 원초적 협상에 대한 분석을 통해 완전히 해소되었다고 보기는 어렵다. 그러나 스미스는『국부론』을 통해 시장의 작동 원리, 그리고 시장과 다른 사회의 기본구조와의 관계를 규명함으로써 원초적 협상에서 합의된 도덕적 진보가 자연적 자유의 체계와 그 안에서 작동하는 시장 시스템을 통해 실현 가능하다는 결론을 도출한다.

스미스에게 도덕적 진보는 사회계약에 의해 결정되는 것이 아니라 도덕적 본성을 가진 인간이 사회적 상호 관계 속에서 사회적 인정과 동감을 추구하는 공평한 관찰자의 합리적 의사결정을 통해 이루어진다.『국부론』에서 스미스는 자신의 삶을 개선하려는 인간의 본능(생활개선 본능)에 따라 사회의 기본구조의 개선이 지속되고 궁극적으로 자연적 자유의 체계에 수렴한다고 주장한다. 이와 같은 주장은 최상위 게임에 대한 롤스의 분석, 즉 사적 이익을 추구하는 사회 구성원 간의 합리적 합의를 통해 정의의 원칙이 결정되고 그것을 정초로 사회의 기본구조가 형성된다는 롤스의 논변과 비교될 수 있다.

앞으로 살펴보게 될 원초적 협상은, 이러한 스미스의 제도 개혁에 대한 논변을 시장 시스템의 작동 원리와 함께 단일한 문제(모형)에서 나타낼 수 있도록 해준다. 『국부론』이 단순히 시장 시스템의 작동 원리만을 다루는 것이 아니라 그 시장을 둘러싼 사회제도의 개선 그리고 그렇게 개선된 사회제도와 시장의 상호 작용도 함께 다루고 있다. 원초적 협상은 바로 이런 점을 현대 경제학의 모형이란 형식으로 분명히 나타낸다. 합리적 선택의 원칙과 균형 분석이란 경제학 방법론을 활용하여 원초적 협상을 분석하고, 스미스의 사상을 현대적으로 재조명할 수 있다는 점을 설명할 것이다.

지금부터 원초적 협상에 대하여 보다 상세하고 명확한 정의를 제시하고 원초적 협상에서 개개인의 합리적 의사결정과 그것이 도출하는 결과에 대해 살펴볼 것이다. 개개인의 합리적 의사결정과 신고전학파 경제학의 균형이론을 바탕으로 원초적 협상의 결과를 도출할 것이다. 이를 요약하면 『도덕감정론』의 도덕적 본성, 즉 신중, 인혜, 그리고 정의의 조화로운 발전을 추구하는 공평한 관찰자는 구성원 개개인이 자연적 자유의 체계를 구현하는 제도 개혁을 지속하게 하고, 시장 시스템의 경제주체로서, 『국부론』에서 설명하듯이 사적 이익을 추구하게 한다. 이를 통해 개개인의 도덕적 발전이 경제적 번영을 결과하는 합리적 선택의 균형이 이루어진다. 이것이 스미스의 사상의 요체를 담고 있는 '애덤 스미스 정리'이다.

2) 원초적 협상과 애덤 스미스 문제

스미스는 『국부론』에서 경제주체 개개인의 사적 이익을 추구하는 상행위를 강조한다. 시장 시스템에서 개개인은 사적 이익만을 추구할 뿐이고 구태여 타인을 배려하지 않는 것이 좋다고 말하기도 한다. 따라서 이런 경제주체의 행동은 『도덕감정론』에서 말하는 훌륭한 성품과 상반된다는 주장이 충분히 제기될 수 있다. 이렇게 두 저술에서 그리는 인간 본성이 서로 상충하는 문제가 19세기 독일에서 제기된 이른바 애덤 스미스 문제(Das Adam Smith Problem)이다. 모로(Glenn R. Morrow)를 비롯하여 여러 스미스 연구자들에 따르면, 『국부론』의 경제주체가 자연적 자유의 체계가 부여하는 규율과 의무를 준수한다는 제약하에서 사적 이익을 추구하므로, 신중의 덕이 인혜와 정의의 덕과 조화롭게 발전하는 결과로 이어진다. 따라서 이들은 애덤 스미스 문제는 문제가 될 수 없다고 주장한다. 『국부론』에서 스미스가 사적 이익이라는 동기를 강조할 수밖에 없었던 또 다른 이유에 대하여 모로는 개인의 권리와 자유를 강조하는 당시의 사회사상을 표현하기 위한 것이라고도 말한다(Morrow, 1927, p. 331).

이처럼 애덤 스미스 문제는 실재하지 않는다는 스미스 학자들의 주장에도 불구하고 사적 이익을 추구하는 경제활동에 대한 그 사람의 마음속 공평한 관찰자의 도덕적 승인과 같이, 스미스 도덕철학의 인간 본성론과 덕 윤리에 충실한 설명이나 논증이 『국부론』에 명확히 제시되어 있지 않은 것은 분명한 것 같다. 이런 관점에서 애덤 스미스 문제가 해결되지 않았다는 반론의 여지는 여전히 남아 있다. 가령, 바이너(Jacob Viner)는 인혜와 동감의 역할을 『국부론』의 어디서도 찾을 수 없고 도덕적 본성의 역할이 평가절하되므로 두 저작에서 제시된 인간 본성의 차이점은 인정해야 한다고 주장한다(Viner, 1927). 오테슨(James R. Otteson) 역시 비슷한 반론을 이어 가며, 기본적으로 애덤 스미스 문제를 부정하는 모로와 같은 스미스 연구자들이 서로 상충하는 것처럼 보이는 두 저작의 인간 본성론을 일관된 체계 속에서 설명하지 못한다고 비판한다. 그가 생각하는 문제의 핵심은 "『도덕감정론』에서 스미스가 나타내는 도덕적 본성은 네 가지 독립된 덕의 균형을 요구하지만 이와 같은 본성은 『국부론』에서 찾아볼 수 없다는 점이다"(Otteson, 2000, p. 69).

그러나 이런 바이너, 오테슨 등의 비판도 피해 갈 수 있다는 것이 본 장의 결론의 일부이다. 스미스 도덕철학과 경제학을 통합적으로 다루는 원초적 협상을 분석함으로써 신중, 인혜와 정의의 조화로운 발전을 추구하는 공평한 관찰자가 자연적 자유의 체계를 뿌리내리게 하고, 시장 시스템에서 사적 이익을 추구하는 그 자신의 경제활동을 도덕적으로 승인한다는 결론을 얻게 될 것이다.

5. 공평한 관찰자의 윤리학과 도덕적 행동의 기본원리

합리적 선택론은 인간의 행동에 대한 오랫동안 뿌리내린 사고 틀이다. 인간이 지향하는 어떤 목적이 존재하고 그 목적에 부합하는 최선의 선택이 행동을 결정한다는 것이다. 이를 잘 보여 주는 것이 본 장의 서두에서 인용한 『니코마코스 윤리학』의 첫 구절이다. 스미스의 도덕철학 역시 이런 합리적 선택론에 기초하여 인간의 행동을 설명한다. 자연적으로 부여받은 도덕적 본성이 추구하는 행동의 지향점으로서 선이 존재하고, 인간의 행동은 그 지향점에 가장 부합하는 방향으로 이루어진다. 더 나아가, 스미스는 개개인의 행동이 추구하는 선의 지향점이 불완전하고 가변적일 수 있다는 점과 그 불완전한 지향점을 완전하게 하는 과정까지도 도덕적 본성에 기초하여 설명한다. 사회적 관계 속에서 개개인의 불완전한 목적과 그 목적을 위한 행동이, 사람이 타고난 동감하는 본능과 마음속 공평한 관찰자의 평가라는 심리적 기제를 통해 성숙하는 전체 과정을 체계화하는 것이 스미스 도덕철학이다.

인간의 행동이 추구하는 목적을 규명하려면 인간이라는 종의 자연적 본능과 본성을 이해해야 한다는 것이 스미스가 견지하는 과학적 접근법이다. 동감하는 능력과 자신의 행동을 관찰하고 평가하고 승인하는 마음속 공평한 관찰자의 자연적 본성, 그리고 이와 함께 형성된 도덕적 본성이 인간의 행동이 지향하는 목적, 선을 결정하는 원초적 요인이다.

도덕적 본성에 대하여, 스미스는 훌륭한 품성이 신중, 정의, 인혜, 자율(自律, self-command) 등의 덕성이 조화롭게 발전하면서 형성된다고 말한다. 여기서 신중은 자기 자신의 기쁨, 안전, 행복을 돌보는 덕성이고 정의와 인혜는 자신만이 아니라 타인의 기쁨, 안전, 행복까지도 돌보는 덕성이다.

사람은 자신의 신체를 보존하고 건강을 유지하는 등 자신을 돌보는 일에서부터, 재산과 부를 통하여 다른 사람의 존경, 신뢰와 사회적 지위를 높이려는 욕망에 이르기까지 자신의 기쁨을 추구하는 본성을 가지는데, 이와 관련된 덕이 현려 혹은 신중이다.

> 건강, 재산, 개인의 지위와 명성에 대한 고려, 즉 현세에서 개인의 안락과 행복이 주로 의존하게 되는 대상들에 대한 고려는 흔히 신중이라 불리는 덕목의 적절한 관심사로서 간주된다(스미스, 2016[1759], p. 476).

자신의 기쁨을 추구하는 신중과 같은 덕성이 있어서 참을성, 근면과 검소와 같은 건설적 자질을 개발할 수 있고, 미래에 더 많은 부를 획득할 수 있는 역량을 키울 수 있다고 말한다.

> 그것[신중]이 주로 추천하는 재산 증식의 수단은 어떠한 손실이나 위험에 노출되지 않는 것이며, 사업이나 직업에서 진정한 지식과 기술을 구비하고, 그것을 실행하는 과정에서 진력과 근면, 모든 지출에서 검소 심지어는 어느 정도의 인색함을 견지하는 것이다(스미스, 2016[1759], p. 476; [ ] 저자 삽입).

그러나 순전히 개인적인 기쁨만이 아니라, 인혜, 정의, 용기, 자율 등 다른 덕성과 결합하여 행복을 추구하는 것 역시 신중의 덕성의 범위라고 말한다. 이러한 신중을 스미스는 고귀한 혹은 '수월성을 지닌' 신중이라고 구분한다.

> 개인의 건강, 재산, 지위, 명성보다 한층 더 크고 고귀한 목적을 지향하는 현명하고 사려 있는 행동이 종종 그리고 매우 적절하게 신중 또는 현명함이라고 불리기도 한다. … 이들 모든 사례에서 신중 또는 현명함은 한층 더 크고 훌륭한 많은 덕목과 결합되어 있다. 즉, 이것은 용맹스러움, 광대하고 강력한 자혜, 정의의 준칙에 대한 신성한 존중과도 연결되어 있으며, 이 모든 덕목은 적절한

정도의 자기 통제에 의해 지지되고 있다.

> 이처럼 수월성을 지닌 신중 또는 현명함이 최고도로 완전하게 이행될 때에는, 그것[수월성을 지닌 신중 또는 현명함]은 … 최선의 정서에 최고의 이성이 결합된 상태이다. 그것은 가장 완전한 지혜에 가장 완전한 덕성이 결합된 상태이다. 저급한 신중이 에피쿠로스학파의 현인의 성품을 구성하는 것처럼, 이 수월성을 지닌 신중 또는 현명함은 아카데미학파나 소요학파의 현인의 성품을 아주 깊게 구성하고 있다(스미스, 2016[1759], p. 482; [ ] 저자 삽입).

부당하게 타인에 해를 입히거나 타인의 권리를 침해하는 것에 대한 본능적 거부감을 일으키는 것이 정의이다. 그리고 인혜는 타인의 행복을 바라도록 하는 덕성이다. 정의가 거부감 혹은 분노와 같은 부정적인 감정을 일으키는 데 반해, 인혜는 긍정적인 감정을 일으킨다. 그러나 정의와 인혜는 타인의 복지에 대한 인식의 한계에 의해 제한될 수밖에 없다. 따라서 그 덕성이 닿는 범위가 가족, 친지, 친구, 동료 등 친밀한 관계에 국한되는 경향이 있다. 분업이 발달하여 많은 사람과 관계를 형성해야 하는 시장 시스템에서 이러한 범위의 제약이 갖는 한계는 더 클 수밖에 없다. 이를 극복하기 위해 스미스는 법과 제도 그리고 정부의 역할을 강조한다. 스미스는 신중의 덕은 당사자만이 가장 효과적으로 실현할 수 있지만, 인혜와 정의를 실현하기 위해 당사자의 역할보다도 정부와 공공 부문의 역할이 더 효과적이라고 강조한다. 따라서 스미스가 탐구하고자 했던 가장 중요한 사회의 기본구조는 신중의 덕을 당사자가 자유롭게 실현하는 시장 시스템과 그 시장 시스템이 정의와 인혜의 덕을 실현할 수 있도록 규제하는 국가의 역할로 이루어지는 것이다.

자율은 개인의 도덕적 발전을 이끄는 힘이다. 자율의 덕성이 있어서 인간은 공평한 관찰자의 도덕적 승인을 추구하고, 끊임없이 신중, 정의, 그리고 인혜의 조화로운 발전을 추구하게 된다(Smith, 1976). 따라서 공평한 관찰자의 관점에서 자신의 행동을 평가하고, 그러한 평가에 따라 자신의 감정과 행동을 조율하는 노력이 지속된다. 그 결과 신중, 정의와 인혜의 덕이 조화롭게 발전하고 훌륭한 품성이 형성된다. 이처럼 여러 덕성이 균형 있게 발전하여 모든 사람이 타인의 도덕감정과 최대한 완전한 동감에 이르도록 공평한 관찰자의 양심이 발전함으로써 개인과 사회의 도덕적 진보가 이루어진다.

스미스 도덕철학에서 가장 특징적인 요소는 신중의 덕이다. 신중의 덕은 사적 이익을 추구하도록 하지만 그것은 제한 없는 탐욕이나 맹목적 사익 추구와 구별된다. 신중은 정의와 인혜의 제약 속에서 이루어지는 사익 추구이다. 이러한 제약은 도덕적 본성에 따라 자율적으로 이루어질 수도 있지만, 『국부론』에서 강조하고 있듯이, 법과 제도 그리고 정부에 의해 강제될 필요성이 있다. 스미스는 인혜보다 신중의 중요성을 강조한다. 왜냐하면 인혜가 없어도 사회의 존속이 위태로워지지는 않지만, 신중이 없으면 개인의 존속이 위태로워지고 따라서 사회의 존속도 위태로워지기 때문이다. 이는 도덕철학이 신학이나 내세의 행복을 위한 것이 아니라 현세의 행복을 위한 것으로 보는 스미스의 입장에서 자연스러운 생각이다. 이렇게 신중의 덕이 발전하여 참을성, 근면, 검소함 등의 건설적인 자질이 만들어진다. 따라서 신중의 덕이 투자와 기술개발과 같은 생산적 경제활동을 일으키고 궁극적으로 사회 후생의 증진, 경제발전 등 경제적 번영을 추동한다.

『국부론』에서 스미스는 경제주체들이 신중의 덕에 따라 사적 이익을 추구하는 시장경제의 기본원리를 탐구한다. 앞에서 말했듯이 신중의 덕은 정의와 인혜의 제약 속에서 사익을 추구하는 행동을 결과한다. 스미스는 정의와 인혜의 제약이 국가의 의무와 역할에 따라 외적으로 부과되어야 한다고 말한다. 바로 이것이 자연적 자유의 체계가 필요한 이유이다. 그의 도덕철학의 기본원리에 따라 사익을 추구하는 상행위에 대한 공평한 관찰자의 도덕적 승인이 정당화되려면, 개개인의 사익을 추구하는 경제활동이 자연적 자유의 체계와 시장 시스템에서 만들어 내는 도덕적 결과를 공평한 관찰자가 합리적으로 예상할 수 있어야 한다. 이런 예상은 시장 시스템의 기본원리를 알아야만 가능하다. 시장 시스템이 어떻게 작동하고 그것이 자연적 자유의 체계 속에서 어떤 결과를 도출하는가에 대한 이해가 전제될 때 사익을 추구하는 상행위와 다른 도덕적 본성과의 조화로운 발전을 추구하는 공평한 관찰자의 합리적 의사결정이 가능하다. 이것이 스미스의 도덕철학이 시장 시스템의 기본원리에 대한 탐구, 경제학을 포함할 수밖에 없는 이유이다. 그래서 시장의 작동 원리와 시장과 국가의 역할과의 관계를 탐구하는 『국부론』은 스미스 도덕철학의 일부분이라 할 수 있다.

스미스의 도덕철학 체계 속에서 사익을 추구하는 상행위가 어떻게 정당화될 수 있을까? 시장 시스템에서 사익을 추구하는 경제활동에 대한 공평한 관찰자의 도덕적 승인은 어떻게 하면 가능할까? 신중, 인혜와 정의의 조화로운 발전을 추구하는 공평한 관찰자의 도덕적 목적이 사익을 추구하는 개개인의 경제활동 속에서 실현될 수 있는가? 이 질문에 대한 긍정적인 답을 얻기 위해 『국부론』의 자연적 자유의 체계가 필요하다.

6. 자연적 자유의 체계와 보존의 원리

스미스의 시장은 국가, 정부와 공공 부문의 울타리 안에서 작동한다. 국가가 개인의 선택에 직접적으로 개입하지는 않지만, '자연적 자유의 체계'(the system of natural liberty)(Smith, 1776, p. 687)라고 그가 칭한, 공공 부문의 규제와 감독 속에서 개개인의 선택이 이루어질 수 있도록 한다. 스미스는『국부론』에서, 이 시스템의 제한 때문에 시장에서 사적 이익을 추구하는 개개인의 행동이 정의 그리고 인혜의 실현과 조화를 이룰 수 있고, 이런 조화가 경제적 번영을 결과하는 원리를 탐구한다.

자연적 자유(natural liberty)라는 개념은『국부론』에서 경쟁과 자유무역을 저해하는 국가 정책과 독점을 논의하면서 자주 사용된다. 특권과 독점은 경제적 이익을 확대하려는 경제주체의 자연적 요구가 실현되는 것을 방해하여 경쟁과 발전을 저해한다. 특권과 독점을 해소하고 경쟁과 자유무역을 확대하는 것이 스미스의 자연적 자유의 체계에서 가장 중요한 구성요소라 할 수 있다. 공정한 경쟁과 거래를 통하여 경제적 번영이 실현될 수 있도록 법과 제도를 점진적으로 개선하고 자원 배분의 왜곡을 시정하는 노력이 지속됨으로써 자연적 자유의 체계가 실현된다.

대영제국에 식민지로의 배타적 무역을 허용하는 법을 … 급격하지 않으면서 점진적으로 완화하는 것이 … 이 나라를 위험에서 구할 수 있는, 그리고 영국이 이런 과잉 고용 부문에서 일부의 자본을 철수할 수 있게 할, 아니면 철수해야만 하도록 할, 그리하여 다른 부문으로 낮은 이윤을 받더라도 투입될 수 있도록 하는 유일한 방법으로 보인다. 이를 통해 영국 산업의 한 부문이 점진적으로 축소되고 다른 부문들이 확대됨에 따라, 점차 모든 부문들이 완전한 자유가 필연적으로 이룩할 그리고 완전한 자유만이 지속할 수 있을, 자연적인, 건강한 그리고 적정한 비율을 회복하게 될 것이다(Smith, 1776, p. 606; 저자 번역).

식민지 교역은 주로 본국과 식민지 간의 배타적 독점 거래로 이루어지고, 이러한 독점이 생산성이 낮은 부문으로 자본과 노동을 집중시켜 본국의 생산성에 부정적인 영향을 미친다. 다만 당시 이러한 독점의 폐해보다는 식민지 무역으로 얻을 수 있는 성과가 더 컸기 때문에, 영국에서는 독점의 문제가 두드러지지는 않았다고 스미스는 평가한다. 식민지 무역 때문에 오히려 본국의 경제발전이 지체된 스페인과 포르투갈의 사례를 스미스는 예시한다.

스페인과 포르투갈이 경제발전을 지속하지 못했던 이유는, 독점의 폐해도 있었지만, “무엇보다 부자와 권력자를 보호하는 비정상적이고 편파적인 정부와 사법 행정”(Smith, 1776, p. 610) 때문이라고 주장한다. 특권층에 기울어져 편파적인 정부와 사법 행정 때문에 “생산적인 부문이 거만한 상류층의 무도한 요구를 감히 거부하지 못하고, 신뢰할 수 없는 외상거래까지 감수해야”(Smith, 1776, p. 610) 할 만큼 불공정 거래의 문제가 심각했다고 비판한다. 이러한 불공정한 거래 질서 속에서 생산적 경제활동은 위축되고 경제발전도 지체될 수밖에 없다고 말한다. 이처럼 공평한 사법 행정과 공정한 시장 질서를 유지하고 관리하는 정부와 공공 부문의 역할은 자연적 자유체계의 중요 구성 요소라는 것을 알 수 있다.

『국부론』의 3편을 제외하고 모든 권에서 스미스는 자연적 자유를 언급하고 있다. 특히 4편은 그 전체가 자연적 자유의 체계에서 정부와 공공 부문이 담당해야 할 역할을 다룬다. 자연적 자유의 체계는 현대 경제학에서는, 독과점에 대한 규제를 다루는 산업조직론, 정부와 공공 부문의 역할과 공공정책을 다루는 재정학, 노동시장과 노사관계를 다루는 노동경제학, 시민의 기본권, 재산권, 계약과 분쟁을 다루는 법경제학 등 매우 폭넓은 분야에 걸쳐 있다. 자연적 자유의 체계와 그 설계, 형성, 그리고 진화의 문제에 대한 탐구는 경제학뿐만 아니라 철학, 법학, 정치학, 사회학 등 다양한 학제에 걸쳐 있다.

이러한 자연적 자유의 체계는 스미스의 도덕철학과 경제학을 하나의 사상체계로 연결하는 핵심적인 요소라 할 수 있다. 인간의 도덕적 본성에 따라 이루어지는 도덕적 진보의 지향점을 바로 이 자연적 자유의 체계에서 찾을 수 있다. 그러나 스미스는 두 저작에서 불완전한 사회의 기본구조가 개선되고 자연적 자유의 체계가 형성되는 기본원리를 체계적으로 제시하지는 않았다. 이와 관련하여 롤스의 『정의론』은 사회계약론의 형식을 통해 정의로운 사회의 기본구조가 뿌리내려야 할 기본원칙을 탐구한다. 롤스는 정의의 원칙이 적용되는 대상, 즉 사회의 기본구조(basic structure of society)를 '주요 사회제도가 기본권과 의무를 배분하고, 사회[경제]적 협력의 성과를 배분하는 방식'(Rawls, 1999, p. 6; [ ] 저자 삽입)이라고 하고 정의한다. '주요 사회제도'에 대하여 롤스는 정치, 경제와 사회를 아우르는 주요 제도, 규범, 법 등을 포괄한다고 말하고, 그것이 사회정의의 관점에서 중대한 이유를 이렇게 설명하고 있다.

> [사회의 기본구조를 결정하는] 주요 제도란 헌법, 정치제도, 주요 경제 및 사회제도를 의미한다. 따라서 주요 사회제도의 사례로 사상과 양심의 자유에 대한 법적 보호, 경쟁시장, 생산수단의 사적 소유권, 일부일처제 등을 들 수 있다. 이것들이 하나의 기구를 이루어 국민의 권리와 의무를 정하고 국민의 생애 전망, 국민 개개인이 예상하는 삶과 개개인이 소망하는 바가 정해지게 된다. … 이렇게 사회제도가 특정 출발점을 다른 것보다 선호하게 된다. 이런 것들이 특별히 깊은 불평등이다. … 이런 불평등은 인간이 태어나서 얻게 되는 태생적 기회에 영향을 미치는 것이다. … 이처럼 아마도 모든 사회의 기본구조에서 불가피하게 일어나는 이런 불평등이 사회정의의 원칙이 우선적으로 적용되어야 할 대상이다(Rawls, 1999, pp. 6~7; 저자 번역; [ ] 저자 삽입).

사회의 기본구조는 주요 사회제도를 통해 개개인의 권리와 의무 그리고 사회적 협력의 성과를 배분하는 기본원칙으로 특징지을 수 있다. 롤스는 사회 구성원들이 합리적 의사결정을 통해 합의할 수 있는 바로 그 기본원칙을 규명하는 것이 정의론의 기본과제라고 말하며, 그가 검토하는 어떤 기본원칙도 그것을 구현하는 실용적인 사회 기본구조가 존재한다고 전제한다. 어떤 기본원칙을 구현하는 사회 기본구조의 존재와 그 실용성 혹은 실현 가능성에 대한 사회과학적 탐구는 롤스의 『정의론』에서 해결되지 않은 문제라 할 수 있다. 시장 시스템과 같은 개별 사회제도의 작동 원리 그리고 그러한 원리를 통해 시장 시스템이 정의의 기본원칙을 구현할 수 있는가의 문제도 그중 하나이다.

롤스와 달리, 스미스는 시장 시스템이란 경제적 협력이 이루어지는 구체적인 사회제도를 기준점으로 삼는다. 스미스의 자연적 자유의 체계는 이런 시장 시스템과 시장을 둘러싼 주요 사회제도로 구성된, 스미스에게 가장 이상적인 사회의 기본구조라 할 수 있다. 시장 시스템을 중심으로 형성되는 사회의 기본구조가 지향해야 할 아레테(arete)와 같은 것이다. 스미스는 사회의 기본구조를 특징지우는 '거시적' 정의의 원칙을 찾거나 중대 사회제도의 집합체에 대한 총체적 평가의 문제를 탐구하지는 않는다는 점에서 롤스와 대조적이다. 타고난 도덕적 본성에 따라 이루어지는, 사회 구성원 개개인의 합리적인 의사결정으로 도덕적 발전이 이루어지고 이상적인 사회의 기본구조가 형성되는 것이다. 시장의 작동 원리를 모른다면 시장 시스템이 사회의 기본구조 속에서 만드는 결과를 예상할 수 없고 개개인의 합리적 의사결정도 이루어질 수 없다. 그래서 스미스에게 시장 시스템의 작동 원리를 규명하는 문제는 도덕적 진보를 가늠하기 위해 반드시 풀어야 할 과제일 수밖에 없다. 그것을 해결하는 것이 『국부론』이고, 따라서 스미스의 경제사상은 도덕철학의 문제를 해결하기 위해 필수불가결한 부분이라 할 수 있다.

자연적 자유의 체계는 도덕적 진보만이 아니라 경제적 번영에도 기여한다는 것이 『국부론』이 강조하는 결론이다. 잘못된 사회의 기본구조는 생산성과 사회의 퇴보를 초래한다. 시장에서 배분되는 자본, 토지와 노동이 최적의 생산성을 유지하도록, 편파적이고 왜곡된 시스템을 개혁하고 자연적 자유가 확대되어야 경제적 번영이 이루어질 수 있다는 것이다.

> [국가의 잘못된 정책 때문에] 자연적인 질서로 투입될 수준 이상의 많은 자본을 어떤 산업에 유치하거나, 어떤 산업에 투입될 자본을 규제나 강제에 의해 다른 산업으로 빼내는 시스템은 … 부와 도덕(greatness)에 있어서 사회의 진보를 더디게 하고, 결국 토지와 노동의 생산성을 감소하게 한다.
>
> 따라서 모든 편파적이고 자유를 제약하는 시스템은 제거되고 간단명료한 자연적 자유의 체계가 스스로 자리 잡는다. … [이 시스템에서] 모든 사람은 **정의의 법을 위반하지 않는 한,** 개인의 이익을 얼마든 자유롭게 추구할 수 있고 근면과 자본을 동원하여 다른 사람과 경쟁할 수 있다(Smith, 1776, p. 687; 저자 번역; 굵은 글씨 강조와 [ ] 저자 삽입).

스미스는 시장 시스템에서 개인의 자유로운 선택, 경쟁 그리고 사익을 추구하는 경제활동이 법과 제도, 그 밖에 국가의 책무와 관련된 모든 공적인 테두리 안에서 이루어져야 한다는 점을 분명히 하고 있다. 자연적 자유의 체계는 시장 질서를 제한하는 이런 공적인 테두리의 가장 이상적인 형태를 의미하고 정의와 인혜의 덕이 조화롭게 실현되어 경제적 번영을 지속할 수 있도록 하는 사회의 기본구조라고 이해할 수 있다. 이렇게 시장 시스템과 맞물려 생산성 향상과 경제발전을 이끄는 정부와 공공 부문의 역할에 대하여 스미스는 크게 세 가지 국가의 의무로 구분하여 설명한다.

> … 자연적 자유의 체계에서 국가는 세 가지 중대한 의무만을 갖는다. 첫째, 폭력과 다른 나라의 침략으로부터 국민을 보호할 의무, 둘째 불의(injustice)와 억압으로부터 구성원 모두를 최대한 보호할 의무, 혹은 정의를 집행하고 강제할

의무, 셋째 개인이나 사적 이익을 위해서는 제공되기 어려운 공공업무, 공공기관, 공공조직을 설립하고 유지할 의무가 그것이다(Smith, 1976, p. 687).

이 세 가지 국가의 의무는 현대 민주주의 선진국에서 대부분의 정부 조직과 공공 부문이 수행하는 역할을 포괄한다고 볼 수 있다.[10] 그렇다면 이와 같은 자연적 자유의 체계는 어떻게 형성되는가? 앞에서 인용했던 구절에서 스미스는 "모든 편파적이고 자유를 제약하는 시스템은 제거되고 간단명료한 자연적 자유의 체계가 스스로 자리 잡는다"(Smith, 1776, p. 687)고 다소 모호하게 설명한다. 이 부분의 주석에 있는 영국의 식민지 무역과 중상주의적 국가 정책의 문제점에 대한 논의에서, 자연적 자유의 체계가 형성되도록 하는 정치의 역할에 대해 이렇게 말한다.

이들은 중상주의 시스템의 모든 규제 때문에 만들어진 불행한 결과들이다! 이것들은 정치체에 매우 위험한 혼란 상태를 야기할 뿐만 아니라 적어도 일시적으로 더 큰 혼란을 야기하지 않고는 치유될 수 없는 그런 혼란을 야기한다. 어떤 방식으로 식민지 무역이 점진적으로 개방되어야 하는가, 어떤 제약을 먼저 풀어야 하고 어떤 제약을 마지막에 제거해야 하는가, 어떻게 완전한 자유와 정의의 자연적 시스템(natural system of perfect liberty and justice)이 점진적으로 이루어질 것인가의 문제는 앞으로 의회와 정치인들의 지혜가 결정할 문제로 남겨야 할 것이다(Smith, 1776, p. 606).

10 이와 관련하여 21세기 대한민국 정부의 조직과 스미스의 자연적 자유의 체계에서 정부의 역할과의 관계를 정리한 김광수(2015), p. 276을 참조.

이처럼 잘못된 국가 정책이 초래하는 문제를 해결하기 위해 스미스는 정치체(political body)의 역할을 강조한다. 정치체를 구성하는 정치주체의 행동을 통해 자연적 자유의 체계가 점진적으로 구현된다는 것이다. 이러한 정치체의 작동 원리에 대하여 스미스는 마치 인간의 신체가 건강한 상태를 유지하려는 본능을 타고난 것과 같이 정치체도 '보존의 원리'(principle of preservation)에 따라 사회의 기본구조를 자연적 자유의 체계라는 건강한 구조에 가깝게 하는 경향성을 갖는다고 비유적으로 설명한다.

> 구성원 모두가 끊임없이 자신의 삶을 개선하기 위해 애쓰는 자연적인 노력 속에서 정치 집합체의 보존의 원리가 만들어지고, 이를 통해 파당적이고 억압적인 정치경제의 나쁜 결과를 사전에 방지하거나 교정할 수 있게 된다(Smith, 1776, p. 674; 저자 번역).

정치체의 보존 원리를 만드는 것은 구성원 개개인의 자신의 삶을 개선하기 위한 자연적 동기라고 말하지만, 시장 시스템을 분석하는 것처럼 정치체의 작동 원리에 대한 체계적인 분석으로 논의를 확대하지는 않는다. 어떻게 정치체를 구성하는 정치주체들이 그의 도덕철학에서 말하는 것처럼, 인혜, 정의와 신중의 덕을 조화롭게 발전시킬 수 있도록 정치적 선택을 하는가? 그의 도덕철학에서 말하는 인간의 도덕적 진보를 이런 정치체의 작동 속에서 어떻게 보장할 수 있는가? 이런 질문들이 제기될 수 있지만, '자연의 섭리'(the wisdom of nature)에 따라 정치체에도 인체와 같은 보존의 원리가 작동되어 인간의 어리석음과 불의(injustice)가 치유될 수 있다고 전제함으로써 정치체에 대한 이런 복잡한 문제를 피한다고 볼 수 있다.

> 다행히 정치체 내에도 자연의 섭리에 따라 인간의 어리석음와 불의가 초래하는 나쁜 결과를 치유하도록 충분히 대비되어 있다. 이는 마치 자연의 섭리에 따라 인체가 나태와 방종의 나쁜 결과를 치유하도록 대비된 것과 같다(Smith, 1776, p. 674; 저자 번역).

정리하면, 스미스는 시장 시스템에서 사적 이익을 추구하는 상행위의 결과가 정의와 인혜 그리고 신중의 덕을 조화롭게 구현할 수 있도록 하는 사회의 기본구조가 존재한다고 전제하고 있다. 이와 유사하게 현대 주류경제학의 후생경제학의 제2기본정리도 정액세(lump-sum taxation)와 같은 제도를 통해 시장 시스템이 공정하고 효율적인 자원 배분에 이르게 할 수 있다고 설명한다. 스미스는 이런 자연적 자유체계의 형성에 대하여 구성원들의 자연적 본성이 만들어 내는 정치체의 보존 원리를 통해 설명한다. 구성원 개개인이 자연적 자유를 제한하는 그릇된 사회의 기본구조를 개선하려는 자연적인 노력을 지속하기 때문에 사회의 기본구조가 개선되고 궁극적으로 자연적 자유의 체계가 실현된다는 것이다.

> **[보존의 원리]** 정의, 인혜 그리고 신중의 덕이 경제적 번영과 조화를 이루도록 하는 사회의 기본구조, 자연적 자유의 체계가 존재하고, 정치체 속에서 사회의 기본구조를 개선하는 구성원 모두의 노력(선택)이 이루어질 때, 자연적 자유의 체계가 실현된다.

이러한 보존의 원리에서 말하는 경제적 번영은 『국부론』에서 주장하는 것처럼 사적 이익을 추구하는 상행위를 통해서 얻어질 수 있다. 그런데 이런 사적 이익을 추구하는 행동이 도덕적 본성에 의하여 합리적으로 선택되지 않는다면, 스미스 도덕철학의 도덕적 행동과 『국부론』의 이기적 상행위가 상충하는 애덤 스미스 문제가 발생한다고 말할 수 있다. 도덕적 본성을 가진 인간이 합리적으로 선택한다면 시장 시스템의 이기적 상행위에 대한 도덕적 승인이 이루어질 수 있을까? 그리고 자연적 자유체계의 형성이 도덕적 본성의 합리적 선택에 의해 이루어질 수 있는가? 이 질문에 순차적으로 답하는 것이 다음 절에서 다루게 될 문제이다.

7. 애덤 스미스 정리: 정의가 번영을 이끈다

사회적 상호 관계 속에서 공평한 관찰자의 원리에 따라 개개인의 도덕적 발전이 이루어지고, 공평한 관찰자의 양심을 추구하는 정치주체로서 사회의 기본구조를 개선하려는 노력이 이루어지며, 이렇게 만들어진 사회의 기본구조 속에서 시장 시스템이 작동하여 개개인의 경제활동이 이어지는 분권화된 의사결정의 거대한 사슬, 원초적 협상이 스미스의 자연인이 직면하게 되는 도덕과 경제 문제의 총체이다. 이제 이 원초적 협상의 단계별 문제를 간략히 요약하면, 제1단계에서는 도덕적 본성의 발전을 추구하는 개개인의 상호 관계 속에서 동감의 본능과 공평한 관찰자의 원리에 따라 개개인의 훌륭한 성품이 발전하고 완전한 동감을 이룰 수 있는 양심의 형성이 이루어진다. 이렇게 형성된 양심에 따라 이후에 이루어질 합리적 의사결정의 목적이 결정된다. 제2단계에서 개개인은 양심이 추구하는 선에 가장 부합한 결과가 이어질 수 있도록 우선 사회의 기본구조를 개선하는 노력을 기울이고, 아울러 제3단계에 이어지는 시장 시스템에서 경제주체로서 자신이 추구할 경제활동의 지침을 결정한다. 이렇게 제2단계에서 각자가 선택한 경제활동의 지침은 모든 사람에게 공유되고 제3단계의 시장 시스템이 이어진다고 하자. 시장 시스템에서 각 경제주체는 제2단계에서 결정했던 경제활동의 지침에 가장 부합하도록 경제활동에 대한 의사결정을 내린다.

제1단계의 결과는 이후에 소개될, 완전한 동감이 실현될 수 있는 상태라고 가정할 것이다. 이는 모든 사람의 양심이 발전하여 하나로 수렴한 결과를 의미한다. 제3절에서 말했듯이 『중용』의 '화'(和)에 이른 상태이다. 제2단계의 양심에 따라 이루어지는 합리적 의사결정은 제3단계에서 이루어질 결과를 '사전에 예측하여' 양심이 추구하는 목적에 가장 적합한 선택이다. 그리고 그 예측 또한 합리적인데, 이는 예측이 실제 일어날 결과와 일치한다는 것을 말한다.

이제 이 원초적 협상의 단계별로 개개인이 직면하는 의사결정의 문제 그리고 합리적 의사결정의 구체적인 내용을 상세히 살펴보자. 편의상 지금부터 논의할 사회에서 개개인의 사적 이익을 결정하는 가장 우선적인 요소는, 최종 단계(시장 시스템)에서 결정될 시장 시스템의 자원 배분이라고 가정하자. 이러한 자원 배분 이외에도 사회적 상호 관계 속에서 발생하는 다양한 사적 이익이 존재할 수 있겠지만 이들의 영향은 부차적이라고 가정할 것이다.

우리가 고려하는 원초적 협상은 롤스의 원초적 입장(original position; Rawls, 1999)과 네 가지 점에서 구별된다. 우선 롤스의 원초적 입장에서는 사회의 기본구조를 특징 지우는 분배 원칙이 도출된다. 우리의 원초적 협상에서는 사회의 기본구조뿐만 아니라 개개인이 경제활동에서 추구할 목적이 결정되고 시장 시스템이 작동하여 최종적인 분배의 결과가 결정된다. 롤스의 원초적 입장이 원칙에 대한 합의를 다루고 그 원칙의 실현을 직접적으로 포괄하고 있지 않지만, 우리의 원초적 협상은 그 원칙이 시장 시스템의 분권화된 의사결정의 균형에서 실현될 수 있는가의 문제를 포괄한다. 둘째, 롤스가 사회의 기본구조에 특정한 제한을 가하지 않은 것과 달리 여기서는 시장 시스템을 포함하는 사회의 기본구조로 제한한다는 점이다. 따라서 사회의 기본구조에 대한 개개인의 의사결정은 시장 시스템을 둘러싼 다른 사회의 기본구조의 개선에만 관계한다. 셋째, 롤스의 원초적 입장에서 사회계약 당사자 모두가 사적 이익만을 추구하는 데 반해 원초적 협상에서는 도덕적 본성에 따라 행동한다. 넷째, 롤스의 무지의 장막이라는 불확실성 속에서 모든 사람은 동등한 의사결정을 내릴 수밖에 없지만, 원초적 협상에서 개개인은 자신의 정체성에 대한 확실한 정보를 반영하여 의사결정을 한다. 원초적 협상에서 개개인은 공통의 도덕적 본성만이 아니라 서로 다른 취향(선호), 성격 등 개인적 특성을 반영하여 행동한다. 가령, 시장 시스템에서 개개인의 경제활동은 각자의 사적 이익을 나타내는 선호 만족을 극대화한다.

1) 원초적 협상의 제1단계: 『도덕감정론』

제1단계에서 개개인은 사회적 관계망 속에서 자신의 양심 혹은 공평한 관찰자의 관점에서 스스로의 감정과 행동에 대해 성찰하고 타인의 동감을 얻을 수 있도록 감정과 행동을 조절하고 통제하여 덕성을 발전시키는 수양의 문제에 직면한다. 바로 스미스가 『도덕감정론』에서 다루고 있는 개개인의 덕 윤리의 문제가 바로 제1단계의 문제이다. 제1단계의 결과 모든 사회 구성원의 마음속에 상호 간 완전한 동감을 형성할 수 있는 공평한 관찰자가 양심으로 자리 잡는다. 즉, 『도덕감정론』에서 설명하고 있는 개개인의 본성에 내재한 신중, 인혜와 정의의 덕이 조화롭게 발전하여 개개인의 도덕적 양심이 자리 잡은 상태를 의미한다.

이후의 논의에서는 제1단계의 결과에 대하여 공평한 관찰자가 추구하는 목적, 선의 기준이 모든 사람 간에 일치하는 『중용』의 '화'(和)에 이른 것과 같은 상태를 가정할 것이다. 즉, 모든 사람의 감정의 표출과 행동이 하나의 선의 기준으로 조율되고 조정되어, 상호 간에 완전한 동감이 실현되는 상태를 의미한다.

[완전한 동감] 모든 사람의 양심은 신중, 인혜, 그리고 정의가 조화를 이루는 하나의 선을 추구하고, 모든 사람의 감정과 행동이 상호 간에 완전한 동감을 실현한다.

2) 원초적 협상의 제2단계: 사회의 기본구조와 정치체

제2단계에서 개개인은 사회 기본구조의 개선을 위한 노력(사회 기본구조의 선택)과 이후에 이어질 시장 시스템에서 각자 경제주체로서 추구해야 할 경제활동의 지침(목적)을 선택한다. 경제활동의 지침이 선택되면 그 정보가 공유되고 그 지침에 따라 개개인의 경제활동이 이어진다고 편의상 가정할 것이다.

사회 기본구조의 개선과 관련하여 실제 현실에서 개개인이 할 수 있는 노력과 선택은 정치체에 따라 다르다. 군주제에서는 군주의 의사결정에 영향을 미칠 수 있는 관료와 엘리트 집단의 역할이 클 것이다. 정당이 국민을 대표하는 간접민주주의에서는 선거와 투표로 참여하는 시민의 역할이 정당과 정치인 개개인의 역할만큼이나 중요하다. 또한 성숙한 민주주의가 발전하면, 집회와 결사의 자유, 언론의 자유 등 국민의 기본권에 기초한 시민, 시민사회, 언론도 중요한 역할을 한다. 그러나 이처럼 구체적인 정치체의 특성 속에서 이루어지는 사회 기본구조의 변화를 단순화하여 추상적인 의사결정 모형으로 대체하는 것이 제2단계라 할 수 있다. 매우 다양한 현실의 정치체에서 발생하는 문제를 포괄할 수 있는 추상적인 의사결정 모형을 상정하고, 그 안에서 개개인의 합리적 선택을 살펴볼 것이다.

우선 개개인이 지지하거나 선택할 수 있는 사회의 기본구조에 대하여 어떤 제한도 하지 않을 것이다. 당연히 이 중에는 스미스의 자연적 자유의 체계도 포함된다. 모든 참여자가 하나의 사회 기본구조를 선택하는 만장일치에 이르면, 항상 그 선택지가 실현된다. 이 가정 역시 민주주의뿐만 아니라 권위주의적 정치체에서도 성립하여 폭넓게 적용될 수 있는 가정이다. 앞서 인용한 보존의 원리에 따라 스미스는, 당대의 군주제와 의회민주주의로 구성된 정치체 속에서 자연적 자유의 체계가 실현될 수 있다고 가정하고 있다. 본 모형에서도 모든 구성원이 자연적 자유의 체계를 선택할 수 있고 만장일치가 이루어지면 그것이 실현된다. 이렇게 정치체 내부의 복잡한 원리를 개개인의 선택을 집계하여 사회적 선택이 이루어지는 문제로 단순화한다. 그렇다면 개개인은 어떤 사회의 기본구조를 합리적으로 선택할 것인가?

사회의 기본구조와 함께 개개인이 선택하는 경제활동의 지침에는 다양한 선택지가 존재한다. 개인의 의지에 따라 어떤 지침도 선택할 수 있다고 가정하는 것이 자연스럽다. 아울러 그가 어떤 지침을 선택하더라도 그에 따라 경제활동을 할 것이라고 가정한다. 그가 사적 이익이라는 지침을 선택하면 사적 이익을 추구하는 경제활동을 할 것이고, 타인의 이익에만 의존하는 순수한 이타성이란 지침을 선택하면 타인의 이익을 추구하는 경제활동을 할 것이다. 그 밖에 모든 개개인의 사적 이익을 반영하여 신중, 인혜와 정의의 덕이 투영된 사회적 이익이란 지침을 선택하면 사회적 이익에 따라 경제활동을 할 것이다. 이처럼 다양한 경제활동의 지침을 나타내는 것이, 경제학의 사회 후생이란 개념이다. 대표적인 사회 후생으로 개개인의 사적 이익을 단순 합산한 공리주의 사회 후생을 들 수 있다. 사익만을 추구하는 것에서부터 순수한 이타성에 이르기까지 다양한 사회 후생 지표가 있고 이 모두가 제2단계에서 개개인이 경제활동의 지침으로 선택할 수 있는 선택지이다.

사회 기본구조의 개선에 대한 선택과 경제활동의 지침에 대한 선택, 이 두 가지 선택은 상호 간에 밀접히 연관되어 있다. 사회의 기본구조의 개선 여부에 따라 경제활동의 지침이 시장 시스템을 통해 최종적으로 결과하는 사적 이익의 분포와 (신중, 인혜와 정의를 포괄하는) 사회적 이익이 달라질 수 있다.

가령 사회의 기본구조가 독과점을 허용한다면 독과점의 횡포 때문에 효율성이 파괴되고 최적의 시장(사회적) 잉여를 창출하지 못하게 된다. 따라서 스미스의 '보이지 않는 손의 원리'는 '자유경쟁'(free competition)을 전제하고, 현대 경제학의 후생경제학의 제1기본정리도 '(완전)경쟁시장'(competitive market)을 필요로 한다. 그러나 반독점법, 노동권 등과 같이 힘의 불균형과 독과점을 방지하는 사회의 기본구조 속에서 시장 시스템이 작동하더라도 초기 소유권의 분포가 불공평하다면 시장에서 과도한 불평등이 발생하는 것을 막을 수 없다. 즉, 효율적이지만 불공정한 결과가 발생할 수 있다. 따라서 불공평한 초기 소유권 분포, 그리고 인종, 성별, 문화, 지역 등 다양한 출신 배경에서 발생하는 기회 불평등을 방지하는 국가의 역할도 필요하다. 조세와 재정을 통한 국가의 소득 재분배, 그리고 교육, 건강, 전력, 상하수도 등 다양한 필수재와 공공재의 공급을 위한 정부와 공공 부문의 역할을 스미스가 강조한 것도 바로 이 때문이다. 특히 공공재나 외부성 그리고 자연독점 산업과 같이 사적 이익을 추구하는 시장 시스템에서 공급이 효율적으로 이루어질 수 없는 재화의 공급이 원활히 이루어질 수 있도록 하는 정부와 공공 부문의 역할은 효율성의 관점에서도 매우 중요하다. 이 모두가 『국부론』의 4편에서 자연적 자유의 체계를 위하여 스미스가 제시한 국가의 역할에 해당한다. 이런 자연적 자유의 체계 속에서 시장이 작동할 때 경제적 번영이 이루어진다는 것이 앞으로 우리가 설명하고자 하는 스미스 사상의 요체이다. 이는 현대 경제학의 대표적인 결론, 후생경제학의 기본정리를 포괄하는 것이기도 하다.

제2단계에서 개개인의 선택은 제1단계의 양심이 지향하는 선을 추구하여 '합리적'으로 이루어진다. 여기서 **합리적 선택**(rational choice)이란 실제로 이루어질 미래(제3단계)의 결과를 사전에 예상하고, 그 예상에 기초하여 양심이 지향하는 선에 가장 부합하도록 선택하는 것이다. 따라서 합리적 선택은 **합리적 예상** 혹은 **합리적 기대**(rational expectation)에 기초하여 이루어지는데, 이는 개개인의 예상이 실제 선택 및 결과와 일치함을 의미한다. 즉, 제3단계의 시장 시스템에서 다른 사람들이 추구하는 경제활동의 목적, 그리고 이러한 개개인의 경제활동이 집계되어 벌어지는 경제 현상과 최종적인 자원 배분의 결과를 사전에 예상한다는 것이다.

제2단계의 선택에 대하여 우리는 모든 사람이 자연적 자유의 체계를 사회의 기본구조로 선택하고, 자연적 자유의 체계라는 제한 속에서 사적 이익을 자유롭게 추구한다는 경제활동의 지침 혹은 목적을 선택한다는 것을, 현대 (주류)경제학의 토대를 형성하는 기본원리, 합리적 선택과 '균형이론'에 기초하여 설명할 것이다.

3) 원초적 협상의 제3단계: 『국부론』의 시장 시스템

제2단계의 정치체에서 결정된 사회의 기본구조와 개개인이 시장 시스템에서 추구하게 될 경제활동의 지침은 편의상 제3단계에서 모두에게 알려진다고 가정할 것이다. 그리고 이렇게 만들어진 환경 속에서 시장 시스템이 작동한다. 시장에서 개개인이 각자의 목적을 추구하는 합리적 경제활동으로부터 일어나는 결과를 나타내는 학술적 개념이 바로 '균형'이다. 개개인의 이해는 서로 충돌하지만, 시장가격의 조정을 통해 상충하는 이해의 균형에 이르게 된다는 것이다. 시장 시스템에서 모두가 자신의 목적을 가장 잘 달성하는 합리적 의사결정에 동시에 이르게 된 상태를 **시장 균형**이라 한다. 바로 이 균형이론이 실증 경제 이론으로 대표되는 현대 (주류)경제학의 핵심이라 할 수 있다. 앞으로 다루게 될 제3단계에 대한 분석뿐만 아니라 원초적 협상 전체에 대한 분석도 바로 이런 현대 경제학의 균형 분석의 틀 속에서 이루어진다.

앞에서 말했던 것처럼, 제2단계에서 결정된 사회의 기본구조와 개개인이 추구하게 될 경제활동의 지침은 제3단계에서 작동할 시장 시스템의 성격을 규정한다. 전 세계적으로 다양한 유형의 시장 시스템이 존재하고, 그 차이는 바로 이 두 가지 조건의 차이에서 만들어진다. 앞에서 말했듯이, 시장이 경쟁시장이 되려면 독과점을 금지하는 규제가 사회의 기본구조에 확고히 자리 잡아야 한다. 복지국가 자본주의는 사회복지 시스템 그리고 이를 뒷받침하는 조세 및 재정 제도가 있어야 한다. 미국식 주주 자본주의와 유럽식 이해관계자 자본주의의 차이는 기업의 지배구조를 규율하는 법과 제도라는 사회의 기본구조에서 만들어진다.

경제주체의 행동이 지향하는 목적, 행동 지침도 시장 시스템의 성격을 규정한다. 가령 앞에서 인용했던 것처럼, 개개인의 경제활동이 이타적 목적 혹은 사회적 이익을 추구할 때가 오히려 사적 이익을 추구할 때보다 사회적 이익 달성에 이로운 것은 아니라고 스미스는 생각했다. 현대 경제이론에서 사회적 이익을 추구하거나 이타적 목적을 추구하는 경제주체는 생산과 소비의 (긍정적) 외부성(externality)을 발생시키고 이것이 시장 시스템의 비효율성의 원인이 된다. 정반대로, 경제활동의 지침이 '무제한적으로' 사적 이익을 추구하는 것이라면 법과 규범을 무시하고 타인의 재산권에 대한 부당한 침해와 불공정한 거래 관계 때문에 경제활동이 위축되는 등 다양한 비효율과 불공정이 발생할 것이다. 『국부론』에서 스미스의 경제주체는 사유재산권, 법과 제도가 부여하는 제약을 준수한다는 전제하에서 사적 이익을 추구한다. 현대 경제학 교육에서 일반적인 가정도 여기서 크게 벗어나지 않는다. 이렇게 사회 기본구조의 제약을 준수하는 제한적 사익 추구가 스미스와 현대 경제학에서 전제하는 경제주체의 행위에 대한 채택하는 경제주체의 행동 지침이라 할 수 있다.

후생경제학의 기본정리와 경쟁 균형의 존재는 소비자 선호 혹은 생산 기술의 특정한 성질을 가정하는데, 본 장에서도 동일한 가정을 자세한 설명 없이 견지할 것이다.

'경쟁시장'이라는 조건이 성립하지 않거나 사적 이익을 추구하지 않고 다른 목적을 추구하는 경제주체들이 거래하는 시장 시스템의 균형에 대해서는 자세히 논의하지 않을 것이다. 이 경우 단순히 그 시장 시스템 내의 개개인의 합리적 선택이 결과가 어떤 것이 되더라도 이 장의 결론에 영향을 주지 않기 때문이다. 가령 독과점 시장의 경우라면, 경쟁 균형이 아니라 독과점 시장 균형을 활용하여 분석이 이루어질 수 있다. 그러나 경제주체들이 사적 이익만을 추구하는 것이 아니라 다른 목적을 추구할 때 시장 시스템의 작동 원리나 합리적 선택이 만들어내는 균형을 분석하는 것은 간단한 문제가 아니다. '코어 안정성' 같은 개념도 균형으로 활용될 수 있다. 만약 시장 시스템의 합리적 의사결정의 균형이 존재하지 않는다면 그 결과의 깊은 불확실성이 존재하는 것으로 가정할 수 있다. 이런 깊은 불확실성은 일반적으로 사적 이익 혹은 사회적 이익과 양(陽)의 관계에 있는 목적 달성에는 부정적인 영향을 미친다고 볼 수 있다. 따라서 그런 결과를 합리적 의사결정에 의한 원초적 입장의 균형으로 기대하기는 어려울 것이다. 본 장에서 도달하게 될 결론은 이처럼 경쟁시장이 아닌 다른 시장 시스템에 대한 이 모든 불완전한 이해에도 불구하고 성립하게 되는데, 그 이유는 제2단계의 모든 사람의 양심에 자리 잡은 공평한 관찰자가 가장 선하다고 판단하는 결과가 원초적 입장의 균형에서 이루어지기 때문이다. 그런 균형에서 벗어날 유인이 어떤 사람에게도 존재할 수 없기 때문이다.

지금부터 '경쟁시장'을 위해 필요한 사회의 기본구조의 제약하에서 사적 이익을 추구하는 경제주체들로 구성된 시장 시스템에서 이루어지는 경제활동과 그 결과에 대하여 살펴볼 것이다. 우선 스미스가 『국부론』에서 제시하는 결론을 정리하고 이를 현대 (주류)경제학의 경쟁 균형 이론과 경쟁 균형의 효율성과 공정성에 대한 후생경제학의 기본정리에 기초하여 재조명할 것이다. 이렇게 경쟁시장 이론에 기초하여 재구성한 『국부론』의 주요 결론이 다음 절에서 논의되는 원초적 협상의 각 단계에 대한 분석을 진행하는데 활용될 것이다.

(1)『국부론』 정리

시장 시스템을 탐구하는『국부론』에서 스미스의 경제주체는 “정의의 법을 위반하지 않는 한, 개인의 이익을 얼마든 자유롭게 추구”하고 “다른 사람과 경쟁”한다(Smith, 1776, p. 687). 이처럼 제2단계에서 결정된 사회의 기본구조, 자연적 자유의 체계에서 부여된 규율과 의무를 준수하면서 사적 이익을 추구하는 경제주체가 제3단계의 시장 시스템의 경제주체이다.

『국부론』은 이런 다수의 경제주체가 시장 시스템에서 협력과 경쟁을 통해 도출하는 결과를 탐구한다. 이 책에 따르면, 자연적 자유의 체계에서 사적 이익을 추구하는 경제활동이 경제적 번영을 결과한다. 스미스의 경제적 번영은 후생경제학의 제1기본정리에서 말하는 파레토 효율성(Pareto efficiency)을 담고 있지만, 경제성장과 발전이라는 동적 효율성(dynamic efficiency)도 내포한다. 더 나아가, 앞에서 인용했듯이 “완전한 정의, 완전한 자유 그리고 완전한 평등을 확립하는 것”(Smith, 1776, p. 669)도 번영의 조건이라는 점에 주목해야 한다. 즉, 스미스의 **경제적 번영**은 효율성뿐만 아니라 공평한 관찰자가 추구하는 목적, 신중, 인혜, 그리고 정의의 조화를 실현하는 사회적 이익이 가장 효과적으로 실현된 상태를 의미한다.

이상에서 논의한 시장 시스템의 자원 배분에 대한 스미스의 결론은 아래와 같이 요약될 수 있다.

정리[『국부론』 정리] 자연적 자유의 체계 속에서 사적 이익을 추구하는 개개인의 경제활동이 시장 시스템에서 경제적 번영을 결과한다.

이처럼 사적 이익을 추구함으로써 얻어지는 번영을 예상한다면 공평한 관찰자는 기꺼이 사적 이익을 추구하는 경제활동을 도덕적으로 승인할 수 있을 것이다. 왜냐하면 그가 추구하는 선이 바로 경제적 번영을 통해 가장 효과적으로 실현될 수 있기 때문이다. 이에 대한 구체적 논의를 위하여 (신고전학파) 현대 경제학의 균형 분석이 필요하다. 이를 위해 『국부론』 정리를 균형이론으로 재구성한 후생경제학의 기본정리를 소개할 것이다.

(2) 후생경제학의 기본정리와 『국부론』 정리

현대 경제학의 규범적 원리를 탐구하는 분야가 후생경제학이다. 후생경제학의 핵심은 2개의 기본정리로 요약될 수 있다(Lange, 1942; Lerner, 1944; Blau, 2007). **후생경제학의 제1기본정리**에 따르면, 외부성과 공공재 혹은 자연독점과 같은 문제가 없다면 경쟁시장에서 결과하는 자원 배분, 즉 (경쟁)균형 배분은 언제나 (파레토) 효율적이다. 이것이 바로 스미스가 '보이지 않는 손'이라고 비유한 시장 시스템의 원리를 논리실증주의적 이론체계 속에서 재구성한 현대 경제학의 결론이다. 경쟁시장은 사유재산권 질서와 경제주체 간의 공평한 협상력을 전제하는데 이는 스미스의 자연적 자유의 체계가 필요로 하는 조건에 해당한다.

후생경제학의 제1정리는 외부성과 공공재 그리고 자연독점의 문제를 논외로 하고 있으므로 스미스가 자연적 자유의 체계에서 이런 문제와 관련하여 제시한 국가의 의무가 없이도 성립한다. 그러나 그 문제가 존재하는 현실에 대해 말하고 있지 않으므로 스미스의 사상이 더 포괄적이라는 점은 분명하다. 또한 후생경제학의 제1정리는 시장 시스템에서 결정되는 자원 배분의 효율성에 대해 말해 주지만 공정성에 대한 함의가 매우 협소하다. 특히 시장의 거래가 출발하는 초기 조건이 불공정한 소득과 부의 분배로 이루어졌다면, 그로 인해 시장에서 발생하는 불공정한 자원 배분의 문제를 피할 수 없다. 이 또한 제1정리의 한계라는 점이 널리 알려져 있다. 따라서 효율성의 측면에서만 시장 시스템의 결과에 대해 평가하는 제1정리는 스미스의 번영이 갖는 포괄적인 의미를 나타내기에 너무나 협소하다고 볼 수 있다. 바로 이 한계를 극복할 수 있게 해 주는 결론이 다음에 소개할 정리이다.

후생경제학의 제2기본정리는 시장 시스템이 효율성뿐만 아니라 공정성의 관점에서도 실용적이라는 결론이라고 통상적으로 이해된다. 제2정리도 제1정리와 마찬가지로 외부성과 공공재 그리고 자연독점의 문제가 없다는 가정에서 출발한다. 어떤 효율적 자원 배분도 거래의 초기 조건을 공평하게 조정하기만 하면 언제나 경쟁시장 시스템의 자원 배분이 된다는 것이 제2기본정리의 결론이다. 초기 조건을 공평하게 조정하는 것이 바로 자연적 자유의 체계에서 국가의 역할이라 할 수 있다. 따라서 스미스의 자연적 자유의 체계는 경쟁시장을 위한 국가의 의무뿐만 아니라 공정한 자원 배분을 위한 국가의 의무를 모두 포괄하고 있다. 스미스의 번영 역시 앞서 말했던 것처럼 효율성만이 아니라 '완전한 정의, 완전한 자유 그리고 완전한 평등'을 포괄하고 있다. 따라서 이 두 후생경제학의 기본정리 모두 스미스의『국부론』정리에 대한 현대 경제학적 재구성으로 보는 것이 합당하다. 따라서 이를 반영하여『국부론』정리를 다시 서술하면 다음과 같다.

정리[『국부론』 정리, 재기술] 자연적 자유의 체계 속에서 사적 이익을 추구하는 개개인의 경제활동에 따라 시장 시스템이 실현하는 경쟁균형은 경제적 번영을 달성한다.

4) 도덕적 진보와 경제적 번영: 애덤 스미스 정리

이제 본격적으로 원초적 협상에서 구성원 개개인의 합리적 의사결정이 만들어 내는 결과에 대하여 논의하기 위해 경제 분석에서 가장 중요한 개념인 균형 분석을 소개할 것이다. 우선 제1단계에서 이루어지는 도덕 감정의 발전이 앞에서 말했던 완전한 동감에 이른 것을 전제하고서, 제2단계와 제3단계에서 순차적으로 이루어지는 의사결정의 문제를 다룰 것이다. 이렇게 가장 이상적인 공평한 관찰자의 원리가 작동하는 완전한 동감을 전제하고서 스미스의 도덕적 인간 본성과 사익을 추구하는 경제주체의 행동이 합리적인 의사결정에 의해 균형에서 양립할 수 있다는 것을 확인할 것이다. 이로써 스미스의 도덕철학과 경제사상의 통합적 재구성이란 본 장의 목적을 달성할 것이다.

원초적 협상의 각 단계에서 한 사람의 **선택이 합리적**이라는 것은, 타인이 결정할 선택에 대한 예상 그리고 미래에 자신과 타인의 선택이 초래하는 결과에 대한 예상을 전제할 때, 그 자신이 추구하는 목적에 가장 부합한다는 것을 뜻한다. 그 선택을 합리적이게 하는 타인의 선택과 미래의 결과에 대한 예상은 실제 타인의 선택 혹은 실제 미래에 발생하는 결과와 일치할 수도 있고 일치하지 않을 수도 있다. 전자의 경우를 **합리적 예상**(기대)이라 한다. **원초적 협상의 균형**은, 모든 사람의 단계별 선택이 타인의 선택과 미래 결과에 대한 합리적 예상을 전제할 때, 합리적인 경우를 의미한다. 즉, 모든 사람이 타인의 행동을 합리적으로 예상하고 미래에 발생할 결과 역시 합리적으로 예상하며 자신이 추구하는 목적에 가장 부합하는 의사결정을 내리고 있을 때 균형이 이루어진다. 따라서 균형 상태의 제3단계에서 모든 사람은 자신이 제2단계에서 선택한 경제활동의 목적에 가장 부합하는 경제활동을 선택하고 이러한 개개인의 선택이 시장 균형에 이르게 된다. 제2단계에서 각 개인은, 타인의 선택에 대한 합리적 예상과 제3단계에서 이루어질 시장 균형에 대한 합리적 예상을 전제할 때, 공평한 관찰자가 추구하는 선에 가장 부합하도록 선택한다.

제2단계의 완전한 동감이란 전제 속에서 모든 구성원이 추구하는 선은 신중, 인혜, 그리고 정의를 조화롭게 실현하는 것이다. 따라서 이들이 공통적으로 추구하는 선을 가장 잘 실현할 수 있는 시장 시스템의 결과는 경제적 번영을 실현하는 것이다. 이런 결과를 실현할 수 있도록 하는 사회의 기본구조, 자연적 자유의 체계가 존재하고 모든 개인이 이를 실현하기 위해 노력할 때 자연적 자유의 체계가 실현된다는 것이 보존의 원리이다.『국부론』정리에 따라 그 자연적 자유의 체계 속에서 시장 시스템이 경제적 번영의 결과를 시장 균형의 형태로 실현하게 된다. 시장 균형이란 그 자체로 개개인의 사적 이익을 추구하는 합리적 의사결정의 결과를 의미하므로, 제3단계의 경제적 번영의 결과는 원초적 협상의 균형에 부합한다.

이제 제2단계에서 모든 사람이 바로 그 자연적 자유의 체계를 사회의 기본구조로 선택하고, 아울러 시장 시스템에서 자신의 경제활동이 추구할 목적으로 사적 이익을 선택하는 것 역시 원초적 협상의 균형에 부합하는 것을 설명할 수 있다. 모든 사람이 다른 사람의 선택을 합리적으로 예상한다면 자신을 제외한 다른 모든 사람이 자연적 자유의 체계와 사적 이익을 경제활동의 목적으로 선택하고 있다고 예상할 것이다. 따라서 이런 예상에 따라 자신도 마찬가지로 같은 선택을 한다면 자연적 자유가 실현되고, 제3단계의 시장 균형은 신중, 인혜, 그리고 정의를 조화롭게 실현하는 경제적 번영이 될 것이라고 합리적으로 예상하게 된다. 바로 이 결과가 공평한 관찰자가 가장 선하다고 판단하는 결과이므로, 그가 다른 선택을 통해 더 나은 결과를 기대할 수 없을 것이다. 따라서 다른 사람과 동일하게 자연적 자유의 체계를 지지하고 사적 이익을 경제활동의 목적으로 기꺼이 선택하게 된다. 즉, 공평한 관찰자가 신중, 인혜, 그리고 정의를 조화롭게 실현하기 위해 사적 이익을 추구하는 경제활동을 승인하게 되는 것이다.

이상의 논증을 정리하면 모든 구성원이 자연적 자유의 체계(으로의 개선을 위한 노력)를 선택하고, 시장 시스템에서 사적 이익을 추구할 때 도덕적 본성이 추구하는 목적에 가장 부합하는 합리적 선택의 균형이 이루어진다.

정리[**애덤 스미스 정리**] 도덕적 본성에 따라 합리적으로 의사결정하는 사람들과 보존의 원리를 가정하면, 원초적 협상의 균형에서 자연적 자유의 체계가 실현되고, 시장 시스템이 사적 이익을 추구하는 개개인의 경제활동에 의해 신중, 인혜 그리고 정의의 조화를 실현하는 경제적 번영을 달성한다.

즉, 공평한 관찰자의 원리와 자연적 자유의 체계를 실현하는 도덕적 진보가 경제적 번영을 이끈다. 이 결과에서 주목할 점은 제2단계의 신중, 인혜 그리고 정의의 조화로운 발전을 추구하는 합리적 의사결정이 시장 시스템에서 사적 이익을 추구하는 경제활동을 선택한다는 점이다. 따라서 원초적 협상의 균형에서 개개인의 마음속 공평한 관찰자가 사적 이익을 추구하는 경제활동을 도덕적으로 승인하게 된다. 사적 이익을 추구하는 경제활동이 스미스 도덕철학의 인간 본성에 반하는 게 아니라 오히려 도덕적 본성이 필요로 하는 합리적 전략이라 할 수 있다.

원초적 협상의 균형에는 애덤 스미스 정리에서 말하는 균형만 존재하는 것은 아니다. 만약 사회의 기본구조를 개선하지 않더라도 시장 시스템에서 경제활동의 목적을 사회적 이익이 되도록 합의함으로써 애덤 스미스 정리와 마찬가지의 경제적 번영을 달성할 수 있다. 그렇지만 이런 결과가 실현되려면 개개인이 자신의 이익만이 아니라 타인의 이익에 대해서도 정확히 판단할 수 있어야 한다. 타인의 이익, 구성원 개개인이 누리는 사적 이익의 분포 등 신중, 인혜, 그리고 정의의 조화로운 실현 여부를 판단하기 위해 매우 복잡하고 주관적이며 사회적인 정보가 필요하다. 이에 반해 애덤 스미스 정리의 균형에서 개개인의 경제활동을 위해 필요한 정보는 사적 이익과 관련된 자신의 물질적 조건, 소비로부터 얻는 자신의 편익뿐이다. 따라서 예시한 균형은 매우 비현실적일 뿐만 아니라, 복잡한 정보처리에 비용을 고려한다면 비효율적일 수밖에 없다. 반면 애덤 스미스 정리의 균형은 정보의 불완전성이 야기하는 비효율성이나 불공정성의 문제로부터 자유롭다는 장점을 가진다. 타인의 주관적 복지, 물질적 조건, 사회적 정보 등을 어느 누구도 알아야 할 필요가 없고 단지 자신의 사적 이익에 충실한 경제활동을 이어 가면, 도덕적 진보와 경제적 번영이 모두 획득될 수 있다는 것이 애덤 스미스 정리의 중요한 시사점이다.

8. 21세기 자본주의에 주는 시사점

애덤 스미스 정리는 동감의 본능과 공평한 관찰자의 원리를 담고 있는 보존의 원리를 가정한다. 이에 따라 인간은 자연적 자유의 체계를 실현하는 노력을 지속하고 바로 그 때문에 시장 시스템이 경제적 번영을 실현할 수 있다고 말한다. 동감의 본능과 공평한 관찰자의 원리는 도덕철학의 문제에서뿐만 아니라 경제적 번영을 위해서도 중요한 역할을 하게 된다. 이 동감과 공평한 관찰자의 원리는 투명하고 완전한 정보에 의존하여 작동한다. 달리 말하면, 정보의 불투명성과 불완전성이 도덕적 인간 본성을 무감각하게 하고 자연적 자유의 체계가 실현되는 것을 어렵게 할 수 있다. 이처럼 정보의 불투명성에 의해 애덤 스미스 정리의 보존의 원리가 작동하지 못하면 사회의 기본구조가 자연적 자유를 실현하지 못할 뿐만 아니라, 오히려 힘의 집중, 독점에 의한 착취, 불평등을 키우는 온상이 될 수 있다.

인간의 경제활동은 스미스 시대와 비교할 수 없을 정도로 그 규모와 복잡성이 커졌다. 이제 우리는 지구상에 셀 수 없는 숫자의 사람들과 경제활동을 통해 관계를 맺고 있다. 우리의 경제활동이 이 수많은 사람들의 삶, 그리고 지구환경과 생태계에 미치는 영향은 더 복잡하고 불투명해졌다. 이런 정보의 불투명성 속에서도 공평한 관찰자의 양심은 둔감해졌다. 인간의 도덕감정은 퇴화하고 부의 축적과 과잉 소비에 눈먼 탐욕만 비대해지고 있다. 글로벌 시장 시스템의 팽창은 빠르게 이루어졌지만, 그것을 관리할 사회의 기본구조의 개선은 매우 더디게만 진행되었다. 특히 환경, 인권, 노동착취 등과 관련된 글로벌 거버넌스는 무력하거나 부재한 경우가 많다. 애덤 스미스 정리가 말하는 도덕적 진보를 통한 경제적 번영은 고사하고 오히려 도덕적 타락이 다면적 위기를 가중시키는 문제가 심각해지고 있다.

21세기 글로벌 자본주의를 둘러싸고 있는 (글로벌) 사회의 기본구조는 중대한 도덕적 문제를 안고 있다. 소득과 부의 불평등이 지속적으로 확대되고 있는 자본주의의 문제와 관련하여 토마 피케티(Thomas Piketty)는 『21세기 자본』에서 암울한 글로벌 자본주의의 미래를 경고하고 있다. 이런 불평등한 미래를 피하려면 사회 기본구조의 개혁을 통하여 자연적 자유가 확대되어야 한다. 이를 위해 피케티는 자본에 대한 과세를 강화할 것을 제안하고 있다.

이보다 더 심각한 문제가 국가 간의 불평등의 문제이다. 다국적 기업과 투기 자본의 반도덕적인 기업활동이 저개발국에서 노동착취, 아동노동, 환경 파괴, 식량위기 등 다양한 문제를 일으킨다. 선진국과 후진국의 격차는 좀처럼 줄어들지 못하고 국가 간 국경의 장벽은 높아 글로벌 사회는 국적에 의한 신분 질서가 지배하는 새로운 형태의 계급사회라고 할 수 있을 지경에 이르렀다. 이런 글로벌 경제질서를 둘러싼 글로벌 사회의 기본구조는 자연적 자유의 체계와 거리가 멀다. 무

정부 상태의 약육강식의 패권 질서가 지배한다고 해도 과언이 아니다.

글로벌 거버넌스의 부재 속에서 선진국을 중심으로 인류의 경제활동에 의한 과다한 오염물질 배출이 이루어졌고, 그 결과 다양한 환경 재앙이 발생하고 있다. 특히 인간의 온실가스 배출이 원인이 된 기후위기는 인류 문명과 생태계의 지속가능성까지 위협하는 중대한 재앙이다. 기후위기는 18세기 말부터 유럽과 북미 지역을 중심으로 이루어진 화석연료 소비의 폭발적인 성장으로 축적된 대기 중 온실가스가 원인이다. 인위적 생산활동의 악영향이 불투명성 속에서 가려져 문제의 심각성을 키워 왔던 것이 기후위기의 원인이다. 고도의 경제개발을 이룬 주요 선진국들로 이루어진 G20은 아직도 전 세계 온실가스 배출의 80% 이상을 차지한다.

늦게나마 이 문제를 자각한 시민과 소비자의 도덕적 본성에서 발원한 합리적 의사결정이 작동해야 할 때이다. 결국 도덕적 본성에서 발원한 시민 의식과 소비자 의식이 이 사태를 극복하는 원동력이다. 시민의식이 정부를 바꾸고 정책을 바꾸는 역할을 한다. 소비자의 각성이 기업을 바꾸고 자본의 탐욕을 길들인다. 이렇게 각국의 정부가 바뀌면서 국가 간 협약이 시작되고 글로벌 기후 거버넌스를 구축하는 노력이 시작되었다. 1992년 유엔기후변화협약(UNFCCC)은 이렇게 탄생한 최초의 국가 간 협약이다. 선진국의 책임을 강조하는 유엔기후변화협약에 따라 교토의정서는 후진국의 감축 의무를 면제했다. 교토의정서에 이은 파리협약에서 2050년까지 탄소중립 목표에 대한 국제적 합의가 이루어졌고, 선진국이 후진국의 온실가스 배출 저감을 위해 일정 규모의 금융 지원을 한다는 합의도 도출되었다. 그러나 선진국 진영의 역사적 책임에 비해 현재 합의한 금융 지원 규모는 매우 낮은 수준이고, 선진국 진영의 합의 이행도 더딘 상태이다.

환경적 성과(E), 사회적 성과(S) 그리고 합리적 지배구조(G)를 강조하는 ESG 규제에 대한 관심이 커지고 있다. ESG 규제는 기업활동의 정보 투명성을 고도화한다는 점에서 고무적이다. 기후위기를 해결하기 위하여 기업활동의 환경적 성과에 대한 투명성을 제고하는 것은 매우 중요한 과제이다. 기업활동의 ESG 투명성을 강화하고 글로벌 민주주의를 기반으로 글로벌 사회의 보존의 원리가 작동한다면, 기후위기뿐만 아니라 글로벌 사회에서 기업활동이 야기하는 다양한 문제들을 선제적으로 관리하는 글로벌 사회의 기본구조가 만들어지게 될 것이다. 이렇게 스미스의 공평한 관찰자 원리에 따라 이루어지는 도덕적 진보와 글로벌 거버넌스의 개선이 글로벌 자본주의의 폐해를 해결하고 경제적 번영을 이끈다고 스미스 사상이 말해 준다.

| 참 | 고 | 문 | 헌 |

김광수(2015), 『애덤 스미스: 정의가 번영을 이끈다』, 한길사.

김용옥(2011), 『중용 한글역주』, 통나무.

______(2019), 『중용, 인간의 맛』, 통나무.

신창호(2015), 『한글 대학·중용』, 판미동.

스미스, 애덤 지음, 김광수 옮김(2016), 『도덕감정론』, 한길사.

Ames, Roger T. and David L. Hall(2001), *Focusing the Familiar: A Translation and Philosophical Interpretation of the Zhongyong*, Honolulu: University of Hawaii Press.

Arrow, Kenneth J.(1973), "Some Ordinalist-utilitarian Notes on Rawls's Theory of Justice," *Journal of Philosophy*, LXX, 9, pp. 245~263.

Blau, Mark(2007), "The Fundamental Theorems of Mordern Welfare Economics, Historically Contemplated," *History of Political Economy*, vol. 39(12), pp. 185~207.

Bentham, Jeremy(1789), *An Introduction to the Principles of Morals and Legislation*.

Campbell, M. W. and F. B. de Waal(2014), "Chimpanzees Empathize with Group Mates and Humans, but not with Baboons or Unfamiliar Chimpanzees," Proc Biol Sci., Mar 11;281(1782):20140013. DOI: 10.1098/rspb.2014.0013, PMID: 24619445; PMCID: PMC3973272.

Campbell, T. D.(1971), *Adam Smith's Science of Morals*, London: George Allen & Unwin, 137.

______(1977), "Adam Smith and Natural Liberty," *Political Studies*, vol. 25(4), pp. 523~534.

Haakonssen, Knud(1981), *The Science of a Legislator: The Natural Jurisprudence of David Hume and Adam Smith*, Cambridge: Cambridge University Press.

______(2006), *The Cambridge Companion to Adam Smith*, Cambridge: Cambridge University Press.

Harsanyi, John C.(1955), "Cardinal Welfare, Individualistic Ethics and Interpersonal Comparisons of Utility," *Journal of Political Economy*, vol. 63(4), pp. 309~321.

Karni, E. and J. Weymark(1998), "An Informationally Parsimonious Impartial Observer Theorem," *Social Choice and Welfare*, 15, pp. 321~332.

Klein, Daniel B., Erik W. Matson, and Colin Doran(2018), "The Man within the Breast, the Supreme Impartial Spectator, and Other Impartial Spectators in Adam Smith's The Theory of Moral Sentiments," *History of European Ideas*, vol. 44(8), pp. 1153~1168(DOI: 10.1080/01916599.2018.1485001).

Konow, James(2012), "Adam Smith and the Modern Science of Ethics," *Economics and Philosophy*, 28(3), pp. 333~362.

Lange, O.(1942), "The Foundations of Welfare Economics," *Econometrica*, vol. 10(3/4), pp. 215~228.

Lerner, A. P.(1944), *The Economics of Control*, London: Macmillan.

Mill, John Stuart(1879), *Utilitarianism*, The Floating Press.

Morrow, Glenn R.(1927), "Adam Smith: Moralist and Philosopher," *Journal of Political Economy*, vol. 35(3), pp. 321~342.

Otteson, James R.(2000), "The Recurring 'Adam Smith Problem'," *History of Philosophy Quarterly*, vol. 17(1), pp. 51~74.

Pigou, A. C.(1920), *The Economics of Welfare*, London: Macmillan.

Raphael, D. D.(2007), *The Impartial Spectator*, Oxford: Clarendon Press.

Rawls, J.(1971a), "Justice as Fairness," *The Philosophical Review*, vol. 67(2), pp. 164~194.

______(1971b), *A Theory of Justice*, Belknap Harvard.

______(1999), *A Theory of Justice*, (revised ed.), Belknap Harvard.

Sen, Amartya(1987), *On Ethics and Economics*, Oxford: Blackwell Publishing.

Smith, Adam(1776), *An Inquiry into the Nature and Causes of the Wealth of Nations*, edited by R. H. Campbell and A. S. Skinner, Oxford: Clarendon Press.

______(1976), *The Theory of Moral Sentiments*, edited by A. L. Macfie and D. D. Raphael, Oxford: Clarendon Press.

Smith, Vernon L.(2016), "Adam Smith's Fair and Impartial Spectator: Fairness was About Fair-Play Rules for Society, a Pre-Condition for Wealth Creation," *Journal of Business and Management*, vol. 22(2), pp. 115~124.

Viner, Jacob(1927), "Adam Smith and Laissez Faire," *Journal of Political Economy*, vol. 35(2), pp. 198~232.

저자 소개

김광수

성균관대학교 경제학과 교수이다. 1994년 글래스고대학교 경제학과에서 경제사상사로 경제학 박사를 받았으며, 2000년부터 성균관대학교 경제학과 교수로 재직하고 있다. 2020년『국부론과 애덤 스미스의 융합 학문』으로 제65회 대한민국 학술원상(사회과학 부문)을 받았다. 또 다른 저서로『애덤 스미스의 학문과 사상』, 인문 고전 읽기용으로『애덤 스미스』를 출간하였다. 한편『도덕감정론』을 번역하였으며, 공저로는『정치경제학과 경제주의』와『융합 인지과학의 프런티어』가 있다.

김영식

서울대학교 경제학부 교수이다. 뉴질랜드 웰링턴빅토리아대학교와 경희대학교 경제학과에 재직하였으며, 한국금융학회 학술지『금융연구』의 공동편집장과 서울대금융경제연구원 원장을 역임하였다. 주요 연구 분야는 거시경제학과 화폐경제학이며, 최근에는 중앙은행 디지털화폐, 소득이동성 및 동반성장의 시행 방안 등에 관한 연구를 하고 있다. 주요 저서로『거시경제론』(공저),『경제학원론』(공저) 등이 있다.

김자봉

한국금융연구원 선임연구위원이다. 스탠포드대학교의 방문 학자를 지냈고 은행법학회장 및 금융감독원 금융감독자문위원장을 맡고 있다.

OECD Infe Research Committee 위원이고, *Journal of Financial Literacy and Wellbeing* 편집위원이다. 연구 분야는 금융 및 금융법·상법·헌법이고 최근에는 금융기본권, 포용금융, 동반성장, 경제·금융 법제도의 패러다임 전환, 금융전문법원 등에 관한 연구를 하고 있다. 주요 저서로 『금산분리의 법리와 경제분석』, 공저로 『애덤 스미스 경제학의 현대적 재조명』 등이 있다.

김진영

건국대학교 경제학과 교수이다. 한국조세재정연구원 연구위원으로 재직하였다. 『응용경제』, 『노동경제논집』, 『재정학연구』 등 3개 학술지의 편집위원장을 맡은 바 있으며, 한국응용경제학회장, 한국사회과학회장 등을 역임하였다. 조세-재정 문제와 교육 관련 문제를 주로 연구하고 있으며, 최근에는 대학 재정과 대졸자 초기 노동시장에 관한 연구를 주로 하고 있다. 공저 『우리나라의 빈곤 함정』은 학술원 우수학술도서로 선정되었다.

류덕현

중앙대학교 기획처장 겸 경제학부 교수이며 경제추격연구소 소장을 맡고 있다. 동 대학교 교무처장을 역임하고, 국민경제자문회의 거시경제분과위원으로 활동하였으며, 한국사회과학회장을 지냈다. 미국 라이스대학교에서 경제학 박사학위를 취득하였고, 한국조세연구원(KIPF)의 전문연구위원 및 세수 추계팀장을 역임하였다. 2012년 한국재정학상을 수상한 바 있으며, 재정정책 및 응용 시계열 계량을 전공하였다. 주요 저서로

『정책의 시간』, 『2017~2025 한국경제대전망』 등이 있다.

이명헌

인천대 경제학과 교수이며 농정연구센터 이사 및 계간 『농정연구』의 편집위원장을 맡고 있다. 한국조세연구원에 재직하였다. 연구 분야는 농업경제학과 경제사상사이다. 주요 저서로 『농업 농촌의 이해』(공저), 『한국형 시장경제체제』(공저), 『안보개발국가를 넘어 평화복지국가로-독일의 경험과 한국의 과제』(공저) 등이 있다.

주병기

서울대 경제학부 교수이며 서울대 경제연구소 분배정의연구센터 소장과 한국사회과학회장을 맡고 있다. 미국 캔사스대학교와 고려대 경제학과에서 재직하였으며, 국제학술지 *Journal of Institutional and Theoretical Economics* 편집장, 한국응용경제학회장 등을 역임하였다. 주요 연구 분야는 미시경제학, 재정학, 정치경제 등이고, 분배적 정의, 불평등과 소득분배, 공정한 경제기제 등의 주제로 연구와 교육 활동을 하고 있다. 주요 저서로 『분배적 정의와 한국사회의 통합』, 『정의로운 전환』, 『정책의 시간』, 『혁신의 시작』 등이 있다.